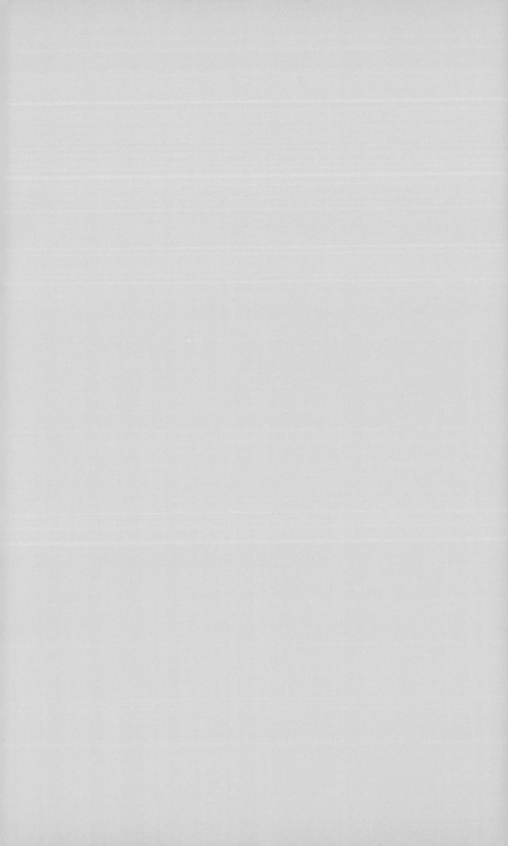

문명 담론을 말하다

문명 담론을 말하다

현대 '문명학', 정립을 위한 시론

전홍석 지음

푸른역사

일러두기

이 책에 실린 글들은 1장 〈총론〉을 제외하고는 모두 개별 학회의 학술지에 이미 발표된 논문을 수정·
보완하여 재구성한 것임을 밝혀둔다. 각 글의 출처는 다음과 같다.

2장 〈동서 '문화·문명'의 개념과 그 전개—현대 문명 담론의 개념적 이해를 중심으로〉는 《동양철학
　　연구》 제63집, 동양철학연구회, 2010년 8월.
3장 〈서구 패권적 현대 문명 패러다임 비판과 그 대안 모색—후쿠야마의 단수적 문명전파론과 헌팅턴
　　의 복수적 문명충돌론을 중심으로〉는 《동서철학연구》 제57호, 한국동서철학회, 2010년 9월.
4장 〈세계화와 문명—서구보편주의 비판: 21세기 문명인의 재탄생〉은 《동서철학연구》 제60호, 한국동
　　서철학회, 2011년 6월.
5장 〈현대 문명의 생태학적 전환—생태와 문명의 교차점: 보편주의와 다원주의의 회통〉은 《동서철학
　　연구》 제61호, 한국동서철학회, 2011년 9월.
6장 〈현대 문명강권주의 비판 담론—반서구중심주의를 중심으로〉는 《동서철학연구》 제58호, 한국동
　　서철학회, 2010년 12월.
7장 〈주쳰즈 문화철학의 현대 문명 담론적 현재성—서구 패권적 문명 패러다임에 대한 동양의 대안 담
　　론으로서의 가능성〉은 《동양철학연구》 제58집, 동양철학연구회, 2009년 5월.
8장 〈중국 이학이 근대 프랑스 계몽주의에 미친 영향과 그 문화철학적 의미—데카르트 학파의 좌파 벨
　　과 우파 말브랑슈를 중심으로〉는 《동양철학연구》 제57집, 동양철학연구회, 2009년 2월.
9장 〈조선조 주자학의 한국 유학적 전개 양상—중화주의에 대한 한국 유학적 해체를 중심으로〉는 《문
　　명교류연구》 제2호, 한국문명교류연구소, 2011년 8월.

저자 서문

20세기 말 40여 년 동안 지속되다가 갑작스럽게 찾아온 얄타체제
(또는 냉전체제, 1945~1991)의 붕괴는 이념 대립에서 탈피한 새로운 시
대의 패러다임을 요구하게 되었다. 몰타체제로 대변되는 이 탈냉전
시대의 개막은 과거 이데올로기적 갈등 구조를 와해시키고 그동안
도외시되었던 범인류 문명의 상호 소통과 협력을 화두로 하는 일련
의 '문명 담론'을 폭발시켰다. 그에 따라 각종 문명 담론이 시대의
화두로 부상하여 '문명'을 매개로 하는 세계의 대화와 교류만이 인
류가 지향하는 공존공영의 미래 세계를 이끌 수 있다는 다양한 '문
명대안론'이 제시되고 있다. 문명학에 관한 연구와 강좌가 절박한
시대적 요청인 이유는 이런 점 때문이다. 그럼에도 불구하고 우리 학
계의 연구는 현 시대의 요청에 부응하거나 대비하지 못하고 있는 형
편이다. 그나마 현재 진행되고 있는 문명 담론마저 아직까지 학문적
으로 정립되지 않은 채 시론 수준에 그치고 있다.
　사실 문화학의 개념과 학문 분과는 현대 인문학의 현주소와 미래
에 대한 성찰에서 중심 범주를 이룬다. 인문학의 정체성 위기는 현

재 각 인문사회 분야의 '문화주의적 전환'을 촉진시키고 있다. 그러나 '문화학'의 활성화는 상보적 관계에 있는 '문명학' 연구와 병행되어야만 그 함의를 더욱 풍요롭게 하고 폭넓은 지평을 기약할 수 있다. 그런 점에서 이 책은 인문사회학의 '문화주의'적 전환이라는 패러다임의 세기적 과도기를 맞이하여 전체 학문 분과가 문화보다 더 상위 개념인 '문명'을 매개로 상호 소통할 수 있도록 하는 하나의 거시적 틀을 제시하기 위해 기획된 것이다.

현대 '문명학'은 문화와 문명 개념이 갖는 포괄성으로 인해 양적으로나 질적인 면에서 다른 어느 학문 분야보다 다층적이고 방대하다. 문명은 현대 문명 패러다임의 논의에서도 알 수 있듯이 정치학 분야를 비롯해서 역사학, 철학, 문학, 사회학, 인류학, 교육학, 경제학, 과학 등에 이르기까지 전 학문 분야를 통섭하는 복수적 성격을 지닌다. 더욱이 문명학 건립은 인문사회학의 문명학적 전환이라는 차원에서 대학의 고유 영역인 실험 학문으로서의 가치 또한 높다. 문화와 문명 교육은 그 특성상 거의 모든 학문 분야를 망라한다는 점에서 전인적 인간형을 양성하는 토대가 될 것이다.

구체적으로 '문명학' 교육은 현재 진행되고 있는 동서 여러 문명 담론들을 습득하여 올바른 세계 인식과 가치관을 확립하도록 돕는다. 나아가 타자와 타문명의 이질성에 대한 포용력을 기르고 조화로운 인류애적 보편 진리를 체득하게 한다. 그럼으로써 세계 만인과 문명의 평등적 비주변화를 실현하여 각 문명권의 상호 주체적 중심화와 이를 통한 평화 지향적인 세계적 협력을 이끌어내는 창조적 세계관을 형성하는 데 기여할 것이다. 이와 더불어 문화와 문명을 통한 가치관 함양은 인류 평화에 대한 염원을 지향한다. 미래 인문사회학적 통찰력에 있어서도 지나치게 갈등적 요소만을 부추겨온 기존의 국가, 민족, 정치, 경제, 이데올로기 등의 단위에서 벗어나 여러 분야를 융·통합해 조화시키는 공분모적 복합체인 문명과 그 상호 연계에서 소기의 대안을 강구할 수 있는 해법을 제공해준다.

이로 볼 때 이 작은 연구 성과가 현대적 동서 여러 문명 담론의 심층적 이해를 제고시켜 현재 활발하게 진행되고 있는 '문화학' 연구의 결손을 보완하는 '문명학' 정립의 가능성을 공론화하는 데 실효성을 거두기를 희망한다. 이를 위해서는 무엇보다도 문명학의 학문적 기초와 현대적 진화 과정을 다각도로 탐색하여 미래 지향적인 '문명학' 건립의 다양한 논의들을 진작시켜야 할 것이다. 그리고 여기서 획득된 교육적 데이터베이스를 활용하여 대학의 학습자들에게 지성인으로서 갖추어야 할 여러 문명대안론의 세계적 조류를 이해시키고, 그들이 이를 바탕으로 창조적 지평을 넓힐 수 있는 비판적 학술 토론을 진행할 수 있도록 해야 한다. 또한 이와 병행하여 현재 부상 중인 생태문명적 가치관에 걸맞은 생명생태 지향적 인간형 육성의 공론장이 마련되기를 바란다.

특히 현대 사회가 안고 있는 인간 교육의 위기와 인성 교육의 파국에 직면하여 문명학은 생명 중심의 '문화 의지'로 충만한 새로운 유형의 인격형, 즉 생명생태학적 인간론 교육의 중요한 좌표를 제시해준다. 이런 측면에서 나는 21세기 문명론적 인간관과 관련하여 현재적 의미의 '문명인'의 재탄생을 다음과 같이 예고한 바 있다. "21세기 문명 시대의 사역자 '문명인-지성인'은 기능적 이성의 전문성에 도구화되지 않는다는 점에서 안토니오 그람시Antonio Gramsci가 지적한 지배 계층의 헤게모니를 강화하는 유기적 지식인organic intellectuals과 근본적으로 성격을 달리한다. 이 현재적 의미의 문명인은 피억압의 주변과 중심 권력의 바깥에서 출발하는 비판적 이성의 극한적 사유를 실천하는 자다. 무엇보다도 권력의 위압에도 파편화되지 않고 부조리한 사회 현실에 거침없이 항거하며, 그로 인해 오는 핍박을 감내하고 스스로가 추방인과 유배인이 되기를 즐거워하는 사색자인 것이다. 동서고금을 막론하고 문명의 기축 시대Axial Age 이래 성인과 현인으로 추앙받는 이들의 위치는 언제나 중심부가 아니라 소외 계층과 함께하는 '주변부'였다. 이 시대의 문명 정신의 화현체인 지성인의 길 역시 이와 다르지 않다."[1]

이 책은 21세기 대변혁의 시대를 맞이하여 새로운 시대정신을 읽고 그에 적합한 통합적 사고를 배양시키기 위해 준비한 대학 강의 자료에 기초한 것이다. 특히 조선대 '논리와 사고', '사고와 표현' 교과목 시간에 이루어진 학생들과의 상호 교류와 학문적 탐구 속에서 도출된 문명론적 입론들을 체계적으로 엮은 것이다. 교수자로서 학생들을 애호愛護하는 마음은 시대의 역사 정신과 정의관에 합당한 교육 자료를 제공함으로써 사유의 성장을 올바른 길로 인도하고 공유하고자 하는 열정에서 시작될 것이다. 그럼에도 불구하고 나는 매번 강의 시간마다 나의 수업에 참여하는 학생들의 뜨거운 열망에 비추어 나의 역량이 너무나 부족하다는 사실을 절감하곤 했다. 이 책은 어린 지성인들에 대한 이 같은 애정 어린 마음, 좋은 스승이 되어주겠다던 약속을 지키기 위한 작은 배려다. 이를 통해 그동안 학생들의 기대와 관심에 비해 턱없이 부족했던 교수자로서의 자책감을 조금이나마 덜 수 있다는 생각에 안도감을 느낀다.

오늘날 내가 문화학과 문명학에 뜻을 두게 된 데는 나를 이끌어주신 잊을 수 없는 세 분의 선생님이 계셨기 때문이다. 학문과 현실, 사상과 실천이 괴리되지 않도록 방법론을 일깨워주신 양재혁 선생님, 넉넉한 가르침으로 동서 고전에 대한 다양한 접근법과 풍부한 해독법을 일러주신 중국인 스승 멍페이위안蒙培元 선생님, 그리고 이 모든 학문적 탐구들을 담아낼 수 있도록 '문명'이라는 큰 그릇을 빚어주신 정수일 선생님이 그분들이다. 장래에 내게 좀 더 나은 학문적 성장과 성취가 있다면 이렇듯 존경하는 은사님들의 따뜻한 사은 덕분일 것이다. 또한 이 글이 초고에 비해 한층 완성도를 높일 수 있었던 것은 동국대 황태연 교수님과의 지적 만남과 연구 모임 덕분이다. 사의를 표하지 않을 수 없다. 이와 함께 나의 빈약한 문명학적 단상들을 하나로 묶어 저서로 출판할 수 있도록 물심양면의 지원을 아끼지 않은 한국비정규교수노조 조선대분회에 무엇보다도 머리 숙여 감사드린다. 아울러 여러 가지 부덕하고 비재한 내게 강의 기회를 마련해주신 조선대 철학과와 기초교육대학 여러 선생님들께 이 자리를 빌려 깊은 감사의 마음을 전한다. 끝으로 본 졸고의 출간에 많은 노력을 기울여주신 도서출판 푸른역사 가족들에게도 감사드린다.

2012년 1월

전홍석 識

　학문은 시대의 요청에 의해 생겨나고 시대의 변화에 따라 그 갱신
과 재구성을 요구받게 된다. 그래서 학문은 시대의 산아産兒라고 한
다. 시대에 초연한 학문이란 존재할 수 없다. 시대의 요청에 부응하
는 학문만이 생명력을 지닌 참 학문이다.

　근 60여 세기나 되는 인류문명사에서 숱한 혼효混淆와 격변으로 점
철된 20세기 말엽을 기해 시대는 하나의 새로운 전환점을 향해 치닫고
있다. 그토록 인류를 고달프게 했던 냉전체제가 종언을 고하면서 그
대척점對蹠點에서 요원하게만 느껴왔던 평화나 화합, 공존 같은 인류의
이상적 숙원이 마냥 현실로 다가오는 듯했다. 그러나 이 순박한 숙원
과는 달리 그 연동으로 냉전체제라는 가공할 공룡의 중압에 짓눌려 숨
죽여오던 갖가지 분쟁과 갈등이 일시에 봇물처럼 터져 나왔다.

　이렇게 새로운 21세기는 갑작스러운 '대혼란'으로 우리 앞에 다가
섰다. 세계는 당황했다. 냉전체제 아래에서 힘의 논리만으로 세계 질
서를 재량裁量해오던 학계는 미증유의 난제에 부딪힌다. 예상 밖의 형
국에 대비해 설득력 있는 해석과 비전이 온축된 새로운 패러다임을 내
놓아야 했다. 서둘러 내놓은 그 하나가 바로 '공분모적 복합체'인 문

명에서 해법을 찾으려는 이른바 '문명 패러다임' 혹은 '문명대안론'
이다. 그 기폭제는 문명 담론이다. 저간에 문명에 관한 한 어깨너머에
서 귀동냥이나 해오던 '논객'들마저도 대거 이 담론에 영합하다보니
급기야 문명 담론은 시대의 화두로 급부상하고 말았다. 이제 그것이
당면한 세계 질서나 역사의 흐름뿐만 아니라 인류의 미래까지도 규제
하고 예단해야 할 화두이고 보면, 오리무중의 왈가왈부 단답식 담론
에만 머물 수가 없다. 엄밀한 과학성과 논리성을 갖춘 학문으로 정립
해야 할 것이다. 이것이야말로 이 시대의 피할 수 없는 요청이다.

한편 지난 200여 년간의 문명 담론사를 훑어보면 문명 담론은 당초
정형화定型化된 구조로서의 문명 자체의 변화나 성장, 이동에 관한 문
명진화론이나 문명이동론, 문명순환론 같은 근대적 문명 담론('단수
적 문명전파론')을 거쳐 문명 간의 관계와 그 관계에 의한 세계 질서나
국제 정세의 변화를 모색하는 오리엔탈리즘이나 문명충돌론, 문명공
존론, 문명교류론 같은 현대적 문명 담론('복수적 문명관계론')으로 이
어지고 있다. 이렇게 문명 담론은 내재적 논리 구조를 가진 하나의 학
통으로 계승되어 왔으며 오늘날에는 시대의 화두로까지 자리매김되
기에 이르렀다. 그러나 안타깝게도 학문으로 승화되지 못한 채 담론
수준에 맴돌고 있다. 국내외 학계 어디서도 아직 '문명'에는 의례 있
을 법한 '학學'이라는 당당한 관면冠冕이 주어지지 않고 있다. 어떻게
보면 이것은 학문으로서의 이율배반적 난맥상이다. 어디서 누군가가
나서서 이 매듭을 지혜롭게 풀어야 할 것이다. 이것은 더 이상 미룰
수 없는 학문 초야草野의 개척이며 학문적 도전이다.

이 절박한 학문의 개척에 도전을 자청한 전홍석 박사가 이번에 《문
명 담론을 말하다》라는 역작을 내놓았다. 그러면서 〈현대 '문명학'

정립을 위한 시론〉을 책의 부제로 삼았다. 부제란 왕왕 본제의 핵심을 부언한다. 저자는 담론이 결코 '학'으로 둔갑할 수 없다는, 해서는 안 된다는 학자적 양식에서 아직은 사전에도 없는 생경한, 그러나 어느 시기에는 사전의 올림말이 될 것을 확신하면서 '문명학'이라는 새 인문학 분야를 개창하고 있다. 사실 담론사를 관류하고 있는 모든 '논리'들의 바탕에는 '문명학'이라는 기틀이 깔려 있어야 한다. 왜냐하면 '문명학'은 문명 패러다임을 비롯한 모든 문명 담론의 이론적 원리와 기제가 되어야 하기 때문이다. 그 원리와 기제를 구명코자 하는 전 박사의 구상은 가히 혜안이라 일컬어 하등의 하자가 없을 성싶다.

전 박사는 철학자답게 '문명학' 정립을 철학적으로 접근하고 있다. 사실 문명은 탄생과 성장, 전파와 교류에 이르기까지 심오한 철학이 올올이 내재되어 있다. 따라서 문명을 해석하고 이해하는 데서 결코 지혜의 공급원인 철학을 떠날 수가 없다. 이 책의 구성에서 보다시피 저자는 철학적 접근 방법으로 현대 문명 담론의 기본 개념과 제기되는 여러 가지 문제들을 종횡으로 조명하고 있다. 그러면서 그는 생태학적 문명관에 입각한 '문명학'의 정립을 종국적 목표로 설정하고 이 책에서 그 모색을 시도하고 있다. 이것은 매우 바람직한 학문적 모색이다.

저자가 밝힌 바와 같이 이 책은 '시론'이다. 아직까지 학문적으로 정립된 바가 없으니 그럴 수밖에 없을 것이다. 시론인 만큼 전반적인 얼개나 해석에서의 명료성, 전개에서의 논리성 등에서 얼마간의 모자람은 면할 수가 없었을 것이다. 그러나 '문명학'이라는 새로운 인문학의 지평을 열어 논의와 연구의 장을 마련한 점은 높이 평가되어야 한다.

무릇 저술이란 '술이작述而作' 일진대 중요한 것은 '술述'(선학들의 학문을 서술해 밝힘)과 '작作'(새것의 창작)을 잘 조화시켜 끝내는 '작' 을 추구해 학문을 간단없이 발전시키는 것이다. 보다시피 이 책이 갈 무리하고 있는 내용은 '문명학' 이라는 새로운 학문의 창시創始로서 비록 완숙에는 미치지 못하지만 '작' 임에는 틀림없다. 이 책의 진가 는 바로 이 '작' 에 있다고 하겠다.

저자 전홍석 박사는 사단법인 한국문명교류연구소의 연구원으로 서 연구소의 연구 활동에 적극 동참해 연구소의 발전에 기여해오고 있다. 연구소가 주관하는 두 차례의 학술심포지엄에서 역시 '문명 학' 의 정립과 관련된 값진 학술 논문을 발표했으며 외국 명저의 번 역에도 정진하고 있다. 요컨대 연구소와 더불어 학문적 천착에 열과 성을 다하고 있다.

학문 간의 통섭과 학제 간의 융합을 전제로 하는 포괄적이고 다층 적인 '문명학' 은 폭넓은 지식의 전수는 물론 포용력이나 통찰력을 지닌 '문명화한 인성' 의 배양에 크게 이바지할 수 있다. 그래서 특히 대학과 같은 학문의 전당에서 '문명학' 을 전수하는 것은 시의적절하 며 필수여야 한다고 강조하게 된다.

문명 연구의 동연同硯으로서 이 책이 지닌 학문적 가치와 개창적 의미를 감안해 주목해야 할 학문 일서로 추천하면서 '문명학' 의 입 문자들은 물론 연구자들도 필히 일독할 것을 권장하는 바다.

2012년 1월
한국문명교류연구소장 정수일

차례

01
총론

이 책은 현대 문명 담론의 발화에 기본적으로 내재된 단·복수적 문명 패러다임의 서구 중심적 패권주의 성향을 극복하고 참된 문명관을 모색하는 데서 출발한다. 그런 의미에서 탈냉전기 인류의 미래와 역사를 '문명'이라는 새로운 분석 단위로 해석하고자 한 대표적인 두 학자 후쿠야마와 헌팅턴을 단수적singular 문명론과 복수적plural 문명론이라는 관점에서 검토하고 오류를 지적할 것이다.

이는 현재 진행되고 있는 동서 학자들의 여러 문명에 관한 '담론'을 분석하고 이를 생태지향주의 차원에서 융·통합하여 인류의 미래를 조망하기 위한 것이다. 즉 '문명생태주의 담론'이라는 시각에서 인류의 생존 지속과 공영 그리고 가치를 실현할 수 있는 바람직하고 이상적인 문명관을 안출하기 위함이다. 최종적으로는 생태문명의 확립과 그에 따른 핵심 규범 및 운용 요칙들을 도출하는 데서 결실을 맺을 것이다. 나아가 이 생명생태학적 문명관을 토대로 강권적이고 독점적인 문명혜게모니주의를 소멸시키고 세계 문명의 평등 관계를 회복시키는 현대 문명 담론의 새로운 지평을 모색해보고자 한다. 이는 현재 세계 문명은 상호 교호 속에서 이루어졌으며 미래 문명 역시 이를 토대로 발전할 것이라는 명제를 관철시키는 데 목적이 있다. 또한 서구문명중심주의와 문화제국주의가 구획해놓은 동양과 서양이라는 이분법적 사고에서 벗어나 현대 문명은 역사상 세계 인류가 함께 만들었다는 '인류운명공동체의식'을 각성시키려 한다. 이것은 인류의 평화와 공존을 담보하기 위해 동서 모두가 합심해 노력해야 한다는 '보편적 인류애'의 선행 조건이기도 하다. 뿐만 아니라 미래를 예단하는 현대 문명 담론의 공론은 시공간상 인류의 문명을 유기적으로 통합해 설명할 수 있는 상호 주체적 평등 관계를 기초로 한 '세계주의 시각'으로 종합할 수 있다. 다시 말해 21세기 시대정신은 인권과 자유를 옹호하는 입장에서 타자와 공존하는 생태적이고 전일적인 문명관, 즉 '생태문명'을 요구한다는 사실을 확인할 수 있다.

서구와 일본의 제국주의적 세계 지배 야욕의 시대가 끝난 2차 세계대전(1939~1945) 이후에도 인류 사회는 군사와 경제 강대국을 중심으로 동서 이념적 대립을 겪었고 산업·기술이라는 기준에 따라 선진국과 후진국으로 분류되어 갈등을 경험해왔다. 20세기 말 냉전 종식 이후에는 미국의 유일 지배 체제 속에서 신자유주의의 세계화 수사학 아래 다양한 국가론적·문명론적 대응과 모색이 이루어졌다. 그러나 현재는 2008년 세계금융위기 과정에서 폭로된 미국 중심의 서구화론, 즉 월가 표준을 세계 표준으로 관철시키고자 하는 세계화 담론의 파산으로 치닫고 있다. 이 일련의 미국발 금융위기(2008년)와 함께 찾아온 유럽발 재정위기(2009년)는 세계경제를 패닉 상태로 몰아넣었다. 그 여진과 불안은 현재에도 지속되고 있다. 또한 서구중심주의의 세계사적 철수 단계인 세계화의 패퇴는 중국을 비롯한 동아시아 중심의 새로운 '아시아태평양 시대'를 촉진시키고 있다.[1]

특히 20세기 후반 급변하는 시대에 인류는 세기적 전환기를 준비하면서 기술전자공학시대(Z. Brzezinski, 1980), 후기산업사회(D. Bell, 1980), 초산업사회(A. Toffler, 1980), 정보화시대(J. Naisbitts, 1982), 탈근대사회(Kurth, 1992), 후기자본주의사회(P. Drucker, 1992) 등 변화의 본질을 파악하기 위해 수많은 노력을 기울여왔다. 우리가 처해 있는 현시점은 '정보혁명'[2]의 와중에 있다는 사실 말고도, 경제, 정치, 사회, 문화 각 방면에 걸쳐서 혁명적인 변화를 겪고 있는 그야말로 시대의 전환기임에 틀림없다. 이런 점에서 "앨빈 토플러Alvin Toffler는 정치제도, 생활양식, 문화적 욕구, 사회의 조직 원리, 국가 간의 관계 등에도 혁명적인 변화가 오고 있다고 주장한다".[3] 또한 최근 저명한 미래학자 제러미 리프킨Jeremy Rifkin은 문명의 명멸 원인을 공감 empathy의 물결과 엔트로피entropy의 상호관계 속에서 찾으면서 21세기에는 새로운 커뮤니케이션 혁명과 더불어 '분산 자본주의'가 인도하는 '3차 산업혁명'이 진행될 것이라고 전망한다.

이와 같이 각 분야에서 전반적으로 재구성을 요하는 새천년 21세기는 대변혁을 예고함은 물론 이미 실현되어가는 과정이다. 이러한 시대적인 대변혁은 탈냉전기 국제정치질서에도 예외 없이 나타났다. 현대 국제정치는 과거의 냉전적 세계정치질서가 와해되고 동서 이데올로기의 대립과 그로 인한 군사적 대립이 종식된 상황으로 전개되었다. 그리고 이에 발맞춰 학계에서는 현재와 미래의 국제 질서와 세계체제는 무엇에 기초하여 형성될 것인가라는 문제에 대한 논의와 모색이 한창 시도되고 있다. 특히나 몰타체제로 대변되는 탈냉전 시대의 개막과 함께 기존의 국제관계 이론인 현실주의나 다원주의에 대한 대안으로 '문명 패러다임civilizational paradigm'이 등장하여 '문명'이라는 새로운 분석 단위가 제시되었다.

'문명 패러다임'의 문제를 제기한 학자 중 대표적 인물은 미국의 석학 헌팅턴Samuel P. Huntington이다. 특정 시대에 공유하는 '패러다임'으로 사회 현상을 설명할 수 없을 때 이를 해결하기 위해 새로운 패러다임이 출현할 수밖에 없다는 토머스 쿤Thomas S. Kuhn의 주장처럼 헌팅턴의 문명 패러다임은 갑자기 도래한 냉전의 종언을 예측하지 못했던 국제정치학상의 방법론적 반성에 뿌리를 두고 있다. 여기서 '패러다임'이란 지적한 바와 같이 쿤으로부터 차용된 개념으로 통상 어떤 한 시대 사람들의 견해나 사고를 지배하는 이론적 틀이나 개념의 집합체로 이해된다.

'패러다임paradigm'의 어원은 그리스어 '파라데이그마paradeigma'다. 플라톤Platon의 《대화편》에 의하면 파라데이그마는 참된 인식으로서 바른 실천적 삶에 사용될 본이나 기준 또는 표준을 의미했다. 그러나 현대적인 '패러다임' 개념은 주지하다시피 토머스 쿤이 《과학혁명의 구조The Structure of Scientific Revolution》(1962)에서 획기적으로 시도한 것이다. 쿤은 과학에서 기본이 되는 이론과 법칙들, 기본적인 법칙을 다양한 상황에 적용하는 표준적인 방법, 도구적인 기술, 형이상학적인 원리, 이론의 선택, 평가, 비판과 관련된 원리 등의 총체를 '패러다임'이라고 했다.

또한 토머스 쿤은 이에 그치지 않고 그 개념이 갖는 애매함과 오해의 소지를 해소하기 위해 1970년판 〈후기〉에서 재차 패러다임을, 특정 공동체의 구성원들이 공유하고 있는 신념, 가치, 기술 등의 총체를 지칭하는 개념 또는 이 같은 총체 중의 한 구성 요소를 의미하는 것으로서 구체적인 수수께끼 풀이에 사용되는 모델과 실례를 의미하는 개념으로 명확히 정의했다. 이 '패러다임' 개념의 특징은 과학의 변화 모델을 설명하는 데 있다. 쿤은 과학 변동 단계를 지배적인 패러다임 안정기(정상 과학기), 선패러다임기(비정상성의 폭발과 위기) 그리고 과학혁명기로 구분했다. 쿤의 패러다임은 이후 과학철학에만 한정되지 않고 인문, 사회과학 등에서도 널리 원용되고 있다.[4]

여하튼 이 '패러다임' 개념은 문명과 연결되어 현대의 대표적인 문명 담론으로 자리매김하고 있다. 종래의 슈펭글러O. Spengler, 토인비A. Toynbee 등이 문명을 세계 역사에 적용시킨 경우는 있었지만 헌팅턴처럼 정치학자가 문화와 문명을 통해 국제정치나 세계 체제를 설명하려 한 경우는 거의 없다. 뚜웨이밍杜維明은 이 사실과 관련하여 헌팅턴 이론이 발현시킨 긍정적인 면을, 즉 "정치학자로서 또한 냉전을 배경으로 헌팅턴이 이 문제(문명충돌론)를 제기한 이후 문명 대화의 문제는 학술과 종교의 영역에서 지식계 전체로 확대되었고 심지어 국제정치의 영역으로까지 확대되었다"[5]고 인정하고 있다.

헌팅턴은 탈냉전 이후 세계 질서 재편의 핵심 변수는 '문명' 임을 천명했다. "1980년대 말 공산 세계가 무너지면서 냉전체제는 역사의 뒤안으로 사라졌다. 탈냉전 세계에서 사람과 사람을 가르는 가장 중요한 기준은 이념이나, 정치, 경제가 아니다. 바로 문화다."[6] 그런가 하면 "세계 정치는 문화와 문명의 괘선을 따라 재편되고 있다. 여기서 가장 전파력이 크며 가장 중요하고 위험한 갈등은 사회적 계급, 빈부, 경제적으로 정의되는 집단 사이에 나타나지 않고 상이한 문화적 배경에 속하는 사람들 사이에서 나타날 것이다"[7]라고 미래 세계를 예측했다.

이 '문명충돌론' 은 냉전 종결 이후 "붉은 위협은 사라졌다. 그러나 이슬람은 존재하고 있다"[8]는 식으로 미국 국민에게 강력한 적에 대한 이미지를 형상화시킴으로써 폭발적인 효과를 누렸다. 2001년 9·11 뉴욕 테러 사건의 발발 당시 정작 헌팅턴 자신은 언론과의 인터뷰에서 이번 테러는 '문명 대 야만' 의 충돌이지 문명 사이의 충돌로 보아서는 안 된다고 부인하기도 했다. 하지만 헌팅턴의 이론은 이 테러 사건과 그에 따른 아프가니스탄·이라크에 대한 미국의 연이은 보복 전쟁으로 인해 국내외 대중 매체에 광범위하게 회자되면서 더욱 높은 관심을 받았다.

그런데 헌팅턴의 이론은 사실 탈냉전 직후 풍미했던 탈역사론에 대한 비판적 회의와 문제 제기에서 출발한다. 헌팅턴의 사고 반대편에는 "자유주의가 드디어 역사의 짐들이었던 파시즘과 공산주의를 청산했기 때문에 역사는 그의 종착역에 도달했다"[9]고 보았던 후쿠야마 Francis Fukuyama류의 '역사종말론'이 존재한다. 20세기 제3세계는 수많은 우여곡절을 겪었지만 제1세계에서는 정치적 혁명 대신에 과학과 기술의 혁명만을 논하고 있었다. 탈역사의 주장들은 과학과 기술 이외의 어떠한 이데올로기도 인정하지 않는다. 특히 후쿠야마의 탈역사는 미국인의 실용주의와 청교도적 전통의 세계 지배로 나타나고 있다.[10] 이것은 하이테크 시대 팍스 아메리카나Pax Americana의 세계 재편을 뒷받침하는 정치철학의 한 형태로 볼 수 있다.

실제로 서구 문명이 보편적 역사상을 바탕으로 인도하는 세계가 물질적 풍요와 정치적 안정을 성취한 자본주의와 민주주의 체제였다는 사실이 쉽게 부정될 수는 없을 것이다. 더욱이 최근 복수론의 강세로 문명이 긍정적 의미에서 인류 사회의 보편적 진보 상태를 기술하는 용어로 전환되고 있는 것도 주로 서구에 의한 주체적 자각의 산물이다. 근현대 자본주의 체제는 최첨단 기술의 비호 아래 지역성을 극복하고 더 넓은 시장을 찾아나서는 확장주의적 본질에 따라 상호 연계성으로서의 지구촌화의 길을 열어놓았다. 이렇듯 오늘날 현대 첨단 문명은 고도의 과학적 지식과 기술을 활용하여 물질적 부를 생산한 결과이고 인간의 이기심에 호소한 시장경제는 물질문명의 이기를 창출하는 데 가장 효과적인 장치인지도 모른다. 이러한 사실들은 현대 과학기술정보사회가 세계적 차원에서 일구어 놓은 경이로운 물질적 풍요는 물론이고 산업사회주의와의 치열한 투쟁에서 '자유민주주의'의 최종적 승리를 확인하는 결정적인 논거들 중 하나일 것이다.

그런 점에서 동유럽의 현실사회주의 소멸과 소련의 붕괴 등 일련의 공산권의 몰락은 역사에 대한 새로운 의미 부여와 반성을 촉진시켰다. 실제로 당시 좌파의 비관론자들이나 우파의 낙관론자들 모두 '역사의 종말'을 주장했다. 하지만 그 동기와 관심은 전혀 달랐다. 비관론자들은 세기말적인 절망과 회의 속에서 역사를 이미 의미를 잃어버렸거나 아예 무의미한 것으로 간주하면서 '역사의 끝'을 주장했다. 그에 반해 낙관론자들은 서구 자본주의가 마침내 지속적인 승리 상태에 있다고 판단함으로써 '역사의 끝'을 이야기하고 있다. 이 낙관론자들 중 대표적인 인물이 바로 후쿠야마다. 그는 북미, 서유럽, 일본은 탈역사 단계에 진입했지만 러시아와 중국을 포함한 제3세계는 아직도 역사의 단계에서 헤매고 있다고 주장한다.[11]

김명섭은 20세기 말 탈냉전의 상황에서 폭발한 이 현대 문명 담론과 관련하여 "문명이라는 분석 단위는 국가라는 분석 단위가 포괄하기에 너무 큰 문제를 다루는 데 적합하고 국가라는 단위로 분석하기에 너무 작은 문화적 문제를 다루는 데도 유용하다"[12]라고 평가한다. 나아가 그는 탈냉전 국제정치학에서 문명 패러다임이 등장하게 된 시대적 배경을 다음과 같이 분석한다. "첫째, 냉전체제의 주요한 구성 부분이었던 이데올로기적 갈등 구조가 와해된 이후 보다 긴 역사성을 가진 과거의 갈등 구조가 새로운 주목을 받기 시작했다. 둘째,

냉전 종식 이후 전통적인 세력권의 경계를 둘러싼 갈등은 더욱 첨예해졌다. 이것은 냉전 시대를 통해 과거 삼국동맹Triple Alliance과 삼국협상Triple Entente의 경쟁적 구도 하에서 강압적 흡수의 대상이었던 비서구적 공간들이 없어진 것과 깊은 관련이 있다 …… 셋째, 비록 냉전체제가 무너졌다고 하더라도 이미 냉전 구조에 의한 국제 체제로의 편입이 진행된 비서구적 지역들에게 있어서 과거의 전통적이고, 자기완결적인 지역공간으로의 회귀는 불가능했다. 넷째, 냉전 시기 서유럽에서는 이미 베스트팔렌적 관점의 영토 개념 자체에 대한 문제가 제기되기 시작했다. 유럽석탄철강공동체(1951), 유럽경제공동체 EEC, 유럽공동체, 유럽연합 등이 구현되면서 공통된 문명적 토대를 기반으로 한 새로운 초국가적 주체가 출현했다. 다섯째, 냉전체제 하에서 어쩌면 냉전체제를 이용해서 동아시아는 눈부신 경제적 발전을 이룩했고 동아시아에 대한 활발한 담론이 전개되었다."[13]

또한 문명교류학의 개척자 정수일은 20세기 후반 냉전 시대가 종결되면서 문명 패러다임, 즉 문명에 의한 새로운 대안과 해법의 모색이 화두로 부상하게 된 역사적 배경을 다음과 같이 설명한다. "인류가 각종 사회 문제를 해결하기 위하여 추구해오던 정치적·경제적·군사적·이데올로기적 패러다임이나 방도는 두 차례의 세계대전과 냉전의 종식을 계기로 그 효용에 대하여 회의론이 제기되자 대안으로 정신적 및 물질적 보편 가치를 실현할 수 있는 문명으로 관심을 돌리기 시작했다. 그러면서 새로운 '문명 패러다임'으로 현실을 해석하고 미래를 예단하려는 학구적 탐색이 여러모로 시도되어 마침내 현대적 문명 담론의 장이 열리게 되었다."[14]

주지하다시피 근대 문명 담론은 문명 자체의 탄생, 성장, 멸망, 이동에 관한 것으로서 대부분 정형화된 구조를 띠었다. 그러나 20세기 후반의 '현대 문명 담론'은 갈등적이고 대립적인 국가, 민족, 정치, 경제, 이데올로기 등의 굴레에서 벗어나 탈냉전의 시대 상황에 신축성 있게 대응할 수 있는 분석 단위, 즉 공분모적 복합체인 '문명'에서 해법을 강구하고 있다. 이미 논급한 바와 같이 특히 탈냉전기 국제정치질서가 와해되고 동서 이데올로기의 대립과 그에서 기인한 군사적 대립이 종식된 상황에서 새천년 21세기의 국제관계와 세계체제를 '문명 패러다임'으로 설명하고자 하는 논의가 화두가 되었다. 이것은 여러 국내외 학자들의 지적대로 기존의 국가 패러다임을 대체할 수는 없을지라도 적어도 보완적 패러다임으로서의 적실성과 유용성은 갖추었다고 판단된다.

그러나 많은 장점에도 불구하고 여기에는 탈냉전 시대의 '서구 중심적 신제국주의' 내지는 '오리엔탈리즘Orientalism적 서구패권주의' 성향이 짙게 깔려 있다. 동시에 세계 문화와 문명 체계의 이해 면에서도 '동'과 '서'로 갈라놓고 대결 의식만을 고취하는 지극히 이분법적인 사고가 내장되어 있다. 우리는 이러한 현대 문명 패러다임의 치명적인 오류를 극복하고 오리엔탈리즘이나 옥시덴탈리즘 Occidentalism식의 편협주의와 일방주의에서 탈피한, 균형을 갖춘 문명관을 모색해야 할 것이다. 왜곡되고 그릇된 이론과 관념이 비판·수정되지 않고 우리의 의식을 붙잡는 한 인류 공영을 위한 올곧은 이념이나 역사, 문명은 구축될 수 없기 때문이다.

이 책은 현대 문명 담론의 발화에 기본적으로 내재된 단·복수적 문명 패러다임의 서구 중심적 패권주의 성향을 극복하고 참된 문명관을 모색하는 데서 출발한다. 그런 의미에서 탈냉전기 인류의 미래와 역사를 '문명'이라는 새로운 분석 단위로 해석하고자 한 대표적인 두 학자 후쿠야마와 헌팅턴을 단수적singular 문명론과 복수적 plural 문명론이라는 관점에서 검토하고 오류를 지적할 것이다. 이는 현재 진행되고 있는 동서 학자들의 여러 문명에 관한 '담론'을 분석하고 이를 생태지향주의 차원에서 융·통합하여 인류의 미래를 조망하기 위한 것이다. 즉 '문명생태주의 담론'이라는 시각에서 인류의 생존 지속과 공영 그리고 보편 가치를 실현할 수 있는 바람직하고 이상적인 문명관을 안출하기 위함이다. 최종적으로는 생태문명의 확립과 그에 따른 핵심 규범 및 운용 요칙들을 도출하는 데서 결실을 맺을 것이다.

나아가 이 생명생태학적 문명관을 토대로 강권적이고 독점적인 문명헤게모니주의를 소멸시키고 세계 문명의 평등 관계를 회복시키는 현대 문명 담론의 새로운 지평을 모색해보고자 한다. 이는 현재 세계 문명은 상호 교호 속에서 이루어졌으며 미래 문명 역시 이를 토대로 발전할 것이라는 명제를 관철시키는 데 목적이 있다. 또한 서구문명 중심주의와 문화제국주의가 구획해놓은 동양과 서양이라는 이분법적 사고에서 벗어나 현대 문명은 역사상 세계 인류가 함께 만들었다는 '인류운명공동체의식'을 각성시키려 한다. 이것은 인류의 평화와 공존을 담보하기 위해 동서 모두가 합심해 노력해야 한다는 '보편적 인류애'의 선행 조건이기도 하다. 뿐만 아니라 미래를 예단하는 현대 문명 담론의 공론은 시공간상 인류의 문명을 유기적으로 통합해 설명할 수 있는 상호 주체적 평등 관계를 기초로 한 '세계주의 시각'으로 종합할 수 있다. 다시 말해 21세기 시대정신은 인권과 자유를 옹호하는 입장에서 타자와 공존하는 생태적이고 전일적인 문명관,

즉 '생태문명'을 요구한다는 사실을 확인할 수 있다.

한국 정치생태학의 기초를 닦은 문순홍은 생태 비평을 논할 때 '생태 패러다임'보다는 '생태 담론'이라는 용어를 선호한다. 본래 '담론discourse'에 관한 이론은 소쉬르F. de Saussure의 언어학에서 시작되었다. 소쉬르는 담론이라는 이름으로 능기signifier와 소기signified의 관계로 이해된 기호들sign을 연구했다. 이후 이 담론 이론은 푸코Michel Foucault, 라클라우E. Laclau, 무페C. Mouffe 등을 통해 사회과학의 영역에 도입되었고 언어 이론에서 국가와 정치권력에 대한 분석에까지 쓰임이 확장되었다. 그래서 담론은 문장보다 큰 단위의 언어군으로 정의되는가 하면, 푸코에게서는 지식과 경험을 체계화하는 담론적 형성 혹은 이데올로기적 덩어리를 이론적으로 정리하는 거시적 개념틀로 정의되기도 한다.[15] 이렇게 볼 때 '담론'이란 상호 작용하고 공명하는 맥락을 전제로 한 역동적이고 관계적인 개념임을 알 수 있다. 이 전체 글 역시 세계 문명의 이해와 문명들 간의 관계 분석에서 상호 연결망에 역점을 두는 생태학적·유기체적 방법을 따른다는 점에서 '문명생태주의 담론'이라는 명칭과 입장을 취한다.

이 생태문명과 관련하여 인류의 미래 문명을 조망한다는 점에서 제러미 리프킨의 '생물권 정치론'이 주목된다. 이미 앞서 언급했다시피 리프킨은 '공감'을 인간 이해의 새로운 키워드로 내세운다. 그는 최근 생물학계의 연구 결과, 곧 거울신경세포Mirror Neurons라는 '공감 뉴런' 이론에 기초하여 인간을 적대적 경쟁보다는 유대를 가장 고차원적 욕구로 지향하는 존재로 재규정한다. 더욱이 생물학적 구조에 내장된 이 공감 성향은 "우리의 인간성을 완성하게 해주는 실패 방지용 메커니즘이 아니다. 오히려 그것은 인류를 하나의 대가

족으로 묶어주는 기회다"[16]라고 말한다. 이처럼 리프킨은 세계적으로 확장되고 있는 공감적 연대감이 수많은 사람들의 글로벌 네트워크를 이어줌으로써 범인류적 교류를 가능하게 하는 접착제로 기능하고 있다고 주장한다.

통념상 과거의 지정학은 환경이 만인이 만인과 싸우는 거대한 전장이라는 가정 위에서 성립한다. 그러나 리프킨의 입장에서 볼 때 '생물권 정치biosphere politics'는 지구가 상호 의존적 관계로 맺어진 살아 있는 유기체이며 우리는 공동체를 보살핌으로써 생존할 수 있다는 생각을 바탕으로 한다.[17] 리프킨은 현재 인류의 환경 문제와 경제 침체 등도 20세기 지정학적 권력 투쟁에서 21세기 생물권 정치로의 이동을 의미하는 '분산 에너지 체제'가 구원할 수 있을 것으로 보았다. 그는 생물권 정치를 다음과 같이 설명한다. "새로운 분산 에너지 시대에 통치 제도는 그들이 관리하는 생태계의 작용을 닮아갈 것이다. 서식지가 생태계 안에서 기능하듯, 그리고 생태계가 서로 연관된 그물망에 있는 생물권 안에서 기능하듯, 통치 제도는 다른 통치 제도나 전체 통치 제도로 통합되는 관계의 협력적 네트워크 안에서 가능할 것이다. 이 새로운 복합 정치 기구는 그것이 몸담고 있는 생물권과 마찬가지로 상호 의존적이고 호혜적으로 작동한다."[18]

인류의 현재와 미래 세계에 대한 리프킨의 지적 통찰력이 시사해주는 것처럼, '생태철학'은 21세기의 보편적 가치인 다원성과 타자성을 포용하는 생태학적 보편 문명의 도래를 예고한다. 사실 개별 분과 과학이 주로 지식을 전달한다면 철학은 지혜를 제공해준다. '지식'이 물질과 사회에 대처하는 정보나 방법 등을 여러 방면에서 제시해준다면 '지혜'는 인간의 가치 취사, 노력 방향 등을 일깨워준다.

생태지향주의는 이 지혜 영역에 해당한다고 할 수 있다. 생태 지혜는 상호 연관적 세계에서 나의 완성이 갖는 진정한 의미를 발견하도록 한다. 나의 완성은 이제 나 중심, 인간 중심, 특정 문명 중심에서 벗어나 우리 중심, 자연 중심, 세계 문명 중심이라는 일체 생명적 평등성으로 확장된다.[19] 우리는 이제라도 생명과 생태의 인문사회학을 구성하여 우리 삶의 생명소로 율동하는 생명의 네트워크, 즉 인류를 하나로 묶는 공동체 의식을 고취시켜야 한다. 그리하여 소외된 인권이나 민족이 없이 모든 인류가 함께 행복을 누리는 가시적인 문명의 합일점을 도출해내야 한다.

이런 점에서 문명생태주의 비평은 지배 이데올로기적 문명강권주의의 내부에 깊이 침투하여 거침없는 비판을 가할 것이다. 그리고 방대한 다층의 이분법적 문명 차별 구조를 소멸시키는 파괴적인 힘으로 작동할 것이다. 생태 지향적 문명관은 서구중심주의, 중화주의 등 문명패권주의에 대한 단호한 부정과 저항이다. 여기서는 그 단서를 세계주의 시각의 생태와 문명의 융합 차원에서 모색해보고자 한다. 이 노력은 문명의 독점과 충돌이라는 냉엄한 현실과의 대결 속에서 세계 문명권의 화해와 공존을 담보하는 생명생태중심적 문명관으로 결집될 것이다. 이 의미에서 박이문은 "우리는 아직도 문명의 진보에 대한 희망, 즉 비참한 경제적 빈곤과 육체적으로나 정신적으로 참을 수 없는 사회적 억압에서 보다 더 큰 해방, 인간들 간의 박애적 평등과 인류와 자연 간의 조화로운 공존과 친애 등으로 인류가 수천 년 동안 막연하게나마 꿈꾸어 왔던 유토피아에 조금이라도 더 가까워갈 수 있다는 진보에 대한 꿈을 포기하지 않고 그러한 이상을 위해 희망을 걸고 한결 더 노력할 수 있다"[20]고 피력한다.

생태학적 시각에서 볼 때 타자가 우리의 세계관을 통해 관찰되듯이 우리 역시 타자의 시각 속에 존재한다. 그야말로 정체성은 '자아'와 '타자'의 상호 투영과 의존 속에서 규정되는 것이다. 종래 이분법적 서구 근대성은 인류의 역사와 문명을 이성과 비이성, 진보와 정체, 문명과 야만, 서양과 동양, 계몽과 미개 등으로 양분하여 이 양자 도식 중 하나를 택일해야 한다는 단선적 진보사관을 강요해왔다. 이에 반해서 미래의 생태문명은 지금까지 주체로서의 이성, 정신, 인간, 서양 등의 요소에 의해 분석과 제어의 대상으로 치부되어 그동안 그로 인해 억눌려왔던 감성, 육체, 자연, 동양에 대해 평등 관계로서의 생명과 마음을 부여한다. 다시 말해 중심에 대한 주변의 대등한 다중심적 복권을 선언하는 것이다. 이 열림과 소통의 생태지향주의는 이성에 의한 비합리성 지배, 남성에 의한 여성 지배, 식민자에 의한 피식민자 지배, 백인에 의한 유색인 지배, 중심 문화에 의한 주변 문화 지배라는 일체의 이분법적 강제를 해체하도록 독려한다. 이 사상은 우리가 염원하는 참 자유세계의 지평을 열어줄 것이며 강권에 저항하고 평화와 평등 사회를 구현하는 인류의 자유주의 혁명가의 행로를 밝혀줄 것이다.

이 책은 제1부 〈현대 문명 담론의 이해〉와 제2부 〈문명강권주의 비판〉이라는 두 주제로 구성되었다. 제1부와 제2부의 내용을 각 장별로 간략히 소개해 보면 다음과 같다.

1장 〈총론〉에 이어 제1부 2장 〈동서 문화·문명의 개념과 그 전개〉는 현대 문명 담론의 개념적 이해를 중심으로 다룬 글이다. 일반적으로 현대를 가리켜 '문화'와 '문명'의 시대라고 일컫는다. 특히 오늘날 세계화 논의와 교차하여 문화와 연결된 '문명'을 통해 탈냉전기 시대정신과 위기를 읽고 그 상황에 신축성 있게 대응하고자 하는 문명 담론이 21세기 새로운 화두로 부상하고 있다. 이 장은 여기에 발맞춰 현대 문명 담론의 개념적 이해와 그 창조적 발전의 토대 구축을 위해 문화와 문명의 어원적 분석을 시도한 것이다. 아울러 이 양자의 서양적 기초와 현대적 진화를 재조명함으로써 미래 지향적인 '문명학'의 초석을 마련하는 데 목적이 있다.

서구의 문화Culture와 문명Civilization의 의미 구성체는 17~18세기 근대 계몽주의 시기 '시민 계층'과 '시민사회'의 운명과 함께 형성되었다. '문명' 개념이 영국과 프랑스 시민 계층의 사회적 운명을 반영한 것이라면 '문화' 개념은 독일 시민 계층의 운명을 담고 있다. 독일 지식인들이 문화에 특별한 의미를 부여해 계몽주의적 문명에 대해 문화적 비판을 가하고 문명을 타자화하면서 이 양자의 적대적 분열이 초래되기도 했다. 그럼에도 불구하고 현재 '문명' 개념은 문명 생태학적 관계망network을 규정하는 '세계주의적 시각'으로서 또는 인류 문명의 진정한 공존을 위한 탈중심화의 현대적 문명 개념으로서 지속적으로 재탄생되고 있다. 아울러 '문명 간의 공존'이라는 현재적 의미로 탈바꿈되어 끊임없이 창조적으로 인신되고 있다.

이처럼 본 장에서는 문화와 문명의 서구적 개념사를 비롯해서 이 두 단어를 둘러싸고 전개된 서구의 복잡한 개념 논쟁을 검토함과 동시에 두 단어의 번역과 도입 시 벌어졌던 서구적 논쟁과 얽혀 있는 동양적 의미 전개를 분석했다. 그럼으로써 현대 여러 동서문명 담론의 심층적 이해를 제고시켜 현재 활발하게 진행되고 있는 '문화학' 연구의 결손을 보완하는 '문명학' 정립의 가능성을 공론화하고자 했다. '문화학'의 활성화는 필연적으로 상보적 관계에 있는 '문명학' 연구와 병행되어야만 그 함의를 더욱 풍요롭게 하고 폭넓은 지평을 기약할 수 있기 때문이다.

3장 〈서구 패권적 현대 문명 패러다임 비판과 그 대안 모색〉에서는 후쿠야마의 단수적 문명전파론과 헌팅턴의 복수적 문명충돌론을 중점적으로 고찰한다. 20세기 후반 탈냉전기 국제정치질서가 와해되고 동서 이데올로기의 대립과 그에서 기인한 군사적 대립이 종식된 상황에서 새천년 21세기의 국제관계와 세계체제를 '문명'으로 해석하고자 하는 '문명 패러다임'이 제시되었다. 이 논의가 기점이 되어 인류 미래의 해법을 공분모적 복합체인 '문명'에서 강구하려는 여러 형태의 현대적인 '문명 담론'이 폭발된 것이다. 3장에서는 여기에 부응하여 현대 문명 담론의 원형적 발제라고 할 수 있는 문명 패러다임을 단·복수적 문명론 차원에서 비판적으로 분석했다. 구체적으로, 대표적인 두 학자의 이론, 즉 후쿠야마의 단수적 문명전파론과 헌팅턴의 복수적 문명충돌론을 중심으로 현대 문명 담론의 이해와 전망을 시도했다.

개념사로 볼 때 '문명'은 두 가지의 서로 다른 의미를 가진다. 하나는 단수적singular 의미의 문명이고 또 다른 하나는 복수적plural 의미의 문명이다. 현대 서구에서는 동서 냉전의 종결과 함께 주로 두 방향에서 미래의 전망이 이루어졌다. 그것은 현대 문명 담론과 밀접한 연관이 있는 후쿠야마의 단수적 '역사의 종말'과 헌팅턴의 복수적 '문명의 충돌'에 대한 논의다. 그러나 이 문명론적 미래 전망에는 탈냉전 시대의 '서구 중심적 패권주의'가 내장되어 있다. 다시 말해 양자에는 세계 문명을 '동'과 '서'의 분열 구도로 구획하여 서구의 이익을 조장하는 마니교적 이분법이 작동하고 있다.

이 장은 이러한 단 · 복수적 문명 패러다임의 치명적인 결점을 극복하고 문명 담론으로서의 본래적 기능을 복원하기 위해 기획된 것이다. 그 일환으로서 후쿠야마의 문명전파론과 헌팅턴의 문명충돌론을 '세계화'라는 문맥 속에서 비판적으로 검토했다. 그리고 분석과 비판 과정에서 발전적이고 체계적인 현대 문명 담론의 학문적 토대를 기초하고 참된 문명관의 밑그림을 그려보고자 했다. 진정한 의미의 '문명 담론'은 관점의 탈중심화 속에서 '모두가 누리는 행복'이라는 인류문명공동체의 진지한 염원을 담아내야 한다.

4장 〈세계화와 문명〉은 세계화 차원에서 비판적 문명학을 정식화하기 위해 기획된 것이다. 세계화는 일련의 서구의 세계 지배 전략인 문명화, 근대화와 함께 서구보편주의에 착근되어 있다. 서구제국주의와 연계된 세계화의 실체를 파악하고자 한다면 무엇보다도 문명사적 시각에서 세계화의 원초적 동인인 '자본주의적 근대성'의 역사 궤적을 추적해야 한다. 이 연구는 신자유주의적 세계화의 제반 개념군에 대한 비판과 함께 세계체제의 기원과 해독을 읽어내고 논박하는 것이다. 이를 통해 그로부터 유전된 현대 문명 담론의 여러 부정적 함의들을 읽어내고 그 역사 역기능적인 요소들을 제거시킬 수 있다. 이런 의미에서 본 장에서는 선행적으로 '문명'과 관련된 강권 이데올로기로서 서구보편주의의 역사적 유래와 전개 양상을 분석하고 본질을 규명하고자 했다. 나아가 서구 중심적 세계 이해와 관련된 서구제국주의의 여러 형태와 논거의 일단을 논파하고 문명론적 대안을 제시함으로써 비판적 현대 문명학 건립의 초석을 마련하고자 했다.

최근 '문화학' 연구는 근대적 문화Culture 개념을 전제로 문화학을 세계적 근대성, 즉 '세계화'와 접목시키려는 경향을 보인다. 이로 볼 때 문명 담론으로서의 현대 '문명학' 정립 역시 근대적 문명Civiliza-tion 개념을 토대로 한다는 점에서 '근대성'과 접맥된 세계화 차원에서 연구를 심화시켜야 할 것이다. 근대적 문명 개념에는 두 가지 의미가 내포되어 있다. 하나는 문명 복수적 측면에서 인간 삶의 양식에 대한 미시적 차원의 문화를 포괄하는, 이른바 거시적 차원의 총체적이고 포괄적인 의미다. 다른 하나는 문명의 단수적 측면에서 야만과 상반되는 '진보', '발전', '도덕'의 의미다. 이 관점이 바로 타 문명의 가치와 특수성을 야만시하는 일방적인 서구의 단선적 진보사관으로 이어져 '서구보편주의' 혹은 '서구중심주의'를 정당화하는 기제로 작용하고 있다. 서구의 팽창은 근대성과 결부되어 단일적 서구 계몽주의 이성의 고도의 획일화된 문화적 기획 속에 자리한다. 이른바 서구 헤게모니의 변형체인 문명화, 근대화, 세계화는 계몽주의 기획의 연장인 자본주의적 근대성의 범주 안에서 구술될 수 있다.

　현세기 문명단수론의 끝자락에는 부정적 세계화 측면에서 '신자유주의'가 자리한다. 최근 세계화는 신자유주의 정치프로젝트의 결과이자 구성 요소로 파악되며 기득권 이익의 극대화라는 신자유주의적 목표를 구현하기 위해 추진되는 과정으로 이해된다. 이 일련의 서구보편주의가 조장한 현대 문명의 제반 모순성들을 감안할 때 그 극복 방안을 모색하지 않을 수 없다. 이에 먼저 동전의 양면처럼 존재하는 문명의 단수적 의미에 대한 복수적 의미의 자성적 비판과 교정을 생각해볼 수 있다. 이 논단은 총체적 의미의 문명 개념을 활성화시키는 연구 작업과 관련된다. 문명의 진보적 범주가 단수적 측면에서 특권 문명의 권익을 수호하는 단선적 진보사관의 모체가 되었다면 총체적 의미의 범주는 복수적 측면에서 세계 문명의 평등 관계를 독려하는 학적 토대를 이룬다. 이 총체적 관점은 문명의 다원주의를 옹호하여 독점주의를 지양하고 문명 간의 차이를 상이한 문화소에 의한 것으로 인지케 한다. 또한 문명의 주체가 결국 인간을 최소 단위로 한다고 했을 때 현대 문명의 여러 폐단 역시 인간에 의한 극복을 상정해볼 수 있다. 이 방안은 시민 문화의 이상체로서 시대정신을 구현하고 주변적 사유를 실천하는 현재적 의미의 '문명인'의 재탄생을 의미한다.

　제1부의 마지막 부분인 5장 〈현대 문명의 생태학적 전환〉은 현대 문명 담론을 생태학적 세계화 차원에서 체계화하기 위해 기획된 것이다. 아울러 단·복수론의 궁극적 지평의 융합으로서 메타 이론적 학문 토대를 기초함은 물론 최종적으로는 인간과 자연, 중심과 주변, 서구와 비서구 등의 이분화적 갈등 구도를 파기하고 생태학적 관계성 회복을 전제하는 생태문명의 정립을 목표로 한다. 현재 인류가 직면한 여러 생태학적 위기는 단순한 물리적인 환경의 파괴를 넘어 더 많은 함의를 지닌다. 금세기 생태학적 진단은 계몽주의와 산업혁명에 연원한 현대 문명의 여러 폐단들에 대한 뼈아픈 반성을 수렴하는 것이다. 생태문명의 건설은 생태 회복과 관리뿐만 아니라 전체적인 사회 문화 양식의 혁신과 관련된다. 또한 여기에는 세계화를 촉발시킨 서구 근대성에 대한 비판이 담겨 있다. 왜냐하면 근대성은 인간과 자연, 인간과 인간, 서양과 동양이라는 제 존재의 관계망들을 파편화함으로써 현대 문명의 위기를 초래한 진원지로 지적되기

때문이다.

　타자와의 관계성을 배제하는 이원적 근대성은 단수적 문명의 진보 신념으로 이어진다. 서구의 문명 개념에 내포된 '진보 대 야만'의 구획 의식은 단선적 진보사관에 연원한 서구보편주의의 세계적 동질화 과정의 근저를 이룬다. 그리고 여기에는 서구 문명의 패권을 강제하는 강권주의 논리가 함의되어 있다. 현재의 서구문명강권주의가 근대성의 닫힘과 두절의 이항 대립 의식에 근거한다면 무엇보다도 상호 주체적 연결 고리를 인정하는 생태 지향적 근대성으로서의 열림과 소통의 인식 전환이 이루어져야 한다. 이것은 복수적 근대성에 기초한 범인류 중심의 생태학적 관계망을 담보하는 '세계주의 시각'의 전일적 문명관을 요구하는 것이다. 우리가 염원하는 새로운 문명관은 인권과 생명에 위해를 가하는 일체의 강권에 대한 저항과 해체다. 아울러 인류의 평화와 공존을 위해 세계인이 합심해 노력해야 한다는 상호 주체적 평등 관계를 기초로 한 범인류 중심의 유기체적인 세계주의 문명관의 각성과 구축이다. 이처럼 생태학적 문명관은 문명 자체나 문명 사이의 상호 관계에 관한 어떤 규범적 패러다임을 설정하는 토대가 된다.

　강조컨대 현대 문명의 내핵인 근대주의가 공존 이념과 어울리지 않는다는 점에서 공생공영의 이념을 일반화하기 위해서는 무엇보다도 인간중심주의적 근대주의 문화를 비판하고 청산해야 한다. 이를 위해서는 주객 이분법의 타파 및 주체와 객체 간의 새로운 관계 설정이 중요하다. 이른바 대자연이 최고의 주체라는 자연중심주의로 회귀해야 한다. 그리고 자연 속의 모든 존재들이 저마다의 주체성을 소유하며 따라서 삼라만상이 존재의 가치와 권리가 있음을 인정해야 한다. 이를 달리 말하면 '자연 중심의 다주체적 공생주의 자연관' 이라 할 수 있다. 이 자연관을 문명론으로 치환해볼 때 '세계 문명 중심의 다문명적 공존주의 문명관' 건설의 토대로 활용할 수 있다. 생태와 문명의 교차점에는 세계 문명의 소통으로서의 '생태문명' 이 자리한다. 자연 중심적 세계관으로의 전회는 특정한 패권 문명 중심에서 세계 문명 중심으로의 인식 전환과 함께 그동안 주체와 중심의 그늘에 가려져 억눌리고 소외당했던 객체와 주변의 복권을 의미한다.

특히 서구의 이분법적 차별 구도는 근대성과 접맥된 세계화 이론에 깊이 착근되어 있다. 현재의 세계 문명은 '세계성 대 지역성' 내지는 '근대성 대 전통성' 이 대립하면서 서로 거대한 압력을 행사하는 각축장이 되고 있다. 이것은 단수적 보편 문명의 세계적 일체화와 복수적 개별 문명의 자기정체성 강화의 문제로 확대 해석할 수 있다. 이로 보건대 세계화와 관련된 현대 문명 담론의 최대 관건은 단·복수적 문명론의 역사순기능적인 면을 동시에 구현시킬 수 있는 문명보편주의와 문명다원주의의 화해와 회통에 있다. 즉 현재와 미래의 세계는 단일의 보편 문명과 고유한 특징을 지닌 복수의 개별 문명들이 중층적으로 공존한다고 보고 '문명다원주의를 전제로 한 보편 문명에의 지향' 으로 정리할 수가 있다. 또한 '보편 문명' 이 태생적으로 서구제국주의와 접맥된다는 점에서 다원성과 타자성을 감내하는 생명관적 자애로운 보편주의가 확보되어야 한다. 이 장에서는 이 명제들의 충족 논거로서 생태문명의 핵심 규범과 운용 요칙들을 각각 제시했다.

제2부의 첫 부분인 6장 〈현대 문명강권주의 비판 담론〉은 반서구 중심주의를 중심으로 집필된 글이다. '서구중심주의Eurocentrism

(West-centrism)'란 동과 서라는 본질적인 분열 구도 속에서 동양을 타자로 하여 서양의 타고난 우월성을 강조하는 세계관을 말한다. 근대 유럽의 사상적 기반이 된 18세기 계몽주의에 뿌리를 둔 서구중심주의의 이면에는 계몽기에 비교적 정형화된 '문명' 개념이 존재한다. 그리고 이 문명 개념에는 서구화나 근대화의 특징이 함유되어 있다. 서구로 대표되는 제도와 가치가 보편성을 띠면서 '세계화'는 점차 서구화나 근대화 과정으로 이해되었다. 이 과정에서 서구인들은 세계를 유럽의 '문명인'과 나머지 세계의 '야만인'으로 구분하는 세계 문명에 대한 차별 의식을 강화시켜왔다. 이로 볼 때 서구중심주의는 근대 영역의 신화적 재구성임을 알 수 있다.

이렇게 전개된 서구중심주의는 서구예외주의와 오리엔탈리즘이라는 두 요소로 구성된다. '서구예외주의'는 서구 문명이 특수적이고 예외적이라는 주장으로서 서구 문명의 독특성, 자생성, 항구성을 핵심 명제로 한다. 즉 서구를 제외한 세계 어디에서도 그처럼 합리적이고 독창적이고 진보적인 문명은 발전하지 못했다는 것이다. 또한 '오리엔탈리즘'에는 동양이라는 타아를 뒤떨어지고 열등한 존재라고 부정적으로 정의하는 우월한 서양적 자아의 고정적인 심상이 깔려 있다. 이 양자는 동시적으로 진행되었지만 서구예외주의가 근대 초 서구인들이 서구 문명에 대해 구성한 자화상이라면 오리엔탈리즘은 서구인들이 서구라는 거울을 통해 왜곡되게 구성한 비서구 문명의 상을 지칭한다.

6장은 이처럼 부당한 이데올로기로 세계를 동과 서로 양분하여 중심 문명의 패권을 강제하는 서구문명강권주의의 탈중심적 해체를 목표로 기획된 것이다. 이런 맥락에서 문명패권주의 통제와 문명독점주의 행태에 저항하는 '세계주의 시각'의 여러 동서 자유주의 담론들을 검토해보았다. 결국 현대 문명 담론은 생태철학이 투영되거나 그와 밀접한 관계에서 진행되며 현재 인류의 문명은 역사상 세계 인류가 교호 속에서 함께 만들었다는 '인류운명공동체의식'을 각성시킨다. 아울러 그 공론은 생명과 인권, 인간의 자유를 옹호하는 입장에서 타자와 소통하는 보편적 인류애의 생태학적 문명관, 즉 상호 주체적 평등 관계를 기초로 한 문명 공존의 '생태문명 담론'을 요청한다는 사실을 확인할 수 있다.

7장 〈주첸즈朱謙之 문화철학의 현대 문명 담론적 현재성〉은 서구 패권적 문명 패러다임에 대한 동양의 대안 담론으로서의 가능성을 주제로 작성된 것이다. 이 글은 대표적인 현대 문명 담론으로 일컬어지는 문명 패러다임의 서구 중심적 패권주의 성향 극복과 참된 문명관의 모색을 위한 동양의 문화철학적 차원의 시도다. 현대 문명 담론의 최대 관건은 단일문명론과 복수문명론의 화해와 회통에 있다. 현재 학계의 대체적인 견해는 현재와 미래의 세계는 단일의 보편 문명과 고유한 특징을 지닌 복수의 개별 문명들이 중층적으로 공존한다고 보고 '문명다원주의를 전제로 한 보편 문명에의 지향'으로 귀결된다.

이와 관련하여 주첸즈의 문화철학은 그 안에 내장된 문화의 복수론적 다원주의 유형과 그 표현 형식으로서의 역사 진화 법칙, 그리고 미래의 보편 문명으로 구상된 예술 문화의 치밀한 운용을 통해 문명 다원주의와 보편문명론 간의 상충점을 회통시킴으로써 양자의 긍정적인 면을 동시에 구현시키는 논리 구조를 갖추고 있다. 나아가 단·복수론에 기초한 후쿠야마의 단일 중심적 문명전파론이나 헌팅턴의 복수 중심적 문명충돌론의 서구 패권적 성향 역시 예술 문화의 구도 속에서 극복될 수 있다. 또한 각 문화 유형의 유기적인 조합 관계나 예술 문화의 특성과 작용으로 볼 때 주첸즈의 문화철학은 문명 간의 생태적 관계를 존중하는 생명 중심의 문화생태학적 원리를 함유하고 있다.

주첸즈에게서 문화란 생명을 가진 유기체로 파악되며 그 자체가 창조와 진화의 속성을 갖는다. 더욱이 문화의 이상향으로 제시된 예술 문화는 생명성, 예술성, 전체성, 조화성, 평화성, 대동성 등의 특징을 가지고 있으며, 세계 각 문화 유형의 보편적 이념 속에 편재하여 생명소로 작용하고 향유된다. 이런 의미에서 주첸즈의 문화철학은 서구 문명 패러다임의 대안 담론으로서 범인류 중심의 유기체적인 세계주의 문명관, 즉 '문명생태주의 담론'으로 명명할 수 있을 것이다. 동시에 각 문명의 본질적·역사적 유형을 분석해내고 문명 간의 상호 교호 법칙들을 통찰해내는 '문명 유형 철학' 내지 '문명 교류 철학'으로 자리매김하는 현대 문명 담론으로서의 현재성을 지닌다.

8장 〈중국 이학이 근대 프랑스 계몽주의에 미친 영향과 그 문화철학적 의미〉는 프랑스 데카르트 학파의 좌파 벨Pierre Bayle과 우파 말브랑슈Nicolas de Malebranche를 중심으로 이루어진 글이다. 이 장은 '서구중심주의'에 대한 문화철학적 극복과 대안 모색이라는 차원에서 중국의 '송유 이학'이 17~18세기 근대 유럽 '계몽주의' 형성에 미친 영향을 고찰한다. 구체적으로 수용자의 주체적인 관점에서 프랑스 계몽주의의 원형이라고 할 수 있는 데카르트 학파, 즉 좌파인 회의론적 진보주의자 벨과 우파인 호교론적 보수주의자 말브랑슈의 중국 형상을 중심으로 살핀다.

이들은 데카르트 철학 자체가 안고 있는 '혁명성'과 '보수성'에 근거하여 이학으로 대표되는 중국의 비종교적 이성주의 문명에 대해 각기 다른 입장과 태도를 취했다. 벨이 찬동 입장에서 중국 문명을 이성 세계의 전범으로 파악해 유럽의 수구 문화 비판과 혁신을 위한 강력한 사상적 원군으로 삼았다면, 말브랑슈는 반대 입장에서 중국 문명을 위협적인 이단 세계로 규정하여 유럽의 신성 문화 수호를 위한 비판과 공격의 대상으로 여겼다.

이러한 벨과 말브랑슈의 논의와 해석은 계시신학과 무관한 중국의 자연 이성관을 적극 부각시켜 유럽의 계몽주의 지식인들에게 진보적 영향을 미쳤다. 이를테면 그것은 프랑스의 백과전서파에게 반향을 일으켜 프랑스의 무신론, 유물론, 혁명철학으로 화하여 종교의 허위성을 폭로하고 전제 정치를 타도하는 프랑스 정치혁명의 사상적 기반으로 작용했다.

끝으로 제2부의 마지막 부분인 9장 〈조선조 주자학의 한국 유학적 전개 양상〉은 동아시아 문화강권주의라 할 수 있는 국제 이데올로기 중화주의Sinocentrism(또는 Chinese ethnocentrism)에 대한 한국 유학적 해체를 중심으로 이루어졌다. 여기에는 우리 민족의 소중한 비판적 문화유산의 발굴이라는 차원에서 한국적 인성론을 통한 한중 문화의 공유성과 평화 공존의 의미가 내포되어 있다.

이 장에서는 조선조 주자학 — '이기심성론'의 한국 유학적 전개 양상을 주자의 '이동理同', 율곡의 '이통理通', 낙학의 '성동性同', 북학파의 '인물균론人物均論'으로 연결되는 한국 유학의 독특한 사상사적 체계를 중심으로 논했다. 이 과정에서 율곡의 이통기국론과 호락논쟁의 관계와 그 투영, '인물성동이논쟁'으로 인한 낙론계의 사상 성립, 낙학과 북학의 사상적 계기, 그리고 한국 근대화로 이어지는 한국 사상사의 철학적 토대와 흐름을 이해하고자 했다.

특히 북학파의 보편동일시적 화이일론華夷一論으로 귀결되는 조선의 이기심성론은 주자 성리학의 한국적 발전임과 동시에 주자학에 내재된 '화이차별주의' 성향의 극복을 의미한다. 이처럼 이 글의 전체적 논지는 어떤 면에서는 '한족漢族중심주의'라고 할 수 있는 중국 주자학을 한국적 상황으로 융해하여 결국에는 동아시아 중세 국제 이데올로기 화이론華夷論적 성향을 탈색시켜 인류 보편적 사상으로 재구성하는 한국 사상사의 자생성을 읽어내고자 했다.

중국과 다른 주자학의 한국 사상사적 발전 양상은 문화의 신진대사인 외부 세계와의 끝없는 대등적 조응을 지향하며 현대에 와서도 한중 문화 교류의 공유성과 평화 공존 의식에 대한 문명 담론 차원의 중요한 전통적 문명 공존의 전범을 제공해준다. 이를테면 한국 이기심성론의 이통적 소통성과 화이일론은 문화강권주의에 대한 억제와 저항의 현대적 의미를 지닌다. 그것이 과거의 전통 시대에는 특권적 중심 문화를 향한 소외된 주변 문화의 결손된 권리 찾기였다면, 이제 그것은 생명의 존엄성에 입각한 우리는 하나라는 상호 동일성의 '평화공존의식'이라 할 것이다.

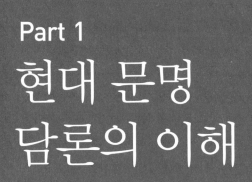

Part 1
현대 문명
담론의 이해

근대 문명 담론은 문명 자체의 탄생, 성장, 멸망, 이동에 관한 것으로서 대부분 정형화된 구조를 띠었다. 그러나 20세기 후반의 '현대 문명 담론'은 갈등적이고 대립적인 국가, 민족, 정치, 경제, 이데올로기 등의 굴레에서 벗어나 탈냉전의 시대 상황에 신축성 있게 대응할 수 있는 분석 단위, 즉 공분모적 복합체인 '문명'에서 해법을 강구하고 있다. 특히 탈냉전기 국제정치질서가 와해되고 동서 이데올로기의 대립과 그에서 기인한 군사적 대립이 종식된 상황에서 새천년 21세기의 국제관계와 세계체제를 '문명 패러다임'으로 설명하고자 하는 논의가 화두가 되었다. 이것은 기존의 국가 패러다임을 대체할 수는 없을지라도 적어도 보완적 패러다임으로서의 적실성과 유용성은 갖추었다고 판단된다.

02
동서 '문화·문명'의
개념과 그 전개
현대 문명 담론의 개념적 이해를 중심으로

2장은 현대 문명 담론의 개념적 이해를 중심으로 다룬 글이다. 일반적으로 현대를 가리켜 '문화'와 '문명'의 시대라고 일컫는다. 특히 오늘날 세계화 논의와 교차하여 문화와 연결된 '문명'을 통해 탈냉전기 시대정신과 위기를 읽고 그 상황에 신축성 있게 대응하고자 하는 문명 담론이 21세기 새로운 화두로 부상하고 있다. 이 장은 여기에 발맞춰 현대 문명 담론의 개념적 이해와 그 창조적 발전의 토대 구축을 위해 문화와 문명의 어원적 분석을 시도한 것이다. 아울러 이 양자의 서양적 기초와 현대적 진화를 재조명함으로써 미래 지향적인 '문명학'의 초석을 마련하는 데 목적이 있다.

구체적으로 이 장에서는 문화와 문명의 서구적 개념사를 비롯해서 이 두 단어를 둘러싸고 전개된 서구의 복잡한 개념 논쟁을 검토함과 동시에 두 단어의 번역과 도입시 벌어졌던 서구적 논쟁과 얽혀 있는 동양적 의미 전개를 분석했다. 그럼으로써 현대 여러 동서문명 담론의 심층적 이해를 제고시켜 현재 활발하게 진행되고 있는 '문화학' 연구의 결손을 보완하는 '문명학' 정립의 가능성을 공론화하고자 했다. '문화학'의 활성화는 필연적으로 상보적 관계에 있는 '문명학' 연구와 병행되어야만 그 함의를 더욱 풍요롭게 하고 폭넓은 지평을 기약할 수 있기 때문이다.

머리말

'문명Civilization'이란 무엇인가? 이 질문은 '문화Culture'의 정의를 포괄한 물음이기도 하다. 왜냐하면 "문명사에서 문화는 동서양을 막론하고 문명에 앞선 관용어"[1]이기 때문이다. 이 양자의 개념과 관계에 관한 규정은 동서고금을 막론하고 학자들의 공통된 난제다. 이런 점에서 미국학자 로웰A. Lawrence Lowell의 문화와 관련한 다음 말에 공감하지 않을 수 없다. "내게 주어진 곤란한 임무 중의 하나가 문화에 대한 논의다. 이 세상에서 문화를 파악하는 작업보다 더 어려운 일은 없을 것이다. 문화의 분석은 쉽지가 않다. 구성 요소가 무궁무진하기 때문이다. 또한 문화를 쉽게 설명해낼 수도 없다. 고정된 형상이 아니기 때문이다. 우리가 그 의미를 문자 언어로 규정하려는 행위는 공기를 손에 움켜쥐려고 하는 것과 같다. 우리가 문화를 찾고자 할 때 우리의 손에 쥐어지지 않는 것 말고는 그것이 존재하지 않는 곳이 없다."[2]

19세기 말에서 20세기 초 문명사와 문명철학의 선구자 슈펭글러 O. Spengler와 토인비A. Toynbee는 이에 대한 직접적인 정의보다는 독자 자신들이 처한 문화 상황이나 어휘 이해에 따라 또는 작자의 작문, 입론, 논점, 논증 구조를 통해 문화와 문명 개념을 이해시키는 방식으로 정의를 시도했다. 뒤를 이은 수많은 학자들 역시 이와 유사한 태도를 취하면서 각자 자신의 개념 체계에 맞춰 문화와 문명에 관한 다양한 정의를 내리고 있다. 특기할 점은 대부분의 학자들이 다소 불명확하더라도 '문화' 개념을 바탕으로 '문명'에 대한 정의를 시도한다는 사실이다. 가령 '문명'을 두고 헌팅턴Samuel P. Huntington은 "가장 광범위한 문화적 실체",[3] 페르낭 브로델Fernand Braudel은 "하나의 공간, 하나의 문화 지역",[4] 크리스토퍼 도슨Christopher Dawson은 "하나의 문화 관계에 걸쳐 있는 거대한 체계",[5] 그리고 정수일은 "문화는 문명을 구성하는 개별적 요소이고 그 양상",[6] 박이문은 "문명이라는 개념은 인간의 삶의 양식을 총괄적으로 지칭하는 개념으로서 문화라는 개념을 포괄한다"[7]고 각각 정의한다.

이처럼 문화와 문명에 대한 정의는 근현대에 걸쳐 무수한 학자들에 의해 이루어져왔다. 학자마다 서로 다른 시각과 방법으로 정의를 시도한 탓에 문화와 문명의 의미는 정의 내린 학자의 수만큼이나 다양하다. 예컨대 1952년 미국의 문화 인류학자 크뢰버A. L. Kroeber와 클러크혼C. Kluckhohn이 《문화: 개념과 정의의 한 비판적 검토 Culture: A Critical Review of Concepts and Definition》[8]에서 문화의 개념에 대한 표준을 세우기 위해 다양한 문화 개념을 수집하여 비판적으로 다룬 적이 있다. 그들은 여기서 무려 175개나 되는 문화의 개념과 정의를 검토한 후에 새로운 정의를 제시했지만 그마저도 기존의 개념에 또 하나의 정의를 추가하는 데 그치고 말았다. 문화 개념 정의가 얼마나 어려운가를 보여주는 대표적인 사례다.

흔히들 현대를 가리켜 문화와 문명의 시대라고 일컫는다. 21세기 오늘날 이 문제가 시대정신으로 부상한 것이다. 이러한 정세에 발맞추어 국내에서도 그에 관한 국외의 이론이나 연구 모델들이 다각도로 연구·소개되고 있다. 그러나 대부분 '문명'이라는 단어는 배제된 채 중첩된 개념으로서 '문화'를 중심으로 연구가 진행되고 있다. 즉 연구 내용이나 종류를 막론하고 문화철학, 문화변동, 문화비평, 문화과학 등의 용어를 비롯해서 철학적·사회학적·인류학적·역사학적·교육학적 방법론에 이르기까지 대부분 '문화'가 중심을 이룬다. 그리고 여기에 편승해 독립된 학문 영역으로서 '문화학Kulturwissenschaft'이 확고하게 자리를 잡아가는 추세다. 이런 와중에 최근에는 여러 동서 '문명 담론'이 대두되어 혼란을 가중시키고 있다. 이 일련의 현상들은 무엇보다도 문명과 문화 두 단어의 개념과 관계에 관한 적확한 학문적 정립이 이루어지지 않은 데서 연유할 것이다.

'문명civilization'이라는 단어는 계몽주의 시기 영국과 프랑스에서 봉건 질서가 무너지고 새로운 시민 계층이 형성되면서 도시민적인 세련된 생활 방식의 의미를 지니며 정착되기 시작했다. 이 신조어가 출현한 이래 문명에 관한 근현대적 담론이 시작된 것이다. 근대에는 대부분 문명 자체의 변화나 성장, 일방적 이동에 관한 내용이 주를 이루었다. 그에 반해 현대에 와서는 '세계화Globalization' 논의와 교차하여 문명을 통해 탈냉전기 전후 현 시대정신과 위기를 읽고 그 상황에 신축성 있게 대응하고자 하는 새로운 양상으로 전개되고 있다. 곧 사이드Edward W. Said의 타자론, 후쿠야마Francis Fukuyama의 종말론, 헌팅턴의 충돌론, 뮐러Harald Müller의 공존론, 제러미 리프킨Jeremy Rifkin의 공감론, 뚜웨이밍杜維明의 대화론, 정수일의 교류론, 황태연의 패치워크문명론, 그리고 박이문의 포스트과학기술문명론을 포함한 최근의 생태론 등이 모두 여기에 포함된다. 그러나 인류의 공존공영을 담보하는 대안론으로서의 현대 문명 담론은 아직까지 학문적 정립을 이루지 못한 채 시론 수준에 머무르고 있다. 현재 그 연구와 정립은 문명, 문명 교류 차원에서 한국문명교류연구소 정수일 소장에 의해 시도되어 점차 여러 영역으로 확산되고 있다.

이 글에서는 이와 같은 현대 문명 담론의 명확한 이해와 창조적 발전의 토대 마련을 위해 가장 일반적인 접근이라고 할 수 있는 어원적·개념적 분석에서 출발하고자 한다. 그러나 오늘날 우리에게 익숙한 현대적 개념의 '문화'와 '문명'은 동양의 독자적 학문 체계, 즉 동양인의 삶이나 세계관 등을 배경으로 자생적으로 발생된 것이 아니다. 이 단어들은 본래 동양의 고유어가 아닌 번역으로 성립된 동양어의 외투만을 빌린 서구어다. 좀 더 정확히 말해서 서구 계몽주의 사조를 반영한 독특한 개념의 'Culture'와 'Civilization'이 근대 일본 지식인들의 지난한 번역 작업을 통해 동양으로 이식된 것이다.

이와 같이 '문화'와 '문명'이라는 어휘가 개념상으로는 서구어에서 유래하지만 동양의 우리에게 이 양자에 대한 사태가 없었던 것은 아니다. 일본의 근대 선각자들이 'Culture'와 'Civilization'에 걸맞은 격의적 동양어를 찾고 조출해내는 과정에서 때로는 그것이 서양에서 들어온 서구의 단어와 외연 및 내포가 잘 맞지 않아 동양적 개념을 포기하고 새로운 개념을 만들고자 노력했던 사실에 유념해야 한다. 이 때문에 원래 그 단어의 동양적 전통 개념은 사라지고 현재 정착된 서양적 '문화'와 '문명' 개념이 학술 개념과 일상용어로 자리 잡게 된 것이다. 이런 점에서 우리가 이 두 단어의 개념사를 고찰하고자 할 때는 그에 상응하는 서양어로서 규정된 맥락에서 이해해야 마땅하다.

사실 서구의 문화Culture와 문명Civilization의 본격적인 의미 구성체는 17~18세기 근대 계몽주의 시기 '시민 계층'과 '시민사회'의 운명과 함께 형성되었다. '문명' 개념이 영국과 프랑스 시민 계층의 사회적 운명을 반영한 것이라면 '문화' 개념은 독일 시민 계층의 운명을 담고 있다. 그런데 독일 지식인들이 문화에 특별한 의미를 부여해 계몽주의적 문명에 대한 문화적 비판을 가하고 문명을 타자화하면서 이 양자의 적대적 분열이 초래되었다. 이 장에서는 문화와 문명의 서구적 개념사를 비롯해서 두 단어를 둘러싸고 전개된 서구의 복잡한 개념 논쟁을 검토해보고자 한다. 아울러 번역과 도입에 따른 서구적 논쟁과 얽혀 있는 동양적 의미 전개를 다룰 것이다. 문화와 문명의 서양적 기초와 현대적 진화를 재조명함으로써 미래 지향적인 문화와 문명 담론의 초석을 다지고자 한다. 나아가 현대 동서 문명 담론의 심층적 이해를 제고시켜 '문화학' 연구의 결손을 보완할 수 있는 '문명학' 정립의 가능성을 가늠해보고자 한다.

서양에서의 문화와 문명의 개념 이해

독일어권 문화Kultur의 어원

인간은 태어날 때부터 누구나 '문화'의 지배를 받는다. 그런데 서양에서 문화는 대체로 17세기까지 '자연 상태'와 '문화 상태'로 대비되어 이해되었다. 문화는 외형상 자연과의 관계에서 '노동 행위', '제작 행위techne'를 통해 이룩되는 도구, 기술 등의 물질적 문화가 일차적으로 목도된다. 그 다음으로 인간 상호 간의 관계에서 규범적인 '실천 행위praxis'를 규정하는 정치적·경제적 제도나 도덕, 관습 등의 문화가, 그리고 인간의 정신적 표현 행위로서의 '제작 행위poiesis'를 통해 만들어지는 예술, 종교, 학문 등의 문화가 존재한다. 이러한 문화들은 서로 다른 영역에 속해 있지만 모두 기본적으로 인간 삶의 필요와 욕구로부터 출발하며 인간이 자신을 양육·단련시키고 인간다운 삶을 만드는 데 기여한다.[9]

통상 인간이 자연을 극복하고 '문화화'한다는 것은 자연적·물질적 결핍을 극복하기 위해 여러 도구를 만들어내는 과정을 말하지만 인간의 야만적 동물성을 극복하여 인간다운 인간으로 고양하는 내적 도야의 과정을 의미하기도 한다. 이로 볼 때 '자연'이란 일차적으로 외적이고 물질적인 의미를 갖는가 하면 이차적으로는 인간의 내적인 자연, 곧 욕구, 본능 등의 동물적 성질을 내포한다. 따라서 '문화화'란 인간이 동물적이고 야만적인 자연 상태에서 탈피해가는 과정을 의미한다. 근대 계몽기 독일인들은 자신들은 문화적으로 이미 높은 단계에 도달한 반면 여타 국가나 민족은 아직 미개 상태에서 벗어나지 못한 것으로 이해했다. 독일어권에서의 '문화Kultur' 개념 역시 비서구권의 타문명에 대한 서구인의 진보적인 우월 의식을 나타낸다는 점에서 문명과 크게 다르지 않았던 것이다.

문화는 역대로 철학, 사회학, 역사학, 인류학 등 여러 학문적인 고찰의 대상이 되어왔지만 아직 확정적인 체계를 갖추지는 못한 상태다. 그러나 인간의 문화를 탐구한다는 차원에서는 인문사회과학의 탐구 영역임에 분명하다. 더욱이 오늘날에 와서는 넓은 의미에서 문명과 동일한 개념으로 사용되지만 그럼에도 불구하고 개념의 발전사와 용법에 있어서만큼은 현격한 차이를 보일 뿐더러 복잡한 양상마저 띤다. "독일어권에서 문명은 아주 유용한 것이기는 하지만 이류급에 속하는 것으로 단지 인간의 외면과 인간 존재의 피상적인 면만을 의미한다."[10] 독일인이 자신을 해석하고 자신의 업적과 존재에 대한 자부심을 표현하는 일차적 단어는 바로 '문화' 다.

이 독일어의 '문화Kultur'(영어 'Culture' 역시 동일한 어원에서 유래한다)라는 단어는 원래 라틴어 colere(양육하다·육성하다·가꾸다·개작하다·경작하다·재배하다)라는 동사에서 파생되었고 라틴어 cultra(땅의 경작, 신체의 훈련)가 독일어화된 것이다. 어원적으로 문명Civilization이 '도시', '도시의 세련됨'과 연관된다면 문화Kultur는 '경작'이라는 농촌과 관련이 있다. cultra는 원래 정신적인 의미가 없었지만 로마 시대부터 '도야'나 '교양' 등의 정신적인 의미를 내포하기 시작했다. 인간의 농업 활동에 비유하여 인간의 지적이고 종교적인 활동을 가리키는 데에도 사용되었다. 가령 로마의 사상가 키케로M. T. Cicero(BC 106~43)의 cultra animi(영혼의 경작)라는 관용어는 cultus(예배·종교·숭배)와 동의어로도 쓰이면서 인간의 양육과 교양을 지칭했다. cultra는 약간 본래적인 의미에서 변형된 정신적 가치를 지닌, 즉 성취된 상태라기보다는 성취해가는 과정으로서의 '교양Bildung'이나 '정신적 경작'을 의미하는 단어로 사용되었다.

이러한 문화의 의미는 이후 많은 영향을 미쳐 "이때부터 사물의 문화로서의 문화 옆에 인격의 문화가 의식되었고"[11] cultra 개념은 물질적 영역보다는 마음·영혼·정신을 가꾸는 도덕적 함양의 의미로 전의되었다. 곧 문화는 "학습을 통한 정신의 경작이라는 의미로 전환되고 인간의 모든 의식적 활동과 그 산물을 총체적으로 가리키게 되었다".[12] 이 같은 전통은 물질적·문명적인 것에 대한 독일인의 부정적인 의식을 싹트게 하는 중요한 요인 중 하나다. 근대 문명 개념이 영국과 프랑스 시민 계층의 사회적 운명을 투영하는 것과 마찬가지로 문화 개념 또한 독일 시민 계층의 운명을 담고 있다. 그리고 이것은 문화와 문명 개념의 독일적 대립의 발생과도 밀접하게 결부되어 있다.

그렇다면 독일인의 의식 속에서 이 두 단어의 적대적 관계가 전격적으로 점화된 시점은 언제일까? 그것은 물론 19세기 말에서 20세기 초, 특히 1차 세계대전(1914~1918)을 기해 결정적인 파국을 맞이하지만 실제로는 프랑스의 루이 14세Louis XIV를 정점으로 하는 절대주의 왕정기로 거슬러 올라간다. 프랑스의 베르사유 궁정Chateau de Versailles에서 무르익은 문명화 과정은 자국의 시민 계층은 물론 주변국, 특히 수많은 영방 국가로 분열되어 있던 독일의 왕·귀족들을 사로잡았다.

그러나 궁중 귀족과 신분 구분이 엄격했던 독일의 중산층 지식인은 프랑스어로 소통하고 프랑스식 모범에 따라 문명화된 독일의 군주와 귀족의 프랑스 모방 행태에 강한 반감을 가지고 있었다. 이처럼 문화와 문명의 의미적 구분은 프랑스 절대주의 궁정의 문명화 과정이 한창 진행될 당시 독일 시민 계층의 대변인 중산층 지식인이 독일의 궁정 상류 귀족층과 관련된 프랑스 앙시앵 레짐ancient régime 문명화 과정의 팽창에 맞서 칸트I. Kant의 도덕주의 문화관[13]에서처럼 전통적인 문화 개념에 특별한 강조점을 두어 '문명'을 타자화하면서부터 시작되었다.

이는 무엇보다 독일의 정치적·사회적·시대적 배경이 영국이나 프랑스와는 상당히 달랐다는 데서 기인할 것이다. 예컨대 영국과 프랑스의 중산층 지식인을 '궁정 시민 계층'이라고 일컫듯이 그들은 궁정 사회에 별다른 어려움 없이 수용·동화되었을 뿐더러 신분 상승도 비교적 용이하여 궁정을 배경으로 성장할 수 있었다. 이와 달리 독일의 시민 계층은 19세기에 들어설 때까지 영국과 프랑스의 중산층에 비해 취약한 경제 기반이나 국가 요직에서의 소외 등 대부분 사회적 세력이 미약하여 궁정 귀족과의 사회적·사교적 교류가 원천적으로 차단되어 있었다.

이러한 상황은 궁중 귀족 계층의 외래성, 외면성, 피상성, 비정직성에 대해 더욱 배타적으로 공격하게 만들었고 독일의 언어와 풍습을 따르는 자신들이야말로 진정한 민족의식의 담지자로 자처하게 하는 중요한 원인이 되었다. 이렇게 전개된 문명과 문화의 독일적 대립은 시민 구성체로서 독일 지식인의 반귀족적 심성, 즉 "깊이와 피상성, 정직과 거짓, 외면적 예절과 진정한 미덕과 같은 상대 개념군의 형성에 결정적 역할을 한 경험"[14]에서 배태된 것이다. 이것은 최종적으로 외래적인 문명에 대항하여 문화와 교양을 우월한 가치로 내세우는 독일인의 의식 형태로 수렴되었다.

이상으로 보건대 문명화 과정의 초기 파급 단계부터 독일 지식인의 자의식으로서 문명에 대한 문화의 저항이 개시되었고 그 구분은 처음에는 상류 귀족 지배층과 시민 계층의 대립이라는 계급적이고 사회적인 성격을 띠었음을 알 수 있다. 독일인의 이러한 의식은 헤르더 J. G. Herder[15]를 비롯한 낭만주의의 영향을 받아 문화는 문명보다 고차원적인 것으로서 정신적·도덕적 차원에만 적용되고 문명은 물질적·저차원적인 것이라는 이분법으로 고착화되었다. 즉 독일의 문화는 사회 변혁적 문명의 의미가 아닌 인간의 내적 완성을 강조하는 정신적·도덕적 교양, 교화, 도야의 의미로 강하게 채색되었던 것이다.

이와 함께 문명이라는 단어가 긍정적이고 외래적인 것과 동일시되면서 문화는 독일 민족주의와 결합하여 "문명이 비민족적·무차별적·세계시민적인 것으로 이해되는 데 반해 문화는 공동체의 삶, 역사, 전통을 담아내는 그 민족 특유의 것"[16]으로 점차 이해되었다. 이를테면 문화와 문명의 독일적 구분은 사회적 대립에서 민족적 대립의 의미로 이행되어 "전체 행동, 특성과 자기 정당화의 측면에서 처음에는 독일 안 계층들 간의, 나중에는 독일 민족과 다른 민족들 간의 차이를 지적하고 있다".[17]

나아가 문명의 근대적 의미가 18세기 말 프랑스 시민혁명을 전후로 확대됨에 따라 문화를 강조하는 이분법적 관념은 독일인들의 민족적 자의식으로 더욱 강화되어 나타났다. 문명은 물질적·외면적인 예절과 모방이지만 문화는 정신적·내면적인 교양과 창조라는 식의 구분은 영국과 프랑스에 대한 독일의 적대적 관계에 편승해서 적대적인 함의와 저항으로 표출되었다. 이어 1차 세계대전에 이르러서는 '문화'가 전쟁 슬로건으로 도용되면서 절정에 달했다. 당시 독일의 보수주의 지식인들은 18세기부터 침전된 대립관계에 새로운 자극을 가해 독일인이 발현시킨 문화는 인류의 문화를 밝혀줄 참된 가치가 있는 반면에 문화의 한 형태인 문명은 기계적·기술적 수단이나 상업주의를 지칭한 것으로 인간성과 인류 역사에 큰 위협으로 작용한다고 주장했다.

이로써 독일에서 '문화Kultur'의 개념은 일찍이 18세기에 발화되고 있음을 확인할 수 있다. 그런데 '문화Culture'라는 단어가 영미권에서 본격화된 것은 실제로 근대 인류학상의 전문적 의미로 사용된 데서 기인한다. 그것은 영국의 인류학자 에드워드 타일러Edward B. Tylor가 《원시문화Primitive Culture》(1871)에서 사용한 용법에서 비롯되었다. 타일러는 "문화 또는 문명이란 지식, 신앙, 예술, 법률, 도덕, 풍속 등 사회의 일원으로서의 인간이 획득한 능력과 습관의 총체"[18]라고 한 바 있다. 이후 여러 분야에서 다양한 개념으로 사용되었다. 특히 현대에 이르러 문화사회학자 보콕Robert Bocock이 역대 '문화'의 정의를 다음 다섯 가지로 정리하고 있어 주목된다. 첫째는 토지, 곡식, 가축의 경작, 둘째는 정신, 예술, 문명의 배양, 셋째는 사회 발전의 일반적 과정 그리고 보편적 과정으로서의 문화(문화에 대한 계몽주의적 관념), 넷째는 (헤르더에 근거한 문화에 대한 정의) 특수한 민족, 집단, 계급, 시간 속에서 공유되고 있는 의미, 가치, 생활방식(문화), 다섯째는 의미를 생산하는 실천, 의미화하는 실천이 그것이다.[19]

환기하자면 독일의 근현대적 문화 개념은 반계몽주의적이고 낭만주의적이다. 그들은 계몽주의적 진보 신념에 회의하여 유기체적으로 발전하고 통일되는 정신문화를 신뢰했다. 이 낭만주의 경향은 "헤르더에서 시작하여 독일 관념론을 거쳐 니체Friedrich Nietzsche, 슈펭글러에 이르러서는 문명에 의해 훼손되지 않은 삶을 최고의 가치로 여기면서 서구의 근대 문명을 비판하는 관점으로 발전한다".[20] 2차 세계대전(1939~1945) 이후 문화와 문명의 적대감과 우열의식은 더 이상 통용되지 않았다. 그러나 문명 비평가 슈펭글러, 토인비의 문명과 문화 개념 역시 이 논쟁 시대의 지적 축조물이라고 할 수 있다.

특히 슈펭글러는 《서구의 몰락Der Untergang des Abendlandes》 (1918~22)에서 '문화'는 끊임없이 팽창하는 것이 아니라 정점을 넘어서면 쇠퇴하고 몰락한다고 주장한다. 그는 대담하게 문화 발전의 최종 단계에 이른 서구 문명의 몰락을 예고하면서 민족, 국가가 정점에 다다를 때 나타나는 지적이고 사회적인 양상을 '문화'로 규정했다. 뿐만 아니라 고도로 발달된 문화가 쇠퇴할 때 혹은 절정기를 지나 침체기에 빠질 때의 양상을 '문명'으로 규정했다. 슈펭글러의 문명사관은 근대 계몽사상가로부터 연원하는 19세기의 단선적인 서구 중심적 진보사관을 부정하는 데서 성립한다. 그의 저서는 당시 서구의 어두운 시대상인 1차 세계대전 직후의 패전국 독일과 서유럽, 그리고 그 문화에 대한 불안과 절망을 반영한 것이다.

영불어권 문명Civilization의 어원

영국과 프랑스에서는 18세기 전후 산업혁명과 시민혁명을 계기로 근대적 시민사회가 형성됨에 따라 '문명Civilization'이라는 신조어가 등장하게 된다. 여기서 '문명'이란 넓은 의미에서 '야만'과 대비되는 개념으로 특히 프랑스인에게 강하게 각인되어 나타났다. 물론 여기에는 문명인과 야만인이라는 대립적 의미도 함께 내포되어 있었다. 이후 궁정 사회로 대표되는 프랑스의 '문명' 개념은 유럽 여타 나라로 빠르게 전파되어 나갔다. 그런데 월러스틴Immanuel Wallerstein의 견해에 따르면 '문명'을 야만과 대비되는 상대적 의미로 쓴 용법은 18세기 중엽 중요한 두 계몽사상가인 프랑스의 미라보Mirabeau와 영국의 퍼거슨Adam Ferguson이 처음으로 시작했다고 한다.[21]

어쨌든 이 용어는 당시만 하더라도 독일어권에서 강화되어 나타난 문화Kultur의 개념과 기능적·의미적으로는 별다른 차이가 없었다. 전통적으로 영국과 프랑스에서는 대체로 '문명'과 '문화'를 특별히 구별하지 않은 채 상호 호환이 가능할 정도로 동일시했다. 그들은 보통 '문명'을 언급하면서 정치, 경제, 종교, 과학기술, 도덕, 사회 등 인간의 문화 전체를 포괄해 사용했다. 그리고 이러한 개념들을 통해서 자국 문명의 진보적인 우월성을 강조하고자 했다. 그러다가 1차 세계대전을 기해 독일의 민족주의적 문화 이데올로기가 출현함으로써 '문화'와 '문명'의 적대적 분열이 초래된 것이다.

'문명'에 대한 '문화'의 적대감과 우열 의식은 독일인에게서 다음과 같이 표상된다. '문화'란 정신적·예술적·종교적·도덕적 차원의 순수 정신적인 영역을 지시하며, 독일인들은 이 "순수하게 정신적인 영역과 정치적·경제적·사회적 영역들 사이에 뚜렷한 선을 그으려는 경향을 보여준다".[22] 다시 말해 문화는 문명의 사회적 영역을 제외한 관념·이상·예술·문학·도덕·윤리·철학 등 사회적으로 축적되고 차용될 수 없는 인간 존재의 순수하고 고유한 정신적 차원으로 한정된다. 이에 반해 '문명'은 과학기술의 산물이자 보편적이고 축적되는 것으로 사회생활 중 물질적·정치적·경제적·기계적·인위적 범주에 귀속된다.

한편 '문명' 개념의 형성 이면에는 근대 시민 계층의 성장이라는 역사적 배경이 존재한다. 이는 영·불어 문명Civilization/Civilisation의 어원이 '시민'이라는 뜻의 라틴어 civis—형용사 civilis, 명사 civilitas(시민권, 공손함), civitas(도시국가) 등—에서 유래한다는 사실에서도 확인할 수 있다. 아우구스티누스Aurelius Augustinus의 저작 《신국론 civitas Dei》이 '하나님의 도시'란 뜻을 담고 있듯이 '문명'은 또한

'도시화'라는 의미가 밑바탕에 깔려 있다. 이를테면 이 단어는 '도시'의 성립이라는 역사적 사실과 관련되어 있다. 역사의 초창기에 도시는 정치 중심지로서의 도읍과 상업 중심지로서의 시장의 역할을 함께했다. 이러한 역사적 배경에는 어떤 기술적 도약이 존재하는데 그것은 청동기의 개발이다. 청동기를 개발하고 사용함으로써 인류는 촌락적인 삶으로부터 도시적인 삶으로 삶의 형태를 바꾸어간 것이다.[23]

이렇듯 '시민civis'에 뿌리를 둔 '문명'의 어휘에는 근대 "서구의 시민혁명과 사회개혁운동을 주도하던 영국과 프랑스의 계몽주의적 지식인과 관료의 사회개혁이념이 함축되어 있다".[24] 브로델의 연구에 따르면 현대적 의미의 '문명'이라는 낱말은 1752년 프랑스 학자 튀르고Anne-Robert-Jacques Turgot가 인류통사를 쓰던 중에 고안해냈다고 한다.[25] 그러나 이 말은 이전까지만 해도 일반화되지 않았으며 단지 형용사 civilized, civilisé 혹은 명사 civility, civilité에서 전화된 단어로 사용되었다. 즉 인간의 행동 양식인 '예절 바른', '세련된', '교양 있는' 등의 의미를 지닌 '문명화된'이라는 단어 형태로 주로 궁정 사회에 길들여진 귀족 계층의 행동 방식이나 생활 방식과 관련되어 쓰였다.

이 분야 연구로서 문화사회학자 엘리아스Norbert Elias의 공헌이 크다. 그는 19세기 자유주의를 연구하면서 자주 접하게 된 궁정 예절, 예법, 문명화 같은 말들의 역사적 형성과 사회적 의미를 밝히기 위해 당시의 예법서, 회화, 문학 작품 등을 광범위하게 분석했다. 그 과정에서 오늘날 '문명인'이라고 하는 서구인의 전형적 행동이 실은 장기적인 역사적 과정의 산물이며 국가적 시민사회가 발생하기 이전의 중세 후기에서 18세기에 이르는 동안 문명화 과정의 진원지는 다름 아닌 궁정 귀족과 궁정 시민의 거주지이자 사교 세계monde였던 국왕의 '절대주의 궁정'이었다는 사실을 밝혀냈다. 엘리아스는 이 범유럽적 궁정 사회가 중세의 거칠고 폭력적인 귀족 전사들을 길들여 온건한 궁정인으로 만들면서 평화로운 상호 교통의 모델을 만들어냈고, 이 모범적 모델 즉 궁정적 합리성, 궁정적 생활 형태, 궁정적 행동 양식은 앙시앵 레짐의 시민 계급 출신 법복 귀족들을 거쳐 17, 18세기 산업적 시민사회에 영향을 미쳤다고 주장했다.[26]

엘리아스의 연구에서도 알 수 있듯이 특히 프랑스의 경우 당시 문화의 헤게모니가 궁정의 봉건적 문화에서 계몽주의적 중산층 시민 문화로 넘어가면서 상류 귀족적인 품행, 풍속, 예절 등을 가리키던 '문명화된civilisé'이라는 단어는 18세기 후반에 본격적인 의미의 명사형 '문명Civilisation'으로 진화하게 된다. 다시 말해 "절대 왕정에 대항하여 구제도를 일소하고 전체 인간 사회의 진보를 위한 개혁을 부르짖는"[27] 혁명의 슬로건이 되었던 것이다. 예컨대 18세기 몽테스키외Montesquieu, 루소Rousseau 등의 백과전서파는 문명을 야만 barbarism과 대치시키지 않고 봉건제·군주제와 대치시켜 문명이라는 개념 속에 봉건사회에서 시민사회로의 진보나 이를 구현시키기 위한 계몽의 의미를 포함시켰다.

더욱이 근대 서구에서 '문명'이라는 개념은 중산층 시민 계층의 형성과 산업 문명의 발전이라는 사회적 변화를 수용하면서 귀족적 품행의 의미를 넘어 사회 진보의 척도와 상태, 즉 합리적인 이성에 근거한 이상적인 인간 사회를 의미하는 개념으로 점차 보편화되었다. 그리고 이와 맞물려 서구 열강의 식민지 확보가 진행됨에 따라

"문명 개념의 정신인 정중함이나 예절이 궁정 귀족 상류층의 지배를 정당화했듯이 자신의 우월성에 대한 문명 의식은 식민지의 정복자로서 비유럽 국가들에게 일종의 상류층이 된 여러 유럽 국가들의 지배를 정당화해주는 구실을 하는"[28] 등 문명의 개념은 타민족과 타문명에 대한 서구인의 우월감이 더욱 공고화되어 서구제국주의를 정당화하는 이론으로 변질되어갔다.

현대로 접어들면서 '문명' 개념은 인간성 상실, 기계 문명의 폐해, 인간 소외, 생태학적 위기, 세계대전과 같은 서구 문명의 암울한 병폐를 비판하는 문명 비판론으로 이어진다. 특히 서구 문명의 파행 속에서 그 문제의식을 결집시킨 슈펭글러의 문명에 대한 독특한 견해가 주목된다. 주지하다시피 슈펭글러에게서 '문명'이란 발전 단계상 문화보다 높은 단계에 위치한다. 그러나 그것은 단지 문화 발전이 정점에 도달한 후 쇠퇴 단계에 진입하거나 몰락을 시작한다는 뜻에서 문화보다 높을 따름이다.

슈펭글러의 입장에서 세계는 다양한 문화들의 총합이며 각 문화들은 고유한 전체성을 가지는 유기체. 모든 문화는 순환·반복하는 자연 구조에 바탕을 두고 문화 이전 단계, 초기 문화 단계, 후기 문화 단계, 그리고 문명 단계를 거치며 진행된다. 그는 각 '문화'를 살아 있는 생명체와 같이 출생, 성장, 성숙, 쇠퇴라는 일정한 변화 과정을 밟는 유기체로 파악했다. 생명인 문화는 문명으로 퇴화하고 문명의 몰락은 피할 수 없다고 여겼다. 앞에서 이미 언급한 것처럼 슈펭글러는 여기에 기초하여 서구의 몰락을 예고했던 것이다.

토인비 역시 《역사의 연구*A Study of History*》(12권, 1934~61)에서 슈펭글러의 문명 비판론과 함께 문화 유형론 또는 문화 형태학을 계승하여 문명의 순환적 발전과 쇠퇴에 대한 분석을 시도했다. 그는 이를 기반으로 서양 문명이 곧 '보편 문명'이라는 편견에서 탈피, 객관적 태도를 유지함으로써 서구의 편협성, 자기도취, 자기중심적 망상을 비판했다. 오늘날 슈펭글러와 토인비의 저서와 견해는 세계사 전체상을 조망하는 '문명다원주의'의 토대로 작용하고 있다. 이들은 당시 서구의 지성계를 지배하고 있던 단일문명론에 맞서 복수적 의미의 문명 개념을 인정함으로써 서구 학계에서 가히 혁명적인 인식의 전환을 불러왔다.

아울러 '문명'에 대한 비교적 유익한 규정으로 미국 인류학자 백비Philip Bagby의 이론이 눈에 띈다. 그는 《문화와 역사Culture and History: Prolegomena to Comparative Study of Civilizations》에서 'Civilization'의 라틴어 어원인 civic이 '도시'라는 함의를 내포하고 있다는 점에 근거하여 문명을 "도시 안에서 발견된 문화"[29]로 정의했다. '문명'은 도시의 건설과 거주를 본질적인 특징으로 한다는 것이다. 그리고 백비는 '도시'를 규정할 때 대다수 사람들이 직접적으로 음식물 생산에 종사하지 않는다는 표준을 적용시켰다. 그에 따르면 이러한 도시의 특성이 노동의 전문화, 생산력 증대, 자유의 획득, 체계적인 이성 사유, 세련된 문화 등을 생산해낸다고 했다.

더욱이 직접적인 생산 노동에 참여하지 않음으로써 얻은 자유는 여행, 상업, 무역, 군사 활동 등을 촉진하여 자신의 문화를 더 큰 지역으로 확대해나가는 토대로 기능한다. 백비가 보기에 도시의 출현은 새로운 가치관, 제도, 문화, 즉 문명의 탄생을 의미했다. 이러한 문명에 관한 정의는 프랑스 역사학자 브로델의 《문명사A History of Civilizations》로 이어진다. 브로델은 문화와 문명을 구별할 때 백비의 정의를 적용시켜 '문명'의 가장 현저한 외부적 특징을 다름 아닌 '도시'와 '읍'의 존재 여부로 파악했다. 아무튼 이들은 도시의 상황을 말할 때 '문명'이라는 단어를 사용했고 아직 도시화되지 않은 향촌을 언급할 때는 '문화'라는 단어를 사용했다. 이로 볼 때 문명은 일종의 문화의 높은 단계인 '고급문화'임을 확인할 수 있다.

끝으로 헌팅턴은 박이문의 지적대로 문화와 문명의 차이를 그것이 적용되는 서술 대상의 공간적·시간적 크기에 있을 뿐이라고 했다. 이는 양자가 궁극적으로 인간 사회의 삶의 전통적 양식을 지칭하는 동일한 범주에 속하고 그 차이는 수량적이라는 점에만 있음을 함의한다. 박이문의 말을 빌리자면 "21세기의 가장 큰 세계사적 문제를 《문명의 충돌》로 예측하는 헌팅턴에 의하면, 문화와 문명 이 두 개념은 본질적으로 같은 뜻으로 인간 사회의 삶의 전통적 양식을 지칭한다. 이 두 개념들 간의 차이는 문화가 인간 사회의 상대적으로 좁은 지역이나 상대적으로 짧은 기간의 삶의 전통적 양식을 지칭하는 데 반해서 문명은 상대적으로 그보다 넓거나 긴 기간의 삶의 전통적 양식을 뜻하는 데 있을 뿐이다".[30]

실제로 헌팅턴은 문화를 "문명의 정의에서 사실상 빠짐없이 등장하는 공통 주제"로 간주하여 "문명은 크게 쓰인 문화다", "문명은 포괄적이다", "문명은 가장 광범위한 문화적 실체다"라고 규정했다.[31] 그리고 이에 대한 근거를 다음 학자들의 견해를 들어 뒷받침하고 있다. 브로델에 따르면 문명은 하나의 공간, 하나의 문화 지역의 문화적 특성과 현상의 집약을 가리킨다. 월러스틴이 정의하는 문명은 모종의 역사적 총체를 형성하면서 이런 현상의 이형異形들과 공존하는 세계관, 관습, 구조, 문화의 특수한 연쇄다. 도슨이 이해하는 문명은 특수한 민족의 업적인 문화적 창조성의 특수하고 독창적인 과정의 산물인 반면, 뒤르켐Durkheim과 모스Mauss에게 문명은 그 안에서 개별적 민족 문화는 전체의 특수한 형태에 지나지 않는, 다수의 민족들을 포괄하는 일종의 윤리적 환경이다. 슈펭글러는 문명을 인류의 가장 외현外現적이고 인위적인 상태가 지속된 과정물을 승계한 완성품으로 파악했다.[32]

동양에서의 문화와 문명의 개념 전개

동양 고문헌의 용례와 근대 일본의 번역어

한자 문명권에서 '문화'와 '문명'이 현대적 의미로 변한 것은 서구어가 이 단어들로 각기 번역되면서부터다. 그러나 동양에서도 이 양자에 대한 전통적 개념 역시 오래 전부터 존속해왔다. 문화의 경우를 보면 《주역周易》에서 "천문을 관찰하여 때의 변화를 살피며 인문을 관찰하여 천하를 교화하여 이룬다"[33]고 했다. '문文'은 최초에 무늬를 가리키던 것이 이후 점차로 언어, 문자를 포괄하는 각종 상징 부호로 연역되었다. 그리고 더 진일보하여 전장 제도, 예악 제도 등 인위적인 가공, 수식, 규범의 내용으로 전의되었다. '천문'은 천도, 자연 규범을 지칭한다. '인문'은 인류 규범, 사회적 인륜 질서, 도덕규범을 가리킴과 동시에 이를 통해 천하의 교화를 이룬다는 의미다. 또한 '화化'란 본래 변역變易, 생성, 조화, 만물화생 등의 뜻으로 쓰였지만 이후 개조, 교화, 배양 등으로 전의되었다.

'문'과 '화'를 하나의 어휘로 사용한 인물은 전한前漢의 류상劉向이다. 그는 "성인이 천하를 다스릴 때는 문덕을 앞세우고 무력은 뒤로 한다. 무사武事를 일으키는 것은 복종하지 않은 까닭이다. 문으로 교화하는데 고치지 않으면 그 때 주벌한다. 어리석은 사람의 기질은 변하지 않으므로 순덕으로 교화하는데도 교화되지 않으면 다시 무력을 가한다"[34]고 했다. 진晉의 수시束晢는 "문화로 안을 화목하게 하고 무공으로 밖에 멀리 미친다"[35]고 했다. 또한 구옌우顧炎武는 '문'이라는 낱말을 약간 관념적 의미로 사용하여 "자신으로부터 나라와 천하에 이르기까지 그것을 만들어 법도로 삼고 그것을 발동하여 소리의 모형으로 삼는 것은 문이 아님이 없다"[36]고 했다.

이로 볼 때 동양의 한자 문명권에서 "'문'은 인간의 생활에 있어서 가장 적합한 전범을 가리키며 '화'는 '문'을 이용하여 인간의 삶의 양식을 변화시키는 것"[37]을 말한다. 같은 맥락에서 문화란 '무늬 놓음', '글로 됨', '글월 됨'을 가리킨다는 점에서 형벌이나 무력을 사용하지 않고 말이나 글로 인민을 교화한다는 의미를 함축한다. 곧 '문화'란 무공, 무력과 상대적 개념이며 이상사회를 만들어가는 행위로서 문덕文德으로 다스리고 바르게 가르친다는 '문치교화文治教化'를 뜻하는 것이다. 여기에는 정치적 · 윤리적 의미가 함께 내포되어 있다. 윤리 질서로 세상 사람들을 교화하여 그들이 스스로 깨달아 규범대로 행동하도록 하는 것이 동양 초기 '문화'의 기본 의미였던 것이다. 이러한 동양적 문화 개념은 서구 사회가 문화를 주어진 환경 여건인 자연nature과 구분하여 인간이 자연을 정복하고 개조하는 행위나 그 과정을 '문화'로 이해했던 것과는 사뭇 대비된다.

한편 '문명'의 초기 용례 역시 《주역》에서 찾아볼 수 있다. 예를 들면 "나타난 용이 밭에 있어 천하가 문명한다",[38] "그 덕이 강건하고 문명하며 하늘에 응하여 때에 맞게 행한다",[39] "안은 문명하고 밖은 유순하다",[40] "문명에 그치니 인문이다"[41] 등이 그것이다. 이 인용문들에 근거하자면 어원상 문명이라는 단어는 현재처럼 명사적으로 활용되었다기보다는 '문덕이 찬연히 빛나는 상태' 또는 '인간이 공력을 가해 빛나게 되는 상태'를 나타내는 형용사적인 서술어로 사용되고 있음을 알 수 있다. 요컨대 오늘날 우리말과도 통하는 동양의 "문명은 사람이 무지몽매한 야만과 자연의 예속에서 벗어나 자연을 다스리는 지혜를 터득하고 인간답게 사는 이치를 깨우쳐 밝은 빛 속에 살고 있는 상태를 말한다. 문자를 통해 깨어나서 밝은 상태, 그래서 뭔가 여유가 있고 도덕적인 원칙을 세워 인격적인 삶을 산다는 의미가 함축되어 있다".[42]

그러나 앞에서도 지적했다시피 '문화'와 '문명'이라는 단어가 현대적 의미로 정립된 것은 근대 일본 선각자들에 의해 서구어 'Culture'와 'Civilization'이 동양의 한자어로 각각 번역되면서다. 이 용어들은 다른 번역 신조어들과 마찬가지로 일본의 에도江戸 말기부터 메이지明治 유신 시기에 활약한 일본 번역가들이 동양 고전에 근거하여 만든 한자 번역술어들이다.[43] 그 배경에는 일본을 서구화시키려는 열정과 야망을 가지고 서구 자본주의 신문명에 몰두한, 다시 말해 서구를 문명의 표준으로 삼아 '탈아입구脱亞入歐'[44]를 일본 근대화의 기치로 내걸었던 근대 일본 사상가들의 지난한 번역 과정과 역사가 존재한다.

먼저 '문화Culture'라는 낱말은 일본의 메이지 유신(1870년대) 때 동양에 소개되었다. 당시 일본 학자들은 이 말을 처음에는 '사물事物'이라고 옮겼다. 문화라는 말이 인간의 삶을 구성하는 사건과 물건이라는 데 착안하여 그것을 통합해 종합적으로 사물이라는 개념을 선택했던 것이다. '사물'이 의미가 통하지 않자 '수련修練'이라고 옮겨보기도 했다. 그러나 이 옮긴 말들이 서양말이 전하고자 하는 바를 제대로 전달하고 있지 못함을 깨닫고 그에 부합하는 개념을 만들고자 시도하다가 최종적으로 '문화'라는 낱말을 채택하게 된 것이다.[45]

특히 현대 문명 담론과 관련하여 동아시아 문명권에서 '문명'이라는 어휘가 출현하게 된 것은 근대 일본 지식인들이 서구의 선진 문물을 수용해 근대화한다는 목적에서 서구 문명에 대응되는 한자어 '문명개화'를 만들어낸 데 따른 것이다. 근대 일본의 문명개화는 서구식 자본주의의 전형적인 산물이다. 문명개화론자들은 누구보다 먼저 동양의 전통 사회 규범과 다른 새로운 이상으로서의 자본주의적 근대화를 고민하고 구상했던 주체 세력이었다. 주로 이들에 의해 서양의 근대사상이 소개될 수 있었다. 도쿠가와 바쿠후德川幕府가 나가사키長崎를 대외로 개방하여 네덜란드와 교역하고 통상한 것을 비롯해서, "바쿠후 말기와 유신 개혁파에 많은 영향을 미친 아라이 하쿠세키新井白石, 오규 소라이荻生徂徠 등의 란가쿠蘭學 연구 자체가 유신 이후 양학을 수용할 수 있는 분위기를 조성"[46]해주었다.

이 바쿠후 말기의 개국이 서구 열강이 일본을 여는 외적 개국이었다면 메이지 유신은 안을 밖에 여는 내적 개국이었다. 국가의 독립과 부강을 목표로 하는 '유신維新'은 부국강병의 물적 기반을 구축뿐 아니라 서구의 학술, 문화, 사상, 제도를 받아들이는 문명개화 과정이라고 할 수 있다.[47] 이렇게 전개된 근대 일본의 지적 상황은 당시 일본의 정체성에 대한 자각을 요청했다. 번역에 대한 요구는 이런 상황에서 등장하게 된다. 번역은 단지 "서구 자본주의 문명의 개념과 사상을 수용하는 지적 행위에 그치지 않고 그 과정에서 이루어지는 타자와의 대화를 통해 자기 정체성을 자각하는 문화적 실천"[48]이기 때문이다. 특히 1868년 메이지 유신 이후 문명개화론자들은 서구 자본주의 문명을 적극적으로 수용해야 한다고 주장하면서 서구식 문명인 과학 지식을 수용하는 한 과정으로서 번역이 가지는 의미에 더욱 관심을 기울였다.

메이지 계몽 활동은 당대 일류 지식인들이 참가하여 결집한 유일한 학술결사 '메이로쿠샤明六社'가 중심이 되었다. '메이로쿠샤'는 1874년 2월 미국에서 돌아온 모리 아리노리森有礼가 처음 건의한 것을 계기로 니시무라 시게키西村茂樹 등이 계몽적인 학술결사로 정식 발족시킨 것이다. 메이로쿠샤의 기관지인 《메이로쿠잣시明六雜誌》 1호에서 니시무라는 학술 문예에 관한 탁견과 고론을 통해 우매한 민중의 눈을 뜨게 해야 한다고 주장했다. 회원은 발족 당시 니시무라 시게키, 후쿠자와 유키치福澤諭吉 등 총 10명이었지만 그 후 회원 수도 대폭 늘어 창립 1년이 되는 1875년 2월에는 약 30명의 회원이 참여했다. 《메이로쿠잣시》는 1875년 11월까지 통권 43호가 간행되었다. 그동안 회원들이 집필한 100여 편의 논설은 정치, 경제, 법률, 사회, 외교, 종교, 역사, 교육, 자연과학 등 여러 영역에 걸쳐 있었다.[49]

그런데 '문화'에 앞서 번역·소개된 '문명' 개념의 동양적 전개를 이해하기 위해서는 서구의 '문명진보사관'에 대한 이해가 선행되어야 한다. 문명이 진보한다는 사고는 콩도르세M. Condorcet, 퍼거슨, 튀르고A. Turgot 등 18세기 계몽사상가들이 성취한 지적 전통에 뿌리를 둔다. 이들은 인류의 역사는 단순 사회로부터 복잡한 문명사회로 진보적 단계를 거쳐 발전해간다고 생각했다. 이 진화론적 관점은 19세기에 사회과학은 물론 생물학과 지질학 등에서도 커다란 흐름을 형성한 하나의 거대한 패러다임이며 당시의 시대정신이기도 했다.[50]

이러한 진보사관은 프랑스와 영국에서 생산된 '문명'이라는 어원에서도 확인할 수 있다. 가령 프랑스어 '문명Civilisation'은 '문명화된civilisé'이라는 형용사에서 전화되었고 영어 '문명Civilization'은 동사 '문명화하다civilize'와 형용사 '문명화된civilized'의 명사형에 해당한다. 이것은 동양에서 일본의 근대 지식인들이 '문명'을 완성된 일정한 형태로 보지 않고 '문명화 과정'이라는 진보사관적 입장을 취하게 되는 어원적 근원이 된다. 특히 대표적인 문명개화론자 후쿠자와 유키치가 문명의 단계를 야만, 반개半開, 문명 식으로 파악한 것이 그 실례다.[51] 이 진보사관은 최초 근대 일본 지식인의 자발적인 학술결사인 메이로쿠샤와 그 동인들의 공통된 관심사이기도 했다. 이것은 18~19세기 일련의 유럽의 문명진보사관을 반영한 것이다.

근현대 한국과 중국의 양분적 개념 발전

우리나라의 경우 서구 문명의 수용은 후쿠자와 등 일본의 문명개화론자가 번역한 사회진화론적 관점의 자본주의 문명을 이식받은 것이다. 바꿔 말해 "조선의 문명개화론은 1880년대 초 개화당을 중심으로 형성된 것으로 일본의 문명개화론에 뿌리를 둔다".[52] 여기서 발원한 근대 우리 민족의 계몽 담론은 개화, 문명, 문화라는 연속적인 발전 과정으로 이행되었다. 이를테면 '개화'는 1894년 청일전쟁 이후에, '문명'은 1904년 러일전쟁 이후에, 또한 '문화'는 1919년 제1차 세계대전 이후에 각각 일반화된 것이다.[53] 그러나 다시금 되풀이하지만 문화와 문명의 사상적 기원은 모두 1880년대 이래 문명개화론에 기초한다. 개화기 조선인들은 'civilization'의 번역어인 문명개화, 문명, 개화 등을 '근대'와 동일한 개념으로 여겼다. 번역어로서 초기에는 주로 '문명'보다는 '개화'라는 말로 표현되었지만 그 이면에는 기존 문명관의 역전을 내포하고 있었다.

논구컨대 종래 동아시아의 소중화로 자임하던 위정척사론자들은 삼강오륜의 유교 문명을 정학正學으로, 서구 문명을 임금도 아비도 없는 사학邪學으로 간주했다. 반대로 개화파 지식인들은 서구 문명을 보편으로, 유교 문명을 특수로 받아들였다. 이것은 개화론자 박영효가 "서구의 정치야말로 참으로 인의예지를 실천하는 문명의 정치인데 반해 조선의 정치는 야만의 정치로 보았던 것"[54]과 일맥상통한다. 서양의 기器라고 비하했던 '문명'[55]은 점차 보편화되어 20세기 초 급기야 민족적 가치관의 공백을 점유하게 되었다. 즉 '문명'이 중화주의라는 유교적 가치관이 붕괴된 민족 심상에 '문명개화만이 살 길'이라는 정언명령으로 자리 잡아 전통적 문명은 정도로서의 위치를 서구 문명에 넘겨주고 야만으로 전락하고 만 것이다.

이러한 세계관의 대변혁의 중심에 있었던 1900년대 조선에서는 '문명'이라는 단어가 득세했다. 당시 이 개념에는 전통적인 의미의 '문'이나 '문명'을 대체하여 서구의 'civilization'의 의미가 어느 정도 내포되어 있었다. 우리 민족은 대체로 문명을 "인간의 공력을 통해 도달된 특정한 상태이면서 동시에 계속 진보의 도정을 거쳐 발전시켜 가야 하는 과정"[56]으로 이해했다. 특히 이 시대에 장지연은 〈문약지폐文弱之弊〉에서 '문화'와 '문명'을 '문치교화'와 연결시켜 구분하고 있어 흥미롭다. 그는 "정치가 태평한 모습을 칭송하여 반드시 문명이라 하고, 교화가 이루어져 아름답게 발현되는 것을 찬양하여 반드시 문화라고 한다"[57]고 했다. 이것은 일정 부분 일본을 매개로 한 서양 문명론에 대응한 결과물로 보인다. 그리고 장지연은 초기 일본에서 문화를 '사물'로 옮긴 것에 근거하여 백과사전《만국사물기원역사萬國事物紀原歷史》라는 글을 남겨 주목된다. 여기서 '사물'이란 바로 오늘날 우리가 사용하는 '문화'에 해당한다.

그러다가 1910년대에 접어들면서 문명은 균열되고 '문화'가 부상하게 된다. 이때는 서구 선진 문물로서의 문명이 정신문명과 물질문명으로 분화되어 물질적 의미로만 한정되는 한편, 과거 진보로 이해되던 문명은 정의와 도덕에 반하는 정신적 문명의 타락, 폭력, 야만으로 규정되는 양상을 보인다.[58] 이러한 현상의 이면에는 'culture'가 정신적 문명인 '문화'로 번역·도입되고 1차 세계대전 이후 서구에서의 문명 비판론이 소개되는 역사적 배경이 존재한다. 이 시대에는 이광수의 예에서처럼 문화가 문명과 분리되어 비물질적인 영역에서 희망을 찾기 시작했다. 즉 '문화'의 부상으로 정신적 가치를 강화시켜 그 정신의 참된 가치는 인격, 이상, 생명, 도덕 등이 관건이 된다는 의미를 내포했다. 부국강병으로서의 '문명'은 이제 일면적이고 피상적이라는 비판을 면할 수 없게 되었다.

당시의 시대적 분위기는 '문명'적 보편성보다는 '문화'적 고유성 혹은 독자성을 강조하는 주장들로 표출되었다. 문화의 성립은 정신과 물질, 자아와 외계의 이분법을 전제한다. 또한 정신과 자아가 문화를 구성하는 핵심 요소를 이룬다. 이 같은 주장은 서구(일본) 문명과 조선 문화를 구분하고자 하는 인식으로 확대되었다. 안확安廓에게서 확인되듯이 문화학은 한국학이 성립할 수 있는 관념적 원천이 되어 '민족학'과 동일시되었다.[59] 동시에 '문화'는 서구와 일본의 제국주의 문명에 대한 저항 논리로 바뀌어갔다. 이렇게 볼 때 20세기 초 문명과 문화의 개념사적 궤적은 국내의 여러 시대 상황을 바탕으로 한 서구어인 'civilization'과 'culture'의 번역과 채용, 그리고 서구의 개념사적 논쟁을 압축적으로 반영한 것임을 알 수 있다.

현재 우리의 관념 속에 남아 있는, '문화'는 정신적이고 개별적이며 '문명'은 물질적이고 보편적이라는 익숙한 구별은 바로 이러한 역사 배경에서 연원한 것이다. 이것은 1920년대 초 이돈화가 《개벽》에서 구분한 '개화', '문명', '문화'의 개념에서도 목도된다. "개화는 미개했던 사회가 처음으로 형식상 혹은 정신으로 눈을 열었다 함이니 이를 일일의 과정으로 말하면 욕명미명欲明未明한 효두曉頭라 하는 말과 흡사함이요, 문명이라는 하는 것은 정신이나 형식에 찬연한 문물이 전개했다는 의미일지나 그러나 대체 문명이라 하면 저간에 정신으로 보다 물질적이라 하는 편이 과중하여졌다 하는 의미이며, 문화라 함은 그의 반동으로 정신적에 치중되는 말이라 함이 대체 일반 보편의 용인容認이라."[60]

현대에 와서도 이러한 '문화'와 '문명'에 대한 이분법적 관념은 여전히 발견된다. 박이문이 대표적인 경우다. 그는 《문명의 위기와 문화의 전환》에서 현대 과학기술문명의 독성과 위기를 극복하기 위한 대안으로 '포스트과학기술문명'이라는 문명의 새 모델을 제시한다. 이 새로운 문명의 모델은 인간 중심이 아닌 자연 중심의 생태학적 세계관을 말한다. 이러한 발상은 문화와 문명의 개념에 대한 19세기 독일식 방법에 토대를 둔 것이다. 그는 "문화와 문명이 다 같이 인간의 개발, 발전을 지칭하지만 문화가 정신적 측면을 지칭하는 말인데 비해 문명은 기술적 측면을 지칭한다. 그래서 문화는 인간 내부의 정신 개발 양식으로서의 학문, 종교, 예술, 교육을 지칭하고 문명은 인간 외부의 자연을 인간의 목적에 종속시키기 위해 형성한 산업, 기술, 경제, 법적 제도를 가리키는 개념이다"[61]라고 했다.

박이문은 여기에 근거하여 "한 사회의 문명, 즉 사회적 진보는 사실상 진보가 아니라 후퇴·위험으로 나타날 수 있지만 그 사회의 문화, 즉 이념, 생활 표현 양식은 어디까지나 한 사회의 구성원의 주관적 기호·취향을 나타내는 것인 만큼 그런 것에 대해 평가적, 즉 측정적 판단을 내릴 수 없다"[62]고 말한다. 때문에 한 사회, 한 시대의 문명, 즉 진보에 대한 인식과 문제나 위기의 해결은 해당 사회의 주관적 선택과 의지에 달려 있다고 판단했다. 사실 그가 주창한 새 문명의 생태학적 세계관은 진보 신념에 회의하여 유기체적으로 발전하고 통일된다는 독일의 정신적 '문화' 개념에 기초한다. 이를테면 현대 '문명'의 역사적 위기는 사회의 문화적 결단과 의지에 의존하며 "현대인의 근본적 사고의 개혁, 즉 현대인의 문화적 전환으로만 극복될 수 있다"[63]는 것이다.

이와 같은 맥락에서 박이문은 '문화'와 '문명'의 구별을 기본적으로 똑같은 현상에 대한 서술적·평가적 시각의 차이로 보고 "어느 정도까지 진보한 문화만이 문명의 이름을 붙일 수 있다"[64]고 말한다. 그는 이러한 사실을 어원적 의미를 통해 다음과 같이 설명한다. "문화Culture의 원래의 뜻은 개척, 개발, 양육, 즉 일굼이며 문명Civilization의 어원적 뜻은 도시, 시민화이다. 도시, 시민화는 고도의 일굼의 결과이며 형태이다. 모든 동물은 자연에 따라 생존한다. 오직 인간만이 자연을 일구며 산다. 일굼 즉 문화는 자연과 인간 간의 특수한 관계 양식을 서술적으로 지칭하는 개념이다. 이런 뜻에서 원시인이나 현대인이나 다 같이 문화적이다. 원시 사회와 현대 사회의 차이는 문화 성격의 차이에 불과하다. 원시 문화와 현대 문화는 다 같이 개발, 일굼의 정도, 질의 척도 등에 따라 평가될 수 있다. 이런 점에서 모든 인간 사회는 차이를 나타낸다. 문명은 어떤 수준까지 발달한 일굼과 문화를 평가적으로 지칭한다."[65]

마지막으로 현재 한국의 '문명 담론'을 주도하는 '문명학'의 노학자 정수일의 견해를 빠뜨릴 수 없다. 그는 브로델, 도슨, 슈펭글러, 헌팅턴 등 여러 서구 학자들의 저간의 논의들을 귀납하여 '문화'와 '문명'의 개념과 그 관계에 관한 윤곽을 그려낸다. "문명과 문화의 관계는 위계적이나 단계적 관계가 아니라 총체와 개체, 복합성과 단일성, 내재와 외형, 제품과 재료의 포괄적인 관계이다. 비유컨대 문명이 총체로서의 피륙이라면 문화는 개체로서의 재료인 줄, 즉 씨줄과 날줄에 해당한다. 여기에 부첨되는 문양 따위는 또다른 재료로서의 문화 현상이기는 하지만 그 바탕은 어디까지나 씨줄과 날줄이다. 개체와 재료로서의 문화도 물질문화와 정신문화로 크게 구분할 수 있다. 물질문화를 씨줄이라고 하면 정신문화는 날줄에 빗댈 수 있다. 마치 씨줄과 날줄이 엮여서 피륙이 되듯이 물질문화와 정신문화가 융합되어 '문명'이란 하나의 총화물이 형성되는 것이다."[66] 이로 볼 때 정수일은 '문명은 총체적이고 문화는 그 문명을 구성하는 개체적'이라는 차원에서 정의를 시도하고 있음을 알 수 있다.

한편 서구의 문화와 문명 개념의 반향은 중국에서도 나타난다. 여기서는 근현대 중국의 대표적인 문화 사상가인 량수밍梁漱溟과 주첸즈朱謙之를 중심으로 대략 살펴보고자 한다. 이 두 학자의 문화관은 어떤 의미에서는 서구 계몽주의적 '문명'에 맞서 정신과 생명을 강조하는 독일 특유의 '문화' 개념의 동양적 전개라고도 할 수 있다. 량수밍은 《동서 문화와 철학東西文化及其哲學》(1921)에서 문화를 "인류 생활의 양식"[67]이라 정의한다. 그는 베르그송Henri Bergson의 생명철학과 유가철학의 생명 관념을 결합시켜 자신의 독특한 도덕적 형이상학을 건립하여 20세기 중국 근현대 철학사에서 현대 신유학의 독자적 영역을 구축하는 데 공헌했다. 주첸즈 역시 량수밍의 문화관을 계승하여 《문화철학》(1935)에서 문화를 "인류 생활의 표현"[68]으로 규정했다. 그는 이 정의를 문화학의 개념 규정으로 확장함으로써 중국식 전통주의적 아나키즘 문화관을 확립하고자 했다.

20세기 초 중국 지식인들이 과학과 민주로 대변되는 서양 문명의 내재적 한계를 직시하게 된 계기는 1920년 3월 상하이上海 《시사신보時事新報》에 연재된 량치차오梁啓超의 〈구유심영록歐游心影錄〉(1918~1919)이었다. 〈구유심영록〉은 량치차오가 1차 세계대전이 끝나고 폐허가 된 절망적인 유럽을 목도하고 과학 만능적 서구 문명의 한계를 지적함과 동시에 중국 문화의 부흥을 고취한 글이다. 그는 슈펭글러가 《서구의 몰락》에서 중국 문화가 물질적·기계적·인위적 서양 문명의 대안이 될 수 있다고 주장한 데 고무되어 중국 전통 문화를 정리하는 데 매진했다.

이처럼 독일의 '문화' 개념이 상승시킨 정신적 가치의 우위는 당시 량치차오를 매개로 중국 지식인들의 심상에 깊이 각인되었다. 이것은 량수밍과 주첸즈에게도 깊은 인상을 남겨 가까운 미래에는 정신과 생명을 본질로 하는 중국 문화의 시대가 도래할 것이라는 믿음으로 귀착되었다. 이들은 서구가 각종 생활 이기인 물질문명을 창조해냈지만 반대급부로 세계대전이라는 다시없는 인류의 대재앙과 사회 모순을 가중시켜 인간의 정신·생활상의 고통과 불안정을 초래했다고 판단했다. 그리고 머지않아 정신 지향적 중국 문화가 서구의 물질 지향적 문화를 대체한다는 논리로 중국문화부흥을 예견했던 것이다.

논지컨대 량수밍과 주첸즈는 동서 생명철학을 기반으로 문화를 생명주의적 '생활'로 간주했다. 량수밍은 이를 통해 세계 문화의 '3방향설三路向'[69]을 개진하여 순수 정신적 가치를 강조한다. 그리고 주첸즈는 현재 서구 문화인 문명을 문화의 물질적 기초로 보고 미래 세계를 '예술 문화'로 상정하여 생명성을 강조한다. 이 같은 방식들은 모두 유학 생명관과 연결된 독일적 '문화' 개념의 영향으로 볼 수 있다. 문화가 보편성보다는 개별적·고유적·민족적 성격을 띤다는 차원에서 중화주의 강화 노선으로 표출된 것이다. 한국의 경우 20세기 초반 식민지 상황에서 문화라는 개념이 일본 제국주의에 맞서 민족 고유의 민족주의로 형상화되었던 것처럼 중국의 문화론 역시 서양 제국주의에 맞서 극서克西를 목표로 하는 중화민족주의로 재생되고 있음을 볼 수 있다.

그렇다면 서구의 문화와 문명 개념이 량수밍과 주첸즈에게 구체적으로 어떤 형태로 차용·적용되었을까? 먼저 량수밍은 생활에 대한 양식을 문화로 정의한 후 이와 별도로 '문명' 개념이 존재한다는 사실을 토로한다. 기본적으로 그는 각 '문명'의 차이를 성과물의 차이로 인식했다. 그리고 이 성과물의 차이는 추상적 생활양식인 문화, 즉 생활 중 문제 해결 방법의 차이를 규정하는 '근본정신'에서 기인한다고 보았다. 여기에는 문화는 정신적·내면적이고 문명은 물질적·외면적이라는 독일적 대립 관념이 짙게 깔려 있다.

또 "문명이란 우리들 생활 속의 성과물에 해당한다. 예컨대 중국에서 제조한 그릇과 중국의 정치 제도 등은 모두 중국 문명의 일부분이다. 생활 중 융통성이 없는 제작품은 문명인 셈이고 생활상 추상적인 양식은 문화다"[70]라고 말한다. 이러한 이분법은 일체양면의 단일적 구성 체계로까지 합일되어 발전한다. "문화와 문명은 또한 하나의 존재이면서 두 방면이라고 말할 수 있다. 즉 일종의 정치 제도는 한 민족의 제작품인 '문명'이라고 말할 수 있으면서 동시에 한 민족 생활의 양식인 '문화'라고도 말할 수 있다."[71] 이렇게 전개된 량수밍의 사고법은 주첸즈에게 계승되어 문화학을 구성하는 기본 발판이 된다.

서구의 이분법적 구별은 주첸즈의 '문화학Culturology'에서 더욱 선명하게 채용되고 있다. 그의 문화학은 5·4 신문화운동 이후로 전개된 중국 문화 논의를 집대성하여 정형화시킨 중국의 대표적인 문화와 문명에 관한 이론이다. 주첸즈는 황원산黃文山의 '문화학' 건립 이론을 받아들여 쑨번원孫本文의 '문화사회학'과 량수밍의 '문화철학', 동서 '문화교육학' 이론을 통섭하는 야심찬 상위의 학문 영역인 '문화학'을 구축하고자 했다. 그런데 그는 문화Kultur와 문명Civilization이라는 서구적 개념을 차용하여 '문화학', 즉 '문화철학'과 '문화사회학'의 하위 분과 성립의 근거를 마련하고자 했다. 그의 개념 분석은 기본적으로 슈펭글러의 세계 문화 형태학을 매개로 한 독일식 구분에 기초한다.

주첸즈는 슈펭글러의 생철학적 문명 비판론에 의탁하여 독일적 개념 차이를 다음과 같이 지적한다. "문화란 인류 내면의 영적이고 정신적인 수양과 그 사업이며 모든 일체 종교적이고도 예술적인 가장 완벽한 인류 생활의 생활 상태다. 이와는 반대로 문명은 외면적 교육과 질서에 관한 것이고 모든 현대적 공업과 기계 등을 가리킨다. 바꿔 말해 전자가 영혼이 아주 활발한 육체라고 한다면 후자는 미라인 셈이다. 전자가 정신적이고 광의적인 데 반해서 후자는 물질적이고 한정적이다."[72] 주첸즈는 용어 습관에 비추어 보면 문화란 이 양대 부분, 즉 "지식적인 것과 사회적인 것의 두 측면을 포괄하며 사회 조직 발달의 문명을 오로지 가리켜서 그 가운데에 덧붙여 넣은 것"[73]이라고도 했다.

나아가 주첸즈의 이 양분적 이해는 인류 생활의 두 측면을 대표하는 '표현'이라는 자신의 문화 정의와 접맥되어 있다. 이를테면 "한 측면이 인류의 지식 생활 문화를 표현한 것이라면 또 한 측면은 인류의 사회생활 문화를 표현한 것이다. 이른바 문화의 내용은 본래 이 양대 부분을 포괄한다"[74]고 주장했다. 여기서 인류 생활의 두 측면이란 결국 Kultur의 정신적 문화 개념에서 도출된 '지식생활'이 한 축을 형성한다면 Civilization의 사회적 문화 개념에서 도출된 '사회생활'이 다른 한 축을 형성한다. 이것은 재차 그의 문화학에서 지식 생활을 연구하는 '문화철학'과 사회생활을 연구하는 '문화사회학'이 분과되는 기준점이 된다. 결국 문화철학의 연구 영역이 독일인이 제창한 정신적·지식적 문화Kultur 개념에 근거한 것이라면, 문화사회학은 독일인의 적대적 자의식이 반영된 프랑스인을 비롯한 영국인과 미국인의 물질적·사회적 문명Civilization 개념에 근거한 것이다.

맺음말

이상 검토해본 바와 같이 서구 계몽주의 시대에 독일어권에서는 전통적인 문화 개념에 야만의 반대 개념인 진보, 도덕 등이 첨가되어 이상적인 인류의 활동과 성취를 지칭하는 보편적인 의미로 점차 확대되었다. 그러나 영국과 프랑스에서는 '산업혁명'과 '시민혁명'을 계기로 계몽주의 지식인들에 의해 종래의 문화 개념에 대한 성찰과 새로운 시대적 요구가 반영되어 '문명'이라는 신조어가 출현했다. 이 문명 역시 계몽주의적 역사철학의 기능을 수행하여 진보와 도덕이 문명 개념의 중요한 테마였다. 사실 두 개념이 계몽 시대에 상당히 수렴되기는 했지만 라틴어 어원상의 근원적 차이는 유럽 개별 국가 언어로의 발전에도 불구하고 여전히 상존해 있었다. 그러던 것이 문화의 계몽주의적인 문명에 대한 비판이 가해지면서 균열이 가기 시작하여 양자의 이분법적 대립 의식이 개념사를 착종해 장식하게 된 것이다.

그러나 20세기에 접어들면서 독일의 문화 이데올로기로서 나치즘 Nazism에 의해 비대칭적인 대립 개념으로 사용된 경우를 제외하고는 "유럽의 지배적인 언어 체계는 문화를 대체로 문명과 동일시한다".[75] 단지 그것들은 함의와 뉘앙스를 달리하면서 상보적인 관계를 갖는 개념들이라고 하겠다. 문화는 문명의 기초가 됨으로써 문명의 진보는 문화의 발전에 의지하고 문화의 발전은 필연적으로 문명의 진보를 촉진시킨다는 이해 방식이 그것이다. 그러나 이 두 개념은 자국이나 서구 전체의 진보한 우월 상태를 표현하고자 했다는 점에서는 동일하다. 이러한 서구인의 의식 형태는 현재에 이르기까지 '서구문명헤게모니주의'의 기본 골격을 이루고 있다.

문명은 독일의 전통적 적대 관념을 제외하면 대체로 포괄적인 '문화적 실체'로 파악된다. 헌팅턴 역시 문화와 문명을 엄격하게 구분하지 않은 상태에서 문명을 "포괄적"이고 "가장 광범위한 문화적 실체", "크게 쓰인 문화"로 이해함과 동시에 문명과 문화를 모두 "사람들의 총체적 생활 방식"을 가리키는 개념으로 파악했다.[76] 이렇듯 현 시기 문화와 문명은 일반적으로 혼용되어 쓰인다. 굳이 구별한다면 인류학자 레비 스트로스Claude Lévi-Strauss가 원시 사회와 문명 사회를 문화적으로는 구별할 수 없다고 주장한 것처럼 문화는 대체로 가치 판단이 배제된 문맥에서 사용되고 문명은 긍정적인 개념으로 인류 사회의 진보 상태를 가리키는 것으로 쓰인다. 사실 인류학자들 사이에서는 타일러 이후 주로 '문화'라는 용어를 통해 그들이 연구하는 '원시 사회'를 기술했으며 '문명'은 '현대 사회'를 기술할 때 사용했다. 또 다른 용례를 보면 '문화'는 특정한 생활 방식이나 그에 상응하는 가치 체계라는 더욱 명확한 형태학적 함의를 갖는 데 비해 '문명'은 이 의미와 함께 주로 특정한 역사문화의 공동체를 지칭한다.

박이문은 "사회의 특징을 수직적·시간적 차원에서 서술할 때 문명의 개념을 적용하지만 그것을 수평적·양식적 측면에서 기술할 때는 문화의 개념이 보다 더 적절하다"[77]고 판단했다. 그리고 문명은 '진보'의 의미를, 문화는 '차이'의 의미를 각각 함의한다고 했다. 그는 이에 대해 다음과 같이 설명한다. "로마 사회가 진보의 관점에서 시대적으로 앞서 있던 그리스 사회에 비추어 서술될 때 '로마 문명'의 개념이 의미를 갖고, 가령 그리스 사회가 역시 진보의 입장에서 그 이전의, 예를 들어 이집트 사회에 비교적으로 기술될 때 '그리스 문명'이라는 말이 그 의미를 갖는다. 이와는 달리 로마 사회가 이념적·생활 양상적 측면에서 다른 사회의 이념적·생활 표현 양상과 차별적 측면에서 서술될 때 '로마 문화'라는 말이 그 뜻을 지닌다."[78]

또한 정수일은 문명이란 "인간의 육체적 및 정신적 노동을 통하여 창출된 결과물의 총체로서 물질문명과 정신문명으로 대별"[79]됨은 물론, 한편으로 문화는 개체적인 데 반해 문명은 총체적이라는 차원에서 정의를 시도하고 있다. 그의 지적대로 문화와 문명의 개념과 관계에 관한 연구는 오랫동안 진행되어 왔지만 아직도 학문적 정립은 미완의 과제로 남은 채 논의가 계속되고 있다. 다만 문화와 관련된 '문명' 개념의 현대적 특징은 다음과 같이 요약할 수 있다. 문화가 상위의 그것을 포괄하는 의미 구별의 더 큰 실체가 존재하지 않는 반면에 문명은 가장 큰 존재로서 의미 구별의 생활 공동체를 가진다. 문명 개념에는 문화를 포괄하는 더 큰 실체가 존재하여 문화와 상반되지 않는다. 문명은 개념 등급 상에서 깊고 광범위하여 문화의 분화나 다양성을 종합할 수 있는 높은 단계에 위치한다.

현대 '문화학' 연구는 인문학의 현주소와 미래에 대한 성찰에서 중심 범주를 이룬다. 더욱이 인문학의 정체성 위기는 현재 각 인문 사회 분야의 문화주의적 전환을 촉진시키고 있다. 문화학은 현재 독일을 비롯한 여러 나라에서 단·복수로 존재하여 이미 학문들의 경계를 안팎으로 넘나들며 여러 문제들을 종합 재구성하는 인자로서 지대한 영향을 미치고 있다.[80] 이러한 문화학의 활성화는 필연적으로 상보적 관계에 있는 '문명학' 연구와 병행되어야 그 함의를 더욱 풍요롭게 하고 폭넓은 지평 또한 기약할 수 있다. 이런 점에서 세계 학문 조류인 문화학적 전환 추세에 걸맞게 문명학적 전환도 함께 논의되어야 한다. 그래야만 담론으로서의 결함을 최소화하고 격조 높은 창조적 발전을 기대할 수 있다. 그 예증은 이미 현대 문명 담론의 부상에서 드러나고 있다. 우리는 탈냉전 이후 현실 상황과 미래 세계를 좀 더 포괄적이고 문화와 다른 차원인 '문명'을 통해 해석·조망하고자 하는 다양한 학문적 탐구들이 각광받는 이유를 이해해야 한다.

'문화학'의 생성이 근대적 문화 개념을 전제로 한다면 '문명학'으로서의 '문명 담론' 역시 근대적 문명 개념을 토대로 형성된 것이다. 그러므로 현대적인 문명 담론을 읽어내고 지속적인 발전과 정립을 꾀하고자 한다면 '문명'이라는 어휘의 의미 구성체와 변천 과정에 대한 철저한 이해가 선행되어야 한다. 나아가 올바른 개념사 이해를 바탕으로 문명 개념의 역사 순기능적인 면모와 장점을 채취하여 현재적 의미로 재구성해야 한다. 그리고 이와 동일선상에서 시대착오의 역기능적인 면은 남김없이 탈각시켜나가야 한다. 특히 종래 '문명' 개념에 내재된 타문명을 야만시하고 자문명의 우위를 조장하는 '서구문명 우월주의' 등은 철저하게 배제시킴으로써 세계 문명들의 공존을 담보하는 복수적 공생의 의미를 각성시켜야 한다.

현대적 '문명' 개념은 문명생태학적 관계망network을 규정하는

'세계주의적 시각'으로서 또는 인류 문명의 진정한 공존을 위한 탈중심화의 현대적 문명 개념으로서 지속적으로 재탄생되고 있다. 가령 정수일이 문명의 존재, 발달, 상호 교류의 원동력을 문명의 생명인 '공유성'으로 파악해 설명한 개념[81]이라든가, 박이문이 새로운 문명의 모델을 '포스트과학기술문명'으로 명명하면서 주창한 '생태학적 세계관'으로서의 문명 개념[82]이나, 황태연이 말하는 재창조된 자기완결적 엔텔레키(완전자)로서의 '패치워크문명' 개념[83]이 그 실례들이다. 또한 뚜웨이밍이 '문명의 대화'를 논하면서 그 전제로 인류문명의 '다원성'은 물론 '동일성'과 '차이성'을 동시에 인정해야 한다고 역설한 문명 개념[84]을 비롯한, 프랑크Andre Gunder Frank가 염원했던 패권을 가진 중심이 주도하는 일방적 질서가 아니라 여러 지역이 평등하게 교류하면서 공존하는 '다양성 속의 통일성'이라는 인류 보편의 이상을 담은 개념[85]이나, 존 홉슨John M. Hobson이 주창한 '동양적 서양의 발흥'으로서의 문명 개념,[86] 제러미 리프킨이 예고한 21세기 공감적 인간이 주도하는 분산적·협동적·비위계적인 '공감의 문명Empathic Civilization' 개념[87] 등도 여기에 포함된다.

오늘날 문화 개념이 더는 정신적·저항적·배타적·고립적 의미가 아니듯이 문명 또한 물질적·피상적·가식적·기계적 성질의 것은 아닐 것이다. 우리는 이제 미래 지향의 거시적인 시각에서 이 양자를 상관적·상보적 관계로 재조정해야 한다. 현재의 '문명'에 대한 사고와 인식의 틀은 "미시적에서 거시적으로, 근시적에서 원시적으로, 단편적에서 총체적으로, 분석적에서 종합적인 형태로 전환"[88]되어 문명 개념은 대체로 '가장 높은 단계의 문화적 실체나 동질성', '가장 상위 수준의 문화적 결합체', '인류 삶의 총체적 방식' 등으로 규정된다. 그리고 세계 문명을 바라볼 때도 적대적인 배타보다는 공동체적인 협력에, 정복적인 갈등보다는 조화로운 공존에 더 초점을 맞추어 이해하려는 추세다. 뿐더러 현대 '문명' 개념은 '문명 간의 공존'이라는 현재적 의미로 탈바꿈되어 끊임없이 창조적으로 인신되고 있다.

03
서구 패권적 문명 패러다임
비판과 그 대안 모색

후쿠야마의 단수적 문명전파론과 헌팅턴의 복수적 문명충돌론을 중심으로

3장에서는 후쿠야마의 단수적 문명전파론과 헌팅턴의 복수적 문명충돌론을 중점적으로 고찰한다. 20세기 후반 탈냉전기 국제정치질서가 와해되고 동서 이데올로기의 대립과 그에서 기인한 군사적 대립이 종식된 상황에서 새천년 21세기의 국제관계와 세계체제를 '문명'으로 해석하고자 하는 '문명 패러다임'이 제시되었다. 이 논의가 기점이 되어 인류 미래의 해법을 공분모적 복합체인 '문명'에서 강구하려는 여러 형태의 현대적인 '문명 담론'이 폭발된 것이다.

이 장에서는 여기에 부응하여 현대 문명 담론의 원형적 발제라고 할 수 있는 문명 패러다임을 단·복수적 문명론 차원에서 비판적으로 분석했다. 구체적으로, 두 학자의 이론, 즉 후쿠야마의 단수적 문명전파론과 헌팅턴의 복수적 문명충돌론을 중심으로 현대 문명 담론의 이해와 전망을 시도했다. 그리고 분석과 비판 과정에서 발전적이고 체계적인 현대 문명 담론의 학문적 토대를 기초하고 참된 문명관의 밑그림을 그려보고자 했다. 진정한 의미의 '문명 담론'은 관점의 탈중심화 속에서 '모두가 누리는 행복'이라는 인류문명공동체의 진지한 염원을 담아내야 한다.

머리말

계몽주의 시대에 독일어권에서는 전통적인 문화culture 개념에 새로운 의미들, 즉 야만의 반대 개념인 진보, 도덕 등이 첨가되어 문화가 이상적인 인류의 활동과 성취를 지칭하는 보편적인 의미로 확대되었다. 그러나 영국과 프랑스에서는 18세기 전후 산업혁명과 시민혁명을 계기로 계몽주의 지식인들에 의해 종래의 문화 개념에 대한 성찰과 새로운 시대적 요구가 반영되어 '문명civilization' 이라는 신조어가 출현했다. 이 용어의 발생을 계기로 문명에 관한 근현대적 담론이 시작된다. 그런데 근대적 문명 담론은 정형화된 구조를 띠면서 문명 자체의 탄생, 성장, 멸망, 이동에 관한 것[1]이 대부분이다.

　근대적 문명 담론을 포괄한 실제적인 학문 분야로서의 문화와 문명에 관한 연구는 19세기 중반에 이르러 시작되었다. 19세기 초 근대 산업 문명을 배경으로 유럽의 제국주의 열강들이 비서구 지역의 식민지 개척과 경영을 본격화하면서 관리, 여행가, 선교사들이 수집한 원시 부족의 민족지民族誌(ethnography)적 자료가 널리 보급되었다. 인류 문화와 문명의 다양성에 대한 비교 연구가 학자들에게 가능하게 된 것이다. 특히 인류학자들은 다양한 경로로 수집된 이들 자료들을 기초로 하여 여러 사회의 문화적 현상들에 대해 한층 과학적이

고 다양한 관점에서 이론화를 시도했다.[2]

개념사 측면에서 봤을 때 '문명'은 두 가지의 서로 다른 의미를 가진다. 하나는 단수적singular 의미의 문명이고 다른 하나는 복수적 plural 의미의 문명이다. 현대 서구에서는 동서 냉전의 종결과 함께 주로 두 방향에서 미래의 전망이 이루어졌다. 그것은 현대 문명 담론과 밀접한 연관 속에 있는 '역사의 종말'과 '문명의 충돌'에 대한 논의라고 할 수 있다. 그런데 문명론적 미래 전망이 서구에서 복선으로 흐르고 있는 문명에 대한 단수론과 복수론에 기초한다는 사실에 유의할 필요가 있다. 이 논쟁 구도는 19세기에 시작된 인류의 고고학적 차원에서 전파주의자diffusionist와 진화주의자evolutionist 간의 오랜 문명론적 논의와도 연결되어 있다.[3]

그러나 현대 단·복수적 문명론은 '세계화globalization'라는 맥락 속에서 고찰되어야 한다. 세계화라는 용어는 1980년대 이래 각종 사회과학 문헌이나 정치, 경제, 문화, 심지어 일상생활 속에서도 널리 사용되고 있다. 일반적으로는 경제적인 관계를 일컫는 경우가 많지만 최근에는 문화적·문명적 측면의 세계화에 대한 논의가 활발하다. 그 함의는 매우 풍부하여 동서 문화의 집합점convergence, 경제와 사회의 일체화integration, 동질화homogenization 등의 견해가 있다. 또는 정치학자가 지칭하는 국제관계의 세계 전략이거나 문화학자가 지칭하는 상업 문화, 대중문화, 소비주의가 지배하는 세계 문화 시장의 현상이기도 하다. 세계화는 여러 영역에서 광범위하게 적용되기 때문에 어떤 의미에서는 창조적 방향을 지닌다. 예컨대 세계화가 최근에는 종래의 제국주의적 서구화Wersternization나 근대화Modernization를 대체하는 새로운 모델로 제시되고 있다.

여하튼 단일적 의미의 문명은 보편적 세계 문명론과도 맞닿아 있으며 "인간을 덜 동물스럽고 덜 야만적이며 따라서 보다 시민사회적이고 예의가 있는Civil 존재로 만들어가는 일련의 과정이나 그 결과를 뜻한다".[4] 이것은 서구 계몽주의 문명의 동심원적 확장성을 전제로 한 문명화의 과정, 즉 '세계화'와 동일한 개념이기도 하다. 특히 17, 18세기 이성주의와 계몽사조가 낳은 보편적인 자유, 평등, 인권, 법치, 시장, 개인 등의 서구적 가치들이 문명 개념과 연결되어 근현대의 '서구화', '근대화', '세계화'라는 일련의 과정을 거치면서 전 세계로 보급되었다. 유럽 국가들이 세계를 제패한 제국주의 시대에 이르기까지 세계 문명은 오직 단일한 기독교 문명만 존재했다. 그들이 보기에 "여타의 민족과 국가들은 문명이 없는 야만 상태였고 그래서 자신들의 문명을 심어주기 위해 전진해야만 했었다".[5]

이것은 소련 공산주의의 몰락이 역사의 종언과 전 세계에서 자유민주주의Liberal Democracy의 보편적 승리를 의미한다는 미국 일본인 3세 출신인 후쿠야마Francis Fukuyama의 단일 중심적 문명전파론으로 이어진다. 후쿠야마의 단수론적 '역사의 종말'은 1950년대 미국의 여러 사상가들에 의해 시작된 '이데올로기의 종말' 논쟁의 연장선상에서 이루어진 것이다. 그에게서 공산주의의 붕괴는 이데올로기 종말의 결정적인 증거로 간주되었다. 후쿠야마는 "자유민주주의야말로 오늘날 세계 여러 지역과 문화에 걸쳐 일관되게 영향을 행사하는 유일한 정치 체제가 되고 있다. 또한 자유주의적 경제 원리인 '자유시장경제'가 보급되어 …… 전대미문의 물질적 번영을 구가하고 있다"[6]고 호언했다. 결국 '역사의 종말'이란 어떤 역사 개념의 종말을 선포한 것으로 역사 그 자체, 즉 "어떤 시대, 어떤 민족의 경험에서 생각하더라도 유일한, 그리고 일관된 진화의 과정으로서의 역사가 끝났다"[7]는 의미다.

이에 반해 복수적 의미의 문명은 하나의 역사문화공동체를 조성하는 특수한 세계관, 풍습, 구조, 문화와 관련된다. 이러한 생각은 사실 서구제국주의적 세계 지배 과정에서 파생된 민속학자 내지는 인류학자의 원시 문화 연구와 순환적 문명론에 자극받은 것이며 그로 인해 중립적이고 복수적인 문화론이 발전하게 되었다. 특히 서구에 있어 단수적 문명 개념을 대신해서 복수적 문명 개념을 수립한 대표적인 학자로서는 토인비A. Toynbee와 슈펭글러O. Spengler 등을 꼽을 수 있다.[8] 토인비는 역사상의 문명을 21개의 문명권으로, 슈펭글러는 9개의 문명권으로 각각 분류하여 그 복수적 의미를 인정함과 동시에 각 개별 문명권이 흥망의 과정을 밟아간다고 주장했다. 이것은 서구의 역사를 세계사 자체로 파악했던 서구 지성계의 기존 상식으로서는 가히 혁명적인 인식의 전환이라고 할 수 있다.

헌팅턴Samuel P. Huntington 역시 이 조류를 계승하여 세계 문명을 8개의 문명권으로 분류하고 "어떤 이상, 아니 유일무이의 이상으로 정의되는 문명을 폐기하고 소수의 특권적 개인이나 집단, 인류의 엘리트에게만 국한된 문명화의 단일한 기준이 있다는 전제와 결별하는 것을 의미한다. 문명은 여러 개이며 각각의 문명은 독자적 방식으로 문명화되었다"[9]고 역설했다. 그가 보기에 과거의 자유 진영과 공산 진영 간의 이념과 갈등은 모두 서구 문명권 내에서 근원하여 전 세계적으로 확산된 데 불과한 것이었다. 그러나 냉전 구도가 해체됨으로써 그동안 억눌려 있었던 문명들 간의 차이와 갈등이 표면화되었다. 헌팅턴은 지구상에 존재하는 이러한 복수 문명들의 관계가 세계 질서에 어떤 영향을 미칠 것인가를 논하고 있다. 이제 사람들은 계급·이데올로기적 정체감보다는 문화적·인종적 정체감을 더 중요시하게 되었고 이로 인해 상이한 문명들 간의 충돌이 세계 정치의 핵심 문제로 떠올랐다는 것이다.

이처럼 20세기 후반 탈냉전기 국제정치 질서가 와해되고 동서 이데올로기의 대립과 거기에서 비롯된 군사적 대립이 종식된 상황에서 새천년 21세기의 국제관계와 세계체제를 '문명'으로 해석하고자 하는 '문명 패러다임'이 제시되었다. 이 논의가 기점이 되어 인류의 미래를 공분모적 복합체인 '문명'에서 해법을 강구하고자 하는 여러 형태의 현대적인 '문명 담론'이 폭발된 것이다. 문명 담론은 과거의 갈등적이고 대립적인 국가, 민족, 정치, 경제, 이데올로기 등의 굴레에서 벗어나 좀 더 신축적인 '문명'이라는 분석 단위를 통해 냉전 종식 이후의 현실 상황을 진단하고 미래 세계를 조망하기 위한 본원적 차원의 학문 탐구라고 할 수 있다. 현대 문명 담론은 정치, 경제, 종교, 역사, 철학 등 여러 분야에 걸쳐 다각도로 적용·모색되다가 개화된다. 예컨대 후쿠야마의 종말론, 헌팅턴의 충돌론을 비롯한 사이드 Edward W. Said의 타자론, 뮐러Harald Müller의 공존론, 리프킨Jeremy Rifkin의 공감론, 뚜웨이밍杜維明의 대화론, 그리고 박이문의 포스트 과학기술문명론, 정수일의 교류론, 황태연의 패치워크문명론, 최근의 생태문명론 등이 대표적인 이론들이다.

그러나 현대 문명 담론의 원형적 발제라고 할 수 있는 후쿠야마의 '종말론'이나 헌팅턴의 '충돌론'에는 현재적 적실성과 유용성을 차치하더라도 탈냉전 시대의 '서구 중심적 패권주의'가 내장되어 있다. 동시에 송두율이 "역사의 끝이 서구 중심적인 세계관의 공격적인 측면을 계속 보여주고 있다면 문명 충돌은 이의 수세적인 측면을 보여주고 있다"[10]고 지적한 것처럼 이 양자에는 세계 문명을 '동'과 '서'의 분열 구도로 구획하여 대립각을 고취시키는 고질적인 미국 정치학의 마니교적 이분법이 작동하고 있다. 이 장에서는 단·복수적 문명 패러다임, 즉 후쿠야마의 문명전파론과 헌팅턴의 문명충돌론을 '세계화'라는 문맥에서 비판적으로 검토할 것이다. 그리고 분석과 비판 과정에서 발전적이고 체계적인 현대 문명 담론의 학문적 토대를 기초하고 참된 문명관의 밑그림을 그려보고자 한다. 그릇된 이론의 사유 구조나 방법론이 수정되지 않는 한 인류의 공영과 보편 가치를 실현할 수 있는 올곧은 문명관은 구축될 수 없기 때문이다.

후쿠야마의 단수적 문명전파론

복수적 의미의 문명은 단일적 의미의 문명의 입장에서는 대단히 비문명적으로 보일 것이다. 복수적 의미의 개별 문명관 반대편에는 단수적 의미의 보편 문명관에 기초한 단일 중심적 문명전파론자들이 존재한다. 미국의 일본계 학자 후쿠야마가 대표적인 학자라고 할 수 있다. 1989년 여름, 미국 조지메이슨대George Mason University 교수 후쿠야마는 《내셔널 인터레스트*National Interest*》지에 기고한, 서구의 자유민주주의가 공산주의에 승리함에 따라 이제 역사는 종언되었다고 주장한 〈역사는 끝났는가?〉라는 글로 세계적인 관심을 모았다.[11] 그 후 그는 《역사의 종말과 최후의 인간*The End of History and the Last Man*》이라는 저작으로 자신의 이론을 발전시켰다.

후쿠야마의 '역사의 종말'이란 냉전이 종식되고 소련이 붕괴된 후 세계의 모든 중대한 이데올로기의 충돌은 이미 끝났고 현재의 주어진 방향은 오직 미국을 대표로 하는 자유민주주의와 자본주의의 길 뿐이라는 것이다. 그러나 이것은 오만한 미국지상주의가 아니라 그 배후에는 시장경제와 민주정치를 비롯하여 자유와 인권 등 수많은 가치들이 존재한다고 했다. 후쿠야마가 보기에 이러한 가치 구성체는 인류 문명이 공통적이고 필연적으로 밟아야 할 정해진 노선으로서 근대화를 추구하는 모든 국가, 사회가 반드시 걸어야 할 지향점이었다.

헤겔Hegel 이론을 차용한 이 '역사의 종말'이라는 가설은 1989~1992년을 풍미했다. 당시 미국에서는 한창 냉전 종식과 함께 역사적 사명을 완수했다는 환상과 승리주의가 득세했다. 1989년 《월스트리트 저널Wall Street Journal》지가 미소 냉전과 관련하여 "우리는 이겼다!We Won!"고 외쳤을 때 그것은 1789년 이후 진행되어온 인류의 프랑스 대혁명 시대를 종결하고 미국 주도의 세계화와 동일화synchronization를 선언하는 것이나 진배없었다. 이 세상에는 이제 더 이상 중대한 이데올로기의 대립이란 존재하지 않으며 시장경제와 민주정치가 미래의 주요한 흐름이 되어 역사는 종말을 맞이하게 될 것이라는 생각이 미국 전역을 휩쓸었다.

후쿠야마는 이러한 분위기에 편승하여 지구상에 남은 유일한 대안은 서구에서 발달한 자유민주주의와 시장경제가 결합한 형태라고 피력했다. 이러한 사회 체제가 전 세계적으로 전파될 것이며 그것이 바로 '세계화'이기 때문에 '역사는 끝났다'고 대담하게 주장했던 것이다. 후쿠야마가 선포한, 자유민주주의 승리를 염두에 둔 '좋은 소식'

이라는 구절은 복음서와 유사한 어조가 실려 있다.[12] 그는 그야말로 냉전체제의 황혼기에 등장하여 미국의 자존심을 회복시켜주었음은 물론 중요한 철학적 기초도 제공한다.

후쿠야마는 1989년 이후 인류에게 펼쳐진 일련의 현상들을 단순한 '냉전의 종식'이거나 '전후 역사의 특수한 시기가 끝났다'라는 의미가 아닌, 바로 헤겔식 절대정신인 자유주의 국가로서 역사의 종언이라고 단정한다. 즉 "현실사회를 구축하는 이론적 기반으로서의 마르크스주의의 터무니없는 실패—《공산당선언》 간행 후 140년 만에 확실히 나타난 실패를 목도할 때 결국은 헤겔류의 보편적인 역사쪽이 정확한 예언이 아니었을까 라는 문제가 대두된다"[13]고 했다. 역사는 일정한 목적을 향해 발전하는 누적적인 과정인데 자유민주주의에 이르러 역사는 정점에 도달했으며 전 세계는 이러한 형태로 수렴된다고 했다. 즉 현시점은 인류의 이데올로기적 진화 단계에서 종착역이며 인류가 꿈꿀 수 있는 마지막 정부 형태가 다름 아닌 서구의 '자유민주주의'라는 것이다.

이러한 후쿠야마의 생각은 권리를 문명화된 이기주의, 즉 이성과 연결된 욕망이나 육체적인 자기보존의 욕망에 종속시키는 앵글로색슨 계통의 로크Locke나 홉스Hobbes의 전통보다는 권리 그 자체를 하나의 목적으로 삼고 역사를 하나의 일관된 진보의 과정으로 간주하는 독일 관념론의 계보에 속하는 칸트I. Kant, 헤겔의 사상에서 연원한다. 독일 관념론에서는 인간다움이란 인간의 '혼' 속에 있는 이성과 욕망만이 아니라 인간의 존엄이나 타인과 대등한 존재로 인정받고 싶다는 욕구를 포함한다. 예컨대 "헤겔은 순수한 위신을 찾는 싸움에 자진해서 생명을 거는 태도가 어떤 의미에서는 인간이 인간다

운 이유이며 인간의 자유의 기반이라고 생각했다".[14]

사실 '인정에의 욕구'는 독일 관념론을 넘어 플라톤Platon의 《국가》에서 처음으로 묘사된다. 플라톤은 《국가》에서 인간의 영혼에는 욕망, 이성, 그리고 튜모스thymos(패기) 세 부분이 있다고 묘사했다. 인간 행동의 대부분은 욕망과 이성의 조합으로 설명된다. 욕망은 자신이 소유하지 않은 것을 구하도록 인간을 충동하며 인간은 이성·계산에 의해 그것을 손에 넣는 최선의 방법을 알게 된다. 이와 더불어 인간은 태생적으로 자기 자신, 자민족, 사물의 가치나 원칙에 대해 인정받기를 원하는 욕구를 갖는다. 정의 감각과도 통하는 이 자존심은 인간 영혼의 '패기'라고 부르는 부분에서 발생한다. 인정받기 위한 욕망과 그로 인해 느끼는 분노, 수치, 긍지 등의 감정은 인간 속성의 일부이며 정치 세계에서도 핵심을 이룬다. 헤겔은 이러한 감정이 역사의 전체 과정을 움직여가는 힘이라고 생각했다.

후쿠야마는 인간의 역사 진행 과정의 전체적인 모습을 파악하기 위해서는 헤겔의 '인정받기 위한 투쟁struggle for recognition'에 기초한 비유물론적 역사관으로 되돌아갈 것을 주장한다. 그의 이론은 헤겔의 '인정 투쟁'이나 '역사의 종말'이라고 하는 요소에 토대를 둔다. 헤겔에게 자유민주주의란 역사의 과정, 즉 인정받기를 원하는 투쟁의 원동력이 되었던 욕망이 보편적이고도 상호적인 인정받기를 특징으로 하는 사회에 의해 최종적으로 충족된 역사 단계에 해당한다. 이 때문에 그는 자유민주주의 외에는 욕망을 만족시켜 줄 수 있는 사회 제도나 정치 제도는 더 이상 존재하지 않으며 역사의 진화는 자유민주주의가 완전히 구현된 프랑스 혁명 이후에 완결된 것으로 생각했다.

더욱이 후쿠야마는 이러한 헤겔사상에 근거하여 "역사를 경제적 관점에서 설명할 때 누락되었던 자유주의 경제와 자유주의적 정치 사이의 잃어버린 고리가 바로 '인정받기 위한 욕망'이라는 것을 알 수 있다"[15]고 했다. 즉 경제적 공업화를 이룩한 국가들이 왜 시장경제 지향적인 권위주의 독재국가 통치에 만족하지 못하고 끊임없이 자유민주적 정부를 원하는지 그 이유가 공업화 과정이나 기타 경제 활동에 국한된 욕망과 이성으로는 설명될 수 없다. 여기에는 인간의 존엄이라든가 타인과 대등한 존재로 인정받고 싶은 욕구, 곧 제3의 요인이 작용한다. 후쿠야마는 자유민주주의를 향한 투쟁은 궁극적으로 인정받고자 하는 영혼의 '패기thymos' 부분에서 발원한다고 역설했다.[16] 그리고 "오늘날 공산주의가 자유민주주의로 교체되어 가고 있는 것은 공산주의가 인정에 대한 중대한 결함을 내포한 통치 형태라는 사실이 인식되었기 때문"[17]이라고 했다.

　환기컨대 후쿠야마는 코제브Kojève의 헤겔 해석을 채용하여 인정받기 위한 투쟁, 즉 '인정 투쟁'에서 자유민주주의의 근원을 찾았다. 헤겔에 따르면 태초부터 시작된 주군과 노예의 관계를 일소하고 동등하게 인정받으려는 욕망은 인간이면 누구나 갖는 보편적인 속성이다. 그 성향이 충족될 만한 정치 체제가 등장하기까지 국제정치에는 끊임없는 변화가 일어날 수밖에 없다. 세계에 등장한 여러 정치 체제가 서로 경합하는 가운데 부적당한 것이 배제되는 이면에는 바로 인정 투쟁이 자리한다. 군주제, 귀족 정치, 독재 정치 등이 몰락한 이유는 그것들이 동등하게 인정받고 싶어 하는 인간의 욕구를 만족시켜 주지 못하는 정치 체제였기 때문이다.

　지구상에는 역사적으로 많은 사회적인 실험이 있었지만 모두 실패

했다. 나치즘과 파시즘이 몰락했고 1989년에는 급기야 사회주의마저 붕괴하고 말았다.[18] 후쿠야마가 보기에 이전의 여러 정부 형태는 내재된 결함이나 불합리성으로 인하여 결국 붕괴될 수밖에 없었다. 반면 자유민주주의의 이념은 더 이상 개선할 여지가 없을 정도로 완벽한 것이다. 고대 시대의 왕이나 귀족들은 인간이 평등하다는 주장을 인정할 필요성을 느끼지 못했다. 그러나 오늘날 세계 정치 상황에서는 독재자들조차도 민주와 평등을 내세워야 한다. 그에게서 이러한 사실은 자유민주주의 체제야말로 인간 인식 발전의 마지막 도달점임을 증명해주는 것과 다름 아니었다.

서양에서 보편적 역사와 역사적 진보라는 사고는 독일의 헤겔에서 출발하여 마르크스Marx에 의해 과학적으로 정립되었다. 헤겔과 마르크스는 모두 역사를 정·반·합의 변증법적 과정으로 파악한다. 때문에 그들에게서 역사란 궁극적으로는 종언의 존재다. 후쿠야마에 의하면 "헤겔도 마르크스도 인간 사회의 진화는 한없이 계속되는 것은 아니며 인류가 가장 심오하고도 근본적인 동경을 충족시켜주는 형태의 사회를 실현했을 때 인간 사회의 진화는 종말을 맞을 것이라고 믿고 있었다. 즉 두 사람 모두 역사의 종말을 기정사실로 받아들이고 있었던 것이다".[19] 단지 헤겔의 경우는 '절대정신'인 자유주의 국가의 구현을 통해서, 마르크스는 '공산주의'의 달성을 통해서 역사의 종언이 상정되고 있다. 종국에는 인간 사회의 진화는 헤겔의 예측대로 자유민주주의에 의한 역사의 종말로 귀결되고 있다는 것이 후쿠야마의 생각이다.

앞에서도 언급했다시피 헤겔은 미국의 독립이나 프랑스 혁명에 의해 역사는 종말을 맞이했다고 주장했다. 특히 1806년 나폴레옹이 프러시아 군주와의 예나 전투Battle of Jena에서 승리함으로써 프랑스 혁명의 정신인 자유와 평등의 원칙이 보편적인 가치로 자리 잡게 되었고 이 '자유와 평등의 원칙'은 절대정신으로서 '역사의 종말'을 고하게 되었다고 선언했다. 이에 반해서 후쿠야마는 20세기 말, 즉 1989년을 기점으로 이루어졌다고 주장한다. 왜냐하면 그에게서 역사의 종언은 지배 체제나 정치 체제에 대한 아이디어, 이념의 갈등 혹은 다른 선택이 존재하지 않는다는 점이 좀 더 중요시되었기 때문이다. 1806년 이후 자유민주주의에 대한 중요한 대항 정치 체제나 아이디어로 존재해온 마르크스주의, 파시즘 등으로 인해 이 사이의 시기를 후쿠야마는 진정한 의미에서의 역사의 종말과는 거리가 먼 시기로 보았던 것이다.[20]

이처럼 아이디어와 이념의 차원에서 국제 질서를 조망하여 자유민주주의에 의한 역사의 종언이라고 결론짓는 후쿠야마식의 견해는 궁극적으로 단일적 의미의 문명이 복수적 의미의 문명들을 종식시킬 것이라고 믿는 단일 중심적 문명전파론의 연속에 지나지 않는다. 이러한 사고는 "한 국가가 인권과 같은 보편적 가치를 실현하기 위해 다른 국가의 주권을 무시하고 개입할 수 있다고 보는 탈냉전 시대 신국제주의new internationalism 인식적 기초"[21]로 작용하고 있다. 이것은 아들 부시George Walker Bush 정권 시절 미국에서 추진했던 독재국 민주화 개입을 공식화한다는 '민주주의 증진법'[22]도 같은 맥락에서 파악할 수가 있다.

엠마뉘엘 토드Emmanuel Todd는 미국 체제의 해체를 논하는 《제국의 몰락Après l' empire》에서 후쿠야마의 '역사의 종말'이 갖는 미국의 전략적 의미와 그 불안감을 읽고자 했다. 그는 이 과정에서 프랑스 지식인들의 감정을 빌려 후쿠야마가 헤겔을 아주 단순화시켜서 공공연하게 소비용품으로 이용하고 있다고 놀라움을 표시했다. 나아가 미국 승리주의에 영합하는 후쿠야마의 태도를 다음과 같이 지적한다. "헤겔은 역사 속에서 정신이 진보해나가는 데 대해서 관심을 두었지만 후쿠야마는 교육을 이야기할 때에도 언제나 경제적 요인에 우선권을 두고 있으며, 그런 점에서 또 다른 종류의 역사의 종말을 예고한 마르크스에 더 가까운 것으로 보인다. 그의 모델에서 교육과 문화의 발전이 부차적이라는 점은 후쿠야마를 아주 이상한 종류의 헤겔주의자로 만들었는데, 이는 아마도 미국 지성계가 열광하는 경제주의에 물든 결과일 것이다."[23]

클라이브 해밀턴Clive Hamilton 역시도 후쿠야마에 대해 경제 성장과 물질적 향상만을 '진보'로 보는 오늘날 미국 주도의 소비자본주의적 '성장의 망상 체계growth fetishism'의 연속이라는 관점에서 비판한다. 말하자면 후쿠야마의 자유민주주의 승리 선언은 "더 나은 행복을 추구할 자유를 매장하는 냉혹한 논리를 품고 있다"[24]는 것이다. 해밀턴에 따르면 후쿠야마는 헤겔의 자유의지 대신 과학과 기술, 경제 성장의 동력이라는 포스트헤겔식 개념을 역사의 추진력으로 등장시키고 있다고 했다. 그러나 해밀턴의 입장에서 그것은 단지 미국을 표준 모델로 하는, 즉 과학, 기술, 시장, 성장의 힘이 세계를 주도해야 하고, 사회와 정치 시스템, 소비유형, 취향이 동질화되는 방향으로 갈 수밖에 없다는 주장일 뿐이다. 이런 점에서 후쿠야마의 사상은 "근대화 이론을 사이비 철학풍으로 변조한 것에 지나지 않는다"[25]고 일갈한다. 결국 해밀턴은 "승리를 거둔 것은 '민주주의'가 아니라 '자유주의'이며, 좀 더 정확하게는 '신자유주의 경제학'이다. 동유럽 사회주의의 붕괴와 서방의 사회민주주의가 대처리즘으로 수렴되면서 살아남은 최후의 존재가 바로 자유주의와 신자유주의 경제학이다"[26]라고 거듭 환기시킨다.

또한 데리다Jacques Derrida는 새로운 맥락 속에서 기존 의미와의 끊임없는 차이와 궁극적인 의미의 지연 과정으로 정의되는 '차연différance' 개념을 역사에 적용시켜 특정한 역사 개념은 끝날 수 있지만 역사 자체나 또 다른 역사 개념의 가능성은 끝날 수 없다고 주장함으로써 후쿠야마식 사고에 일침을 가했다. 스튜어트 심Stuart Sim은 데리다의 입장에서 "마르크스의 정신과 유령은 후쿠야마와 그의 추종자들이 공산주의의 정치적 붕괴와 관련하여 무엇을 주장하든 남아 있다. 우리는 역사의 종말을 눈으로 보기는커녕 우리 세계의 현실적 사태들에 대해 너무나 많은 사람들의 눈을 눈멀게 했던 자유민주주의의 이상을 외관상으로는 지금까지보다 더 잘 뒤흔들고 있다 …… 데리다는 미국정치에서 근본주의적인 기독교 우파의 목소리를 내고 있는 후쿠야마 사유에 나타난 자유주의 예찬론적인 성격을 특히 호되게 비난했다"[27]고 했다.

뚜웨이밍은 '서구화와 근대화에서 세계화로' 라는 문제를 다루면서 '세계화' 는 우리에게 사유 방식의 변화를 요구하고 있다고 말한다. 말하자면 세계는 결국 단일 문명으로 합류하게 될 것이고 그 과정을 일부 선진국, 특히 미국이 선도할 것이기 때문에 본질적으로 근대화는 곧 서구화, 미국화라고 하는 등식은 이제 표면적으로만 설득력을 가질 뿐이라고 했다. 더 이상 세계화와 서구화 또는 근대화는 동일한 개념일 수 없다는 것이다. 그런 까닭에 그는 한 문명의 근대화 경험이 다른 국가나 지역의 발전 모델로 정착될 것이라고 하는,

즉 후쿠야마식 역사의 종결과 같은 낙관적 기대는 단명하고 말았다고 단정했다.[28]

뚜웨이밍은 "근대성의 특징과 성과는 서양 혹은 미국의 발명에 의해서만 결정되는 것이 아니라, 세계의 나머지 나라들 역시 이러한 근대적 특징을 이상적이라고 생각하기 때문이다. 시장경제와 민주정치, 시민사회와 개인의 권리 등이 인류의 보편적인 염원인가 하는 문제는 아직 논증을 필요로 하는 의제일 따름이다"[29]고 말했다. 더군다나 현 시대 여러 복수 문명의 발흥은 아무리 강대하고 부유한 민족이라도 자신의 특수한 발전 모델을 남에게 강제할 수는 없다는 것을 분명히 밝혀주는 증거라고 했다.

이를테면 아무리 긍정적인 근대화의 정의, 곧 시장경제, 민주정치, 시민사회, 개인의 권리라 할지라도 여전히 실천 가능성의 문제는 연구와 토론 대상으로 남아 있다고 했다. 자유시장은 관리와 통제 문제를 드러내고 있고 민주주의 역시 다양한 실천 방식이 제기되고 있다. 시민사회의 형식은 문화의 차이에 따라 변화할 수 있고 개인의 권리라는 이론이 필연적으로 개인의 존엄을 의미하는가 하는 문제 역시 정확한 답변이 나와 있지 않다고 했다. 이제 근대화는 서구화도 아니고 미국화도 아니라는 것이다.[30]

마지막으로 김명섭은 아버지 부시George Herbert Walker Bush 전 대통령이 주창한 '신세계질서New world orders'의 사상적 토대이기도 했던 후쿠야마의 이론이 사실은 '서구 중심적 패권주의'임을 다음과 같이 폭로한다. "후쿠야마류의 단일 중심적 문명전파론은 9·11 이후 미국의 외교 정책을 지배하고 있는 신보수주의자neocons들과도 맞닿아 있다. 단일 중심적 문명전파론은 마치 모든 물이 결국 바

다로 흘러갈 것이기 때문에 호수나 저수지는 필요가 없다고 보는 것과도 같다. 같은 맥락에서 인류는 현재 대서양 세계에 의해 만들어진 공동의 집 안에서 대서양 세계의 진화에 따라 만들어진 보편적 표준에 복종하면서 살아가고 있을 뿐이라는 시각도 존재한다."[31]

헌팅턴의 복수적 문명충돌론

헌팅턴은 브로델의 다음과 같은 지적을 인용함으로써 후쿠야마식 사고에 첨예한 반대의 입장을 표명한다. "근대화 혹은 '단일 문명의 승리'가 세계의 거대 문명들에서 유구한 역사와 함께 형성된 문화의 다양성을 종식시키리라고 믿는 것은 '순진한 발상'이 아닐 수 없다."[32] 그런가 하면 "서구의 보편주의가 비서구에게는 제국주의로 다가온다"[33]고 비판을 가하기도 한다. 이처럼 헌팅턴의 이론은 냉전 이후 전 세계를 석권했던 후쿠야마식의 단일 중심적 문명전파론에 대한 강력한 비판과 제어의 의미를 지닌다. 헌팅턴은 후쿠야마에 대해 "유일 대안의 오류를 범하고 있다"[34]고 지적하면서 "소련 공산주의가 몰락했다고 해서 서구가 세계 역사에서 최종적 승리를 거두었고 이슬람, 중국, 인도 등이 서구식 자유주의를 너도나도 유일한 대안으로 삼을 것이라고 하는 생각은 너무도 오만한 발상"[35]이라고 했다.

그러나 헌팅턴 역시 서구 중심적 패권주의라는 차원에서는 후쿠야마와 별반 다를 바가 없다. 심지어 구미의 이익을 대변하는 입장에서는 후쿠야마식 문명단수론으로 급선회하기도 한다. 예컨대 헌팅턴은 《제3의 물결: 20세기 후반의 민주화The Third Wave: Democratization *in the Late 20th Century*》(1991)에서 중동 지역의 이슬람과 동아시아 지역의 유교를 민주주의에 대한 중대한 장애물로 규정한다. 이슬람은 말할 것도 없고, 특히 유교민주주의를 모순어법으로 보고 있다. 그에 따르면 동아시아 유교 문명권 국가들은 오직 기독교화, 산업화 등의 자기 부정적인 서구 문명에의 동화를 통해서, 곧 유교 전통 문화의 영향력을 상쇄시킴으로써만 자유민주주의를 성취할 수 있다고 주장한다. 이런 점에서 헌팅턴의 문명충돌론은 비서구 세계를 향한 서구 세계의 지배적 완결을 의미하는, 즉 서구인의 '문화적 지배'의 확실성에 대한 불안감을 담고 있다.

이렇게 헌팅턴은 국제 갈등의 중심축을 '서구 세계'와 서구의 문화적 지배에 저항하는 '비서구 세계' 간의 대결로 상정한다. 뚜웨이밍의 말대로 이러한 노골적인 입장은 "앞으로 서양을 제외한 나머지 모두가 서양을 추종해야 한다는 것을 뜻한다".[36] 헌팅턴은 근대화를 받아들이면서도 서구 문화에 동화되기를 거부하는 이슬람·유교 문명권을 서구 문명의 잠재적 위협으로 간주했다. 하랄트 뮐러Harald Müller는 이에 대해 "개념이 던지는 그물망은 크기가 클수록 위험도 크다. 문명의 충돌은 전 지구를 상대로 한 개념이며 하나의 세계관을 내포하고 있다"[37]고 하여 그 논리가 갖는 함정의 위험성을 경고한 바 있다. 헌팅턴의 문명충돌론은 학계에서 여러 각도로 비판되고 있지만 여기서는 '서구 중심적인 오리엔탈리즘'이라는 차원에서 몇 가지 되짚어보고자 한다.

1996년에 단행본으로 출판된 헌팅턴의 저서 《문명의 충돌과 세계 질서의 재편성*The Clash of Civilizations and The Remaking of World Order*》[38]은 《포린 어페어스*Foreign Affairs*》지 1993년 여름호에 실린

논문을 발전시킨 것이다. 이 문명충돌론은 동서 냉전 이후의 새로운 국면의 국제정치 형태를 문명론으로 설명함으로써 많은 논란을 불러왔다. 헌팅턴의 논조는 그야말로 광범위하고 대담할 뿐더러 심지어는 계시적이기까지 하다. 정수일의 말대로 문명충돌론은 "현대적인 문명 담론 중에서 그야말로 '태풍의 눈'으로 떠올라 그 여진은 오늘날까지도 사계의 문명 담론을 강타하고 있다".[39] 어쨌든 헌팅턴은 여기서 세계 정치의 문명적 패러다임의 윤곽을 그려내고자 시도했다. 이를테면 그는 향후 "문명과 문명의 충돌이 세계 평화에 가장 큰 위협이 되며 문명에 바탕을 둔 국제 질서만이 세계대전을 막는 가장 확실한 방어 수단이다"[40]라고 확신했다.

헌팅턴은 기본적으로 21세기의 세계 정치는 두 가지 차원에서 냉전 시대와 다르다고 보았다. 첫째로 냉전 시대의 세계는 이데올로기에 의해 나뉘어졌지만 오늘날은 이데올로기나 경제, 정치보다는 문화 내지 문명을 기준으로 대립하게 되었다. 둘째로 냉전 시대는 미소 양극 체제였지만 오늘날은 세계 정치가 다극화, 다문명화되었다. 경제와 정치의 현대화는 의미 있는 '보편 문명universal civilization'을 낳지 못했으며 비서구 사회의 서구화도 실패했다. 대신에 각 문명의 주도국을 중심으로 한 아시아 문명, 이슬람 문명이 커지면서 서구와 갈등을 빚고 있다. 결국 서구의 생존은 비서구 사회로부터 오는 위협에 맞서 자신의 문명을 혁신하고 수호할 수 있느냐에 달려 있다는 것이 헌팅턴의 주장이다.[41]

이처럼 헌팅턴은 냉전 종언 이후 미래의 세계 정치를 전망하면서 중요한 축은 이데올로기나 경제적 요소가 아니라 종교, 언어, 역사, 조상 같은 문명적 요소, 곧 상이한 문명들 간의 충돌에서 비롯된다고 했다. 이를테면 "냉전이 인류를 분열시키던 시대는 끝났지만 민족, 종교, 문명에 따른 인류의 더욱 근본적인 분열은 여전히 새로운 분쟁의 씨앗을 뿌리고 있다"[42]고 주장했다. 헌팅턴은 거시적으로는 하나의 기독교 문명권인 서구와 다수의 비기독교 문명권인 비서구 사이의 문명적 갈등으로 보았다. 이로 볼 때 그가 미국 정치학의 고질적인 '우리 대 그들'이라는 단순도식, 즉 빛과 어둠 사이의 싸움이 세계사를 규정한다는 식의 마니교적 정치학을 따르고 있음을 알 수 있다. 그리고 여기에 기초하여 갈등의 근원이 되는 문명권을 모두 8개의 주요 문명권으로 나누었다. 중화, 일본, 힌두, 이슬람, 러시아 정교, 서구, 라틴아메리카, 아프리카가 그것이다. 헌팅턴은 이 문명권을 중심으로 전개되는 충돌을 미래의 전선으로 내다보았다.

헌팅턴의 '문명의 충돌'이라는 미래 예측은 결국 상이한 종교 문명권 간에 적대감을 부추기는 것과 연관된다. 그가 보기에 미래 세계는 각 이슬람, 유교, 힌두교, 기독교, 정교의 신봉자들 사이에 잔혹한 전쟁의 길로 나아가고 있다. 여기에 대한 그의 유일한 해결책은 이들이 서로 뒤섞이지 않고 고립된 채 살아가는 지혜를 얻는 길뿐이다. 헌팅턴이 문명적 순수화를 평화의 전략으로 높이 평가하고 있다는 사실은 우리를 놀랍게 만들기까지 한다. 현 시대는 문명 교류의 무한 확산 시대로서 문명의 다양성과 그 교섭만이 문명들이 서로 평화롭게 공영할 수 있는 최상의 전제인 것이다. 이를 감안하다면 헌팅턴의 논의는 인류가 상호 교호하면서 지향해가는 공생공영의 미래 세계에 대한 역행이 아닐 수 없다.

헌팅턴의 이론은 "사회다원주의를 좀 더 큰 사회적 단위에 적용시킨 것에 지나지 않는다".[43] 표면적으로는 헌팅턴이 세계 문명을 8개로 나누어 놓고 여러 자료들을 나열함으로써 세계의 다양한 사태들을 객관적으로 묘사하는 것처럼 전개하고 있다. 그러나 그가 강조하고자 하는 바는 결국 미래의 세계는 '서구'와 '그 나머지 세계'(The West and the Rest), 즉 '비서구'의 대립과 충돌에 있었다. 이 점에서 "헌팅턴의 이러한 예견과 경고는 미소 냉전의 종언 이후에 서구 문명이 새로운 정체성을 찾기 위해 가상의 적을 설정하고 나아가 그 적과의 대립 및 대결 의식을 고취한다는 점에서 새로운 냉전 질서의 구상에 다름 아니다"[44]라고 한 강정인의 비판에 공감하지 않을 수 없다. 심지어 헌팅턴의 문명충돌론을 두고 미국 패권주의와 백인 우월주의를 위한 음모라고까지 규정하는 논의[45]가 있을 정도다.

《문명의 충돌》의 전체적인 구도를 보더라도 아시아 문명인 중화와 이슬람의 부상에 대한 경고, 서구의 쇠퇴에 대한 우려, 그리고 서구 문명인 미국과 유럽의 결속 필요성에 대한 강조로 구성되어 있다. 그의 이 일련의 생각 이면에는 서구의 입장에서 비서구를 위협의 존재로 규정하는 제국주의와 식민주의 지배 체제의 유지라는 발상이 내포되어 있다. 즉 "서구의 생존은 미국이 자신의 서구적 정체성을 재인식하고 자기 문명을 보편이 아닌 특수한 것으로 받아들이면서 비서구 사회로부터 오는 위협에 맞서 힘을 합쳐 자신의 문명을 혁신하고 수호할 수 있느냐 없느냐에 달려 있다"[46]는 것이다.

여기서 비서구란 구체적으로 미국이 주도하는 세계화(서구화) 과정을 받아들이지 않는 지역, 즉 거대한 두 문명권인 '이슬람 문명'과 '유교 문명'을 지칭한다. 이들 두 문명권은 헌팅턴의 구도상에서 미국을 위협하는 적으로 형상화되고 있다. 이를테면 다원적이고 다원화된 세계의 문명에는 이슬람 세력을 상징하는 이슬람 원리주의자와 폭력·테러 분자가 존재하는가 하면, 다른 한편에서는 유교의 '권위주의'가 존재하는데 이것은 비교적 유연한 싱가포르식 권위주의와 그다지 유연하지 않은 중국식 권위주의로 나눌 수가 있다는 것이다. 이와 같이 헌팅턴은 적군과 아군을 명확히 구분, 미국이 적에 의지하여 자신들의 적극성을 도출해내야 한다는 식상한 냉전 심리를 답습하고 있다.

헌팅턴은 여러 문명들 중에서도 특히 중국 유교 문명권의 부상과 그 위협 요인으로서 자기주장에 주목한다. 중화 문명의 경제력이 커지면 중화의 자기주장이 강해져 서구와의 충돌을 야기할 것이라고 경고한다. "분석가들은 중국의 등장을 19세기 후반 유럽의 패권국으로 부상한 빌헬름 치하의 독일에 비유한다. 새로운 패권국의 출현은 고도의 불안을 야기하지만 중국이 패권국으로 떠오를 경우 그것은 1500년 이후 세계 역사에 등장한 모든 패권국들을 초라하게 만들 것이다 …… 중국의 경제 발전이 10년만 더 계속되고(그럴 가능성이 있다) 후계자 문제를 둘러싼 갈등을 겪으면서도 정치적 통합성이 유지된다면(그럴 가능성이 높다) 동아시아 국가들과 전 세계는 이 인류 역사상 가장 큰 주역의 점증하는 자기주장에 어떤 식으로든 대응하지 않을 수 없을 것이다."[47]

헌팅턴은 중국이 기존의 패자인 서구 문명, 더구나 미국의 패권에 도전할 가능성에 대해 강하게 우려함과 동시에 나아가 유교-이슬람의 군사적 유대가 강화되는 것을 경계하고 있다. 다시 말해서 '서구'와 '나머지'라는 도식 속에서 나머지가 유교-이슬람 커넥션 등을 통해 반미 연대를 구축하는 상황을 우려했다. 이로 보건대 헌팅턴이 제시한 문명 간의 충돌 여부는 문명의 순수 본연에 기인한다기보다는 서구와의 정치적 역학 관계나 서구의 정치적 안보 논리에 좌우됨을 알 수 있다. 이러한 발상에서 축조된 문명충돌론은 냉전의 종언이라는 새로운 상황의 변화에 적응하면서 서구의 오리엔탈리즘을 정치학적으로, 과거의 냉전을 문화적으로 재생산하고 있다는 의심을 받기에 충분하다. 헌팅턴의 주장은 어떻게 보면 이슬람권과 중화권의 부상을 서구적 가치와 미국의 기득권을 수호하기 위해 이용하는 학문적 산물이라는 인상을 짙게 만든다.

강정인은 이에 대해 "헌팅턴의 문명충돌론을 현재의 세계 정치를 설명하는 이론틀이라기보다는 냉전 이후 새로운 적을 찾아 미국의 패권적인 대외 정책을 정당화하고자 하는 미국 내 강경보수파들의 입장을 대변하는 이데올로기적 고안물로 파악하고자 한다"[48]고 항변한다. 양준희 역시 현실주의적 시각에서 "헌팅턴의 문명 충돌 분석과 정책 추천을 따르다 보면 문명 간의 충돌은 자기실현적 예언으로 다가올 수밖에 없다 …… 헌팅턴이 제시하는 국제 분쟁의 원인과 해결 방안은 현실주의의 주장과 일치한다. 그것은 그리 놀라운 사실이 아니다. 헌팅턴은 바로 문명의 가면을 쓴 현실주의자에 불과하기 때문이다"[49]라고 강도 높게 비판했다.

에드워드 사이드는 헌팅턴의 이론을 지목하여 서구중심주의의 사회과학적 표출이자 "냉전 시대의 산물인 구시대적 이분법의 재탕"[50]이라고 강력하게 비판했다. 그런가 하면 문명의 충돌이라는 주제는 "지금 우리가 기꺼이 누리고 있는 문화의 '상호 연관성'을 저버린 채 이기적이고 폐쇄적인 삶을 살도록 강요할 뿐이다"[51]라고 했다. 사이드는 1978년 《오리엔탈리즘Orientalism》이라는 독창적인 저서를 통해 서구의 인본주의 전통과 식민주의 역사의 공모 관계를 폭로함으로써 자신의 탈제국주의적 이론의 한 구체적인 예를 보여주었다. 그에 따르면 "오리엔탈리즘은 동양을 문화적으로 또는 이데올로기적으로 하나의 모습을 갖는 담론으로서 표현하고 표상한다. 그러한 담론은 제도, 낱말, 학문, 이미지, 주의주장, 나아가 식민지의 관료 제도나 식민지적 스타일로써 구성된다"[52]고 했다.

본디 '오리엔탈리즘'이라는 용어는 영국과 프랑스에서 18세기 말과 19세기 초에 시작된 학문 분야로서 동양을 해석·연구하는 방법론을 의미했다. 동시에 동양과 서양의 본체론적·인식론적 차이에 근거한 사고 체계를 함축했다. 그러나 사이드가 의도하는 오리엔탈리즘은 이 양자가 혼합되어 동양을 바라보고 다루기 위해 만들어낸 서구인의 편견을 가리킨다. 그의 지적대로 "동양을 지배하고 재구성하며 위압하기 위한 서양의 스타일"[53]로서 동양에 대해 권위를 갖고 군림하기 위해 제도화시킨 서구식의 사고 체계다. 이처럼 사이드는 동양에 대한 서양의 사고, 인식, 표현의 본질을 날카롭게 파헤쳐 그것이 구조적으로 서양의 동양 지배 논리와 직결되어 있음을 식민지적 상황에서 설명하고자 했다. 특히 이 개념의 중요한 의미는 모든 종류의 지배와 피지배 관계에 수반되는 인식론적 왜곡과 전도를 비판하는 보편적 논의의 틀을 제공했다는 데 있다.

사이드의 입장에서 헌팅턴의 주장은 문화와 문명으로 위장한 오리엔탈리즘의 전형임과 아울러 그 연장선에 지나지 않았다. 그에 의하면 "헌팅턴은 문명과 그 정체성을 고유의 것이 아닌 다른 것으로 만들고자 한 관념론자다. 그의 주장은 인간의 역사에 생기를 불어넣었던 수많은 역사의 흐름을 모두 단절시키고, 지난 수세기 동안의 문명 상호간의 교환을 부정하는 것이다. 분명하게 식별하기 어려운 역사는 다소 우스꽝스러울 정도로, 함축적으로 요약된 문명의 충돌이라는 주장 앞에서 거의 무시되고 있다"[54]고 했다. 사이드는 이와 같이 헌팅턴류의 지식인에 반박하여 동서 문명의 조화와 공존을 위해 인내심을 갖고 부단히 노력해야 한다고 강조한다. 이를테면 "우리는 날조된 문명의 충돌보다 중첩되고 서로에게서 빌려오고 함께 살아가는 문화의 느린 공동 작업에 관심을 기울여야 한다"[55]는 것이다.

더군다나 하랄트 뮐러는 반헌팅턴 구상으로 집필한 《문명의 공존 *Das Zusammenleben der Kulturen*》에서 "문명의 충돌이라는 개념 배후에 있는 이론은 심각한 아니 구제불능의 결함을 안고 있다"[56]고 혹독하게 질타했다. 그에 따르면 "헌팅턴이 제안한 세계 지도의 단순한 모형도는 현학적 지식의 화려한 무대 장치 때문에 그 정체가 쉽게 눈에 띄지 않는다. 그는 역사학과 문명철학을 멋지게 이용하는 한편, 세계 각 지역의 수많은 사례를 복잡하게 제시하여—특히 일반인에게는—그 도식이 매우 그럴듯할 뿐만 아니라 근사하게 보이기까지 한다. 헌팅턴의 가설이 충족시키는 욕구는 실제로 존재할 뿐만 아니라 매우 진지하기 때문에 …… 약점이 보이지 않거나 짐짓 무시된다. 이것이 바로 《문명의 충돌》의 업적이며 또 커다란 위험이다".[57]

뮐러 역시 문명 패러다임의 틀을 받아들이는 입장이다. 그러나 헌팅턴과의 분명한 차이점은 복수론적 입장에서 서구 문명과 비서구 문명의 독자성을 인정하되 대결보다는 공존에 초점을 맞추었다는 데 있다. 다시 말해 뮐러는 문명의 충돌에 맞서는 다원적인 문명의 공존을 주장, 그의 견해에서 비서구권의 반서구적 결탁은 없다는 것이다. 그에게서 헌팅턴의 이론은 냉전 이후 적(공산주의)을 잃어버린 서구 사회가 새로운 적을 통해 정체성을 확보하려는 욕구에서 나온 냉전 이론의 변형, 새로운 황화론, 백인우월주의에 불과할 따름이었다.

한편으로 정수일은 헌팅턴의 오류에 관한 그동안의 논쟁과 비판이 대부분 정치학적 시각에서 이루어져왔음을 지적한다. 그 가운데 적절한 내용도 있지만 속성이 서로 다른 문명과 정치가 견강부회적으로 어설프게 상대했기 때문에 정곡을 향한 것은 아니었다고 말한다. 그렇다면 헌팅턴의 근본적인 오류는 무엇인가? 정수일은 헌팅턴을 다음과 같이 논파한다. "조화와 상생을 공분모로 하는 문명은 문명으로 접근하고 이해해야지 대결과 상극을 통념으로 하는 정치로는 결코 접근할 수 없고 이해할 수도 없는 것이다. 차원이 다른 문명과 정치의 상호 대입은 언필칭 논리상 무리가 아닐 수 없다. 그러다 보니 헌팅턴 자신도 그렇거니와 평론자들에게도 문명이란 기본 개념에서부터 그 속성이나 상호관계에 이르기까지 이해 또는 전개에서 혼미와 모순과 착오가 일어나지 않을 수 없다."[58]

정수일은 정치학적 착안이 아닌 문명 본연의 시각에서 헌팅턴의 이론을 통찰해보면 적어도 3가지 측면에서 이론적·실천적 오류를 발견하게 된다고 했다. 첫 번째는 복합적인 문명 개념을 단순한 가치 체계, 그것도 주로 종교가 결정적인 역할을 한다는 종교 가치 체계로 축소했다는 데 있다. 두 번째는 문명 간의 차이를 문명 본연의 충돌인 양 착각하고 문명 간의 상생관계를 상극관계로 오도했다는 데 있다. 세 번째는 지구촌의 분란을 숙명화했다는 데 있다. 헌팅턴은 문명 간의 단층선에서 문명 충돌이 숙명적으로 일어난다고 주장하여 지구촌의 분란에 불가피성을 부여하고 새로운 21세기 인류의 항구적인 평화와 안전에 대한 공동 염원에 찬물을 끼얹고 있다는 것이다.[59] 정수일은 문명을 복합적 실체로 간주하여 어느 부분 학문으로 문명을 재단해서는 안 되며 "부분 학문의 경우 그 고유의 영역에서, 그 고유의 방법론으로 문명에 접근해야 한다"[60]고 주장한다. 결국 문명은 문명으로 접근하고 이해해야 한다는 것이다.

이러한 지적은 황태연과 뚜웨이밍에게서도 비슷하게 발견된다. 먼저 황태연은 헌팅턴의 문명 이론에 대해 그것은 문물교환과 교류협력을 통한 문물의 패치워크를 본질로 하는 '문명'을, 배제나 충돌 그리고 갈등을 본질로 하는 '권력'으로 착각하는 문명갈등모델의 전형적인 사례라고 비판했다.[61] 또한 뚜웨이밍은 "헌팅턴은 문화를 전문적으로 연구한 학자가 아니다. 그는 이러한 관점을 제시하면서 비교문화적 연구도 없었고 비서양 문화에 대한 사려 깊은 고려도 없었다. 그는 냉전적 관점에서 이런 가설을 제시했던 것에 불과하다. 미국 학술계에서도 특히 문화와 종교를 중시하는 사람들은 그의 관점을 받아들이지 않는다"[62]고 단언했다. 뚜웨이밍은 헌팅턴을 문화에 대한 이해가 전혀 없는 골수 정치학자로 규정했다. 민주주의를 말하면서도 문화적 특성에는 주의를 기울이지 않고 지역 정치에만 매달린다고 비판의 날을 세운다. 헌팅턴은 "계량화 방식과 분석적 방법, 그리고 선거행위를 기준으로 비교와 해석을 진행했기 때문에"[63] '문명의 충돌'이라는 발상을 하게 되었다는 것이다.

맺음말

'문명 패러다임'은 냉전 시대의 체제 속에서 복류하고 있다가 시대의 필요성에 의해 국제 질서와 세계 체제의 분석틀로 제시됨으로써 문화와 문명의 문제를 이 시대의 공론이자 화두로 부각시키는 기폭제가 되었다. 이와 관련해서 뮐러는 문명 패러다임의 대표적인 논제인 "문명의 충돌이라는 개념이 이미 정치용어, 시사용어가 되었다"[64]며 꺼림칙한 심정을 토로한 바 있다. 정수일 역시 헌팅턴의 이론에 대해 "새로운 국제 정세 속에서 문명을 중시하고 문명 담론을 전면화했다"[65]는 점에서 일정한 의미를 부여했다. 이처럼 적실성, 유용성, 제국주의적 성향에 대한 국내외의 수많은 비판에도 불구하고 그것은 이제 대표적인 현대 문명 담론으로서 우리의 의식에 견고하게 안착됨은 물론 문명 담론에 정당성을 부여해주는 심리적 기제로 작용하고 있다.

그러나 뚜웨이밍이 "후쿠야마의 역사종말론이나 헌팅턴의 문명충돌론이 근거로 삼고 있는 것은 모두 '서양'과 '비서양'이라는 대립구도"[66]라고 경고한 바와 같이 문명 패러다임의 이면에 잠복해 있는 서구 중심적 이데올로기의 경향에 대해서는 무엇보다도 경각심을 갖지 않을 수 없다. 왜냐하면 근현대 서구의 강권주의자들이 인류애와 평화 이념을 상실한 채 소수 기득권층의 권익을 위해 획책하고 축조한 부정적 이데올로기로 인해 겪어야 했던 과거 인류의 아픈 역사들을 우리는 깊이 인식하고 있기 때문이다. 현대 문명 패러다임 역시 심대한 논리적 결점을 안고 있다는 사실 말고도 서구 패권적 이데올로기라는 점에서는 예외일 수 없다.

이러한 문명 패러다임의 이데올로기적 재생산을 막기 위해서는 시대를 이끌 올바른 문명 담론의 정립이 무엇보다 절실하다. 여기서 우리는 "사고는 언어를 규정하지만 또 언어는 사고를 규정한다. 별 생각 없이 사용하는 개념도 어느새 맹목적인 신뢰를 불러일으킨다"[67]
고 한 뮐러의 말을 상기할 필요가 있다. 실제로 후쿠야마와 헌팅턴류
의 단·복수적 '문명 패러다임' 문제는 인식 착오적 '세계화', 곧 역
사 근원 의식과 문명 원류 의식에 깊이 착근되어 있다. '세계화'라는
개념은 비교적 최근에 출현한 것이고 이전에는 주로 '서구화' 또는
'근대화'라는 말로 표현되었다. 그러다 보니 세계화는 서구화, 근대
화와의 논리적 전개와 밀접하게 관련되어 있다.

특히 '문명' 개념에는 서구화나 근대화의 특징으로 거론되는 시장
경제, 민주정치, 시민사회, 개인의 권리 등이 함유되어 문명의 단·복
수적 의미의 중요한 의미 구성체를 이룬다. 과거 서구로 대표되는 제
도와 가치가 보편성을 띠면서 '세계화'가 곧 서구화나 근대화 과정
으로 이해되었지만 이제 다양한 문명 복수론의 강세로 인해 세계화
라는 관념의 전환이 심화되어 근대화가 곧 서양과의 동질화라는 사
유 방식은 수정되어야 할 운명을 맞고 있다. 다시 말해 타문명에 대
한 구미의 승리로 간주되는 서구의 독단주의적이고 일방주의적인 근
대성은 점차 설득력을 잃어가고 있으며 비교적 정합성과 완결성을
갖춘 '세계화' 개념이 동서 학계에서 한창 모색 중에 있다.

대표적인 실례는 계몽의 반성과 유학의 창신 등을 내용으로 하는
뚜웨이밍의 '동아시아 문명은 세계에 어떤 비전을 제시할 수 있는
가'라는 연구 노력에서 확인할 수 있다. 서구의 근대 계몽주의적 가
치에서 시작된 '근대성'은 20세기에 가장 활발하게 전개되다가 최근
미국이 주도하는 세계화의 굴곡과 변질로 인해 해체적 국면을 보이
면서 아시아의 근대성에 관한 다양한 해석들을 생산해내고 있다. 뚜
웨이밍은 유학 전통은 한국과 중국을 포함한 동아시아 문화의 핵심

구조로 작용하면서 우리의 사유와 생활을 오래도록 지배해왔다고 말한다. 그리고 여기에는 전통적 정신 자원을 확보한 진정한 '동아시아의 근대성'을 창출할 수 있는 무수한 아시아적 가치들이 자리한다고 통찰했다. 그는 이와 같이 전통성과 근대성의 융화에 의해 문명 간의 대화를 바탕으로 한 진정한 세계화의 방향과 전략을 모색할 수 있다고 주장했다.

뚜웨이밍은 문명의 대화를 통해 최대한 타자의 독특한 특성을 감상하는 법을 배울 수 있다고 했다. 우리와 타자, 타문명이 융화되어 이루어진 절묘한 다양성을 이해함으로써 자신에 대한 인식을 더욱 풍부히 할 수 있다는 것이다.[68] 이러한 '문명의 대화'가 실현되려면 무엇보다도 문화제국주의와 문화쇼비니즘에 대한 의미 있는 거부와 해체가 선행되어야 한다. 또한 여기에는 단·복수적 문명론에 기대어 특권 문명의 헤게모니를 조장하는 서구문명패권주의에 입각한 후쿠야마와 헌팅턴류의 문명 패러다임에 대한 저항 담론도 함께 포함되어야 한다. 나아가 동·서양인을 막론하고 광범위하게 의식화된 '서양이 구성한 동양' 내지는 '동양이 구성한 동양'이라는 서구 편향적 문화강권주의를 타파함은 물론, 박제되고 복제된 부당한 중심주의와 우월주의를 강제하는 '우리 안의 오리엔탈리즘'[69]에 대해서도 반성하고 반박해야 한다. 이것만이 21세기 포용과 협력이라는 새로운 인류공동체와 자유주의세계의 구현을 위한 유일한 출발점이다.

우리가 열망하는 참된 문명관은 "세계 문명의 평등적 비주변화를 실현하여 기존의 이항 대립적 동서 차별 의식을 무력화하고 각 문명권의 상호 주체적 중심화와 이를 통한 평화 지향적인 세계적 협력을 이끌어내는 것이다".[70] 이러한 문화적 신념은 지배 이데올로기적인 문명패권주의의 심장부에 깊이 파고들어가 거침없는 비판을 가함으로써 견고한 동서 이분법적 문화헤게모니를 소멸시키고 문화강권주의에 대해 끊임없는 파괴적인 공작을 수행할 것이다. 과거 식민주의 시대와 냉전주의 시대에 거대 제국주의 압제가 조장한 그릇되고 왜곡된 역사와 문명, 더욱이 그로 인해 소실된 평화와 인권의 꿈, 우리는 이러한 것에 관한 모든 사람의 사고가 멈춘 자리에서 미래 '자유 문명세계'의 지평을 향한 조망과 논의를 재개해야 한다.

상이한 문명권 간의 화합과 공존의 유대는 본래 우리는 하나라는 보편적인 인도주의의 공감empathy 속에서만 가능한 일이다. 문명 간 생명 존중의 호혜적 각성은 동일자의 외부에 존재하는 타자의 이질성을 포용할 줄 아는 상호 이해에서 비롯되며 이 의식이 공고화되었을 때 조화로운 인류애적 보편 진리를 실현할 수 있다. 이런 맥락에서 문명비평가이자 사회사상가인 제러미 리프킨은 '공감적 문명 Empathic Civilization'의 도래를 예고하면서 현재 인류는 근대 이기적 개인의 틀에서 벗어나 타인과 공감하는 이타적 협업 시대를 열고 확장하고 있다고 주장한다. 다시 말해 21세기는 적자생존과 경쟁의 문명에서 네트워킹의 3차 산업혁명과 분산 자본주의 시대를 주도하는 호모 엠파티쿠스Homo-Empathicus의 '공감의 문명'으로 이행되고 있다는 것이다. 리프킨에 따르면 이 공감의 문명은 분산적·협동적·비위계적인 사회로 특징되며 그 인간군은 "서열을 하찮게 여기고 네트워킹 방식으로 사람이나 세상과 관계를 맺고 협력이 체질화되어 있고 자율과 배척보다는 접속과 포함에 관심이 있고 인간의 다양성에 감수성이 강한 밀레니엄 세대"[71]가 될 것이라고 전망한다.

이처럼 현대 문명에 대한 리프킨의 지적 영감과 통찰력이 예시해주는 바와 같이 지난 패권주의 시대에 우리와 종교, 문화, 인종, 이념, 가치, 신념 등을 달리하는 이방 세계의 타자에 대한 정복과 승리의 논리가 득세했다면 현세기 오늘날은 이질적이고 적대적 관계의 그들과 대화하고 화합하는 지구 생태학 차원의 공감적 '공존의 철학'을 모색해야 한다. 사이드가 "그렇게도 많은 사람들이 실패를 딛고 심연을 건너는 다리를 만들 수 있도록 하는 것은 그 다리를 통해 도달할 수 있는 위대한 정신, 정의와 지적 해방을 향한 이상, 그리고 계몽 정신 등에 대한 희망과 믿음을 갖고 있기 때문이다"[72]라고 강변한 의미가 여기에 있다. 요컨대 현대적인 문명 담론은 관점의 탈중심화 속에서 '모두가 누리는 행복'이라는 인류문명공동체의 진지한 염원을 담아내야 한다.

04
세계화와 문명

서구보편주의 비판: 21세기 문명인의 재탄생

4장은 세계화 차원에서 비판적 문명학을 정식화하기 위해 기획된 것이다. 세계화는 일련의 서구의 세계 지배 전략인 문명화, 근대화와 함께 서구보편주의에 착근되어 있다. 서구제국주의와 연계된 세계화의 실체를 파악하고자 한다면 무엇보다도 문명사적 시각에서 세계화의 원초적 동인인 '자본주의적 근대성'의 역사 궤적을 추적해야 한다. 이 연구는 신자유주의적 세계화의 제반 개념군에 대한 비판과 함께 세계체제의 기원과 해독을 읽어내고 논박하는 것이다. 이를 통해 그로부터 유전된 현대 문명 담론의 여러 부정적 함의들을 읽어내고 그 역사 역기능적인 요소들을 제거시킬 수 있다.

이런 의미에서 본 장에서는 선행적으로 '문명'과 관련된 강권 이데올로기로서 서구보편주의의 역사적 유래와 전개 양상을 분석하고 본질을 규명하고자 했다. 나아가 서구 중심적 세계 이해와 관련된 서구제국주의의 여러 형태와 논거의 일단을 논파하고 문명론적 대안을 제시함으로써 비판적 현대 문명학 건립의 초석을 마련하고자 한다.

머리말

현대 '문화학' 연구는 인문학의 현주소와 미래에 대한 성찰에서 중심 범주를 이룬다. 이러한 문화학의 활성화는 개념상 상보적 관계에 있는 현대 문명 담론, 즉 '문명학' 연구와 병행되어야 그 함의를 더욱 풍요롭게 하고 폭넓은 지평을 기약할 수 있다. 존 톰린슨John Tomlinson의 연구에서도 확인되듯이 최근 '문화학'의 방향은 근대적 문화Culture 개념을 전제로 하여 그 연구에 있어 세계적 근대성, 즉 '세계화Globalization'와 접목시키려는 경향을 보인다.[1] 이로 볼 때 문명 담론으로서의 현대 '문명학' 정립 역시 근대적 문명Civilization 개념을 토대로 한다는 점에서 '근대성Modernity'과 접맥된 세계화 차원에서 연구를 심화시켜야 할 것이다. 이 같은 노력이 선행되어야만 인문사회학의 '문명학'적 혁신에 걸맞은 현대 문명 담론의 학문적 완결성과 비판적인 사회 이론화 작업이 원활하게 수행될 수 있을 것이다.

현대적 문명 담론을 세계화 차원에서 사회 이론화하고자 한다면 무엇보다도 '문명'에 대한 개념 이해가 우선적으로 선행되어야 할 것이다. 현대 문명학의 연구 카테고리는 문명의 개념을 어떻게 규정하느냐에 따라 달라질 수 있기 때문이다. 바꿔 말하면 문명의 개념 규정은 문명학 연구의 방향과 영역을 결정하는 관건이 된다. 그런데 '문명'이란 단순한 단어의 의미를 넘어 오랜 세월 동안 교섭해온 정치, 경제, 사회, 역사 등의 다중적인 층위들이 온축되어 있는 역사적 개념이다. 그러므로 세계화 담론에 입각한 비판적 현대 문명학 정립 시도는 메타적 학문 탐구 차원에서 문명 개념과 복잡하게 얽혀 있는 단·복수적 문명론, 서구중심주의, 보편주의, 다원주의, 근대성, 진보사관, 시민, 자본주의 등과 같은 수많은 인접어들과의 명확한 관계 분석이 전제되어야 한다.

이처럼 현대 '문명학'을 세계화 차원에서 접근하고자 할 때 가장 두드러진 문제가 바로 문명에 관한 개념 문제다. 그러나 문명이 비록 역사적으로 다층적인 의미의 구성체이기는 하지만 여러 문헌들을 토대로 분석·종합해보면 다음 두 가지의 범주로 정리할 수 있다. 하나는 문명 복수적plural 측면에서 인간 삶의 양식에 대한 미시적 차원의 문화를 포괄하는, 이른바 거시적 차원의 총체적이고 포괄적인 의미다. 이 입장에서 보면 문화는 문명의 작은 단위를 구성하는 '구성 인자'로 인식되는데 한 문명권의 "진보는 문화의 발전에 의지하고 문화의 발전은 필연적으로 문명의 진보를 촉진시킨다"[2]는 이해 방식을 망라한다. 다른 하나는 문명의 단수적singular 측면에서 야만과 상반되는 '진보', '발전', '도덕'의 의미를 함의한다. 이것은 자연과 대치되는 인위적 속성으로서의 문화와 대별되는 문명 개념이다. 이 관점은 타 문명의 가치와 특수성을 야만시하는 일방적인 서구의 단선적 진보사관으로 이어져 현재 '서구보편주의' 혹은 '서구중심주의'를 정당화하는 기제로 작용하고 있다.

이러한 '문명'에 내포된 범주적 양면성은 현대 문명 담론의 역사적 역기능을 탈각시키고 창조적 발전을 모색하는 데 상호 교정과 보완적인 관계로 활용할 수 있다. 아울러 미래 지향적인 문명학의 본질이나 근거를 밝히는 데도 도움이 될 것이다. 논지컨대 '총체적 의미'의 관점은 문명의 다원주의를 옹호하여 독점주의를 지양하고 교류와 포용을 가능하게 하는 토대가 된다. 곧 문명 간의 차이를 상이한 문화 인자로 이해함으로써 비서구를 다원적인 문명의 범주로 포함시켜 세계 문명의 평등 관계를 긍정하도록 독려한다. 그런가 하면 '진보적 의미'의 관점은 보편주의를 견지함으로써 자칫 다원주의가 불러올 극단적인 상대주의를 억제하고 진정한 인류 이상의 '보편 문명 universal civilization'을 실현할 수 있는 기틀을 마련해준다. 그러나 이 관점은 문명을 단원적인 서구로만 한정하여 애초부터 비서구를 문명의 범주에서 제외시킴으로써 세계 문명에 대한 불평등적 서열화를 조장할 수 있다. 특히나 이 글이 현대 문명 담론의 세계화적 접근을 논제로 한다는 점에서 문명의 진보적 의미의 관점은 일련의 서구 보편주의를 비판할 수 있는 통로가 된다.

먼저 총체적 의미의 관점에서 보면 '문명'이란 특정 공동체의 고유한 속성으로서의 소단위의 문화를 포괄하는 총화물, 즉 시공간상 양적 대단위의 공동체, 질적 상위 수준의 문화 현상 등을 총칭하는 문화의 상위 개념으로 이해할 수 있다. 이는 문명을 두고 헌팅턴Samuel P. Huntington은 "가장 광범위한 문화적 실체",[3] 정수일은 "문화는 문명을 구성하는 개별적 요소이고 그 양상",[4] 박이문은 "문명이라는 개념은 인간의 삶의 양식을 총괄적으로 지칭하는 개념으로서 문화라는 개념을 포괄한다"[5]고 각각 정의한 데서도 알 수 있다. 문명은 수량적으로 문화를 포괄하는 더 큰 실체로서 "언어적·혈통적·정치적·경제적·기술적·예술적·역사적·제도적인 면에 있어 문화소라고 부를 수 있는 수많은 구체적 요소들을 자신 속에 반드시 포함한다".[6] 이렇게 볼 때 문명 간의 차이는 바로 이 문화 인자의 동질성과 이질성에 의한 것이며 그로 인해 세계 문명의 화합과 갈등이 유발된다.

다음으로 이 글의 주 분석 대상인 문명의 진보적 의미의 구성체는 근대 이래 각 시대별 서양학자들에게 보편적 역사상으로 표출되었다. 구체적으로 기독교도인 역사학자로부터 시작하여 헤겔Hegel, 마르크스Marx로 이어졌으며 최종적으로는 현대 문명 담론의 한 축을 형성하는 후쿠야마Francis Fukuyama의 단수적 역사종말론에서 정점을 이룬다. 아울러 진보에 대한 사고는 근대 자연과학의 확립을 기원으로 하기 때문에 어떤 면에서는 과학지식의 영역에 속한다고도 할 수 있다. 인류의 '보편적 역사'란 이 과학적 진보 신념에 입각하여 한층 완전한 합리성과 자유의 실현을 향한 인간의 진보가 어떻게 현실 세계에 구현되는지를 자각하는 일이다. 그런데 이 문명의 진보 범주를 세계화와 접목시켜 보면 등장하는 개념이 바로 '근대성'이다. 현대 문명은 엄밀히 말해서 이 근대성의 영향 속에서 탄생되었다고 할 수 있다.

이와 함께 서구 중심적 세계화의 추동력 역시 태생적으로 이 근대성으로부터 연원한다고 하겠다. 근대성은 '자립된 개인'과 '과학적 사고'에 근거하여 현대 문명의 업적을 이룩한 원동력이 되었다. 자본주의, 자유주의, 국민국가, 과학기술 등이 그 구체적인 예증들이다. 그런데 이 근대성은 문명의 내핵을 구성하여 서구에 기원한다는 점에서 일반적으로 문명과 마찬가지로 단수적 의미로 통용된다. 즉 문명과 동일한 맥락에서 서구 중심적 세계사 이해의 전통을 이룬다. 나아가 근대성은 계몽주의에 의해 발전된 서구 인문주의적 이상 속에서 숙성되어 르네상스에서 현대에 이르기까지 주로 유럽 지역의 문명과 역사를 가리킨다. 그리고 '세계화'는 종교개혁, 과학 발전, 신대륙 대발견 등의 근대성 탄생 지점과 일치한다.

서구의 팽창은 근대성과 결부되어 단일적 서구 계몽주의 이성의 고도의 획일화된 문화적 기획 속에 자리한다. 소위 근대성이란 이분법적 이성에 대한 무한한 신뢰에서 시작된 것이다. 주지하다시피 이성은 어둠을 비추는 '밝은 빛'으로 표상되어 사물의 시비, 진위, 선악, 미추를 식별하여 바르게 판단하는 능력을 말한다. 이런 측면에서 이성은 어둡고 비합리적인 감성적 욕망이나 정념과 대비되는 개념이기도 하다. 이처럼 근대 계몽주의enlightenment는 '이성의 빛으로 밝힌다'라는 의미에서 선과 악의 이분법적 사고를 전제로 한다. 이 관념은 문명사적으로 이성에서 벗어난 타자의 미개인을 단죄하는 역사, 곧 서구제국주의의 동양에 대한 착취의 논리로 작동해왔다. 이성의 특성으로 볼 때 보편적 서구 문명은 미개하고 정체된 비서구를 타자로 설정했을 때 성립 가능한 범주다. 그러므로 서구 근대는 자신의 문명적 우월성의 신화를 유지하기 위해 언제나 대상화할 타자인 동양을 필요로 했던 것이다.

더군다나 근현대 서구제국주의의 팽창은 '자본주의적 근대성'의 세계화 과정과도 합치된다. 서구인은 이성을 통해 보편적 진리에 도달할 수 있다는 신념 아래 자본주의의 전위인 과학과 과학기술을 창조해냈다. 그리고 이성의 영역은 과학기술과 역학 관계에 있는 자본주의적 이해관계, 즉 '이익'과 '불이익'에 대한 판단까지도 통섭한다. 근대의 주체가 서구 시민 부르주아Bourgeois[7]였던 만큼 시장 확대의 주요 대상은 대체로 이성주의에 의해 타자로 규정되는 혼돈과 암흑의 동양일 수밖에 없었다. 유럽이 18세기 근대적 시민사회와 19세기 제국주의 시대로 이행되면서 문명은 부르주아 시민화가 전 지구적으로 확대되는 서구화로 통하게 되었다. 때문에 서구 근대성의 세계적 확산은 비서구 세계를 서구 자본주의의 체제 속에 편입시킴으로써 세계 문명을 위계적인 권력 관계로 재구성하고자 하는 역사적 역기능으로 작용한 면이 강하다.

이런 의미에서 최갑수는 "유럽중심주의는 자본주의 세계 질서가 본격적으로 작동하기 시작한 18세기 후반에 기본 틀을 갖추었다. 자본주의의 현실이 유럽중심주의라는 담론의 질서를 요청했고 또 낳았다"[8]고 말한다. 이 논단은 현재 서구 주도의 세계화가 다름 아닌 주요 자본주의 국가들의 지배적 경제·정치 논리인 신자유주의Neo-liberalism를 사상적 기반으로 한다는 점에서 눈여겨 볼 필요가 있다. 그야말로 서구문명패권주의는 자본주의의 현실 한복판에 위치한다고 하겠다. 긍정적 보편주의로서의 '세계화'는 자유, 평등, 인권, 박애 등 인류의 이상적인 가치들을 포괄하는 계몽주의 근대성에 기원을 두지만, 부정적 관점에서 보면 주로 자본주의적 근대성을 계승한 협의의 신자유주의적 세계화로 한정된다.

특히 부정적 세계화와 관련하여 현 세기 단수적 문명론의 끝자락에 '신자유주의'라는 악령이 출몰하고 있다. 그로 인해 현대 문명의 핵심 가치인 민주주의가 정치 영역은 물론이고 교육 현장, 문화 영역 등에서도 심각한 위험에 직면해 있다. 동시에 지구상 곳곳에서 인간 존엄과 자유의 근본 조건들이 침범당하고 있다. 신자유주의는 '자유'라는 이름으로 "개인의 자유와 권리를 신장하고 빈곤을 퇴치하며 만인의 복지를 증진시킬 수 있는 이론이나 정책인 것처럼"[9] 가장한다. 그러나 여기서의 '자유'란 인간주의에서 발로한 빈곤, 기아, 문맹, 질병, 절망 등을 제거하겠다는 결핍으로부터의 자유가 아닌, 단순한 자유기업의 옹호라는 자본 축적에 우선한 자유일 뿐이다. 그들에게 궁핍한 사람은 자유인으로 취급되지 않는다.[10] 이런 측면에서 노암 촘스키Noam Chomsky는 "기회가 없는 자유는 악마의 선물이며 그런 기회 제공을 박탈하는 것은 범죄다"[11]라고 신랄하게 비판을 가하고 있다. 이렇듯이 신자유주의는 분명 현대 문명이 극복해야 할 문명사적 강권임에 틀림없다.

이 장은 세계화 차원에서 비판적 문명학을 정식화하기 위해 기획된 것이다. '세계화'는 일련의 서구의 세계적 지배 명제인 문명화, 근대화와 함께 서구보편주의에 착근되어 있다. 현재 굴절된 세계화의 배경에는 패권자의 독식 논리인 '신자유주의'의 파괴적인 힘이 자리한다. 신자유주의는 근대로부터 유래하는 단수적 문명론의 보편주의와 연결되어 있다. 그 폐단을 차단하고 치유하기 위해서는 억압 이데올로기로서가 아닌 공감과 자애로운 보편주의의 본연의 모습을 회복시켜야 한다. 그리고 그 논의는 공분모적 복합체인 문명 차원에서 접근하는 것이 인류 화합의 본원적 진리 찾기에 합당할 것이다.

이와 함께 서구제국주의와 연계된 세계화의 실체를 파악하고자 한다면 무엇보다도 문명사적 시각에서 세계화의 원초적 동인인 '자본주의적 근대성'의 역사 궤적을 추적해야 한다. 이는 신자유주의적 세계화의 제반 개념군에 대한 비판과 함께 그 세계 체제의 기원과 해독을 읽어내고 논박하는 것이다. 이 지난한 과정을 거쳐야만 여기로부터 유전된 현대 문명 담론의 여러 부정적 함의들을 읽어내고 그 역사 역기능적 요소들을 배제시킬 수가 있다. 이런 의미에서 이 장은 선행적으로 '문명'과 관련된 강권 이데올로기로서의 서구보편주의의 역사적 유래와 전개 양상을 분석하고 그 본질을 규명하고자 한다. 나아가 서구 중심적 세계 이해와 관련된 서구제국주의의 여러 형태와 논거의 일단을 논파하고 문명론적 대안을 제시함으로써 비판적 현대 문명학 건립의 초석을 마련하고자 한다.

세계화 담론과 단수적 근대성

서구가 계몽주의적 '문명' 개념을 통해 서구 전체의 진보한 우월 상태를 표현하고자 했다는 점에서 단수적 문명은 서구패권주의의 기본 골격을 이룬다. 특히 '진보'는 역사상 거대 이데올로기로서의 서구 중심적 사고에 핵심적인 개념을 제공함으로써 서구의 패권을 정당화하는 기능을 수행해왔다. 서구적 보편성을 강제하는 서구중심주의에서는 플라톤Platon이 현상계Phenomenon는 이데아계를 지향해야 한다고 말한 것처럼 서구는 실재이고 주변의 비서구는 서구의 그림자에 불과하다. 아울러 이것은 고대 그리스인의 자민족 중심적인 '야만'의 관념과 기독교의 배타적인 세계관을 전습한 면이 강하다.[12] 때문에 여기에는 서구 이외의 지역들은 반드시 서구를 추종해야 한다는 선진 문명에 대한 이분법적인 원류 의식이 내포되어 있다. 이런 의미에서 이것은 블로트James M. Blaut가 명명한 '유럽 중심적 확산주의'와도 맥이 통한다. 즉 "유럽에서는 다른 지역들과는 달리 끊이지 않고 저절로 진보가 이루어졌으며, 반면 다른 지역에서 일어난 진보는 대체로 유럽이나 유럽인들에게서 나온 혁신적 사상, 문물이 확산된 결과일 뿐"[13]이라는 것이다.

서구 헤게모니의 변형체인 문명화, 근대화, 세계화는 서구 주도의 근현대 세계에서 발생된 일련의 사회적·정치적·경제적·문화적 변혁 과정들을 함축하는 이론들로서 현재까지도 부침을 거듭하고 있다. 이 개념들은 의미 영역에서 비서구 세계에 대한 서구적 지배를 정당화한다는 점에서 공통점을 갖는다. 최근의 세계화 담론 역시 신자유주의를 기본 축으로 하는 서구중심주의 틀에서 크게 벗어나지 않는다. 이른바 문명의 중심부와 주변부의 양극화를 조장하는 서구중심주의는 근대에 도출된 이데올로기로서 태동 시기가 서구 '근대성'의 형성기인 17~18세기 계몽주의의 '문명', '진보'의 개념과 겹친다. 말하자면 18세기 후반 프랑스 계몽철학자들이 문명Civilisation이라는 단어를 이성의 진보를 지칭하는 의미로 사용하면서부터 '유럽'이라는 어휘 역시 보편적 의식의 형태를 띠기 시작했다.[14] 그러다가 19세기에 들어와서 문명은 유럽 공동체의 정체성으로서 유럽 중심적 성격, 즉 "유럽의 민족들은 공통적으로 세계사의 총체적 진보 운동의 절정에 서 있다는 자부심"[15]을 강하게 띠면서 주로 단수적 서구 문명에 국한된 용어로 자리 잡게 되었다.

사실 '근대성'은 서구중심주의와의 긴장 속에서 문명 개념의 '진보' 속성과도 연결된다. 현재 우리 사회에서 통용되는 진보, 발전의 의미는 더 바람직한 세계의 지향이라는 평가적 신념에 근거하며 일반적으로 정치경제적 사회 체제와 그 이념의 성격을 기술하는 용어로 사용된다. 그런데 이 '진보'라는 말은 어원적으로 '문명'에 통섭되어 개념상 분리될 수 없는 관계에 있다. 이런 점에서 박이문은 문명을 "야만과 대비되어 진화적 관점에서 시간적으로나 기술적 발전, 즉 '진보'의 뜻을 함의"[16]한다고 규정한다. 슈펭글러O. Spengler, 토인비A. Toynbee, 토플러Alvin Toffler, 헌팅턴이 인류사회와 역사의 거시적 특징과 변화에 대한 자신들의 이론을 '문명론'으로 불렀던 이유는 그들이 취급한 담론의 대상이 공간적으로나 시간적으로 거시적인 점에 있다는 사실 말고도 거기에 과학기술산업사회인 현대가 전통적 농경이나 수공업 사회보다 진보한 것이라는 신념이 전제되어 있기 때문이다. 이와 같은 문명의 진보 신념은 서구의 단선적 진보사관으로 전이되어 '서구중심주의'의 기저를 이룬다.

이집트 학자 사미르 아민Samir Amin은 다양한 민족들의 역사적 과정을 형성하는 데 독립적인 문화적 불변항을 가정한다는 점에서 서구중심주의를 '문화주의'적 현상으로 이해한다. 서구 옹호자들은 서구가 이미 보편주의, 즉 모든 가능한 세계 중 최상인 자유주의적 유토피아와 기적(시장과 민주주의의 결합)을 발견했기 때문에 비서구에 의한 서구 모델의 모방이 우리 시대의 문제를 해결하기 위한 유일한 해결책이라고 주장한다. 그러나 아민은 그것이 인간 진화의 일반적 법칙을 추구하는 데 관심이 없기 때문에 '반보편주의'적이라고 질타한다. 그에 따르면 서구적 이데올로기는 르네상스, 계몽주의를 거쳐 19세기까지 이를 정당화하기 위해 필요한 영원한 진리를 창안함으로써 단계적으로 구성되었다고 말한다. 이를테면 "기독교 애호 신화, 그리스 조상 신화, 그리고 이에 대립하는 오리엔탈리즘이라는 인위적인 구성물은 새로운 유럽적이고 유럽 중심적 문화주의를 규정하고 이 문화주의로 하여금 저주받은 영혼, 즉 근절할 수 없는 인종주의와 한 패가 되도록 만들었다"[17]는 것이다.

세계화 범주에서 보면 이러한 서구 이데올로기의 팽창은 보편 문명으로서의 근대성과 접맥되어 단일적 서구 계몽주의 이성의 고도의 획일화된 문명론적 기획 속에 자리한다. 서구중심주의는 서구의 단일적 '근대성'의 세계적 보편화로 극대화됨으로써 서구 계몽주의 문명의 헤게모니 상승이 불러온 타문명에 대한 지배적 거울상, 즉 제국주의의 위계적 속성으로 규정할 수 있다. 그것은 "정치적·경제적으로 유럽의 자본주의적 산업화, 자유주의 혁명, 문화적으로 르네상스, 종교개혁, 계몽주의 등에 수반하여 생성되었다. 이 과정에서 서구중심주의는 2차 대전 이전까지 제국주의, 식민주의, 인종주의, 기독교, 문명, 진보 등과 얽히면서 상호 의존적으로 전개되었다".[18] 서구중심주의가 제국주의 시대에는 문명화로 치장되었다면 종말을 고한 2차 세계대전 이후에는 서구 문명의 수호자로 새롭게 부상한 미국에 의해 '근대화', '세계화'로 변환되었다. 그 중에서도 세계화는 1970년대 이후 정보화와 '신자유주의'에 따른 초영토적 현상을 개념화하기 위해 등장한 것[19]으로 서구중심주의의 재생산이라고 할 수 있다.

한편 '세계화' 논쟁은 20세기 초에도 존재했지만 대공황과 양차 세계대전을 겪으면서 중단되었다. 그러던 것이 1990년대에 들어서면서 신자유주의의 파고 속에 세계화의 연구가 본격화되어 양적·질적인 면에서 다른 어떤 논제와도 비교할 수 없을 정도로 다각도로 이루어져왔다. 이렇게 1990년대부터 세계화라는 신조어가 인기를 끌게 된 까닭은 그것이 냉전과 그 냉전이 유포시킨 이분법적 세계관의 폐기로 인해 생겨난 공백을 메워주고 있기 때문일 것이다. 이에 대한 실뱅 알르망Sylvain Allemand과 장 클로드 뤼아노 보르발랑Jean-Claude Ruano-Borbalan의 설명에 따르면, "양진영의 대립이 와해된 이후 너무도 복잡하고 불분명하다고 여겨지는 세계 속에서 세계화는 이분법적인 사고를 대체하며 하나의 단순화된 비전을 제공해주고 있다. 그러나 이분법적인 세계관과 비교해볼 때 세계화는 하나의 상황이 아니라 하나의 역학을 암시한다는 특이성을 안고 있다. 이러한 점에서 볼 때 세계화는 변화에 가치를 부여하는 현대 사회의 이념과 일맥상통하는 것이다".[20]

그런데 이 세계화는 여러 긍정적인 기능에도 불구하고 미국 중심적 가치의 확산이라는 부정적 인식을 함축한다. 여기에는 세계화란 아무런 실체가 없는 신화 내지는 이데올로기로서만 존재한다는 세계화 부정론이 자리한다. 즉 세계화 담론은 산업입지 경쟁을 부추겨 복지를 감축하고 노동에 압박을 가하거나 노동 정책을 자본에 유리한 방향으로 변화시키고자 하는 '신자유주의'의 수사학적 음모일 뿐이라는 것이다. 그러나 어떤 면에서 '세계화'란 근대 이전부터 진행되어 온 하나의 거대한 과정으로 파악되기도 하기 때문에 세계화 현상을 무턱대고 부정할 수만은 없을 것이다. 다만 세계화 현상을 받아들이고 인정했을 때 그것은 일반적으로 세계적 범위의 근대성의 확장이라는 근대 서구의 단수적 표준 문명의 심화로 이해된다.

본디 '세계화'란 15세기 말 유럽의 르네상스와 항해술에 기초한 서구 문화나 그 결과물 그리고 이를 정신적으로 뒷받침하는 자유, 평등, 이성, 인권, 박애, 법치, 시장, 개인, 권리 등의 계몽주의적 가치들을 포괄한다. 이렇게 볼 때 서구의 근대적 가치는 세계화를 규정하는 핵심 개념이며 세계화의 근원지는 서구의 근대와 밀접하게 연관되어 있음을 확인할 수 있다. 더군다나 이 '세계화' 차원에서 단·복수적 문명론을 접근하다보면 만나게 되는 개념 가운데 하나가 바로 '근대성'이다. 근대의 출현에 대해서는 많은 이견이 있으며, 인식 방법에 따라서도 16세기 초부터 19세기 중반까지 다양하다. 톰린슨의 연구에 의하면 자본주의의 경우 근대적 세계체제는 1500년 전후에 나타났으며, 정치적 근대성이라고 할 수 있는 일정 수준의 정치적 민주화는 17세기 영국의 명예혁명이나 18세기 프랑스와 미국 혁명으로 나타났다. 반면 산업주의의 경우는 근대성 발발 시기를 더 늦추어서 산업혁명이 이루어진 18세기에서 19세기로 본다.[21]

이러한 근대성의 세계화 특성에 대한 영향력 있는 연구는 앤서니 기든스Anthony Giddens에게서 찾아볼 수 있다. 그는 세계화는 근대성의 세계적 확장이라는 관점을 지지하는 학자로서 "근대성은 본질적으로 세계화한다"[22]라는 명제를 정교화시켜 세계화를 근대성의 세계적 확산과 긴밀히 묶고 있다. 기든스는 기본적으로 근대 사회를 전근대 사회와 전혀 다른 형태의 사회로 본다. 즉 '역사적 불연속성'을 근대성의 중요한 특성으로 내세운다. 그는 근대성의 네 차원으로 자본주의, 산업주의, 감시, 군사력 등을 꼽는다. 나아가 기든스는 이 요소들을 재차 세계화 차원에서 세계 자본주의 경제, 국제적 노동 분화, 국민국가 체제, 세계 군사질서에 연결시킨다. 그에 따르면 자본주의는 끊임없이 자신의 힘을 발휘할 새로운 장과 새로운 시장을 찾고 국민 국가는 지구 표면의 거의 모든 지역을 차지하는 정돈된 정치 체제로 급속도로 확장하며 산업주의는 세계 전체에 걸쳐 산업 양식과 기술, 원재료 생산과 관련한 지역 전문화를 이끄는 노동 분화 논리를 따른다. 아울러 군사적 힘은 산업 국가의 구속을 벗

어나 국제 동맹과 무기 흐름 등을 통해 세계적으로 조직화되고 있다.[23]

또한 톰린슨의 연구는 이와 같은 근대성의 세계화 현상을 문화학 연구 차원에서 시도했다는 점에서 주목된다. 더욱이 서구의 전유물로서의 근대성이 아닌 전 세계의 보편적 현상으로서의 '세계적 근대성'을 거론하고 있어 관심을 끈다. 그는 세계화 과정과 동시대의 문화 변동 간의 관계 분석에서 출발하여 이것을 사회적·문화적 근대성 논의와 연결한다. 논의의 핵심은 세계적 근대성의 복잡하고도 모호한 '체험된 경험'에 대한 분석이 차지하고 있다. 톰린슨은 오늘날 우리는 문화적 경험과 영토적 위치 간의 관계가 해체되는 보편적 경향을 볼 수 있다고 주장한다. 이러한 경험의 불균등한 특성은 제1세계와 제3세계 사회들과 연결하여 설명되고 있으며, 이와 더불어 탈영토화 과정에서의 문화의 혼종화, 커뮤니케이션과 미디어 기술의 특수한 역할에 대한 주장도 제시된다. 그는 코즈모폴리터니즘Cosmopolitanism의 문화 정치와 관련하여 윤리적인 글로컬리즘glocalism으로서의 범세계주의의 등장을 기대하면서 결론을 맺고 있다.[24]

아무튼 이 일련의 세계화를 근대성의 보편화 특성과 연관시켜 설명하는 방식 이면에는 또한 서구화 맥락의 단일적 '문명'이라는 개념이 존재한다. 근현대적 시장경제, 민주정치, 시민사회, 개인의 권리 등의 서구적 가치들은 산업혁명과 시민혁명의 시대적 요구가 반영된 신조어 '문명'과 연결된다. 특히 계몽주의적 문명의 '진보' 신념은 서구 중심적 사고에 핵심적인 개념을 제공했다. 1492년 신대륙이 발견된 뒤 발전된 서구 사회와 신대륙의 미개 사회를 비교하는 작업이 계몽사상에 심대한 영향을 미쳤다. 서구를 모델로 한 진보의 보편적 기준이 계몽사상으로 탄생한 새로운 사회과학의 특색이 된 것이다.[25] 이 때문에 세계화란 서구의 근대 보편적 가치의 문명과 중첩되어 일반적으로 계몽주의 문명의 동심원적 확장성을 전제로 한 문명화 과정으로 통칭된다.

계몽주의 시민 문명은 근현대의 문명화, 근대화, 세계화라는 일련의 논의와 착종되어 강력한 서구제국주의 논리로 귀착된다. 이 견해에 따르자면 세계화란 서구에서 시작된 계몽 원칙, 즉 '문명'이 세계 각지로 전파되어 보편화되었다는 의미로 요약할 수 있다. 최갑수의 지적대로 "실제로 유럽은 19세기에 세계의 중심이 되었으며 미국이라는 아류를 통해 여전히 큰 영향력을 행사하고 있다"[26]고 하겠다. 이 논단은 또한 현대 문명 담론의 원형적 발제라고 할 수 있는 단·복수적 문명 패러다임과도 긴밀하게 연결되어 있다. 현대 문명 패러다임을 '세계화' 차원에서 고찰해보면 후쿠야마의 '역사 종말론'이나 헌팅턴의 '문명 충돌론'은 모두 17, 18세기 유럽에서 발생된 근대 계몽주의적 보편 가치에 대한 신념에 토대한다. 동시에 문화적 다원주의와 상대주의 역시도 계몽주의와 함께 시작되었다는 사실에 더욱 주목할 필요가 있다.

이 단·복수적 현대 문명 담론과 관련하여 최초 탈냉전 시대의 반향은 신자유주의의 연장선상에서 후쿠야마의 '역사 종말론'에서 표출되었다. 후쿠야마는 "자유민주주의야말로 오늘날 세계 여러 지역과 문화에 걸쳐 일관되게 영향을 행사하는 유일한 정치 체제가 되고 있다"[27]고 단언한다. 그는 단일적 문명전파론 차원에서 '자유민주주의'와 '시장경제'의 보편적 승리로 인간의 가치관이 동질화된 이상 이제 변증법적 작동은 없으며 인간의 행위는 역사로서의 의미를 가질 수 없다고 했다. 이와는 반대로 헌팅턴은 냉전의 종식이 가치관의 통일로 이어질 수 없으며 자본주의의 승리와 서구 문명의 세계적 석권은 단지 피상적인 현상일 뿐이라고 주장한다. 그리고 미래 세계에는 그동안 이데올로기의 대립에 억눌려 역사 흐름의 표면에 나타나지 않았던 경제 외적 가치들, 특히 문명 간의 갈등이 수면 위로 분출될 것으로 예측했다. 헌팅턴은 복수문명론 차원에서 "문명과 문명의 충돌은 세계 평화에 가장 큰 위협이 되며 문명에 바탕을 둔 국제 질서만이 세계 대전을 막는 가장 확실한 방어 수단"[28]임을 천명했던 것이다.

한편 뚜웨이밍杜維明은 세계화를 "정보와 통신 기술의 폭발적 발전, 시장경제의 신속한 확장, 인구의 급격한 변화, 전 세계를 대상으로 하는 도시화와 보다 개방된 사회로 발전해가는 기본추세를 뜻한다"[29]고 하면서 세계화, 서구화, 근대화의 논리 전개에는 세계의 일체화, 동질화라는 강력한 예설이 존재한다고 했다. 이것은 17, 18세기 유럽에 나타났던 이성주의를 대표하는 계몽사조가 그 후 미국과 동아시아에서 발전하면서 일종의 동질화 과정을 거쳤다는 것을 의미한다. 그 과정을 거치면서 자유와 평등, 인권, 법치, 개인의 존엄 같은 보편타당한 가치들이 전 세계로 보급되었다는 것이다. 이러한 주장은 소련을 대표로 하는 유럽의 사회주의가 해체되고 중국이 계획 경제에서 시장경제로 전환하면서 더 큰 설득력을 갖게 되었다.[30]

세계화를 근대성의 결과로 보는 수많은 학자들은 이 관점을 지지한다. 그 중 가장 두드러진 것이 이미 거론한 대로 걸프전 이후 후쿠야마가 제시한 역사의 종말론이다. 후쿠야마는 세계화의 근대적 서구 문명을 보편 문명으로 인식하여 '문명'이라는 말 자체가 내포하는 보편 문명으로서의 서구우월주의를 신봉한다. 후쿠야마의 생각은 "결국에는 근대성의 영원한 조건을 받아들이는"[31] 입장인 것이다. 그에 따르면, 서양의 자유주의 정치 체제가 전 세계에 보급되는 것으로 역사의 발전은 종결을 맺게 되었다. 즉 민주주의와 시장경제가 이제 공산주의와 계획경제를 물리치고 인류의 보편적인 정치·경제 체제가 됨으로써 이데올로기 대립의 역사는 끝났다고 주장한다. 이 논리는 단수적 보편문명론으로서 전 세계를 아우르는 단일한 문명이 부상하여 지금까지 번성해온 다양한 문명 체계들을 대체한다는 것을 의미한다.

이에 대해 헌팅턴이 제기한 견해의 장점은 문화의 다원성을 인정하고 강조한다는 점이다. 헌팅턴은 기본적으로 "유일 문명적 관점은 다문명 세계에서 타당성과 실효성을 잃고 있다"[32]고 말한다. 그는 전체 인류에게 공통된 '보편 문명'이라는 것이 존재한다면 인간이라는 종의 차원에 못 미치는 주요 문화적 집단을 어떤 용어로 지칭해야 할 것인가라고 반문한다. 즉 헌팅턴은 "문명이라는 용어를 들어 올려 인류 전체의 공통성을 가리키는 말로 사용한다면 우리는 인류의 보편적 차원에는 못 미치는 사람들의 대규모 문화 집단을 가리키는 새로운 용어를 창안하든가 아니면 인류의 범위에는 못 이르는 이들 대규모 집단이 증발하는 것을 수수방관할 수밖에 없을 것이다"[33]라고 피력함으로써 문명이 서구 근대적 가치를 가리킨다면 여타 문명을 가리키는 용어가 새로 등장해야 한다는 강한 회의감과 우려감을 표출하고 있다.

헌팅턴은 여기에 근거하여 서양 문명 외에 거대한 '이슬람 문명'과 '유교 문명'이 존재하며 이 두 문명은 향후 '서구 문명'에 위협으로 다가올 것이라고 경고한다. 그러나 그의 기본 구상은 서구 중심적 패권주의라는 측면에서 보면 후쿠야마와 크게 다르지 않다. 이를테면 '서구'와 '비서구'라는 대립 구도를 유지하면서 앞으로 서양을 제외한 모두가 반드시 서양과 동질화되는 방향으로 진행될 것으로 예측한다. 결국 이들이 보기에 21세기 탈냉전 시대의 세계는 단일 문명으로 합류하게 될 것이고 그 과정을 서구와 미국이 선도할 것이기 때문에 본질적으로 근대화는 '서구화'이자 '미국화'에 지나지 않았다.

거듭 강조하지만 '문명'의 개념은 태생적으로 사회적·도덕적·지적 진보의 의미를 내포하며 19세기에 접어들면서 서구 중심적 성격이 강하게 부각되었다. 이로써 문명이 일반적 척도가 되어 모든 사회는 '문명화된civilized', '야만의barbarous', '미개의savage' 사회로 분류된다. 그와 병행하여 발전된 사회에 대한 학문인 사회학과 대비된 미개 민족을 연구하는 과학, 즉 인류학 그리고 이국적인 동양에 관한 과학인 오리엔탈리즘은 서구가 비서구 문명에 대한 지적 헤게모니를 행사하는 수단으로 기능했다. 특히 '문명 대 야만'의 이원론적 세계관에 근거한 단선적 진보사관은 서구의 근대 문명론의 가장 치명적인 약점으로 지적된다. 이러한 세계 인식은 계몽주의적 단수 문명을 통해 전 인류를 통합·지배하고자 하는 수많은 서구 편향적 사회 이론들을 양산함으로써 다양한 '복수적 근대성'의 관점을 원천적으로 차단시켜왔다. 그야말로 비서구인이 서구인을 문명의 전범으로 받아들이는 순간 그들은 주체성과 정체성이 부정되는 결핍된 존재로 추락하고 마는 것이다.

그러나 최근에는 이와 같은 단일문명론적 서구보편주의, 즉 근대성의 근원지는 서구이며 서구가 근대성의 중심이라는 고정 관념에 맞서 비서구 사회의 다양한 근대성을 발굴·모색하는 이른바 다중적이고 중층적인 근대성들이 논의되고 있다. 유교적 근대화 이론이라 할 수 있는 현대 신유학 연구가 대표적인 경우다. 또한 "서구화와 동일시하는 근대화 이론의 유럽중심주의와 여기에 입각한 역사 서술을 극복하고자 하는 학문적 시도들이 세계사, 글로벌 히스토리, 트랜스내셔널 히스토리, 세계체제론, 탈식민주의론, 비교문명론 등의 유사하면서도 제각각인 다양한 이론적 토대들 위에서 활발하게 진행되고 있다".[34] 그럼에도 불구하고 근대 문명의 표준을 만들어낸 서구의 발전과 팽창 그리고 그것과 맞물려 구축된 중심 문명의 패권을 강제하는 서구 헤게모니는 학문적 전문성, 과학적 객관성, 더욱이 세계화 담론과 결합되어 여전히 위협적인 이데올로기로 작용하고 있다.

이상으로 보건대 '세계화'는 문명이나 문명 담론과 불가분의 관계에 있다. 근대적 문명 개념에는 오늘날 서구화나 근대화의 일반적 특징과 요소들이 발아되어 현대 문명 담론의 중요한 요체를 이룬다. 세계화는 전통적으로 서구 중심적 보편주의와 연결되어 주로 위협과 약속, 꿈과 악몽 들을 둘러싸고 전개되어왔다. 그러므로 현대 문명 담론은 인류 공동체라는 본원적 세계화의 문맥 속에서 연구되어야 좀 더 의미 있는 결론을 도출할 수 있다. 이와 마찬가지로 세계화의 변화 과정 또한 '문명'에 대한 개념 구성체를 통해 해석되어야만 효과적으로 이해될 뿐만 아니라 바람직한 방향으로 이끌 수 있다. 최근 서구 근대성의 보편화 기획은 '신자유주의'의 파행 속에서 인류 공동 번영의 세계화 염원을 왜곡·변질시키고 있다. 이로 볼 때 본원적 의미의 '세계화' 복원은 올바른 현대 '문명학' 정립의 노력과 병행되어야 할 것이다.

서구 문명의 보편화 기획

앞에서 살펴본 바와 같이 세계화 논의는 근대성 담론과 긴밀한 연관 속에서 진행되고 있다. 이런 점에서 근대성의 범주가 가장 많은 힘을 지닌다는 톰린슨의 말에 동의하지 않을 수 없다. "근대성 개념은 모든 것을 포괄하며 우리의 문화적 자아 이해에 너무도 깊이 뿌리박혀 있어서 서구적 근대성, 자본주의적 근대성, 포스트모더니티 그리고 세계적 근대성 같은 다른 분석적 설명들과도 분명하게 대비되는 하나의 암시적 맥락을 제공한다."[35] 특히 복잡한 사회관계의 네트워크라는 세계화의 특성은 자본주의, 자유민주주의, 산업주의, 도시화, 국민국가체제, 대중매체와 같은 근대적 제도 속에서 발생한 것이다. 세계 경제의 상호 연계성은 지역성을 넘어 더 넓은 시장을 찾아나서는 근대 자본주의 체제의 확장주의적 본질에 의해 탄생되었다. 과학 기술 역시 이 근대 부르주아 산업 생산의 연장선상에서 발전해온 것이다. 이른바 근대성은 자본주의적 세계화의 하나의 본질적인 역사 맥락으로서 그 세계시장체제는 국경을 뛰어넘는 세계적 단일 문명을 만들어내고 있다.

근대성을 상징하는 산업화, 민주화, 탈주술화, 관료화, 도시화, 합리화, 전문화, 기계화, 개인화 등은 크게 보아 문명의 '진보' 개념의 역사적 기능에서 파생된 것이다. '문명'이 진보한다는 사고는 근대 서구 계몽기 콩도르세M. Condorcet, 퍼거슨Adam Ferguson, 튀르고A. Turgot 등의 18세기 유럽 계몽사상가들이 성취한 지적 전통에 뿌리를 둔다. 여기에 계몽주의 역사철학에 각인되어 문명 개념은 진보와 도덕이 중요한 테마를 이룬다. 인류는 보편적인 법칙에 따라 진보하며 서구의 역사는 이 법칙을 대표하는 세계적 '보편사'이므로 타문명은 서구를 모방하고 추종해야 한다는 것이다. 이렇게 구성된 근대적 문명 개념은 본래 시민 계층의 발흥과 산업 발전의 사회적 변화를 수용하면서 "사회 진보의 척도와 상태, 곧 합리적인 이성에 근거한 이상적인 인간 사회"[36]의 의미로 보편화되었다. 그리고 이와 맞물려 문명 자체에 내포된 진보사상은 식민지 제국주의 시대 비서구 세계에 대한 서구의 개입이나 수탈을 강제하는 '서구보편주의'의 사상적 토대로 기능했다.

이처럼 이 일련의 진보적 의미의 문명 담론은 서구 열강의 식민지 확보와 함께 식민지 정복자로서 서구제국주의를 정당화하는 이론으로 변질되어갔다. 바꿔 말해 서구 문명은 위계질서의 단선적 진보사관에 입각하여 비서구 사회가 단계적으로 밟아야 할 역사의 필연적·보편적 진보 과정의 표준 모델로 제공되었다. 그야말로 "서구적 가치·제도·문화는 비서구 사회들로 급속하게 전이 내지 이식되었고, 정복, 식민, 약탈과 착취를 동반한 전방위적 근대화의 물결 속에 전 세계는 유럽의 패권 아래 재편"[37]된 것이다. 뿐더러 서구 개념의 이데올로기적 측면에서 볼 때 진보로서의 서구 중심적 문명 기준은 다른 사회를 부당하게 재단함은 물론 강력한 긍정적 혹은 부정적 느낌을 부여하는 하나의 억압적인 평가 준칙으로 작동해왔다. 그 준거에 따르면 서구는 발전된·좋은·바람직한 것인 데 반해 비서구는 미

발전된·나쁜·바람직하지 않다는 식의 어감으로 단죄된다. 때문에 서구보편주의는 메타이데올로기로서의 서구중심주의와 동의어로 보아도 무방할 것이다.

강정인에 따르면 '서구중심주의'는 "서구인의 입장에서든 비서구인의 입장에서든 근대에 들어와 전 세계의 패권 문명으로 등장하게 된 서구 문명이 신봉하는 세계관, 가치 및 제도를 보편적이고 우월한 것으로 받아들이는 태도를 지칭"[38]하는 것이다. 구성 명제는 서구우월주의, 서구역사주의 그리고 문명화·근대화·세계화로 압축할 수 있다. 먼저 '서구우월주의'는 근대 서구 문명이 인류 역사의 발전 단계 중 최고의 단계에 도달해 있다는 것을 의미한다. 그리고 서구 문명의 역사 발전 경로는 전 인류사에 보편적으로 타당하다는 것이 서구인의 보편적 역사상, 즉 '서구역사주의'다. 이 양자는 서구를 주어로 하고 또 서구 문명의 자기 인식에 대한 선언적 서술이기 때문에 억압의 정당화 기능을 수행한다. 그에 반해 문명화, 근대화, 세계화의 진행은 역사 발전의 저급한 단계에 있는 비서구 사회가 식민지 제국주의 시대에는 문명화로, 탈식민지 시대에는 근대화로, 냉전 시대 이후에는 신자유주의적 세계화를 통해 오직 서구 문명을 모방·수용함으로써만 발전할 수 있다는 것이다. 이 명제는 비서구 사회를 주어로 하여 비서구가 받아들여야 하는 변화를 서술한다. 즉 비서구의 자체적인 운동과 발전의 진행을 부정하고 서구가 비서구의 운동과 발전 방향을 규정하고 부과하기 때문에 실제적 억압의 기능을 수행한다.[39]

한편 문명에 대한 진보 신념은 이미 언급한 바와 같이 근대 서양의 특정한 사회적 변혁기에 조합된 것이다. 발전, 진보라는 규범적 의미의 문명 개념은 대략 18세기 중엽 이후에서부터 1차 세계대전 시기까지 유럽사의 산물로 간주된다.[40] 이른바 단일적 문명화 사명 은 근대성의 세계적 팽창·확대와 접맥되어 서구 계몽주의의 보편화 된 서구 헤게모니 속에 자리한다. "근대성이 서구에 역사적 기원을 둠으로써 서구가 세계의 정치, 경제를 지배하게 되었고, 다시 그 지 배로 인해 서구가 독특한 문화 발전과 현재 삶의 방식을 보편적으로 타당한 것이라고 주장하는 담론적 위치를 구축하게 된 것이다."[41] 이러한 서구인의 진보적 우월 의식은 19세기에 절정에 달하여 자신 의 세계관을 서구의 타자에게 강요할 수 있는 물리적·문화적 힘을 획득함으로써 현재까지도 비서구권에 대한 가공할 만한 파괴력을 행사하고 있다.

그러나 문명의 진보 신념은 지적·물리적·제도적 장치를 총괄하는 현대 첨단 문명을 건설하는 데 촉매제 역할을 한 것도 사실이다. 첨 단 문명은 자본주의적 산업화가 인도하는 과학기술사회로 대표되며 과학기술은 서구 이데올로기 속에서 세계를 하나로 묶는 지구촌화를 가속화시키고 있다. 이처럼 현대 첨단 문명을 주도하고 있는 이른바 '서구'란 발전된 자본주의와 안정적인 민주주의를 누리는 국가나 지 역을 함의한다. 또한 그 개념의 한편에는 서구 문명의 소산으로서 계 몽주의철학의 연장임과 동시에 단절이기도 한 모순적인 운동으로서 마르크스주의가 존재한다. 그렇지만 엄격하게 말해서 공산주의 및 이와 관련된 운동과 이념은 통념상 "자본주의 서구 대 공산주의의 동구의 대립이라는 냉전의 유산과 맞물려 서구로 인식되지 않는 다".[42]

여하튼 근현대 서구문명패권주의는 유럽 계몽기에 발원한 '문명'

개념의 진보와 발전이라는 '근대성'의 자양분을 통해 번성해왔다고 할 수 있다. 최근 그 연속체로서 범 세계화된 근대성은 서구 중심적 세계화와 병행하여 자본주의의 이데올로기적 구성물 전체 속에 위치함은 물론 일면 그 모순들에 대한 인식을 은폐하고 왜곡하는 방식으로 작용하고 있다. 이런 점에서 클라이브 해밀턴Clive Hamilton은 "발전 혹은 진보라는 말에 담겨 있는 계몽주의적 관념은 자본주의를 떠받치는 이데올로기의 한 축"[43]이라고 말한다. 기존의 관념은 서구가 특유의 합리성과 과학기술을 바탕으로 근대 자본주의를 발명해냈고 주변부인 아시아, 아프리카, 중동 등을 흡수해 오늘날 전 세계 단위의 세계 경제를 만들었다고 주장한다. 이에 대해 아민은 서구중심주의를 기본적으로 자본주의적 현상으로 환원하여 다음과 같이 비판적으로 검토한다. "유럽의 계몽주의철학은 유럽 자본주의 세계의 이데올로기를 위한 본질적 틀이었다. 이 철학은 일련의 인과적 결정들을 가정하는 기계적 유물론의 전통에 근거한다. 여기서 특히 일차적인 것은 과학과 기술이 자율적인 발전을 통해 사회생활의 모든 영역들의 진보를 결정한다는 점이다."[44]

　아민의 지적대로 자본주의의 서구적 기원과 관련하여 '근대'의 탄생은 중세 스콜라주의로서의 형이상학적 관심을 포기함으로써 중세적 사고와의 단절을 의미한다. 나아가 자본주의적 체제에서 생산력 증대의 요구는 과학지식과 과학기술의 발전을 촉진시켰다. 말 그대로 모든 사고는 진보적 신념의 과학주의에 의해 지배되기에 이른 것이다. 그 결정적인 단계는 산업혁명과 프랑스 혁명이 부르주아 권력의 승리와 임금 노동의 일반화의 기초를 형성한 순간에 이루어진 영국 정치경제학의 발전이었다. 이제 무게의 중심은 형이상학에서 경제학으로 옮겨가게 되었고 경제주의가 지배 이데올로기의 내용이 되었다. 오늘날 대중들은 마치 근대 이전에 신의 섭리가 그러했듯이 자신의 운명이 가격과 고용 그리고 모든 나머지의 것들을 결정하는 이러한 수요와 공급의 법칙에 의존한다고 믿게 된 것이다.[45] 과거 전통 시대에는 형이상학이 보편주의였다면 이제 '자본의 법칙'이 보편주의로 확고하게 자리를 잡은 것이다.

이와 같이 세계화의 시각에서 관찰할 때 근현대 진보 과정, 즉 근대성의 최고의 결정체는 단연 자유주의적 시장경제체제와 민주주의적 정치체제로 한정할 수 있을 것이다. 우리는 여기서 개인의 자유와 권리를 강조하는 '자유주의Liberalism'가 19세기에 비로소 사용되기는 했지만 실질적인 내용은 이미 17~18세기 서구의 계몽주의 시대 부르주아 혁명 이념 속에 내포되어 있었음을 상기할 필요가 있다. 17세기 영국의 철학자 로크John Locke가 "자유의 조건으로 언급한 개인의 기본권과 재산권 가운데 특히 후자의 측면을 강조한 흐름이 있었다. 이러한 흐름에서는 시민사회가 시장사회와 동일시되는 경향이 있어 이를 시장 자유주의market liberalism라고 부르기도 한다".[46] 어떤 면에서 근대 세계의 태동은 부르주아지 시민의 경제적 소유권과 자유로운 이익 추구가 보장되는 이 시장 자유주의에 근간한 자본주의와 그 구성 인자들의 무수한 핵분열로 성립되었다고도 할 수 있다.

최근의 세계화를 변질시키고 있는 신자유주의 역시 계몽주의 시기 서구인들의 극도의 개인주의적인 인간관계 속에서 연원한 것이다. 이런 점에서 데이비드 하비David Harvey는 "신자유주의사상의 창시적 인물들은 인간의 존엄성과 개인의 자유에 관한 정치적 이상을 근본적인 것, 즉 문명의 핵심 가치들로 설정했다"[47]고 말한다. 일반적으로 근대적 '문명' 개념은 공통의 유럽적인 세계에 대한 자부심을 나타냄과 동시에 타문명이나 유럽 하층민에 대한 문명화·교양화라는 유럽 '부르주아 사회'의 절대적 우월감이나 역사 진보의 실제적 경험을 내포한다. 이와 함께 문명 개념은 인간 "생활의 모든 영역, 즉 국가와 사회, 경제와 기술, 법률, 종교와 도덕 등을 포괄하는 또한 개인과 공동체 모두와 관련을 맺는 총체적으로 사용되면서 무엇보다 산업주의와 제국주의의 발전, 그리고 의회민주주의, 문화적으로 기술 발달과 과학, 그리고 학문 및 교육의 발전이라는 유럽인들, 특히 부르주아지의 실제적 경험을 표현했다."[48] 이로 볼 때 '문명' 개념의 출현과 확산은 자본주의적 근대성, 곧 서구 주도의 '보편주의' 이념이 창출되는 하나의 발판이 되었다는 사실을 알 수 있다.

이렇게 문명 개념에 내재된 야만과 구별되는 진보사상은 유럽 부르주아의 발흥과 상관관계 속에서 세계화된 근대성이라는 '서구보편주의'로 증폭되었다. 이 진보 관념은 1945년 이후 제국주의 시대 서구 사회의 문명화가 종결된 이후에도 여전히 존속되어 서구적 보편주의의 중요한 기제로 통용되었다. 월러스틴Immanuel Wallerstein이 언급한 바와 같이 문명의 '진보' 이념은 "유럽중심주의의 마지막 보루이자 후방 진지"[49]의 역할을 담당하고 있다. 더욱이 단선적 진보 이데올로기는 20세기 서구 문명의 패권국으로서 미국이 주도한 서구 중심적 사회 이론들의 중요한 기저를 이룬다. 탈식민지 시대 미국의 '근대화 이론' 곳곳에 모습을 드러낼 뿐더러 1970년대 이후부터 가동된 위압적인 '세계화' 속에도 유전한다. 특히 세계화는 신자유주의 의제의 일환으로 20:80이라는 양극화된 계급 구도를 강제함으로써 적자생존의 세계적 자본주의에 적응하지 못하면 그 생존권마저 위협한다는 점에서 주목할 필요가 있다.

이러한 서구 중심적 '보편주의' 논제는 무엇보다도 서구 문명의 '패권국 변동'이라는 역동적 문제와 관련된다. 주지하다시피 서구 문명의 두 축인 유럽과 미국은 2차 세계대전의 종전과 함께 패권국 으로서의 위상이 바뀐다. 16세기 이래 끊임없이 팽창해오던 전 세 계를 상대로 하는 유럽의 영토화, 곧 식민의 문명화 작용은 탈식민 화의 물결 속에서 사실상 종말을 맞이한다. 이후 미국이 세계의 정 치·경제·군사·문화적 헤게모니를 장악함으로써 서구 문명의 힘 의 중심은 유럽의 '영국'에서 신대륙의 '미국'으로 넘어가게 된 것 이다. 이에 대해 오칼리건Marion O'Callaghan은 "유럽은 미국 지배 권의 일환이 되었으며 미국 없이는 유럽으로 존속할 수 없게 되었 다"[50]고 토로한 바 있다. 20세기 미국은 자신의 헤게모니를 미국화 Americanization의 기획을 통해 전 세계로 투사해나갔던 것이다. 이를 테면 미국은 세계대전과 대공황으로 산산조각이 난 과거 영국 빅토 리아 시대의 진보 신념을 1950년대 중반 '더할 나위 없는 소비자의 행복consumer bless'이라는 이미지로 다시 역사 무대로 되살려냈다. 그러나 이 진보 관념은 고도의 경제 성장과 물질적 향상만을 '진보' 로 보는 오늘날 미국 주도의 '세계화된 소비자본주의' 모델에 대한 동질화에 지나지 않는다. 테일러Peter Taylor의 지적대로 이른바 '근 대화'와 '세계화'는 바로 '미국화'를 보완하는 일련의 연관된 과정 이라고 할 수 있다.[51]

먼저 근대화 이론은 제3세계에 대한 미국적 지배와 개입을 학문적 으로 정당화하기 위해 전후 미국 사회과학계가 고안해낸 개념이다. 이 담론은 국가 권력과 학문이 결탁한 제3세계 지배 이데올로기로서 그야말로 1950~60년대에 한 시대를 풍미했다. 그러나 그 체계를 자세히 뜯어보면 모든 사회를 서구 중심의 단일한 발전 경로에 따라 단계별로 계열화하는 서구보편주의의 동질화 기획의 연속임을 숨길 수 없다. 이것은 서구 문명의 핵심 요소로서 민주주의와 경제발전이 결합된 미국적 근대화 모델이 그동안 서구화, 문명화가 수행하던 역할을 대신한 데 지나지 않는다. 다시 말해 유럽 중심적 문명 기준에 의한 '문명국'과 '야만국'이라는 이분법적 구분은 식민지 상태에서 독립한 아시아, 아프리카 등 제3세계 국가들이 '주권 국가'로서 국제 사회의 대등한 구성원으로 참여함으로써 이제 미국 중심의 '선진국'(근대)과 '후진국'(전통)이라는 근대화 구도로 대체된 것이다. 이러한 학문적 정치화는 "유럽중심주의의 정당성 위기에 대한 미국 민족주의의 대응"[52]에서 탄생된 것으로 거시적으로는 전후 주도권을 상실한 유럽의 민족과 국가들에게도 작동되었다.

그러나 이 근대화 기획은 점차로 고질적인 서구와 비서구, 중심과 주변이라는 불평등 구조를 심화시켰고 이와 연결된 여러 문제들을 양산해냈다. 즉 "서구 사회에 내재된 상대적 빈곤, 불평등과 차별, 환경 파괴와 같은 문제들이 곪아 터지면서 근대 세계의 진보에 대한 믿음에 균열이 가기 시작하면서 근대화 이론은 더욱 큰 한계에 봉착했다".[53] 이 시점에서 미국은 또 다른 세계 지배 비전으로서 "실패한 근대화 대신 '세계화'라는 명제를 전 세계에 제시·부과하기 시작했는데 이것은 냉전의 종언 이후 미국을 단극으로 한 세계 체제가 부상함에 따라 더욱 강력한 위세를 떨치게 되었다".[54] 그런데 이 세계화니 자유화니 하는 용어는 '신자유주의'의 산물로 이해된다. 엄밀히 말해서 세계화는 이성에 기초하여 보편적 질서를 구축하고자 했던 계몽주의적 기획의 연장으로 볼 수 있다. 해방적 관심에 의해 주도되던 계몽주의적 이성이 철저히 도구적·기술적 이성으로 화하면서 세계 자본주의는 이제 어떤 사회적·문화적 장벽도 허락하지 않고 자유로이 지배력을 확대해가고 있다.[55] 그 추동력의 이면에는 서구 계몽주의 근대성의 자본주의적 변형체이자 또한 초국적 자본주의 이데올로기로서의 '신자유주의' 신학이 존재한다.

'신자유주의'란 보수적 자유주의의 한 형태로서 1970년대 이후 본격화되어 1980년대에 전 세계적인 지배력을 과시하기 시작했다. 1990년대 들어 다양한 형태의 도전을 받으면서도 여전히 건재하여 오늘날에도 세계적 담론과 정책을 주도하는 핵심적 사상으로 작용하고 있다. 그러나 시민사회와 국가의 공적 기능을 약화시키는 경제 논리라는 비판 역시 면치 못하고 있다. 신자유주의 이념은 19세기의 고전적 자유주의가 사회주의 세력의 도전을 받아 자체 수정하여 나타난 진보적 자유주의, 특히 케인즈Keynes적 자유주의를 취소하면서 등장한 자본 축적의 새로운 전략이다. 신자유주의는 사회적 관계의 총체를 시장경제적 관계에 적합하게 개편·종속시킨다는 점에서 사실상 자본의 증식 운동과 자본의 경쟁 논리에 사회 전체를 종속시키고자 한다. 나아가 그간의 혁신자유주의적인 민중 통합적 구조 개편을 무효화시키고 자본 운동의 자유를 극대화하는 데 방해가 되는 일체의 정치적·사회적 제약을 폐기하고자 기도한다.[56] 이 이데올로기는 이제 인류 미래의 좌표이자 정의 실현의 공론장인 대학과 언론 사회까지 오염시키고 있다. 더욱이 시민성마저 시장 가치로 포위하여 시민을 임금 노동자와 소비자로, 공동체와 시민사회를 쇼핑센터로 전락시키고 있다.

사실 계몽주의 근대성이 지닌 보편화하는 힘에 대한 광범위한 비판은 세계화를 '신자유주의' 경제 원칙의 확산으로 간주하는 견해를 포괄한다. 대표적인 예로서 계몽 원칙의 보편화에 회의적인 정치철학자 존 그레이John Gray의 신랄한 세계화 비판을 꼽을 수 있다. 그는 세계화를 근대성의 보편화 특성과 연관시켜 설명하면서 보편주의를 서구적 가치가 세계의 다른 모든 문화에 비합법적으로 투사되는 것으로 보았다.[57] 이를테면 보편주의를 "가장 덜 유용하며 실제로 가장 위험한 서구의 지적 전통 양상으로서 …… 서구의 지역적 가치가 모든 문화와 사람들의 인정을 얻는다는 형이상학적 믿음"[58]이라고 판단했다. 그레이는 여기에 근거하여 신자유주의적 자본주의와 반자본주의의 대표적 전통인 마르크스주의 모두에 비판적인 입장을 취하면서 "현재의 모든 정치사상은 계몽 프로젝트의 변용"이며 이 프로젝트는 "모두 현재 막다른 골목에 처해 있다"[59]고 강도 높게 비판했다. 그는 세계화 비판에 있어 세계적 자유 시장, 자본주의와 신자유주의를 광범위한 계몽 원칙과 함께 묶었던 것이다.

이 신자유주의 비판과 관련하여 최근 서구화, 근대화, 세계화가 동일한 개념인가 그리고 자유민주주의와 시장경제가 인류의 보편적인 이상인가 하는 문제가 제기되고 있다. 뚜웨이밍은 1950년대 미국에서 출현한 근대화 이론, 즉 서구화라는 공간 개념에서 근대화라는 시간 개념으로의 전환은 대단히 의미심장한 견해라고 평가하면서 "세계화의 변화 과정에 나타난 뚜렷한 서구화의 특징을 지연地緣적 근대화가 아닌 시간적 근대화 관념으로써 대체해야 한다"[60]고 주장한다. 결국 뚜웨이밍은 "관념적으로 볼 때 세계화는 절대로 동질화 과정이 아니다. 적어도 현재로서는 비서양 세계가 결국에는 단일한 발전 공식을 따르게 된다는 통념은 지나치게 단순한 발상이 아닐 수 없다 …… 세계는 선명한 다양성을 드러내고 있을 뿐만 아니라 갈수록 사회 집단의 정체성을 유지하려는 쪽으로 발전하고 있다"[61]고 지적한다.

맺음말

지금까지 '문명' 개념에 내포된 서구의 단선적 진보 이데올로기의 역사적 전개 양상을 세계화된 근대성의 문맥 속에서 강요된 서구보편주의 이론과 연관시켜 다각도로 고찰해보았다. 이른바 문명화, 근대화, 세계화는 계몽주의 기획의 연장인 '자본주의적 근대성'의 범주 안에서 구술될 수 있다. 근대성의 세계적 확산과 관련하여 근대 식민지 침탈 시기에는 영국을 중심으로 하는 유럽이 '문명화 사명'이라는 미명하에 '진보성 대 야만성'의 이항 대립 의식 속에서 동양을 반개나 미개 상태로 치부하여 제국주의적 침략과 진출을 정당화시켜왔다. 그리고 전후 서구 문명의 패권국으로 부상한 미국이 과거 유럽의 제국주의적 전략을 계승하여 근대화, 세계화를 통해 지속적으로 문명 단수적 진보사관을 관철시켜왔다. 그 구도는 근대화 시기에는 '근대성 대 전통성', 현재의 세계화 시기에는 '세계성 대 지역성'이라는 양분적 구획 속에서 이루어져왔다. 서구는 이러한 이분법적 장치를 통해서 서구의 문화적·정신적·학문적 지배를 광범위하게 고착화해온 것이다.

특히 탈냉전 이후 세계화가 신자유주의의 원격조종 아래 더욱 강화되어 오늘에 이르고 있다. 이러한 현상은 단수적 문명론의 재무장이라는 문명사적 위기 차원에서 경계하지 않을 수 없다. 사실 세계화는 미국의 세계지배전략이라는 측면에서는 근대화와 크게 다르지 않다. 그러나 테일러의 견해대로 근대화가 설득과 약속의 차원이 좀 더 강하다면 세계화는 압박과 위협의 차원이 훨씬 강하다고 할 수 있다.[62] 미국의 세계화에 맞서 출현한 '지역화'가 비서구 사회의 주체적 저항에서 비롯되었다는 사실이 이를 잘 설명해준다. 한편 강정인은 세계화를 "서구중심주의의 세계사적 철수 과정에서 그 퇴로를 확보하기 위한 마지막 수단"[63]으로 파악한다. 적어도 1970년대 초까지만 해도 이른바 반근대화 운동이 없었던 데 반해 현재는 반세계화 운동이 제3세계 국가는 물론이고 선진국에서도 격렬하게 전개되고 있다는 것이다. 이러한 세계사적 조류는 신자유주의가 아담 스미스 Adam Smith의 '보이지 않는 손'을 표방하면서도 실상은 경제적·문화적 미국화와 자본화의 요소를 강하게 내포하는 '보이는 주먹'의 위협으로 기능한다는 역사적 사실을 반영한다.

오늘날 세계적 담론과 정책을 주도하는 신자유주의는 1990년을 전후로 등장한 워싱턴 컨센서스Washington Consensus를 기초로 시장의 가치와 질서를 정당화하고 확산시켜왔다. 이들은 자본에 의한 노동의 완전한 종속을 목표로 시장의 효율성을 강조한다. 더군다나 신자유주의에 의한 세계화가 미국의 세계지배전략과 금융화된 세계적 축적 체제로서 현재 우리의 삶을 심각하게 제한하고 침해한다는 사실에 주목할 필요가 있다. 헨리 지루Henry A. Giroux의 표현을 빌리자면 "신자유주의 아래에서 모든 것은 판매를 위한 것이거나 아니면 이윤을 얻기 위한 착취의 대상"[64]일 뿐이다. 그런 까닭에 거국적으로 국민국가를 복지국가에서 경쟁국가로 변모시켜 사회보장체계를 비롯한 일체의 사회적 결속과 연대를 무력화하고 사회경제적 양극화를 초래한다. 원래 자유란 다양성과 다원성을 전제로 하지만 신자유주의는 자유 경쟁을 조장하여 전체주의적 세계를 만들고자 획책한다. 때문에 신자유주의 세계의 지배자는 대량의 강력한 초국적기업을 양성·보유하고 있는 서구 강대국일 수밖에 없다. 이 체제 하에서 비서구의 약소국들은 강대국에 종속되거나 고립되는 주변국의 처지를 면할 수 없다.

세계화는 하비의 용어대로 '착근된embedded 자유주의', 곧 케인즈주의 복지국가의 폐기와 함께 민영화, 규제 완화, 노동 시장의 유연화, 사회 복지의 축소 등 신자유주의적 정책을 통해 자본의 우위를 강화한다. 각국의 정부에 대해서도 경제 개입을 축소하고 상품 시장과 금융 시장을 개방하여 자본의 자유로운 활동을 보장하도록 압력을 가한다. 예컨대 1980년대에 등장한 레이거노믹스Reaganomics와 대처리즘Thatcherism이 신자유주의적 세계화를 표방한 대표적인 이데올로기라고 할 수 있다. 세계화는 무한 경쟁에 의한 빈익빈, 부익부, 약육강식의 논리를 지구상의 모든 사람들에게 강요한다. 심지어 최근에 세계화는 신자유주의가 종용하는 허구라는 인식이 확산되고 있다. 세계화의 본질은 서구 자본의 팽창이며 결과적으로 세계화는 약소국과 그 국민에게 많은 고통을 부과하는 '자본의 덫'이라는 것이다. 이런 면에서 신자유주의적 세계화는 과거 고전적 자유주의가 강대국의 산업 독점과 자본의 해외 시장 쟁탈 과정에서 저개발국을 침탈하는 제국주의를 낳았던 역사 패턴과 유사하다고 하겠다.

이 일련의 문명 단수적 서구보편주의가 조장한 현대 문명의 제반 모순성들을 감안해볼 때 그 극복 방안을 모색하지 않을 수 없다. 그 해법으로 먼저 동전의 양면처럼 존재하는 문명의 단수적 의미에 대한 복수적 의미의 자성적 비판과 교정을 생각해볼 수 있다. 이 논단은 총체적 의미의 문명 개념을 활성화시키는 연구 작업과 관련된다. 문명의 진보적 범주가 단수적 측면에서 특권 문명의 권익을 수호하는 단선적 진보사관의 모체가 되었다면 총체적 의미의 범주는 복수적 측면에서 세계 문명의 평등 관계를 독려하는 학적 토대를 이룬다. 이 총체적 관점은 문명의 다원주의를 옹호하여 독점주의를 지양하고 문명 간의 차이를 상이한 문화소에 의한 것으로 인지케 한다. 과거 용례상 문명이 서구 사회를 지칭한 것이라면 문화는 복수로 사용되어 비서구권을 가리켰던 예를 상기할 필요가 있다. 이른바 소단위의 문화를 포괄하는 총화물로서의 문명 개념은 유럽 공동체의 우월적 정체성으로만 한정되었던 부당한 문명의 경계를 파기하고 비서구권에 대한 문명론적 복권을 실현시키는 논거를 제공해왔다. 나아가 개별 문명의 특수성에서 오는 갈등을 최소화하고 문명권 간의 상호 대등한 교류와 화합을 가능하게 하는 학문적 근거가 된다.

문명의 총체적 개념은 하나의 역사문화공동체를 조성하는 특수한 세계관, 풍습, 구조, 문화를 인정하는 복수적 의미의 문명관의 출현에서 비롯되었다. 특히 단수적 문명 개념을 대신해서 복수적 문명 개념을 수립한 대표적인 학자로서는 토인비와 슈펭글러를 꼽을 수 있다.[65] 슈펭글러는 문명순환사관의 입장을 취하여 근대 계몽사상가로부터 연원하는 19세기의 일직선적인 서구 중심적 진보사관을 부정했다. 그는 "역사에 대한 프톨레마이오스적 관점을 코페

르니쿠스적 관점으로 대체하고 단선적 역사의 허무맹랑한 허구를 다수의 강력한 문화들이 펼친 드라마로 교체할 필요가 있다"[66]고 역설한다. 토인비 역시 슈펭글러의 문명 비판론을 계승하여 문명의 순환적 발전과 쇠퇴에 대한 분석을 시도했다. 그는 서양 문명이 곧 '보편 문명' 이라는 편견에서 탈피하여 객관적 태도를 유지함으로써 서구의 편협성, 자기도취, 자기중심적 망상을 비판했다. 오늘날 슈펭글러와 토인비의 저서와 견해는 세계사 전체상을 조망하는 '다중심적 문명다원주의' 의 토대로 작용하고 있다. 이들은 당시 서구의 지성계를 지배하고 있던 단일문명론에 맞서 복수적 의미의 문명 개념을 인정함으로써 서구 학계에서 가히 혁명적인 인식의 전환을 불러왔다.[67]

이러한 문명 복수적 다원주의와 관련하여 세계화가 근대성을 그 본질로 한다는 점에서 근대성을 복수화·상대화하는 연구 노력이 필요하다. 나아가 근대화가 다양한 문화 형식을 취하면서 다문명적으로 발전할 수 있다는 믿음을 키워나가야 한다. '문명' 이 복수적 의미로 전환됨으로써 비서구권의 복권이 실현되었듯이 근대성 역시도 서구적 권위를 해체하고 세계가 동참하는 '다양한 근대성' 개념으로 재구성해야 한다. 그런데 근대성이 서구의 전유물이 아닌 복수적 의미로 통용될 수 있음을 현 시대 동아시아의 발흥에서 확인할 수 있다. 뚜웨이밍은 유교 동아시아가 가장 먼저 근대화된 비서구 지역이라는 사실에서 동정과 분배의 정의, 책임의식, 예절, 공공심, 집체정신 등의 아시아적 가치가 현대 사회에서도 보편화될 수 있음을 천명한다. 동아시아의 근대성이 내포하는 것은 다원론이지 일원론이 아니며, 때문에 유교적 근대화, 불교적 근대화, 이슬람적 근대화, 힌두교적 근대화 등이 충분히 가능하다는 것이다. 뚜웨이밍은 "계몽 운동의 가치들이 동아시아의 근대성에 받아들여져야 하는 것과 마찬가지로 동아시아의 가치들 또한 현대 서양의 생활 방식에 대해 비판적이고 시의적절한 참고 모델을 제공할 수 있다는 것은 분명한 사실이다"[68]고 역설한다.

한편 문명의 주체가 결국 인간을 최소 단위로 한다고 했을 때 현대 문명의 여러 폐단 역시 인간에 의한 극복을 상정해볼 수 있을 것이다. 우리가 일단 서구 부르주아 제국주의라는 문명의 부정적인 허울을 벗겨내면 시민 문화의 이상체인 지적·도덕적인 '문명인'을 발견할 수 있다. 이 인격체는 어원상 문명과 연결되어 있는, 곧 21세기 핵심 가치인 시민(영어: citizen, 불어: citoyen) 개념군에서 적출해낼 수 있다. 예컨대 프랑스어 문명은 시민화civiliser라는 말이 변형된 것으로 "근대 사회의 중요한 가치가 구현되는 사회를 만든다"[69]는 의미다. 유럽에서 근대의 시민은 경제적 성격과 문화적 지향의 도시 거주자라는 이중적 의미를 갖는다. 이 이중성으로 인해 시민 계급은 두 사회 집단으로 양분되는데 경제적 의미의 시민 계급과 문화적 의미의 시민 계급이 그것이다. 여기서 우리 시대의 참된 '문명인'은 바로 문화적 의미의 '교양 시민Bildungsbürger'을 재발견하는 데서 얻어질 수 있다. 이 교양 시민은 제국주의적 의미의 '부르주아 시민'의 반대편에 존재하여 근대 시민권과 시민 문화를 모든 사회 속에서 구현하려는 노력을 통해 부르주아적 기원으로부터 벗어나 포괄적 시민사회 차원에서 보편화될 수 있었다.

사실 다원화와 탈특권을 위한 공론장이 중심부에서 진정성 있게 이루어지기란 어렵다. 중심부는 항상 자신의 헤게모니를 통해 타자를 바라보기 마련이기 때문이다. 다원화와 기회균등의 열망은 역동적인 보편성과 다양한 담론을 보유한 주변부가 유리하다. 인류 문명사의 흐름은 주변이 중심의 자리를 찾아가는 과정이었으며 인류의 탈중심적 민주화는 부단한 강권중심주의의 해체를 통해 성취되어 왔다. 문명의 참된 '진보'의 의미는 이러한 역사적 법칙과 맥락 속에서 모색되어야 한다. 더욱이 진보 이념의 전범은 사회 비판 세력으로서 강한 지적 신념과 진리 정신에 입각한 교양 시민에게서 발굴되어야 한다. 이 작업은 동양과 서양의 통합적 인간관의 모색이라는 토양 위에서 재차 계몽기 교양 시민의 정신과 가치를 현재적 의미로 재구성하는 일일 것이다. 이렇게 발현된 '문명인'은 오늘날 널리 통용되고 있는 지성인, 교양인, 시민으로 불러도 무방할 것이다.

21세기 문명 시대의 사역자 '문명인–지성인'은 기능적 이성의 전문성에 도구화되지 않는다는 점에서 안토니오 그람시Antonio Gramsci가 지적한 지배 계층의 헤게모니를 강화하는 유기적 지식인organic intellectuals과 근본적으로 성격을 달리한다. 이 현재적 의미의 문명인은 피억압의 주변과 중심 권력의 바깥에서 출발하는 비판적 이성의 극한적 사유를 실천하는 자다. 무엇보다도 권력의 위압에도 파편화되지 않고 부조리한 사회 현실에 거침없이 항거하며, 그로 인해 오는 핍박을 감내하고 스스로가 추방인과 유배인이 되기를 즐거워하는 사색자인 것이다. 동서고금을 막론하고 문명의 기축 시대Axial Age 이래 성인과 현인으로 추앙받는 이들의 위치는 언제나 중심부가 아니라 소외 계층과 함께하는 '주변부'였다. 이 시대의 문명 정신의 화현체인 지성인의 길 역시 이와 다르지 않다. 이런 의미에서 사이드

Edward W. Said는 "지성인은 약하고 대변되지 못하는 자의 편에 속해야 한다"[70]고 역설한다. 현대 인류 문명의 소명자 지성인은 기득권 보존 논리에 급급한 중심의 편협성을 압도하고 인간의 불평등 구조를 획책하는 부패한 여러 현대의 지배 구조상들을 흔들어놓을 것이다. 특히 자본의 논리에 포획되어 점차 사회정화능력을 상실해가고 있는 오늘날 대학의 참담한 현실에 비추어볼 때 이들의 출현은 더욱 절실하다.

현대와 미래의 문명 세계는 이러한 열린 지성의 소유자 '문명인'에 의해 특권층을 위한 자본 중심의 세계화가 아닌 모든 이가 함께 번영을 누리는 범인류 중심의 세계화가 옹호되어야 한다. 그래야만 본원적 세계화의 의미로서 문명 간의 호혜적 상호 작용, 생명의 외경, 포용과 관용, 공동체적 가치 등을 구현할 수 있다. 이런 점에서 최근 시민 구성체가 이끄는 권리와 자유에 대한 논의가 다양하게 재개되고 있어 주목된다. 특히 부당한 세계화에 저항하는 광범위한 시민사회운동과 민관협치의 민주적 국정관리체계governance가 제안되고 있다. 나아가 국가와 시장의 실패를 보완하는 제3의 대안으로 시민 사회의 중요성이 강조되어 제3섹터The Third Sector, 비정부기구NGO, 비영리기구NPO 등으로 다양하게 명명되는 자발적 시민 결사체들이 등장하고 있는 것은 고무적인 일이다.

재삼 강조하지만 주변의 몫을 탈취하여 부당하게 누리는 중심의 번영은 오래갈 수 없다. 이 명백한 진리를 현 세기 문명 시대의 이성적 사유의 주체이자 인류애적 실천의 주체인 '문명인'이 준엄한 지성의 이름으로 경고하고 일깨워야 한다. 그런 점에서 장 폴 사르트르Jean-Paul Sartre는 지성인에 대해 "자기 자신 속에서, 그리고 사회 속에서 실천적인 진리(자기의 모든 규범까지 포함한 실천적인 진리)에 대한 탐구와 지배 이데올로기(자기의 전통적인 가치 체계까지 포함한 지배 이데올로기) 사이에 벌어지는 대립을 깨달은 사람"[71]이라고 규정한다. 이처럼 사르트르의 지적 통찰력이 보여주듯이 오늘날 지성인, 즉 '문명인'은 사회의 분열상을 자신 속에 온몸으로 내면화하는 이 시대의 역사·문화 정신의 구현체로서 적극적으로 재탄생되어야 한다.

05
현대 문명의
생태학적 전환

생태와 문명의 교차점: 보편주의와 다원주의의 회통

5장은 현대 문명 담론을 생태학적 세계화 차원에서 체계화하기 위해 기획된 것이다. 아울러 단·복수론의 궁극적 지평의 융합으로서 메타 이론적 학문 토대를 기초함은 물론 최종적으로는 인간과 자연, 중심과 주변, 서구와 비서구 등의 이분화적 갈등 구도를 폐기하고 생태학적 관계성 회복을 전제하는 생태문명의 정립을 목표로 한다. 서구의 이분법적 차별 구도는 근대성과 접맥된 세계화 이론에 깊이 착근되어 있다. 현대의 세계 문명은 '세계성 대 지역성' 내지는 '근대성 대 전통성'이 대립하면서 서로 거대한 압력을 행사하는 각축장이 되고 있다. 이것은 단수적 보편 문명의 세계적 일체화와 복수적 개별 문명의 자기정체성 강화의 문제로 확대 해석할 수 있다.

이로 보건대 세계화와 관련된 현대 문명 담론의 최대 관건은 단·복수적 문명론의 역사순기능적인 면을 동시에 구현시킬 수 있는 문명보편주의와 문명다원주의의 화해와 회통에 있다. 즉 현재와 미래의 세계는 단일의 보편 문명과 고유한 특점을 지닌 복수의 개별 문명들이 중층적으로 공존한다고 보고 '문명다원주의'를 전제로 한 보편 문명에의 지향'으로 정리할 수가 있다. 또한 '보편 문명'이 태생적으로 서구 제국주의와 접맥된다는 점에서 다원성과 타자성을 견지하는 생명관적 자애로운 보편주의가 확보되어야 한다. 이 장에서는 이 명제들의 충족 논거로서 생태문명의 핵심 규범과 운용 요칙들을 각각 제시했다.

머리말

20세기 후반 동서 냉전의 이데올로기와 그것에서 기인된 군사적 대립이 종결된 상황에서 새천년 21세기의 국제 관계와 세계 체제를 '문명 패러다임'으로 설명하고자 하는 논의가 화두가 되었다. 40여 년 동안 지속되다가 갑작스럽게 찾아온 냉전의 종식은 모든 사람에게 정신적 충격과 혼란을 불러온 게 사실이다. 당시 서구에서는 이 문명 패러다임의 체계 속에서 후쿠야마Francis Fukuyama의 '역사의 종말'과 헌팅턴Samuel P. Huntington의 '문명의 충돌'이라는 두 방향에서 미래의 전망이 이루어졌다. 문명 패러다임은 현대적 문명 담론의 장을 마련해준 원형적 발제라고 할 수 있다. 이로 인해 공분모적 복합체인 '문명Civilization'에 의한 탈냉전 시대 새로운 대안과 해법의 모색이 부상함과 동시에 현대 문명 담론의 학문적 장이 열리게 된 것이다. 이것은 정수일의 분석대로 "현실을 해석하고 미래를 예단하려는 학구적 탐색"[1]으로 사실 현재와 다가올 미지의 세계에 대한 서구인의 기대감과 위기감을 담고 있다.

이런 점에서 과학기술학자 브뤼노 라투르Bruno Latour는 1989년에 세계는 두 가지 위기, 즉 '이중의 붕괴'를 맞았다고 진단한다. 베를린 장벽의 붕괴로 상징되는 '사회주의'의 위기, 그리고 같은 해 파리, 런던, 암스테르담 등 유럽의 여러 도시에서 열린 국제 환경 회의들이 상징하는 '자연주의'의 위기가 그것이다. 그의 입장에서 보면 이 양대 위기는 사회의 단절적 진보와 자연에 대한 인간의 정복, 곧 사회주의와 자연주의라는 근대성modernity의 본질적인 두 목표의 동시적 실패를 의미한다. 그러므로 기적의 해 1989년은 근대성의 완성체인 자유주의적 민주주의와 자본주의의 최종적인 승리가 아닌 근대성의 결정적인 위기가 폭발한 그야말로 이중의 비극의 시기라고 할 수 있다. 따라서 라투르는 "사회주의의 다양한 형태들은 자국 국민과 생태계 모두를 파괴한 반면, 북반구와 서구의 강국들은 나머지 세계를 파괴하고 그 국민들을 비참한 빈곤 상태로 전환시킴으로써 자신들의 국민과 몇몇의 시골 지역들을 구해낼 수 있었다"[2]고 주장한다.

이 일련의 근대성의 위기에 대해 라투르는 "억압된 것의 귀환은 복수를 수반한다"[3]라는 기묘한 변증법으로 설명한다. 사회주의는 인간에 의한 인간에 대한 착취를 폐지하고자 했지만 그 착취를 상상할 수 없을 정도로 극대화시킨 나머지 프롤레타리아트Proletariat의 전위가 군림했던 피착취 인민이 다시 한 번 인민이 되게 했다는 것이다. 자유주의, 자본주의, 서구민주주의가 마르크스주의의 헛된 희망에 대해 승리를 거둔 셈이다. 그러나 이 승리의 기쁨은 오래가지 않았다. 당시 여러 지구적 환경 회의들은 자본주의 자체, 자본주의의 자연에 대한 무제한적 정복과 완전한 지배에 대한 허황된 희망의 종말을 상징하기도 했다. 인간의 인간에 대한 착취를 인간에 의한 자연의 착취로 방향을 돌리려고 노력하면서 자본주의는 두 가지의 착취를 엄청나게 확대시켰다. 그럼으로써 우리가 절대적인 지배권을 갖게 될 것이라고 생각했던 자연은 도리어 대규모의 기근과 환경 파괴 등을 각성시킴으로써 전 지

구적인 방식으로 우리 모두를 지배하고 위협하기에 이른 것이다.[4]

이로 볼 때 21세기 인류 문명의 건강한 생존을 위해서는 서구의 분절화된 근대성으로 인해 파생된 차별적 인식 경계의 제반 요소들을 불식시켜야 할 것이다. 인식 경계란 "주류 문화 의식 저편에 존재하는 허상의 공간으로서 사람, 지역, 사물 등 자연적 존재가 가지는 본질성, 개체성, 차이성이 무시되는 곳이나 지점이다. 때로는 인간의 시야에 편입되지 못하거나 인간의 의식이 빚어내는 인지 과정 또는 선입견에 폄하되는 초라한 모습의 개별자 공간이기도 하다".[5] 라투르가 성찰한 근대성의 위기 역시 서구의 주체와 객체, 정신과 육체, 언어와 사실, 동일자와 타자 등의 인식 경계의 이원론적 비판과 해체가 밑바탕에 깔려 있다. 근대인은 중세의 암흑기와 같은 전근대적 과거로부터 끊임없는 단절을 이루는 혁명적 시간관을 실현하고, 사실과 가치, 주체와 대상, 자연과 사회, 야만과 문명의 분리를 성취했다고 주장하며 스스로에 대해 그렇다고 믿어왔다. 그러나 이러한 믿음은 1989년에 전격적으로 이루어진 이중의 붕괴 때문에 무너졌다. 이중의 붕괴는 현대 문명에 대해 근본적으로 회의하고 동시에 우리가 우리 자신의 과거를 새로운 시각에서 바라볼 수 있는 결정적인 동기를 제공한다.

그 영감은 서구의 이원론이 불러온 세계 문명의 불평등 구조에 대한 근원적 회의와 치유책의 모색인 것이다. 라투르의 표현을 빌리자면 "사실 첫 번째 대분할은 두 번째 대분할을 외부로 수출한 것이다".[6] 서구의 근대성은 두 번의 대분할을 경험하게 되는데 내적으로 '자연'과 '사회'를 분할하고 외적으로 '문명'(우리)과 '야만'(그들)을 구분하면서 양쪽에 대한 비대칭적인 시각을 요구해왔다. 이것은 근현대 "비유럽 세계를 유럽이 만들어놓은 보편적 발전 과정 안에 편입시켜 위계적인 권력 관계를 재구성하는"[7] 서구중심주의Eurocentrism (West-centrism) 전략과 통한다. 이로 볼 때 세계 문명은 상호 유기적·전일적 연결망network을 구성하고 있다는 생태학적 세계관, 즉 보편적 지식의 고유 영역을 확보하는 노력을 경주해야 할 것이다. 그 탐구 영역에는 "인간이 필연적으로 자연과의 유기체적 관계 속에서 생명을 유지할 수 있듯이 한 문명권도 타 문명권과의 유기체적 관계 속에서만 생존과 지속적인 발전을 꾀할 수 있다는 논리"[8]를 포괄해야 한다.

사실 생태학ecology은 유기체인 생물과 그들을 둘러싸고 있는 자연 환경과의 상호 관계를 해명하는 학문으로서 "19세기 초에 태동하여 꾸준히 발전해온 새로운 학문"[9] 분야다. 생태학이라는 말은 독일의 생물학자 헤켈Ernst Haeckel이 1869년에 처음으로 사용했다. 그는 그리스어로 집, 거처, 서식지 또는 경영을 뜻하는 '오이코스oikos' 와 학문을 뜻하는 '로고스logos' 를 합하여 '에콜로지ecology' 라는 용어를 만들어냈다. 헤켈은 생태학을 생물과 환경과의 관계를 다루는 기능학이라는 관점에서 "자연의 경제에 관한 지식의 주요부를 의미하는 생태학―무생물과 유기체 환경 모두에서 동물의 전체적 관계의 연구는 무엇보다도 직접적 또는 간접적으로 접촉하는 그런 동식물과의 친근하거나 적대적 관계를 포함한다―이라는 용어는 생존을 위해 투쟁하는 조건으로 다윈Darwin에 의해 언급된 모든 복잡한 상호 관계의 연구다"[10]라고 정의했다. 이처럼 '생태' 라는 말은 19세기 유럽의 지적 풍토에서 탄생하여 20세기 이래 여러 분화 과정을 거치면서 다양한 담론을 형성해왔다. 특히 이 생태와 문명의 교차점에는 이 장의 테마인 '생태문명' 이 존재한다.

본래 서구의 근대 탄생 이후 지금까지 세 종류의 세기적 문제가 있었다. 첫 번째는 18세기 말경 등장했는데, 귀족층에 대항해서 시민층이 요구한 정치적 권리로서 자유주의가 시민들 모두에게 평등한 정치적 권리를 마련해주는 데 기여했다. 두 번째는 19세기 중반 경부터 등장한 노동자의 권리 문제로, 사회주의를 등장시킨 배경이 되었다. 마지막으로는 20세기 말의 생태 위기인 자연의 권리에 관한 문제다. 악화된 생태 위기는 새로운 사회사상을 요구하여 이른바 '생태사상' 또는 '녹색사상'을 등장시켰다.[11] 이러한 환경의 위기는 오늘날 단수적 문명론의 재무장으로 파악되는 신자유주의적 세계화Globalization와 밀접한 관련을 맺고 있다. 신자유주의Neoliberalism는 모든 영역에서 상품화를 촉진시킴으로써 사회 복지의 철회, 개인적 책임으로의 전가, 노동 시장의 시공간적 조정 등을 초래하고 있다. 뿐더러 기후 온난화와 오존층의 파괴, 자연자원의 착취, 채무국들의 자원 남벌 등 환경 퇴락을 가속화시키고 있다.[12]

이 일단의 세기적 문제는 서구중심주의와 관련한 계몽주의 근대성이 지닌 보편화하는 힘에 대한 광범위한 비판을 포괄한다. 문명을 근대성과 연결시켜 볼 때 근대성은 문명 개념의 고유 특성인 진보와 합리주의에 대한 신념에 토대를 둔다. 근대성을 이끈 주체가 부르주아인 점을 감안해보면 이성주의는 자본주의적 근대성을 조형해낸 본질적인 틀임에 틀림없다. 그러므로 현재의 당면 과제는 자본주의와 관련된 '세계적 근대성'에 대한 21세기 새로운 패러다임, 곧 생태문명학적 세계관으로서의 세기적 전환이 필수불가결함을 알 수 있다. 이를테면 현대 문명의 위기가 서구 근대성의 닫힘과 두절의 이항 대립 의식에서 비롯되었다는 점에서 무엇보다도 상호 주체적 연결 고리를 인정하는 생태 지향적 근대성으로서의 열림과 소통의 인식 전환이 이루어져야 한다. 이처럼 생태학적 문명관은 문명 자체나 문명 사이의 상호 관계에 관한 어떤 규범적 패러다임을 설정하는 토대가 된다. 그런 점에서 그것은 서구식의 이분법적 절멸주의 또는 지배주의가 아닌 문명 간의 공생공영을 적극적으로 긍정한다.

이와 더불어 세계화와 관련한 현대 문명 담론의 최대 관건은 세계성globality과 지역성locality의 화해와 회통에 있다. 그런데 이 문제는 단수론적 보편주의와 복수론적 다원주의라는 상충된 문제와 결부되어 있다. 이로 볼 때 '보편주의'와 '다원주의'의 긍정적인 면을 동시에 구현시킬 수 있는 논리 구조의 새로운 문명관을 모색해야 한다. 아울러 '보편 문명universal civilization'이 역사상 서구패권주의와 접맥되어 있음을 감안해 볼 때 그것이 어떠한 형태가 되어야 하는지에 대해서는 계속적인 공론이 뒤따라야 할 것이다. 구체적으로 세계화를 분출시킨 근저의 '신자유주의' 비판을 포괄하는 연구를 수행해야 한다. 그밖에도 세계적 근대성을 비롯한 수많은 사색적 담론이 필요할 것이다. 그러나 여기서는 그 해답의 실마리를 기본적으로 생태학적 세계관에서 찾고자 한다. 이는 두 방향에서 추진될 것이다. 하나는 시대정신에 부합된 철학적 진단이고, 또 하나는 새로운 사유 전환을 탐구하는 비판적 기능이다.

요컨대 이 장은 현대 단·복수적 문명론을 생태학적 세계화 차원에서 융·통합하기 위해 기획된 것이다. 그리고 단·복수론의 궁극적 지평의 융합으로서 메타 이론metatheory적 학문 토대를 기초하고 최종적으로는 '생태문명'의 정립에서 그 결실을 맺을 것이다. 최근의 생태문명 연구는 지구의 심각한 환경 파괴와 맞물려 주로 생태 위기의 극복 방안, 즉 인간과 자연의 조화 문제나 자연 정복의 사상 및 그 행태에 대한 비판 등이 주류를 이룬다. 본 장에서는 이 일련의 조류들을 포괄함은 물론 한편으로 그에 기초하여 문명 간의 관계 설정이라는 논제에 역점을 두어 논지를 전개하고자 한다. 정수일의 지적대로 그것은 "문명 자체나 문명 간의 관계에 관한 어떤 규범적 패러다임을 설정해 보려는 시도"[13]라고 할 수 있다. 그러므로 연구의 방향과 영역상 생태문명학의 관련 범주로서 '문명생태주의' 또는 '문명생태학'이라고 불러도 무방할 것이다.

서구보편주의의 전횡과 균열

서구 이분법적 세계관의 전횡

계몽주의사상은 근대의 3대 혁명인 종교개혁, 산업혁명, 프랑스 대혁명을 통해 표출된 근대성의 근본이념을 압축한다. "계몽의 프로그램은 세계의 탈마법화이며 계몽은 신화를 해체하고 지식에 의해 상상력을 붕괴시키고자 한다."[14] 결국 이 사상은 "인간 이성과 이의 무한한 발전 가능성에 대한 절대적 믿음을 산출한다".[15] 인간의 삶과 행위를 규정하는 절대적 근거가 인간 외면의 '신'에게 있는 것이 아니라 인간의 내면에 선험적으로 존재하는 인식 능력, 곧 '이성'에 있다는 인간의 자기 발견과 가치의 절대화가 단적인 예다. 이 사변에 비추어보면 인간은 자연에 대한 권력자이고 자연은 이성적 세계 인식의 대상에 지나지 않는다. 인간은 근대 자연과학과 그 기술을 통해서 자연 과정을 이해할 뿐더러 착취의 대상으로서 자연을 지배할 수 있는 처분 지식까지 획득하게 되었다. 인간에게 지배당하는 자연은 관찰된 자연이며 그에 따른 "자연에 대한 인간의 간섭과 개조는 목적·합리적 관계로 뚜렷하게 각인된다".[16]

이와 같이 현대 문명을 기초한 "계몽주의사상은 인간 이성의 무한한 발전에 대한 믿음과 자연에 대한 지배, 그리고 주체와 객체, 나와 타인을 구별하는 보편적 객관주의로 요약"[17]할 수 있다. 이렇게 타자와의 관계성을 배제하는 이원적 근대성은 단수적 문명의 '진보' 신념으로 이어진다. 이 이념은 산업자본주의와 그에 부속된 과학기술의 위력을 통해 현대 문명에 뿌리 깊게 착근되어 인류 사회 전반에 걸쳐 위화감을 조성하고 있다. 예컨대 현대 문명의 여러 파국 현상들, 곧 환경 파괴, 인종 차별, 종교적 대립, 문명 간의 충돌, 세계화 갈등 등은 기존의 진보 신념에 대한 균열을 가속화시키고 있다. 이 증상들은 기본적으로 주체와 타자 간의 관계성이 내부적으로 파열·단절되어 발생된 것이다. 제러미 리프킨Jeremy Rifkin의 지적대로 환원주의와 기계론은 한계가 뚜렷해서 타자의 내재성을 포착할 수가 없다. 사회나 자연을 이해하려면 구성 부품 속성뿐만 아니라 현상과 현상의 관계에 대한 이해가 필수적이다.[18] 이로 볼 때 현대 과학기술 문명을 조형해낸 기계론적·분할론적 가치관과 이데올로기를 쇄신할 수 있는 근원적 혁명이 요청된다고 하겠다.

사실 서구의 근대적·이성적 인간은 상호 소통될 수 없는 실체, 곧 '정신과 육체', '인간과 자연'을 양분함으로써 성립한 개념이다. 이 이분법이 투과된 계몽주의적 근대인은 자신을 자연과 대립시키는가 하면 더 나아가서는 자신을 다른 인간과의 관계로부터 분리시킨다.

전자의 방법은 근대의 자연과학에서 발전되었으며 종국에는 자연을 인간이 무한히 지배할 수 있는 객관적 대상으로 전락시켰다. 산업혁명은 바로 이러한 자연과학적 객관주의의 구체적인 표현이라고 할 수 있다. 자아와 타인의 분리를 토대로 하는 후자의 방법은 결국 사회적·정치적 이기주의로 발전되었으며 현재 자본주의의 토대를 이루고 있다.[19] 그 사상적 기반은 인과적 결정들을 가정하는 계몽주의 세계의 기계적 유물론의 전통에 근거한다. 사미르 아민Samir Amin에 따르면 "이 유물론은 필연적으로 사회생활의 모든 양상들에 침투하고 그 양상들을 자신의 논리에 종속시키는 시장 가치의 지배로 나아가게 된다. 여기서 과학, 기술, 조직은 이데올로기로서의 자신의 위치를 발견하게 된다. 동시에 이 유물론은 인류와 자연 사이의 분리— 사실상 대립—를 극한적 한계까지 밀어붙인다".[20]

서양 철학의 자연관 가운데 고전적 자연 이해에 따르면 "자연은 인간을 비롯한 모든 것을 산출하는 근원적인 실재, 즉 인간을 넘어서서 인간과 만물을 포괄하는 주체 혹은 근원으로서의 자연을 의미했다".[21] 이렇듯이 본래 서양인은 자연과 인간이 생명을 같이 공유하면서도 자연이 우선시되는 자연중심주의적인 입장에 서 있었다. 그러던 것이 근대 데카르트René Descartes 이후 서양사상의 전통 속에 정신과 물질, 주체와 객체를 구분하는 이원적인 대립 의식이 자리 잡으면서 인간중심주의적인 자연 이해가 촉발되었다. 이를테면 "자연은 인간의 개입과 간섭을 통해 규정되는 생명이 없는 자연, 즉 인간을 위한 이용 대상 혹은 착취 대상으로서의 자연을 의미했다".[22] 결과적으로 "자연은 인간의 무제한적 폭력에 노출되었으며 성장을 통한 진보와 발전이라는 근대적인 수사학의 대상이 되기

도 했다".[23]

이처럼 이른바 문명의 내핵인 근대성에는 서구 문명의 이면에 존재하는 데카르트의 이원론적 형이상학이 짙게 투영되어 있다. 인간을 자연과 분리시켜 이항적 대립과 갈등을 조장하는 '이원적 자연관'과 '인간중심주의'가 그것이다. 이러한 의식은 다른 한편으로 유대-기독교의 종교적 인간중심주의와도 밀접하게 연관되어 있다. 그런 점에서 존 그레이John Gray는 '휴머니즘'은 과학이 아니라 기독교 신화의 부패한 조각들에서 나온 세속 종교이며 인류가 미증유의 더 나은 세상을 만들 수 있다는 기독교 시대 이후의 신앙이라고 말한다. 즉 휴머니즘은 구원에 대한 기독교 교리를 보편적 인간 해방이라는 기획으로 바꾼 것이라는 말이다. 그리고 진보라는 개념은 신의 섭리에 대한 기독교적 믿음의 세속 버전인 셈이라고 주장한다.[24] 이 같은 경직된 주객 이분법은 인류의 확장적·침략적·지배적 성향의 주체성을 지나치게 자극한 나머지 인간과 자연의 대치뿐만 아니라 인간과 인간, 민족과 민족, 문명과 문명 간의 상호 쟁탈과 적대감을 유발하는 사유의 틀로 작용했다.

주지하다시피 이 주객 이분의 이성적 사유 양식은 특히 과학기술의 진보에 수반하여 근대인의 마음에 깊이 각인되었다. 이로 인해 서양인의 세계관과 가치관은 더욱 편향적인 인본주의가 팽배하여 '인간중심주의'로 확장된 것이다. 오늘날 자유주의적 휴머니즘은 그레이의 지적처럼 진보주의적 희망과 함께 "예전의 계시종교만큼이나 강력한 힘을 발하고 있다".[25] 최근 서구 계몽주의 근대성의 소비자본주의적 변형체로 지목되는 신자유주의 역시 인간 중심의 '도구적 자연관'에 토대한다. 클라이브 해밀턴Clive Hamilton은 이에 대해 다음과 같이 논변한다. "신자유주의는 특정한 가치철학에 기반을 두고 있다. 도구적 가치이론은 인간은 그 자체로 독자적인 가치가 있는 존재인 반면, 인간 이외의 세계는 인간의 행복에 보탬이 되는 한에서만 가치가 있다고 주장하는 입장이다. 즉 자연의 세계는 도구로서의 가치밖에 없다는 것이다. 따라서 신자유주의는 정확히 말해 일종의 인간 중심적인 철학이다."[26]

더욱이 이분법은 서구 중심적 세계상을 확립하는 문명관에서도 그대로 적용된다. 서양인은 신을 축출함으로써 인간이 유일한 주체가 되었고 인간이 아닌 모든 것은 인간에 의해 분석·인식됨은 물론 나아가 조작·제어되는 객체로 전락하고 말았다. 이 이분화적 형식은 전혀 이질적인 인식 주관과 인식 객관의 조건에서 출발하여 인간으로 표상되는 인식 주체의 '서구 문명'이 지배와 약탈의 대상, 곧 자연으로 표상되는 인식 대상의 '여타 문명'에 대해 갖는 관점과 태도를 그대로 반영한다. 이렇듯이 호환될 수 없는 두 실체의 이원적 세계관은 키플링Joseph R. Kipling이 시 〈동과 서의 발라드The Ballad of East and West〉에서 "오, 동양은 동양이고 서양은 서양이니 하늘과 땅이 신의 위대한 심판대에 설 때까지 두 세계는 결코 만나지 못할 것이다"라고 말한 예에서처럼 서양인의 동양에 대한 간극 의식으로 표출되었다.

서구의 이 이분법적 세계관은 소위 단수문명론의 단선적 진보 이데올로기의 근저를 이루어 중심 문명의 기득권을 강제하는 강권주의 논리를 함의한다. 이런 점에서 아담Barbara Adam은 이분법에 대해 "복합성, 함축성, 동시성, 시간성을 다루지 못하며 정적이고 단선적이다"[27]라고 비판을 가한다. 그런데 이 의식 형태는 이미 서구 계몽주의 시기 '문명'의 개념 속에 내재되어 있었다. 서구의 문명 개념에는 18세기 프랑스 사상가들이 야만과 반대되는 '진보'의 의미로 발전시킨 이래 서양인 자신들이 성취한 문명이 인류 진보의 최고 상태라는 서구우월주의가 내장되어 있다. 이 '문명 대 야만'의 이항적 구별 의식은 타민족, 타문명과의 관계 속에서 발현될 때 제국주의의 전형적인 논리로 전개된다. 문명의 진보 이념은 서구의 제국주의적 팽창에 발맞추어 다원주의, 복음화, 문명중심주의, 식민주의, 인종주의 등으로 무장한 서구보편주의로 진화하여 범세계적으로 확대되었다. 가령 서구 특권 문명의 헤게모니로서 문명화가 19세기 식민지 제국주의 시대의 유럽의 명제였다면 20세기 중반 이후 그 연속체인 근대화, 세계화는 미국판 서구중심주의라고 할 수 있다.

이 유일 문명적 시각은 1989년 동구권의 몰락과 함께 신자유주의적 세계화의 연장선상에서 서구 문명, 즉 무한 경쟁적 자유시장경제와 개인주의적 자유민주주의가 이제 전 세계적 보편 문명이 되었다는 만연한 근시안적 환상 속에 되살아났다. 이 서구보편주의는 냉전 종식 이후 후쿠야마와 헌팅턴을 대표로 하는 단·복수적 현대 '문명 패러다임'이 미래 세계에서 경쟁과 대항의 주체를 '문명'으로 상정하여 서구 중심적 제국주의와 패권주의를 획책한다는 점에서 더욱 경계하지 않을 수 없다. 그런데 야만과 대비되는 보편적 의미의 '문명'은 헌팅턴의 경우 어느 정도 희석되어 문화적 특질의 집합체로서 세계의 여러 지역에 분포된 문명권의 뜻으로 완화되는 모습을 보이기도 한다. 그럼에도 불구하고 '보편 문명'으로서의 서구 문명에 대한 심상은 여전히 '우리 대 그들'의 구도 속에서 분명한 괘선으로 남아 있다. 뚜웨이밍杜維明의 지적처럼 현대 '문명 패러다임', 즉 후쿠야마의 역사종말론이나 헌팅턴의 문명충돌론은 모두 미국이 주도하는 세계화의 문맥 속에서 '서구'와 '비서구'라는 대립 구도에 근거한 것이다.[28]

더군다나 여기에는 서구를 제외한 '그 나머지' 세계에 대한 문명의 부정적 정체성을 부각시킴으로써 대립각을 고취시키는 지극히 고질적인 미국 정치학의 마니교적 이분법이 작동하고 있다. 이들은 미래 세계의 문명이 모두 서구와 동질화되는 '서구화'로 진행될 것으로 예측한다. 실제로 특정 문명의 지나친 정체성 추구는 중심주의 이념을 강화시켜 무수한 인식 경계를 양산해온 것이 사실이다. 현대 단·복수적 문명론을 서구 중심적 세계화 범주와 연결시켜 보면 우리는 다음과 같은 익숙한 쟁점들과 마주하게 된다. 즉 식민지 제국주의 시대의 문명화 시각에서의 '문명 대 야만' 혹은 '서양 대 동양', 2차 세계대전 이후의 근대화 시각에서의 '근대 대 전통', 그리고 1970년대 이후부터 시작된 '세계화' 시각에서의 '세계 대 지역'이라는 이분법적 대립 구도가 그것이다. 여기서 주목할 점은 이들 대립쌍들 이면에 서구보편주의의 세계적 동질화 기획이 자리한다는 사실이다. 그리고 그 핵심 개념은 단연 서구의 합리주의와 진보에 대한 믿음으로 대표되는 '근대성'이라고 할 수 있다.

서구의 입장에서 보면 '근대성'은 비서구 전통 사회의 다양한 문화적 형식을 대체하는 서구 문명의 독창적 창조물인 데 반해, 각 문명의 '전통성'은 그 담론적 특권을 전유하는 서구의 부정적 타자로서 동양의 문화적 결핍을 규정하는 개념으로 도용된다. 20세기 중반 북미의 사회과학계에서 개발된 '근대화 이론'[29]은 이러한 이데올로기적 작용에 대한 표준을 조장함으로써 후진국의 문제를 내부 결핍이나 고도의 소비 사회 시대를 향한 발전 단계의 장애물과 같은 내재적 문제로 치부해왔다. 이 이분법은 인류 발달의 단일한 서구 중심의 보편적 이야기로서 '동양'에 대한 문화적 차이를 서구 근대성이라는 동질화된 범주와 대립시키면서 모두 단순한 양분적 구획 속에 통합·침묵시켜 버린다. 현대 단·복수적 문명 패러다임 역시 예외는 아니어서 문명화, 근대화, 세계화로 이어지는 일련의 서구 패권적 논단을 그대로 반영하고 있다.

서구보편주의의 균열

우리는 서구 근대성의 이분법적 형식화에 대한 뛰어난 분석의 실례를 사이드Edward W. Said의 오리엔탈리즘 이론에서 확인할 수 있다. 사이드는 동양에 대한 서양의 표상이 지식의 권위적 양식을 타자에게 강요한 것이라고 주장함으로써 서구제국주의의 구성물인 동양에 대한 특정한 이념적 시각을 비판했다. 이 논법은 자크 데리다Jacques Derrida의 이른바 '탈구축'의 전략과도 통한다. 데리다는 서양적 언설과 문화적 정체성에 엄폐된 대립의 틀을 폭로하고 서로 대립하여 존재하는 남성과 여성, 능동과 수동, 문화와 자연, 합리와 감정, 문명과 야만, 백과 흑이라는 틀을 파괴하고자 했다. 즉 남근중심주의적인 서양 숭배와 여성화된 동양 또는 야만적인 아시아, 아프리카라고 하는 대립을 기본적으로 한 오리엔탈리즘이라는 전형적 틀을 무너뜨리려 했다.[30] 이러한 탈근대적 사유는 근대의 지적 전통에 내재된 이성, 인간, 남성, 서양 주도의 중심과 주변 의식을 해체하는 것이다. 다시 말해 종래의 주변부로 전락하여 부조리와 악으로 치부되었던 감성, 자연, 여성, 동양과 같은 타자들을 사유의 중심으로 복권하는 것이다.

이런 맥락에서 상이한 근대의 통로, 즉 비서구적 근대성의 형식을 말살하지 않고서도 전 인류가 화합하는 세계화 의미를 갖는 지역 인식이 필수적이다. 이로 볼 때 세계적 근대성들과 거기에 함의된 필연적 다원주의를 인식하지 못한 태도는 비난받아야 마땅하다. 이 비판 속에는 서구 편향적 근대성 이론에 대한 설득력 있는 수정이 함축되어 있다. 또한 이 비판은 비서구적 근대성의 형식을 부각시키는 논의로서 근대성에 대한 다원주의적 관점의 유지를 요청하는 것이다. 이는 비서구 문화 전통의 역사적 회복의 필요성을 강조하는 것과 일맥상통한다. 즉 비서구 사회의 유교적 근대성, 불교적 근대성, 이슬람적 근대성, 힌두교적 근대성이 충분히 가능하다, 세계적 근대성의 다른 인자들을 간과할 수 없다는 의견을 포괄한다. 때문에 존 톰린슨John Tomlinson은 세계적 근대성의 확장된 문맥에서 비서구적 근대성을 적극 발휘하는 다원성의 입장을 제안한다. 그는 서로 다른 전前 역사와 통로들은 서로 다른 문화와 그에 따라 현존하는 각기 다른 다양한 형태의 근대성을 형성시킨다고 했다. 아울러 다양한 형태로 나타나는 근대성 속에서 근대의 뿌리를 유지하고 있다는 것은 모든 근대성들이 어떤 공통된 맥락을 갖고 있음을 의미한다고 주장한다.[31]

여하튼 이른바 서구의 세계 지배 전략인 문명화, 근대화, 세계화는 세계사에 대한 최근의 신화적 재구성으로 자본주의 문화의 서구적 기원에 토대를 둔 서구중심주의와 그 궤를 같이한다. 서구중심주의는 "그 기원을 르네상스에 두고 있지만 19세기가 되어서야 비로소 번성한 근대 고유의 현상이다. 이런 점에서 그것은 근대 자본주의 세계의 문화와 이데올로기의 한 차원을 이루고 있다".[32] 즉 자본주의가 서구보편주의와 서구헤게모니주의에 대한 현실적이고 객관적인 필요를 창조해왔다는 것이다. 이 서구 중심적 근대성의 결정체가 바로 현재의 자유민주주의와 자본주의경제 체제이며, 이로 인해 역사는 종언을 맞이했다는 현대판 단수적 문명론의 재생으로까지 확장되었다. 현 세기 문명단수론의 끝자락에는 부정적 세계화 측면에서 '신자유주의'가 자리한다. 최근 세계화는 신자유주의 정치프로젝트의 결과이자 구성 요소로 파악되며 소유주인 자본가 이익의 극대화라는 신자유주의적 목표를 구현하기 위해 추진되는 과정으로 이해된다.

이처럼 현재 강세를 떨치고 있는 '세계화'에는 신자유주의의 탈취에 의한 자본 축적이라는 어두운 잔영이 드리워져 있다. 데이비드 하비David Harvey에 따르면 신자유주의의 업적은 생산성 증대를 통한, 즉 노동의 재생산에 의한 축적이 아니라 '탈취에 의한 축적'에 있다. 신자유주의자들은 새로운 부를 창출하는 대신 탈취에 의한 축적을 통해 부를 불균등하게 재분배함으로써 압도적인 상위 계급의 권력을 회복하거나 중국, 러시아의 경우에서처럼 새로이 구축하기 위한 정교한 전략화를 진행시켜왔다. 이 탈취에 의한 축적은 민영화와 상품화, 금융화, 위기의 관리와 조작, 국가재정의 재분배 등을 통해 발생한다. 특히 중국의 신자유주의화는 권위주의적 중앙집권 통제와 특정한 유형의 시장경제가 결합된 형태로 전개되고 있다. 하비는 이와 같은 신자유주의의 전 세계적 현상에 대해 "착근된 자유주의와 신자유주의로의 전환이 이어졌던 전체 역사는 계급 권력을 억제하거나 회복하는 데 있어서 계급투쟁이 담당했던 중대한 역할을 보여주고 있다"[33]고 단언한다.

이런 점에서 비판적 진보학자들은 신자유주의가 경제적 권력 관계의 체계일 뿐만 아니라 이 시대의 세계관과 가치관을 규정하는 지배원리로 작용하여 정치, 사회, 교육, 문화 등 우리 삶의 거의 모든 영역에 해독을 끼치고 있다고 비판한다. 그리고 신자유주의가 추구하는 시장경제 법칙이 공공 영역을 위축시키고 시민들의 비판적 기능을 제약하는 등 21세기 민주주의의 이상과 가치에 도전하는 가장 강력한 이데올로기라고 주장한다. 더욱이 부정적 서구보편주의의 관점에서 볼 때 '세계화'는 신자유주의의 획일적 경제문화 논리의 지배로서 개별 문명의 특수성을 소멸하고 온 인류에게 하나의 보편적이고 획일적인 표준과 삶의 양식을 강요한다. 반대급부로 여기에 부합되지 못한 여타 문명들에 대해서는 나름의 전통을 무시하고 심지어는 자기 존중의 믿음마저 파괴하는 절망적인 상황으로 내몰고 있다. 그것은 타문명 세계에는 깊은 상처로 각인되면서 결국 서방 기독교 문명에 대한 원한과 분노를 불러왔다. 2001년 9·11 테러가 그 극단적인 예일 것이다.

본래 '보편 문명'을 전제로 하는 세계화 담론은 전체 인류가 평화적으로 통합되고 번영하는 이상적인 세계에 대한 희망이 담지되어 있다. 이 담론 속에는 우리가 "서로 분리되어 단절된 구세계에서 서로가 네트워크를 통해 하나로 연결되는 아름다운 신세계로 전환해 가는"[34] 간절한 꿈이 담겨져 있다. 그러나 한편으로 그것이 서구의 이분법적 구도에 떨어지게 되면 계몽주의의 동일화 기획, 즉 서구의 패권적인 문명화로 인해 복수적 개별 문명들의 고유성이 파멸되고 그 다양성은 빈곤한 동질적 형태로 흡수될 것이라는 두려움도 중첩되어 있다. 이러한 가설은 에릭 울프Eric R. Wolf가 비판했던 세계사를 도덕적 성공담으로 잘못 설정한, 즉 미덕을 지닌 서양이 나쁜 동양을 어떻게 이겼는지를 보여주는 승리주의적 역사기술 태도와 연관된다. 울프에 따르면 우리는 "고대 그리스가 로마를 낳고, 로마가 유럽의 기독교 세계를 낳고, 유럽의 기독교 세계가 문예부흥을 낳고, 문예부흥이 계몽운동과 계몽운동의 정치적 민주주의와 산업혁명으로 이어지는 자발적인 혈통을 가지고 있다고 믿으며 성장했다. 결국 민주주의와 맞물린 산업이 미국에 굴복하면서 생명, 자유, 행복 추구에 대한 권리를 구현했다"[35]라는 이데올로기적 관념에 지배되고 있다.

현대 세계를 '세계화'라는 현실적인 맥락에서 통찰해보면 '다원주의'와 '획일주의'라는 상호 모순된 양면성이 병존한다는 사실을 깨달을 수 있다. 한편에서는 신자유주의 차원의 '세계화'라는 맹렬한 기세로 전 인류의 삶의 형태가 자유민주주의와 자본주의 시장경제를 축으로 획일화되는 과정을 밟는가 하면, 다른 한편에서는 자유주의와 사회주의의 이념적 대립이 사라진 후 각 민족과 지역의 특수한 문화적 전통과 정체성에 대한 관심이 고조되고 있다. 톰린슨은 이 역설적인 현상에 대해 "세계화의 '탈각화 힘'과 그에 대응하는 지역성의 '재각인화 힘' 사이에는 항상 밀고 당기기가 나타난다"[36]고 지적한다. 이처럼 현재의 세계 문명은 표면상 '세계화'와 '지역화Localization'라는 양극의 대립 양상으로 진행되고 있음을 부정할 수 없다. 동시에 '보편주의' 차원의 세계화와 '다원주의' 차원의 지역화 등에 관한 논의와 쟁점들 역시 이 범주 속에서 설정되고 진행된다는 사실을 기억할 필요가 있다.

　최근 정체성 강화의 지역화 논의는 무엇보다도 '문명다원주의'를 촉발시키고 활성화시키는 데 강력한 원동력이 되고 있다. 구미 중심의 세계화 과정은 역설적이게도 그 동질화에 저항하는 '국지화'의 과정이기도 했다. 서구의 획일적 세계화에 대한 동양의 복권을 주창하는 이론이 바로 차이의 권리로서 '지역화' 담론이다. 이 양자의 대결은 서양 대 동양, 근대 대 전통의 쌍이 또 다른 형태의 비서구 결집으로 형식화된 것이다. 다시 말해 '세계주의Globalism'의 억압성과 폭력성에 대항하여 문화적 특수성, 민족적 자긍심, 종교적 신앙의 차이에 입각한 정체성을 강화하는 '지역주의Localism' 역시 거세지고 있다. 가령 "인종 차별과 성별 편견, 연령 차별, 종교적 불관용, 문화적 폐쇄성, 원한, 보복 등 각종 폭력은 우리에게 세계화가 개인의 정체성을 강화시키는 동시에 인류공동체에 대한 귀속감을 약화시킬 수도 있다는 인식을 심화시키고 있다".[37] 그 모순성은 이른바 9·11 테러의 폭발과 그에 따른 아랍권을 향한 반테러 전쟁이라는 끊임없는 악순환으로 이어지고 있다.

　이 일련의 현상들은 '문화적 홉스Hobbes주의'의 지배, 즉 우리가 살고 있는 "세계가 자신과 다른 모든 문화들과 처절한 생존 투쟁의 상태로 존재한다"[38]는 우려감마저 자아내게 만든다. 그럼에도 불구하고 어떤 면에서 '다원주의'는 기독교 문명의 세계적 팽창과 보편화에 대한 반작용으로 결집된, 다양한 민족, 인종, 종교, 성, 환경 문제 등으로 표출되는 '지역화'의 산물이기도 하다. 이것은 문화적 홉스주의의 세계질서 인식과는 정반대의 방향을 지향하는 규범적 이상으로 이해할 수 있다. 여기서는 문화의 다양성과 문화적 차이에 대한 존중과 관용이 출발점이 된다. 모든 문화는 저마다의 가치와 나름의 합리성을 지니며 그러한 가정 위에서만 다양한 문화들 간의 평화로운 공존과 공동의 번영을 기대할 수 있다는 것이다.[39] 이렇게 볼 때 세계화는 획일화된 경제적·문화적 논리이기도 하지만 다양한 삶의 방식과 문화 전통의 공존을 현실화하는 가능 조건이기도 하다. 즉 "문명이 서로 만나 융화하는 과정에서 사람들은 수많은 공통점과 기본적인 공통 가치들을 발견"[40]할 수 있다.

세계화의 기본적 두 축이 시장경제와 민주주의라고 했을 때 "세계화의 경향이 시장의 기능을 더욱 더 강화시키는 힘이라면 지방화의 경향은 시민사회를 강화시키는 힘이 될 것이다".[41] 더욱이 각 지역은 세계화를 통해 나름의 문화와 가치를, 세계화된 문화, 정보, 통신의 매개를 통해 전 지구적으로 확산할 수 있는 가능성을 획득할 수 있다. 다시 말해 "세계화의 발전은 제각기 고유한 특색을 갖고 있는 모든 문명의 발전에 드넓은 공간을 만들어"[42]준 것이다. 이처럼 지역화가 촉진시킨 다원주의의 강화는 세계화의 진행이 불가피하게 전 지구적인 문명의 다원성, 다양성의 공존을 인정할 수밖에 없다고 하는 사실을 보여준다. 이런 차원에서 진정한 의미의 보편주의적 세계화란 공공의 선을 기반으로 하는, 즉 다양성과 통일성이 동시적으로 구현되는 혁신적인 세계 공동체의 도래를 의미한다고 하겠다. 뚜웨이밍의 말을 빌리자면 지구촌 공동체로서의 세계화는 "사람들이 함께 생활하고 공동의 가치와 실질적인 시민의 도덕을 함께 누리며, 최대한 공익을 실현함으로써 하나로 연합하는 것이다".[43]

단수문명론과 복수문명론

문명보편주의와 문명다원주의

문명 패러다임이 탈냉전 시대의 새로운 '서구 중심적 패권주의'라는 비판적 지적에 대해서는 차치하더라도 이 이론은 이미 우리의 관념에 깊이 착근되어 대표적인 현대 문명 담론의 심리적 기제로 작용하고 있다. 여기서는 생태문명의 정립을 위한 예비적 고찰로서 후쿠야마의 단일 중심적 문명전파론과 헌팅턴의 복수 중심적 문명충돌론에서 출발하여 단·복수적 현대 문명 담론을 재차 생태학적 '세계화' 차원에서 더욱 정교화하고자 한다. 단·복수론적 관점에서 '보편주의'와 '다원주의' 논쟁을 문명 담론의 범위로 끌어들임으로써 현대 '문명학' 정립을 위한 담론적 영역을 확대하고자 한다. 단수적 문명론이 '보편 문명'과 연결되어 세계화(근대) 이론과 접맥되어 있다면 복수적 문명론은 개별 문명의 다원주의와 연결되어 '지역화'(전통) 이론과 맞닿아 있음에 유념할 필요가 있다. 이러한 문제 설정 속에는 '문명보편주의'와 '문명다원주의' 간의 상호 대극적인 해묵은 논쟁이 자리한다. 이를테면 전자가 인류의 역사를 하나의 문화 단위체에 의한 단일한 문명화 과정으로 이해한다면 후자는 그것을 동등한 가치를 지닌 다수의 문화 공동체들에 의한 복수적 문명화 과정으로 설명한다.

주지하다시피 현재의 세계 문명은 '세계성과 지역성' 내지는 '근대성과 전통성'이 대립하면서 서로 거대한 압력을 행사하는 각축장이 되고 있다. 이는 단수적 보편 문명의 세계적 일체화와 복수적 개별 문명의 자기정체성 강화의 문제로 확대 해석할 수 있을 것이다. 현대 문명 담론에는 이 보편주의와 다원주의의 긍정적인 면을 동시에 구현시킬 수 있는 논리 구조가 요청된다. 이와 함께 보편 문명의 제국주의적 성향을 탈각시킬 수 있는 새로운 문명관의 모색이 필요하다. 왜냐하면 보편 문명의 개념은 서구 문명의 특징적 산물이기 때문이다. "20세기 말에 와서도 보편 문명의 개념은 다른 사회들에 대한 서구의 문화적 지배를 정당화하면서 이들 사회가 서구의 제도와 관습을 모방할 필요가 있다는 논리로 연결된다. 보편주의는 비서구 문화 앞에 서구가 내놓은 이념이다."[44] 이 문제들에 관해 논의하고자 한다면 현대 '문명 담론'의 기저를 이루고 있는 후쿠야마와 헌팅턴의 문명 이론에 대한 담론적 분석에서 시작해야 할 것이다.

단수적 문명의 관념에는 보편적 세계 문명이 존재한다. '보편 문명'이란 헌팅턴의 말대로 "대체로 인류의 문화적 융합, 세계 곳곳의 사람들이 점차로 공통된 가치관, 믿음, 지향점, 관습, 제도를 받아들이게 된다는 뜻이 담겨 있다".[45] 그러나 이러한 관용적인 입장에도 불구하고 서구의 '보편 문명'은 태생적으로 제국주의적 성격을 띤다. 보편문명관에는 통상 중심부 사회가 존재한다. 근대 이후 서구 문명이 세계 문명의 헤게모니를 장악하면서 서구가 지배적인 보편사의 중심으로 해석되었다. 때문에 이것은 '서구중심주의'라고도 할 수 있다. 서구가 많은 보편적인 가치를 가진다고 하더라도 그것을 전파하는 과정에서 일방주의적이고 심지어 무력의 방법을 사용한다면 타 문명권에서는 그것을 서구의 제국주의로 받아들일 수밖에 없다. 후쿠야마의 입장이 대표적인 예로서 서구의 제국주의로 악용될 소지가 다분하다. 그에게서 "단일 문명의 반대편에는 야만이 존재하며 이 경우 문명의 전파와 야만의 흡수가 발생한다. 이 과정에서 비록 충돌이 발생한다고 하더라도 그것은 전파와 흡수의 과정에서 나타나는 저항일 뿐 문명의 충돌은 아니다".[46]

이와 동일한 관점에서 "보편 문명의 세계 체제에는 일원적 역사관이 깔려 있다. 일원적 역사관은 인류의 역사를 작은 지류들은 있을지언정 큰 중심 물줄기는 하나인 강물로 보는 것과 흡사하다".[47] 이것은 자유민주주의 체제가 사회주의 체제를 패퇴시킴으로써 이제 자유민주주의 체제가 보편적인 체제가 되었다는 후쿠야마의 주장과 상통한다. 후쿠야마에 따르면 소련 공산주의의 몰락은 역사의 종언과 전 세계에서 자유민주주의의 보편적 승리를 의미한다. 그런데 이와 같은 단일의 보편 문명이 고유한 특징을 지닌 복수의 개별 문명들을 종국에 가서는 종식시킬 것이라는 믿음은 자칫 탈냉전 시대 미국의 외교 정책을 지배하고 있는 신보수주의자neocons들의 신제국주의 인식적 기초로 확대될 위험성이 있다.

대체로 '보편 문명'은 근대화 과정의 유산으로 이해된다. "문명의 개념은 사회를 평가하는 판단 기준을 제공했으며 19세기 내내 유럽인은 비유럽 사회가 유럽이 주도하는 국제 질서의 일원으로 충분히 받아들여질 수 있을 만큼 문명화되었는지의 여부를 판가름하는 잣대를 정교하게 구축하는 데 상당한 지적·외교적·정치적 노력을 기울였다."[48] '문명'은 유럽이 세계를 석권한 제국주의 시대에 이르기까지 오직 하나의 세계 문명이라는 단수로서의 기독교 문명만을 지칭했다. 동시에 여기에는 앞서 문명화된 서구가 보편 문명이 되고 여타 비서구는 저급 문명으로서 서구 문명을 추종해야 한다는 당위성이 함축되어 있다. 서구의 문명은 눈부신 과학기술의 발전이 가져온 수많은 물질 이기利器를 비롯한 산업화, 도시화, 합리화 그리고 자유, 민주, 평등, 이성, 개인, 여론, 과학, 시장, 사회 등 서구의 중요한 가치들을 원군으로 삼아 비서구 사회를 위압적으로 잠식해왔다.

그러나 이러한 서구적 가치들이 삶의 정신적인 풍요까지 보장해줄 수는 없으며 종래 서구가 주도해온 일련의 문명화, 근대화, 세계화 사업은 비서구 사회를 위한 것이 아니라 서구 자신의 가속적인 발전을 위한 도구일 뿐이라는 반감이 확산되고 있다. 헌팅턴에 따르면 "서구가 보편이라고 받아들이는 것을 비서구는 서구의 것으로 받아들인다. 미디어의 세계적 확산을 서구가 지구의 부드러운 통합이라고 선전할 때 비서구인은 거기서 사악한 서구제국주의를 본다. 설령 비서구인이 세계를 하나로 바라본다 하더라도 거기에는 위기감이 스며 있다".[49] 더군다나 최근 미국이나 유럽 여러 나라의 금융 위기는 구체적으로 개신교식 자본주의와 민주주의의 파산을 뜻한다는 지적이 있을 정도다. 이밖에도 인구학적·문화적·산업적·이념적·군사적 차원에서 구미의 일련의 쇠퇴 조짐들은 서구 문명의 보편화를 절대시할 수 없다는 인식을 강화시켜 주고 있다. 오늘날의 서구가 이렇게 패퇴 일로에 처해 있는데도 불구하고 굳이 보편 문명이 서구의 전유물이라고 운운하는 것은 서구의 오만이자 무지의 소치인 것이다.

이런 점에서 정수일의 다음 말에 공감하지 않을 수 없다. "인류가 염원하는 보편 문명은 결코 어떤 특정 집단에 의해서만 성취되는 것이 아니며, 또한 그 누구의 전유물로 전락될 수도 없다. 문명 간의 부단한 교류를 통하여 요원하지만 궁극에 가서는 인류 모두에게 공생공영을 담보하는 보편 문명이 실현될 것이다."[50] 또한 이 논단에 근거하여 정수일은 '보편 문명'을 정신문명과 물질문명을 포괄하는 총체론적 차원에서 "선이나 정의·자유·평등과 같은 정신적인 보편 가치와 발달된 산업이나 기술·교역·복지와 같은 물질적인 보편 가치를 아울러 통칭한다"[51]고 정의한다. 그러나 인간 생활의 공통된 가치관, 전제, 원칙이라고 할 수 있는 보편 문명은 아직까지 개념이나 실현 방법에 관한 구체적인 연구가 미흡한 상태다. 다만 보편 문명으로서의 생명존중, 민주주의, 인권, 평화, 정의, 평등, 자유, 남녀평등, 상호존중 등은 어떤 특정 문명이 강요하지 않더라도 보편적으로 받아들일 수 있는 가치임에는 틀림없다고 하겠다.

한편 헌팅턴의 입장에서 보면 "복수 문명의 반대편에는 다른 문명 또는 복수 문명 사이의 빈 공간이 존재하며 이 경우 한 문명의 전파 과정은 다른 문명의 전파 과정과 충돌을 빚게 된다".[52] 이것은 문화나 문명다원주의와는 일정한 거리가 있다. 본래 다원주의란 하나의 인식론적 개념으로서 우리가 사물을 인식하는 시각은 다수 존재하며 보편타당성을 지닌 진리를 인식할 수 있는 절대적·객관적 시각이란 존재할 수 없다는 이론이다. 아울러 이것은 인식 주체가 관점과 경험, 그가 처한 역사적 상황과 문화적 맥락에 따라 사물을 달리 인식할 수밖에 없음을 의미한다. 이와 같은 논리로 다원주의는 인간의 행동이나 가치, 삶의 양식에서도 다른 기준들을 인정할 수밖에 없다는 이론이기도 하다.[53]

이처럼 '다원주의'란 21세기 모든 인류에게 받아들여지는 기본 상식으로서 상대주의를 전제한다. 문명론의 입장에서는 자문명중심주의에 반대하고 다양한 문화적 가치들을 인정할 뿐더러 그 특수적 개별성을 존중하는 것이다. "여기에는 개방성이라는 기본 태도와 관용이라는 가치가 요구된다."[54] 그리고 문명다원주의의 공통된 특징은 서구 중심의 역사관과 직선적 진보사관에 대한 거부로 나타난다. 인류의 역사는 같은 가치를 지닌 여러 문명들의 다원적인 변화 과정이며 그 각각의 것들은 하나의 독립적인 생명체와 마찬가지로 독자적인 성장의 과정을 밟는다는 것이다.[55] 결국 문화를 포섭하는 문명다원주의는 "개별 문화의 고유성이 유지된다는 전제 아래 고유한 문화들이 조화를 이루고 고유성을 인정한 선에서 교류하는 경우를 말한다".[56]

이로 볼 때 헌팅턴이 비록 거시적으로 시대 문명을 다룬다거나 다원주의가 오늘을 지배한다는 식의 논법을 전개하고 있지만, 그의 견해는 사실 개방적 다원주의가 아닌 미국이 유럽과 함께 세계를 선도하고 지배해야 한다는 지극히 폐쇄적이며 배타적인 서구문화쇼비니즘chauvinism에 지나지 않는다. "문명이란 견고한 구조적 실체라기보다는 열린 과정으로 보아야 하는데도 불구하고 그는 형성 중인 상위의 보편 문명을 인정하지 않은 상태에서 개별 문명들 간의 충돌",[57] 특히 '서구'와 '그 나머지'(유교·이슬람)라는 도식 속에서 갈등만을 강조함으로써 개별 문명들 간에 이루어지는 상호 조화와 교류 그리고 협력의 긍정적인 잠재력을 간과하고 말았다.

단·복수문명론의 생태학적 화해

21세기 문명 시대를 맞이하여 우리는 서구 강권주의자들이 인류의 미래에 대한 위기의식에 기대어 일원적 단일 문명의 세계적 동질화와 다원적 복수 문명의 충돌을 기획하는 숨은 의도를 간파해야 한다.

그리고 서구의 지속적인 우위와 군림을 위해 축조하는 일체의 균형을 상실한 논리적 편협성과 강제성을 분명하게 읽어내야 한다. 그들의 주장은 "동양이란 사실상 유럽인의 머릿속에서 조작된 것"[58]이라는 사이드의 주장대로 어떤 면에서는 동양으로 상징되는 타문명을 억압하고 왜곡함으로써 부당하게 누려온 서구의 기득권 보존논리 혹은 식민지적 지배 담론에 치우쳐 있다. 이와 더불어 그들의 언설 속에 도사리고 있는 문명패권주의는 서구의 신자유주의적 세계 지배의 고착화 야욕을 비롯한 탐욕스런 군수자본주의의 이권과 세계 자원의 독식이라는 추악한 정치적·경제적 음모가 개입되어 있다. 이런 의미에서 노암 촘스키Noam Chomsky는 "미래의 파도라고 선언된 정치 원리와 경제 원리의 진정한 의미를 깨닫기 위해서는 국민을 기만하기 위해서 온갖 미사여구로 윤색된 선언 너머의 것을 보아야 한다"[59]고 충고한다.

그렇다면 단일적 문명론과 복수적 문명론의 화해와 회통의 방안은 무엇인가? 그리고 인류의 공영과 보편 가치를 실현할 수 있는 가장 바람직한 문명의 형태와 담론은 무엇이 되어야 할까? 이 문제에 관해서는 '문명'에 대한 동서 여러 학자들의 입론에 기초하여 좀 더 공의적이고 창조적인 시각에서 지속적으로 논의해야 할 것이다. 다만 현재 진행되고 있는 학계의 논의를 종합해볼 때 다음과 같은 결론을 도출할 수 있다. 즉 현재와 미래의 세계는 단일의 보편 문명과 고유한 특징을 지닌 복수의 개별 문명들이 중층적으로 공존한다고 보고 일단 '다원주의를 전제로 한 보편주의에의 지향'으로 정리할 수가 있겠다.

예컨대 강정인은 "현재의 세계 질서를 한편으로는 보편적인 문명의 형성 과정으로 파악하고 다른 한편으로는 이를 구성하는 개별 문명들이 상호 협력과 갈등을 통해 보편 문명의 형성에 참가하는 것으로 보는 중층적 구도가 세계 정치를 훨씬 더 유연하고 개방적으로 설명할 수 있는 틀이라고 생각된다"[60]고 했다. 양준희는 "인류가 보편적으로 받아들일 수 있는 가치 내지는 문명이 없다는 것은 아니다. 민주주의와 인권은 특정 문명이 강제하지 않더라도 시간이 지남에 따라 모든 국가·문명들이 보편적으로 받아들일 수 있는 가치가 될 것이다"[61]라고 자신의 견해를 밝히고 있다. 그리고 정수일은 "문명 교류의 종국적인 지향성으로 보면 그 과정은 문명 간의 이질성을 극복하고 보편 문명을 창출하는 과정이다"[62]라고 함으로써 같은 맥락임을 보여주고 있다. 즉 현존하는 복수적 개별 문명들이 상호간 끊임없는 문명 교섭을 통해 그 이질성 너머에 존재하는 보편 문명으로 화합한다는 것이다.

또한 헤너즈Hannerz는 세계를 가로지르는 문화적 실천과 경험의 통합이라는 '세계 문화a world culture' 차원에서 다음과 같이 피력한다. "오늘날 하나의 세계 문화가 존재한다. 그러나 이것이 의미하는 바를 이해하는 것이 중요할 듯하다 …… 의미와 표현 체계의 전면적 동질화가 일어난 것도 아니며, 혹은 가까운 장래에 그럴 것 같지도 않다. 그러나 세계는 하나의 사회적 관계망을 형성하게 되었고, 서로 다른 지역들 사이에는 사람과 재화의 흐름과 의미의 흐름이 존재한다."[63] 존재하는 보편 문명의 전면적 동질화에 대해서는 부정적이지만 그 출현 가능성에 대해서는 배제하지 않고 있는 것이다. 윌킨슨Wilkinson 역시 토인비가 미래에 존재하게 될 것으로 예상한 '보편 문명'이 이미 현존하고 있다고 주장한다. 이 보편 문명은 이전의 몰락한 문명들

로부터 군사적·정치적·경제적·종교적·예술적·인구학적 기여 등을 합성하여 융합해내고 있다고 했다.[64]

환기컨대 현대 문명 담론의 최대 관건은 단일문명론과 복수문명론의 화해와 회통에 있다. 거듭 강조하지만 현재 학계의 대체적인 견해에 따르면 현실과 미래의 세계는 단일의 보편 문명과 고유한 특징을 지닌 복수의 개별 문명들이 중층적으로 공존하며 결국 '문명다원주의를 전제로 한 보편 문명에의 지향'으로 귀결된다. 그러나 이 중층적 규정 속에는 사실 상반된 주장이 담지되어 있다. 이른바 문명의 단수론적 보편주의와 복수론적 다원주의라는 상충된 문제가 그것이다. 이로 볼 때 '문명보편주의'와 '문명다원주의'의 긍정적인 면을 동시에 구현시킬 수 있는 논리 구조의 새로운 문명관을 모색해야 한다. 더구나 보편 문명이 역사적 특성상 정신적 보편 가치 일변도에서 선진 서구의 전유물로만 이해되는 실정이다. 그러므로 서구 중심적 제국주의 성향을 탈각시킬 수 있는 보편 문명에 대한 공론이 담보되어 있어야 한다.

이 일련의 논단 이면에는 또한 세계화와 관련하여 현재 부상 중인 '보편 문명'의 출현에 대한 다양한 희망과 두려움이 뒤섞여 있다. 이들 추론 속에는 세계 문명이 통합되어 한층 발전적이고 평화적인 세계를 구현한다는 염원에서부터 개별 문명과 그 인자인 문화의 다양성이 지배적이고 빈곤한 강권 문명의 동질적 형태로 이행될 것이라는 공포감이 중첩되어 있다. 공감의 보편주의가 부재한 세계화는 특정 문명과 그 단일한 문화 요소가 부상하여 지금까지 번성해온 타문명의 다양한 문화 체계를 대체하는 것을 의미한다. 동시에 그와 연계된 보편 문명에 대한 담론들 역시 역사적으로 서구보편주의와 연결되어 주로 약속과 위협, 희망과 절망, 꿈과 악몽 들을 둘러싸고 전개되어 왔다. 때문에 인류 공동체의 공영이라는 유토피아적 전망과 함께 개별 문명의 권리 침해와 정체성의 위협이라는 디스토피아dystopia적 시각을 아우를 수 있는 통찰력이 필요하다.

이런 점에서 세계화 연구는 세계 정복적 동질화의 의미 체계와 구별되는 인류의 공분모적 복합체인 '문명' 차원에서 이루어져야 한다. 그런데 단·복수적 현대 문명 담론은 기본적으로 서구의 계몽주의적 세계상에서 기인하므로 생태학적 기획은 문명의 이성적 진보 신념에 기초한 보편주의로서의 세계화된 '근대성'이라는 문맥 속에서 구성되어야 한다. 아울러 '문명'을 통한 세계화 연구와 '생태문명학'적 전환의 토대가 우선적으로 확보되어야 할 것이다. 동일한 맥락에서 뚜웨이밍은 이 시대 세계 문명의 소통의 당위성을 논급하면서 "문명 간 대화의 목적은 바로 생태환경보호, 테러, 핵전쟁 등 여러 분야에서 현대인들이 맞닥뜨리고 있는 곤경에 지혜롭게 대처하고 기축 시대 문명의 지혜가 보다 넓은 영역으로 발전되어 나가되 패권을 향해 나아가지 않도록 하는 데 있다"[65]고 주장한다.

이 같은 생태문명학적 대안 논제와 관련하여 문명을 통한 세계화 연구의 전범은 톰린슨의 연구에서 목도된다. 특히 《세계화와 문화 Globalization and Culture》가 두드러진다. 그는 이 책에서 세계화를 문화Culture의 중심성과 관련하여 체계적으로 탐구함으로써 세계화를 이해하는 데 최초로 사회 이론과 문화 연구의 접근법을 접목했다. 그리고 문화를 보편적 '복합연계성complex connectivity'으로 규정하여 세계화 차원에서 연구를 완성했다는 평가를 받는다. 톰린슨은 세계화와 문화에 대한 논의를 위해 근대 세계의 경험적 조건으로서

'복합연계성'이라는 개념을 통해 설명한다. 다시 말해 복합연계성이 근대의 특성이라는 주장을 탐구하면서 세계화를 근대성이라는 역사적 맥락에서 다루고자 했다. 여기서 복합연계성이란 "근대의 사회적 삶을 특징짓는 상호연계 및 상호의존의 망이 급속히 발전하면서 전개되고 그 밀도는 전례 없이 더욱 높아지고 있음을 의미한다".[66]

톰린슨은 복합연계성의 세계화 조건으로 다분히 서구적인 근대의 주요 제도나 사상 세계가 갖는 매력과 유용성에 주목한다. 그는 근대성 범주가 비록 세계적 지배 관계와 그 속에 내재되어 있는 세계화 과정의 불균등을 보지 못하며 서구적 편향이나 보편화 경향 등의 이데올로기적이고 정치적인 의구심을 받을지라도 여전히 그 어떤 비판도 보편적 근대성의 사상세계 내에서 해결할 수 없는 문제를 제기하지는 못하고 있다고 단언한다. 때문에 그 어느 것도 복합연계성을 세계적 근대성으로 개념화는 데 방해되지 않는다는 것이다. 그의 주장에 따르면 근대성이 "기든스Anthony Giddens가 유럽에서 처음으로 발생했다고 설명하는 주요 심층적·구조적 변화를 오늘날의 다른 모든 사회에서도 감지할 수 있다. 이 변화에 대한 서로 다른 역사와 맥락, 반응을 인식하는 것과 발생의 공통성을 부인하는 것과는 다르다. 따라서 세계적 근대성들이라는 선호된 용어에는 정확히 말해서 근대의 보편적 범주라는 요소가 포함되어 있다".[67]

이렇게 볼 때 톰린슨이 규정하는 '복합연계성'은 현대 문명 담론의 생태학적 세계화 전환을 위한 기제로 활용할 수 있을 것이다. 그가 주장하는 복합연계성, 즉 복잡한 사회관계의 네트워크라는 세계화의 특성은 근대성을 기본 전제로 하며 그의 가장 기본적인 주장은 바로 근대 시기에 위치한다. 그는 근본적으로 '문화'를 "복합연계성

전체 과정의 본질적 면”과 “복합연계성의 실질적 구성 요소”[68]로 이해한다. 이것은 이 글의 논제가 문화학과 상보적 관계에 있는 문명학을 정립하고 단·복수적 문명론을 생태학적 체계로 분석·회통시키고자 한다는 점에서 더욱 주목할 필요가 있다. 문제는 톰린슨이 복합연계성의 보편적 전제로 내세우고 있는 근대성에 대한 철저한 분석과 비판이 선행되어야 한다는 것이다. 이 논변은 무엇보다도 고질적인 서구 ‘근대성’의 이분화적 특성에 대한 논박과 자성적인 교정을 내포한다. 톰린슨 역시 “이분법적 사고는 세계화의 복합연계성을 이해하는 데 적합하지 않다”[69]고 일갈한다. 이로 볼 때 서구의 이분법적 차별 구도에서 벗어난 진정한 의미의 보편 문명을 구현하기 위해서는 그와 연계된 세계적 근대성에 대한 깊은 사색적 성찰이 이루어져야 할 것이다.

공존의 희망, 생태문명

생태문명의 범주 설정

한국 정치 생태학의 기초를 닦은 문순홍은 생태 비평에서 ‘생태 패러다임’보다는 ‘생태 담론’이라는 용어를 선호한다. 이것은 생태학을 미셸 푸코Michel Foucault의 ‘담론discourse’ 개념과 연결시켜 논의한 데서 기인한다. 푸코의 담론 분석은 메타 담론들이 무근거성을 근거로 하는 데 대해 비판한다는 점에서 토머스 쿤Thomas S. Kuhn의 패러다임과 일맥상통한다. 그러나 담론의 미시수준과 정치권력의 측면에서 더 깊게 사고한다는 점에서는 그것과 구분된다. 거시적이고 느린 변화의 패러다임이 근본적으로 생태주의적 한계를 지닌 반면에 다층적 진행 과정으로 구성되는 푸코의 담론 형성이 생태적으로 더 적합하다. 담론은 더욱 미시적이고 사용 중인 언어와 긴밀히 연결되어 있어서 특정 상황을 전제로 하고 있기 때문이다. 여기서 상황이란 말하는 사람과 듣는 사람이 지식을 서로 주고받는 관계성을 말한다. 그런 까닭에 '담론'이란 상호 작용하고 공명하는 맥락을 전제로 한 역동적이고 관계적인 개념이다.[70] 본 연구 역시 세계 문명의 이해와 문명들 간의 관계를 분석함에 있어 상호 연결망에 역점을 두는 생태학적·유기체적 방법을 따른다는 점에서 '문명생태주의 담론'이라는 명칭과 입장을 취한다.[71]

인류학자들은 생태학의 개념을 인간과 환경 또는 문화와 환경을 다루는 '문화생태학'이라는 관점에서 인간과 환경의 상호 작용에 대한 연구를 심화시켜왔다. 생태학의 개념은 본래 생물학적 의미로서 환경에 대한 적응이라는 생물군에 대해 주로 사용되었지만 인류가 세계의 대부분에서 생활망total web of life(또는 생명의 얼개)의 일부를 이루고 있기 때문에 인류를 포함하는 데까지 확대되었다.[72] 주목되는 점은 인간은 생물권biosphere에서 다른 동물과 주변 환경을 관리하기 위해 '문화'라는 메커니즘을 사용한다는 사실이다. 여기서 '문화'란 "인간이 환경을 재정의하고 중재하기 위해 사용하는 방법"[73]이라고 할 수 있다. 이처럼 문화생태학이 문화의 반대편에 존재하는 자연과 대립되는 개념 차원에서 "환경에 대한 문화의 적응이 어떤 변화를 수반하는가를 확인하기 위한 방법론적 수단으로써 기술되어 왔다".[74] 이로 볼 때 또한 문명 개념이 복수적 측면에서 문화를 포괄하는 거시적 차원의 총체적 의미를 갖는다는 점에서 문명생태학은 문화 인자를 포섭한 문명 자체나 문명권 간의 관계 문제를 묻는 것으로 갈음할 수 있다.

그런데 문명 개념에는 이 포괄적 의미 말고 단선적 '진보'의 의미도 함의되어 있다. 이 문명의 진보적 범주는 현대 문명에 대한 회의와 그 대안 모색으로서 문명생태주의 담론을 이끌어내는 단초를 제공한다. 때문에 이 문명의 진보 개념을 문화생태학의 기초가 되는 '문화' 개념과 대비시켜 이해할 필요가 있다. 박이문의 견해에 따르면 문화가 한 사회 집단의 신념, 행동, 태도에서 볼 수 있는 삶의 전통적 '양식modality(form)'을 지칭한다면 문명은 한 사회가 이룩한 삶의 전략적 능력과 기술의 수준level(stage)을 가리킨다. '문화'에는 각기 사회의 존재 양식에 대한 가치중립적인 객관적 서술만이 의도되어 있는 반면에 '문명'은 각기 진보성의 수준에 대한 평가적 판단을 이미 내포하고 있다. 따라서 문화가 가치측정적인 개념이어서 모든 인간에 있어 사유의 근본 양식은 시간과 공간을 초월하여 동일하며 문화·삶의 양식의 측면에서는 차이가 없는데 반해, 문명은 우열성에 대한 판단이 내포된 평가적 개념으로서 인간 사회와 역사의 '진보' 가능성을 전제한다.[75]

이러한 문명의 '진보' 개념은 근대주의를 촉발시킨 점화대라고 할 수 있다. 소위 '근대성'이란 이분법적 이성의 진보 신념에 대한 믿음에 기반을 둔다. 최근의 포스트모더니즘의 유행은 이 근대적 이성과 관련된 일련의 문제성들을 드러내준다. 객관주의와 자연과학적 모더니즘에 대한 반명제로 대두된 포스트모더니즘은 상대주의적이고 다원주의적인 세계관을 견지함으로써 근대성과 접맥된 세계의 사조들을 심층에서부터 광범위하게 흔들어놓았다. 그 핵심은 근대적 진보관에 대한 근원적 회의이자 부정임과 동시에 "근대적 이성이 자처하는 보편성의 허구성을 폭로하는 데 있다".[76] 아울러 다양한 분야에 뿌리 깊게 자리 잡은 위계적 질서와 이분법들을 해체하고자 한다. 포스트모더니즘은 서양 근대성의 성질과 한계에 대한 반성에 근거한 하나의 '지적 상황'으로서 "인간과 자연을 구분하는 대신에 인간과 자연을 포괄적인 관계 속에서 고찰하며 인간의 무한한 발전을 믿는 대신에 기술 발전이 부분적으로 퇴보를 가져올 수 있다고 자각하며, 모든 인간을 지배할 수 있는 하나의 이념 대신에 다양한 의견의 권리를 인정한다".[77]

실제로 현재 인류가 직면한 생태학적 위기는 단순한 물리적인 환경의 파괴를 넘어 더 많은 함의를 지닌다. 금세기 생태학적 진단은 현대 공업 문명이 조성한 인간과 자연의 대립적 모순 양식을 생태학적 법칙과 가치관에 기초한 정신적·물질적·제도적 여러 측면에서 개선과 변혁을 촉구하는 것이다. 그러므로 우리가 상정한 생태문명의 건설은 생태 회복과 환경 관리뿐만 아니라 전체적인 사회 문화 양식의 혁신과 관련되어 있다. 이런 맥락에서 이재성은 "그것은 자연적 환경과 조화를 이루면서 존재하는 문화적 조직과 가치의 파괴를 말한다. 생태적으로 건전한 문화의 파괴는 곧 자연 환경의 파괴 뒤에 내재해 있다는 사실을 분명하게 인식해야만 한다. 그러므로 새로운 패러다임의 혁명은 거대한 규모의 거시적인 세력 관계와 연계될 뿐만 아니라 동시에 인간의 지성, 인성, 감수성, 욕망 등과 같은 미시적 영역과도 관계해야 한다"[78]고 피력한다.

그렇다면 생태문명의 실체는 무엇인가? 생태사상, 즉 녹색사상의 비판적 견해에 의하면 근대 문명의 실재관은 이미 논급했다시피 인 .

간중심주의와 이원적 자연관에 기초한다. 인간과 자연을 분리하는 이 이원적 실체론에서 자연은 자원의 집합소에 불과하며 인간은 자연 개체들과는 분리되어 그것들 밖에 있거나 초월하거나 또는 위에 있는 존재다. 이렇듯이 인간중심주의는 자명하며 인간에 의해 자연은 조작 가능하도록 분할되어 있고 기계처럼 조합되어 있는 것이다. 그에 반해 생태학적 세계관에서 세계는 견고한 물질들로 가득 메워진 고체덩어리 입자가 아니라 관계들로 구성된 광대한 공간으로 상징된다. 새로운 패러다임의 토대가 되는 이 실재관은 관계망으로 짜인 그물과 같은 세계다. 이 세계에서 분석의 기본 단위는 더 이상 분할 가능한 고립적 입자들이 아니고 분할할 수 없는 관계다. 또한 이 세계는 분할 불가능한 최소의 단위들이 서로 영향을 주고받는 역동적인 통일체로 나타난다.[79]

원래 생태학은 지구상 모든 생명체들이 맺고 있는 매우 복잡한 관계를 연구하는 학문이다. 이 세상은 분리된 부품으로 존재하는 기계 장치가 아니라 극히 작은 생명 현상조차 서로 영향을 주고받는 그물망 안에 포함된다. 생태학 사상은 지구 생태계 내에서 끊임없이 변하고 서로 얽히고 연결되어 있는 생명의 흐름을 포착하는 것이다.[80] 최근 과학자들에 의해 활성화되고 있는 '체계 이론systems theory'도 이 생태학에 이론적 근거를 두고 있다. 세계적인 행동주의 철학자이자 경제학자인 제러미 리프킨에 따르면 이 새로운 과학인 체계 이론은 기존의 계몽적 사고를 무효화하고 자율적 개체로 존재하는 것은 아무것도 없으며 모든 것은 다른 것과의 관계 속에서만 존재한다고 설명한다. 결국 생태학적 모델에서 자연은 다수의 공생적 상호의존 관계로 구성되며 그런 관계에서 각 유기체의 운명은 어떤 경쟁적 이점

만큼이나 상호적 참여에 의해 결정된다. 다윈의 생물학이 개개 유기체와 종에 초점을 맞추는 반면에 생태학은 환경을 소위 자연과 존재를 구성하는 모든 관계로 본다.[81]

더군다나 리프킨은 과거 인습적인 계몽적 과학은 이제 수명을 다하여 '공감empathy적 과학'으로 대체되고 있다고 주장한다. 이 새로운 과학은 자연을 강탈하고 노예로 삼아야 할 적으로 보는 식민지적 관점을 버리고 양육하고 존중해야 할 공동체로 포용하는 비전을 제시해준다. 리프킨의 설명에 의하면 "이전의 과학은 자연을 대상으로 보는 데 반해 새로운 과학은 자연을 관계로 본다. 이전의 과학은 분리, 착취, 절단, 환원으로 설명할 수 있지만 새로운 과학은 참여, 보충, 통합, 전체론이 특징이다. 이전의 과학은 자연을 압도할 수 있는 힘을 찾는 데 반해 새로운 과학은 자연과 제휴를 모색한다. 이전의 과학은 자연으로부터의 자율성을 강조하는 데 반해 새로운 과학은 자연에 다시 합세하는 것을 중요시한다".[82]

그런데 네트워크, 복합연계성, 흐름 같은 유사한 표현들이 현재 사회학, 인류학 등 다양한 연구 분야에서 등장하고 있어 흥미롭다. 이러한 용어들은 지구상 생명체들의 상호 연결망에 관한 연구, 즉 생태학을 규정하는 핵심어들이기도 하다. 우리는 현재의 세계화로 통용되는 용어들을 생태문명 담론 차원에서 수용해야 한다. 그래야만 문명 이론이 현실과의 긴장 관계를 유지할 수 있다. 나아가 근대성을 복합연계성으로서의 생태학적 '세계화' 차원에서 접근할 필요가 있다. 현재의 세계화는 중심 문명의 단수적 근대성이 규정하는 불평등 구조의 이원론적 세계상을 전제하는 악의적 측면이 팽배해 있다. 이로 볼 때 복수적 근대성에 기초한 범 인류 중심의 생태학적 관계망을 담보하는 '세계주의 시각'의 전일적 문명관을 안출해야 할 것이다.

　이런 맥락에서 톰린슨은 '세계적 근대성'에는 근대의 보편적 범주라는 요소가 포함될 뿐만 아니라 실제로 그것은 다양한 형태의 보편주의를 함의한다고 믿었다. 아울러 서구 중심적 근대성 이론과 일정 부분 구별되는 비서구적 근대성의 형식을 긍정하는 근대성에 대한 다원주의적 관점을 유지하고자 했다. 톰린슨이 복합연계성의 개념을 통해 세계 문명의 공통적 연계성을 주장한다는 측면에서 그 공통성은 실제로 서구 계몽주의에서 발원하는 '근대성'이라는 보편을 전제로 한다. 그의 말을 보면 "시공간의 사회 조직에서의 세기적 전환으로부터 파생된 사회적·문화적 조건으로서의 세계적 근대성이라는 핵심적 사고는 여전히 현재의 복합연계성을 이해하는 가장 강력한 방법으로 남아 있다. 그리고 이 점은 세계적 근대성이 적어도 세계화와 문화 간의 관계논의의 이론적 배경으로서 그 지위를 유지하는 것을 정당화한다"[83]고 했다.

　톰린슨은 "세계화 이론의 중요한 임무는 복합연계성이라는 조건의 기원을 이해하고 사회적 존재의 다양한 영역에서 드러나는 복합연계성의 함의를 해석하는 것"[84]이라고 역설한다. 우리가 현재 현대문명 담론의 통합적 합일점인 생태문명학을 도출한다는 점에서 세계 곳곳에 세계화의 경험적 조건인 공분모적 근대성, 즉 '복합연계성'이 분명히 존재한다는 톰린슨의 견해에 동의하지 않을 수 없다. 생태학적 세계관이 세계의 거시적 관계망을 특성으로 하고 있어서 그 실체를 문화, 문명 개념과 연결된 근대성에 초점을 맞추지 않을 수 없기 때문이다. 다만 이른바 세계적 근대성의 서구적 기원을 인정하더라도 이분법이 반드시 내포되어 있는 것은 아니다. 아담은 이분법으로 된 이론들은 "기본적으로 모든 것이 서로 연관되어 있는 세계화된 현실을 이해하는 데 적합하지 않다"[85]고 말한다. 즉 세상은 다양하고 복잡한 정보와 운송 수단, 재정 자본, 산업 테크놀로지 등의 망에 걸려 있다는 것이다.

톰린슨의 입장에서 볼 때 세계화의 전도체인 복합연계성은 다름 아닌 세계적 근대성과 접맥되며 그것은 나쁜 보편주의와 구별되는 '양호한(자애로운) 보편주의'를 가리킨다. 톰린슨은 양호한 보편주의를 "문화적 특수성들과는 상관없이 지구상의 모든 인류에게 참이 되는 몇 가지 공통된 기본 조건이 있음을 인정하는 일이며 이러한 공통점들에 따라 구성되는 합의된 가치가 있음을 인정하는 것"[86]이라고 규정한다. 또한 "문화가 차이와 본질적으로 결부되어 있지 않다면 문화는 보편 그 자체와 대조되지 않는다는 것도 사실이다. 이를 인정하면 문화제국주의와 강요된 서구화, 문화적 동질화 등의 나쁜 보편주의와 보다 양호한 형태의 보편주의를 구분할 수 있게 된다"[87]고 피력한다. 이로 보건대 그가 말하는 '복합연계성'으로서의 세계적 근대성은 바로 양호한 보편주의를 지칭함을 알 수 있다. 이 자애로운 보편주의는 사이드의 지적대로 "한 마디로 문화는 동양과 서양 같은 거대한 이데올로기적 대립체로 외과 수술적으로 분리하기에는 너무나 뒤섞여 있고 그 내용과 역사들 또한 대단히 상호 의존적이고 혼성적인 것"[88]임을 이해하는 것이다.

세계관의 전환: 생태문명

현대 문명의 새로운 모델에 대한 탐색은 문명의 다양한 유형의 존재와 가능성을 전제한다. 그리고 서구적 근대성과 관련된 현 문명의 진단과 그것을 대치할 새로운 유형의 모색이 요청된다. 왜냐하면 '관계성'이 배제된 세계화는 필연적으로 타자와의 대화를 두절시켜 자기 소외와 세계의 불평등 구조를 야기할 뿐이기 때문이다. 특히 톰린슨이 주창한 양호한 보편주의를 고려해볼 때 그것은 결국 서구의 이분화적 차별 의식에서 탈피한 '생태학적 근대성'[89]으로 귀결된다. 더 정확히 말해서 현재의 세계화, 즉 복합연계성으로서의 세계적 근대성은 생태학적 관계망과 연결된 '문명생태주의'로 치환할 필요가 있다. 이 규정 속에는 분리된 개체로서 타자와의 관계를 단절시키는 이항 대립적 구분에서 벗어나 타자와 공감하고 공존하는 문명생태철학의 세기적 전환이 상정되어 있다. 이 사상은 궁극적으로 현대 단·복수적 문명론의 최종적 지평의 융합에서 도출될 수 있는 것이다.

이 생태문명과 관련하여 박이문의 견해가 주목된다. 박이문은 현대 과학기술문명의 독성과 위기를 극복하기 위한 대안으로 '포스트 과학기술문명'이라는 새 모델을 제안한다. 이 새로운 문명의 모델은 인간 중심이 아닌 자연 중심의 생태학적 세계관을 말한다. 이 입론은 종래 서구의 그릇된 문명의 진보 이데올로기를 재조정하는 데서 구축된다. 그는 현대의 과학기술문명이 파행으로 치닫는 형국은 진보에 대한 잘못된 관념 속에서 연유한다고 인식한다. 이 비판은 "과학과 기술이 자율적인 발전을 통해 사회생활의 모든 영역들의 진보를 결정한다"[90]는 아민의 견해를 포괄한다. 그렇다고 해서 현대 문명에 대한 부정적 진단이 문명의 진보성, 즉 과학기술문명을 단정적으로 부정하는 것은 아니다.

박이문은 생태학적 위기를 초래한 서양의 합리성과 대치되는 진정한 의미의 문명의 진보성으로서 '생태학적 세계관'을 제시한다. 그에게서 생태학적 이성과 생태학적 합리성이 아닌 이성과 합리성은 존재하지 않으며 수학적·단선적·과학적인 서양의 이성은 미학적·다원적·예술적인 이성의 테두리 안에서만 궁극적인 의미를 갖는다.[91] 이와 같은 박이문의 생각은 계몽적 이성, 보편적 이성을 거부함은 물론 이런 이성에 의한 인류의 진보라는 믿음은 이미 붕괴되었다고 선언한 장 프랑수아 리오타르Jean-François Lyotard의 견해와 상통한다. 리오타르는 주지하다시피 처음으로 철학의 영역에 포스트모던이란 용어를 도입함으로써 이제 이성의 다수성, 예술적·미학적 이성이나 감수성이 중요시되어야 한다고 주장한 철학자이자 문학 이론가다.

르네상스 이후 근대 서구가 부상하게 된 중대한 사건은 17세기에 등장한 수학적인 용어로 가설을 설정하고 그것을 통제된 실험으로 검증하는 방법을 세련화시킨 과학혁명이었다. 이것은 '발견 방법의 발견'으로 급속한 지식의 축적으로 비약했으며 과학기술로의 응용은 산업혁명을 불러왔다.[92] 이 산업혁명에 근거한 현대 문명사회의 가장 큰 특징은 자연으로부터 자유라는 생각의 만연이다. 이렇게 자연의 제약에서 이탈한 인간의 욕망은 경제의 무한 성장이라는 자본주의 체제의 승리주의적 환상을 부추겨 인류의 절체절명의 환경 파괴를 초래했다. 오늘날 과학기술의 눈부신 발전과 더불어 이루어진 세계화 과정은 생태계 파괴, 지구 환경 오염 문제, 그로 인해 발생된 인류의 생존 위협이라는 총체적 위기 상황들을 발생시킨 것이다. 아민의 지적대로 근현대의 "부르주아 유물론은 자연을 하나의 사물로 다루고 심지어는 자연을 파괴하며 생태학이 보여주기 시작하듯이 인류의 생존 자체를 위협하는 길을 열었다"[93]고 할 수 있다.

현재 인류는 지구 전체가 하나의 지구촌을 이루는 하나의 문명 속에 살고 있다. 이를 가능하게 해준 것은 단연 자본주의적 산업 생산 법칙 속에서 발전해온 과학기술인 것이다. 박이문은 생태계 파괴 등 현재 당면하고 있는 인류 문명의 종말적 파국의 원인을 근본적으로 서양적 세계관, 즉 이원론적 형이상학과 인간 중심적 가치관에서 찾는다. 새로운 문명은 과학기술문명을 반성적으로 재평가하고 그것의 의미와 기능을 좀 더 거시적인 시각, 즉 생명생태학적 세계관에서 이해하고 통제하자는 데 있다. 왜냐하면 궁극적으로는 인간중심주의가 오류착각인 데 반해 생명생태중심주의는 객관적 진리이기 때문이다. 박이문은 이렇게 개념 자체의 교정과 인식의 전환을 통해 세계 문명을 관찰하는 올바른 비전을 찾는 데서 패러다임의 변화가 일어나기를 희망했다. 말하자면 "이원론적 형이상학에서 일원론적 형이상학으로, 과학적·기계론적 인식론에서 미학적·유기적 인식론으로, 인간 중심의 윤리에서 생태 중심의 윤리로 변화가 일어나"[94]야 한다는 것이다. 그는 최종적으로 이러한 생태학적 포스트과학기술문명이 인류의 진정한 의미의 진보적 문명임을 천명한다.

최근 이 생태학적 진보관은 현대 강권 이데올로기로서의 신자유주의적 소비자본주의 문명에 대한 새로운 저항 담론으로 표출되고 있어 주목된다. 대표적인 논의로 클라이브 해밀턴의 탈성장 사회를 지향하는 정치철학 '유디머니즘eudemonism(행복주의)', C. 더글러스 러미스C. Douglas Lummis의 '대항발전이론' 등이 있다.

먼저 해밀턴의 경우 그의 문제의식은 전후 50년 동안 세계의 "자본주의가 산업자본주의industrial capitalism에서 소비자본주의consumer capitalism로 형태 변이를 일으켰다"[95]는 현실 인식에서 비롯된다. 그에 따르면 오늘날 소비자본주의 시대에는 대다수의 보통 사람들이 더 부자가 되고 싶다는 욕망, 소득을 더 많이 올리면 행복해질 것이라는 허황된 망상에 빠져 있기 때문에 자본의 권력이 유지·재생산되며 그로 인해 성장제일주의로 치닫는 여러 사회 병리가 심화되었다고 주장한다. 즉 "사람들은 지금 삶의 의미를 '마케팅 지배 사회marketing society'가 조장하는 소비 행위에서 찾으려 하고 있고 그 배후에는 기업의 요구에 막대한 권력을 넘겨주고 있는 '성장의 망상 체계growth fetishism'가 사회를 휘감고 있다"[96]는 것이다. 해밀턴은 심지어 경제 성장이 행복을 만드는 것이 아니라 불행이 경제 성장을 지탱해준다고 지적한다. 현대 소비자본주의가 자신의 존재를 유지하려면 불만족 상태를 계속 조장해야만 한다. 자본주의의 꽃이라는 광고 산업의 필수불가결한 역할이 바로 그것이라고 강조한다.[97]

이와 같이 해밀턴은 현대 문명에 대해 성장의 강박 관념이 살아 움직이는 이데올로기로 둔갑해서 경제, 정치, 사회, 문화, 의료, 그리고 개인의 심리에 이르기까지 사회 전체를 조직하고 시스템을 재생산하는 망상 체계로 진화했다고 진단한다. 아울러 오늘날 강권적 신자유주의가 힘을 행사하는 원천 역시 이 경제 성장이라는 체계화된 망상에 기반을 둔다고 했다. 이런 점에서 그는 후쿠야마의 주장대로 지금의 자본주의, 즉 세계화된 소비자본주의가 역사의 종착역이라면 "고성능 야만주의로 추락하는 길 말고 무엇이 더 있겠는가?"[98]라고 힐난한다. 이렇듯 해밀턴이 제시한 행복의 정치 '유디머니즘'은 현대 소비자본주의 사회에 대한 비판에서 출발한다. 그리고 그것

은 보통 사람들의 행복이 정말 어떠한 것들에 달려 있는지를 묻는
다. 그는 유디머니즘을 기본적으로 "사람들이 누리는 개인적 행복과
집단적 행복이 정말로 나아질 수 있는 일들을 찾아나서는 사회"[99]로
인식한다. 더욱이 그것이 신자유주의뿐만 아니라 '제3의 길', 그리
고 전통적 좌파의 '빈곤 모델'에 대한 새로운 대안이 될 것이라고
주장한다.

그런데 해밀턴의 이 유디머니즘의 정치 프로그램은 무엇보다도
'탈성장 사회post-growth society'를 추동시키는 정치 전략인 '축소
이행의 정치political downshifting'에서 구체화된다. 논구컨대 '축소
이행'이란 각자의 참자아를 찾아 자기를 실현하는 것을 목표로 하
는, 덜 일하고 덜 벌어서 덜 소비하며 살자는 생활철학이다. 또한 그
것은 그렇게 절감한 시간을 시장의 전횡으로 황폐해진 공동체와 가
정과 자연환경을 돌보는 데 쓰자는 윤리학이기도 하다. 나아가 성장
의 망상 체계에 홀려서 자신도 불행해지고 자본 권력만 더욱 살찌우
는 어리석은 삶에서 벗어나자는 것이다. 해밀턴은 그 정치 투쟁은 지
극히 간단한 문제이며 자본의 권력을 파괴할 필요도 없이 단지 자본
의 권력을 무시하는 것만으로도 충분하다고 말한다.

그런 측면에서 해밀턴은 국가적 행복을 측정하는 척도라면서 시장
에 팔릴 재화와 서비스만을 계산에 넣는 기존의 국가 진보 척도인 국
내총생산GDP이나 국민총생산GNP에 대한 대안적 지표로 참진보지
표GPI(Genuine Progress Indicator) 또는 지속가능한 경제복지지표
ISEW(Index of Sustainable Economic Welfare)를 제안한다. 이른바
GPI는 시장 외부에 있다는 이유만으로 도외시되어온 가족과 공동체
가 행복에 기여하는 영역과 자연 환경이 베풀어주는 행복의 영역을

강조한다. 비근한 예로 4퍼센트 성장하지만 일자리가 줄어드는 경제는 똑같이 4퍼센트 성장하면서 일자리를 그대로 유지하는 경제만큼 해당 공동체에 득이 되지 않는다는 사고, 또한 공해를 최소화하면서 4퍼센트 성장이 가능한 경제가 공해를 유발하며 4퍼센트 성장하는 경제보다 더 낫다는 이해 방식 등이 그것이다.[100]

결국 해밀턴이 주창하는 '탈성장 사회'란 세계화된 소비자본주의를 넘어서는 역사의 단계인 것이다. 그는 이 시대로의 이행이 폭발시킬 진폭을 다음과 같이 예고한다. 즉 "행복의 새 정치는 권력구조의 변화를 초래할 뿐 아니라 자연을 대하는 우리의 태도와 우리의 삶과 인간관계에 대한 사고방식도 바꾸어줄 것이다. 성장을 넘어서려고 하는 탈성장 정치는 시장이 휘두르는 가장 강력한 무기를 박탈할 것이다. 그것은 바로 우리들 스스로가 소비자가 되려 하는 의욕이다. 또한 자본이 행사하는 정치권력의 많은 부분도 박탈해버릴 것이다. 왜냐하면 우리가 살아가는 공동체와 자연, 인간의 존엄성을 비롯한 전부를 성장의 제단에 희생 제물로 바쳐야만 한다는, 지금까지 근거 없이 믿어왔던 상식을 세계 곳곳의 사람들이 거부할 것이기 때문이다."[101]

한편 러미스는 현대 세계에서의 평화란 단지 경제 성장을 위해 봉사하고 그 수단이 되는 팍스 이코노미카Pax Economica, 즉 경제 지배 아래에서의 평화일 뿐이라고 주장한다. 때문에 그는 평화나 자연 환경이라는 말을 성장, 발전, 진보, 풍요로움과 같은 말에서 독립시키고자 했다. 그의 행복주의론에 따르면 에너지 소비를 줄이고 경제 활동에 사용하는 시간을 줄이고, 가격이 붙은 것을 줄인다. 그 대신에 경제 이외의 가치, 경제 활동 이외의 인간 활동, 시장 이외의 모든 즐거움을 늘리고 발전시켜 나간다. 인간의 즐거움, 행복을 느끼는 능력

등 안심과 즐거움을 에너지로 하여 발전할 수 있는 풍요로움이 넘치는 느린 사회를 만든다는 것이다.[102] 러미스는 이 사회의 실현 방안으로 산업혁명에 토대한 서구 자본주의 문명의 일방적 세계화에 저항하는 민주적 지역화 운동을 제안한다.

이 대안론은 간디Mahatma Gandhi의 민주주의사상 연구를 통해 더욱 체계화되고 있다. 원래 민주주의democracy라는 말은 고대 그리스어의 데모스Demos(마을, 민중, 시민, 다수)와 크라티아Kratia(권력, 지배)의 합성어 democratia로서 지역 공동체인 민중이 권력을 쥐고 있는, 다시 말해 국민에 의한 통치를 의미한다. 글로벌 사회와 식민지적 지배가 동일선상에 존재한다면 그에 맞서 생태적 저항 원리를 함유하는 지역화로의 전환 노력이 필요하다. 제국주의적 글로벌 사회에서는 소수의 지배자나 권력자가 절대 대다수를 통치하고 지배하는 권력 구조를 가지고 있다. 그것이 가능하게 된 원인은 우리 스스로에게 있다. 우리가 그 시스템에 참가하여 지원하고 있기 때문이다. 우리가 만약 그에 대한 협력을 멈추고 자급형 지역화로 전환하게 되면 그로써 강권적 권력은 사라질 것이다. 이 단계를 러미스는 데모크라시 상태, 즉 제도나 시스템이 아닌 상태라고 말한다. 강권자가 아닌 민중이 권력 조직을 직접 장악하고 있을 경우 그 조직은 녹아 없어지고 만다는 것이다.[103]

거듭 환기컨대 서구의 이원론이 구획하는 서구보편주의의 전횡, 즉 "주체와 타자를 끊임없이 갈라놓고 상호 대립과 경쟁을 강요하는 근대 과학기술의 총아인 자본주의적 경제체제는 인간다운 내면적 리듬을 깨뜨리는 부자연스러운 체제"[104]라고 할 수 있다. 현대 문명의 내핵인 근대주의는 공존 이념과 어울리지 않는다. 공생공영의 이념을 일반화하기 위해서는 인간중심주의적 근대주의 문화를 비판하고 청산해야 한다. 제러미 리프킨이 이 시대는 '생물권 의식'이 우선시되어야 한다고 강변한 의미가 여기에 있다. 그는 "모두가 협력하여 생물권 전체와 집단적으로 우호적 관계를 맺을 때에 비로소 우리는 우리의 미래를 보장받을 수 있을 것이다"[105]고 말한다.

그런데 이 생물권 의식을 실천하기 위해서는 최우선적으로 '주객 이분법'을 타파하고 주체와 객체 간의 관계를 새롭게 설정하는 것이 중요하다. 이른바 대자연이 최고의 주체라는 자연중심주의로 회귀해야 한다. 그리고 자연 속의 모든 존재들이 저마다의 주체성을 소유하며 따라서 삼라만상이 존재의 가치와 권리가 있음을 인정해야 한다. 이를 달리 말하면 '자연 중심의 다주체적 공생주의 자연관'이라 할 수 있다. 이 자연관을 문명론으로 치환해보면 '세계 문명 중심의 다문명적 공존주의 문명관' 건설의 토대로 활용할 수 있다. 자연 중심적 세계관으로의 전회는 특정한 패권 문명 중심에서 세계 문명 중심으로의 인식 전환과 함께 그동안 주체와 중심의 그늘에 가려져 억눌리고 소외당했던 객체와 주변, 즉 정신에 대한 육체, 인간에 대한 자연, 서양에 대한 동양의 복권을 의미한다.

또한 이 생태사상의 관점에서 볼 때 현대는 여러 위기적 징후군으로 얼룩져 있다. 핵무기의 위협, 환경오염, 제3세계의 빈곤, 에너지 고갈, 문화적 질병, 사회적 병리 현상, 인간의 자아와 정체성 상실, 인간적 삶의 파괴 등이 대표적인 사례들이다. 이 징후군들은 상호 간 연결고리 없이 포진되어 있는 것이 아니다. 그 배경에는 이른바 절멸주의 또는 지배주의라 할 수 있는 거대한 위기의 인과 구조가 감추어져 있다. 이 인과 구조에는 깊은 역사적 뿌리와 함께 사회적 지평이 내재해 있다.[106] 역사적 제 단계마다 구체화된 지배주의는 자연에 대한 인간의 지배, 여성에 대한 남성의 지배, 인간에 대한 인간의 지배, 주변에 대한 중심의 지배, 동양에 대한 서양의 지배 등으로 폭넓게 구획되어 있다. 이로 보건대 비서구의 복권과 세계 문명의 평등 관계는 이 일련의 생태학적 위기 극복 속에서 담보될 수 있다. 21세기 사회 패러다임이 자연과 인간을 통합적으로 파악한다는 점에서 문명관 역시 특권 문명의 편협주의가 아닌 통합적이고 유기적인 '세계주의' 시각이 요청된다. 즉 생태문명은 이 광범위한 지배 구조의 해체 속에서 세계 문명의 평등과 공존의 관계를 요구하는 것이다.

맺음말

이 글은 현대 문명 담론을 생태학적 세계화 차원에서 체계화하기 위해 기획된 것이다. 서구의 문명 개념에 내포된 '진보 대 야만'의 구획 의식은 단선적 진보사관에 연원한 서구보편주의의 세계적 동질화 과정의 근저를 이룬다. 그리고 여기에는 서구 문명의 패권을 강제하는 강권주의 논리가 함의되어 있다. 이 이분화적 사고는 근현대 비서구를 강제하는 서구제국주의의 지배 담론 속에서 '서양 대 동양', '근대 대 전통', '세계 대 지역'이라는 일련의 대립적 구도로 형식화·고착화되어왔다. 또한 현재의 세계화 이면에는 문명 단수론의 문맥 속에서 보편주의로 가장한 서구의 세계 지배 이데올로기로서의 '신자유주의'가 위치한다. 이 억압 이념, 즉 신자유주의로 인해 왜곡된 보편주의와 세계화의 본연의 모습을 회복하기 위해서는 생태문명론적 차원에서 접근하는 것이 그 본원적 진리 탐색에 더 용이할 것이다. 그리고 서구 근대성의 이분법이 불러온 문명의 서열화에 대한 생태학적 교정이라는 측면에서 연구를 진행할 필요가 있다.

이처럼 보편적인 세계화를 공분모적 복합체인 문명과 연계하여 관찰하고자 할 때 문명의 핵심 개념인 '근대성' 범주를 어떻게 확정할 것인가가 중요하다. 특히 세계화가 근대성의 세계적 팽창을 표상한다면 그것이 타자 정의의 유일한 이분법적 극점에서 고안되었다는 사실에 유념할 필요가 있다. 즉 근대성의 진원지가 서구라는 점에서 그 근원에는 서구의 고질적 병폐인 이분화적 대립쌍이 존재한다. 이 관점에서 서구는 비서구의 전통 사회가 갖는 문화적 차이를 침묵시키고 모두 단일한 서구 문화로 동일화시키고자 획책한다. 그런데 현재 서구 근대성은 인간과 자연, 인간과 인간, 서양과 동양이라는 제 존재의 관계망들을 파편화함으로써 심각한 비판과 도전에 직면해 있다. 이렇게 볼 때 세계적 의미의 근대성을 생명생태 중심의 '보편 문명'으로 재구성할 필요가 있다. 그러기 위해서는 서구문명패권주의를 조장하는 근대성의 이분화적 요소들을 철저하게 분해·해체함으로써 근본적인 인식의 전환을 도모해야 한다.

현대를 문명에 관한 교류·대화·공존 담론의 미증유 확대 시대라고 특징지을 때 우리가 시도하는 새로운 사회 패러다임, 곧 '문명학' 정립의 소재와 방향을 헤아릴 수 있다. 이 연구는 근대성의 요체인 서구적 이성과 합리성이 불러온 분리된 개체로서의 이항적 차별 의식을 불식시키는 데서 출발해야 한다. 이를 위해 우선 강대한 권력의 독선으로 파악되는 서구의 악의적 세계화 극복과 그에 따른 인류 이상의 참된 문명관의 모색이 요청된다. 결국 현대 문명 담론의 활성화는 '세계화'와 관련된 문명권 간의 관계 속에서 문명을 이해하고 특정한 규범적 패러다임을 설정하는 것이다. 그것은 생태학적 이성과 합리성에 토대하면서 주객의 분절화를 극복하고 세계적 소통을 담보할 수 있는 새로운 진보 개념의 '생태문명'에서 점화될 것이다. 궁극적 목표는 상호 대립적인 단·복수적 문명론을 보편적 세계주의와 다원적 지역주의의 차원에서 회통시킴으로써 문명권 간의 평화 지향적인 세계적 협력을 이끌어내는 것이다. 일관된 논지는 단수론적 보편주의와 복수론적 다원주의에 대한 생명생태학적 통합의 연구로 관통되어야 한다.

오늘날 생태철학은 새로운 문명 담론의 창출을 위한 생산적이고 과학적인 연구 영역이 되어야 한다. 생태 지혜는 무엇이 올바른 삶이고 무엇이 참된 진보인지를 우리에게 제시해준다. 이 지혜가 지향하는 생태문명은 공존과 공생의 논리로서 분절화된 주체 의식에 착근된 객체에 대한 차별적 허상의 공간을 해체하는 좀 더 근원적인 관계의 재구성을 요구한다. 이 신념은 일체의 근대 이분법적 불평등 구조에 대한 무효를 선언함과 동시에 기존의 특정문명중심주의에서 탈피하여 세계문명중심주의로의 사고 전환을 촉구한다. 또한 무절제한 정복으로 타자에게 고통을 안겨주는 물질적 충족은 결코 인류 진보의 척도일 수 없음을 각인시킨다. 이 관점에서 박이문은 과학기술에 바탕을 둔 인간의 물질적 풍요만을 진보로 볼 수 없으며 인간의 참다운 번영을 위한 새로운 진보의 잣대를 찾아야 한다고 주장한다. 그는 문명과 역사의 진보를 측정하는 궁극적 척도는 정신적·도덕적·미

학적 가치에 있다고 말한다.[107]

이 시대의 일련의 생태론적 발상들을 근본적으로 문명 차원에서 결집시키지 못하면 인류 문명은 전 세계적 차원의 가공할 만한 생태학적 불균형 현상들, 즉 자원 고갈, 생태계 파괴, 부의 편중, 금융 파탄, 민주주의 위기, 빈곤과 기아, 비정규직 확산, 다문화 가정에 대한 편견, 외국인 노동력 착취, 폭력적인 시장원리주의, 불평등한 사회구조, 문명 간의 갈등과 같은 수많은 위험에 봉착하게 될 것이다. 세계적 근대성이 인류 문명의 보편적 현상으로 관찰되는 이때에 그 본질을 경제에 의한 지배로 규정하는 자본주의적 가치관과 공리주의적 세계관에 대한 한층 근원적인 치유 담론이 절실하다. 현재 학계에서는 그 대안으로서 생명관적 근대성과 합리성을 도출하는 방안이 강구되고 있다. 또한 생태계의 근본적인 상호 연관성, 자연적 생태계와 인류의 공생적 관계, 마음과 자연의 상호 의존성 등에 기초하여 종래의 관계가 배제된 세계 문명의 이원적 간극성을 상호 통합적·전일적 연결망으로 재구성하고자 하는 연구가 한창 모색 중에 있다. 이런 점에서 생태문명 시대로의 전회는 사유 방식과 행위 방식을 비롯해서 생산 방식, 생활 방식, 도덕과 관념, 법률과 체제에 이르기까지 광범위한 변혁의 요구를 수반한다.

현대 문명 담론을 세계화 차원에서 고찰해보면 최대 관건은 단·복수적 문명론의 역사순기능적인 면을 동시에 구현시킬 수 있는 문명보편주의와 문명다원주의의 화해와 회통에 있다. 최근 첨예하게 대립하고 있는 보편주의적 세계화와 다원주의적 지역화의 대극적 논쟁 역시 이 범주 안에서 해답을 찾을 수 있다. 이런 의미에서 톰린슨은 "보편적인 인류의 관심이라는 의미는 세계적 근대성 속

에서 지역적 정체성이 재각인될 때 실질적일 수 있다"[108]고 주장한
다. 본론에서 이미 논급한 바와 같이 현대 단·복수적 문명론의 합
일점은 대체로 '문명다원주의를 전제로 한 보편 문명에의 지향'으
로 규정된다. 그러나 이 중층적 규정은 문명의 단수적 '보편주의'
와 문명의 복수적 '다원주의'라는 상충된 문제와 결부되어 있다.
또한 '보편 문명'이 태생적으로 서구패권주의와 접맥된다는 점에
서 다원성과 타자성을 감내하는 생명관적 보편주의가 확보되어야
한다.

논지컨대 단수적 문명론의 관점에서 이질적인 강권으로서의 세계
화는 문명의 차이를 무시한 패권적 권력을 추구함으로써 획일적인
동질화를 불러올 위험성이 있다. 복수적 문명론의 관점에서 개별 문
명의 지나친 전통적 가치의 수호, 즉 지역화로서의 민족적·문화적
정체성 추구는 다른 민족에 대한 배타감을 유발할 수 있다. "우리는
몰개성적인 보편주의, 패권주의적 통제, 독점주의적 행위를 반대하
는 동시에 협애한 민족중심주의, 종교적 배타주의, 자문화우선주의
도 거부해야 한다."[109] 세계화와 지역화의 갈등 문제는 보편주의와
다원주의라는 본원적 탐구 영역에서 화해 방안을 모색해야 한다. 이
구도는 보편문명론과 문명다원주의의 쟁점들과 연결시켜서 논의하
는 것이 좀 더 효과적일 것이다. 더욱이 그 사상적 기초는 세계의 다
양한 문명권의 문화 자원으로부터 추출되어야 한다. 뚜웨이밍의 지
적대로 "우리는 지역 연계에 뿌리를 내리고 있는 다양한 세계화 추
세를 조직하고 또 그와의 상호 작용을 통해 바라는 바를 도출할 수
있을 것이기 때문이다".[110]

생태학적 합리성은 타자의 차이성에 민감한 보편주의에 대한 입론

을 요구한다. 차이에 민감한 보편주의만이 다원주의에 함축된 규범적 요구를 왜곡 없이 올바르게 포착할 수 있다. 생태문명학적 입장에서 보면 보편성과 다원성의 통일 문제는 대대(待對)적 균형 속에서 그 합의점을 찾을 수 있다. 보편주의가 다원주의적 요소를 전제하는 것과 같이 다원주의 역시 보편주의적 요소를 수용한다. 최근 철학에서 '다원주의'가 주목되는 데는 '독점주의'와 '상대주의'를 중재할 수 있다는 믿음 때문이다. 다원주의는 "하나의 분과 안에 다양한 이론이 그리고 하나의 문제에 대해 상반된 여러 대답이 공존할 수 있음을 인정하는 점에서는 상대주의와 일치한다".[111] 반면 "어떠한 이론과 대답이 무조건 통용됨을 인정하지 않는 점에서 상대주의와 다르다".[112]

문명다원주의 입장에서 볼 때 타자의 문화적 차이와 다양성을 존중하라는 요구가 보편주의적 도덕의 규범적 지평을 떠나려 할 경우 자칫 감당하기 힘든 문화상대주의의 늪에 빠져 차이, 특수성, 개별성의 존중과 인정에 대한 요구가 전제하는 상호 주관적 관계의 보편주의적 요구를 놓쳐버릴 우려가 있다. 올바른 다원주의의 규범적 요구는 이런 위험한 경향을 따르지 않으면서도 문화적 차이와 다양성을 존중하라는 정당한 요구를 수용할 수 있어야 한다. 한 문명의 진보는 그 정체성을 실현시키는 타문명과의 상호 주관적 작용을 떠나서는 불가능하다. 이를테면 개별 문명의 자기 정체성의 확인은 어떤 고립된 개체의 주관적 자기 평가나 환상의 산물이 아니라 적어도 핵심에 있어서는 언제나 자신이 맺는 구체적인 타문명과의 관계 속에서 그 타문명과의 상호 지지와 비준과 인정의 경험을 통해 상호 주관적으로 이루어질 수 있다.[113]

녹색적 정합성을 갖춘 문명철학은 거시적 세계주의 관점에서 동서 문화 교류와 인류 문명의 발전은 동시적으로 이루어진다는 역사 진리를 설명해준다. 우리가 일단 서구의 정신과 육체, 인간과 자연 등의 이원론적 세계관에서 유래한 세계화와 지역화, 선진국과 개발도상국, 자본주의와 사회주의 등의 이항적 구분 의식을 벗어나게 되면 긴밀한 내적 연관 관계의 세계 공동체를 발견할 수 있다. 동일자와 타자로 설정된 인위적인 이분법의 논리를 초월해야만 지구촌의 풍부하고 다양한 문화 자원을 이해하고 향유할 수 있다. 우리는 21세기 문명 시대를 맞이하여 일체화로서의 세계화와 다원화로서의 지방화가 동시에 구현되는 소위 세방화glocalization 시대를 열어나가야 한다.[114] 이 거시적 구도 속에서 보편과 특수가 함께 숨 쉬는 다양성 속의 통일성, 통일성 속의 다양성을 활성화시켜야 한다. 그리고 패권이 주도하는 일방적인 독단주의가 아닌 여러 지역의 개별 문명들이 평등하게 교류하고 공존하면서 인류 이상의 보편 문명에 수렴되는 단·복수적 문명론의 상호 동시적 균형과 지향이라는 지평의 융합을 이룩해야 한다.

문명학적 관점에서 볼 때 문화는 중심 문화뿐만 아니라 주변 문화, 즉 지역 문화, 소수 문화, 하위문화 등이 다양하게 존재해야 풍부한 인류 문화를 가꾸어나갈 수 있다. 다시 말해서 문화의 다양성이 보장되고 중심 문화와 주변 문화가 공존·공생해야만 세계 문명의 의미장을 넓혀 나갈 수가 있는 것이다. 이 명제들은 다문화주의 시대에 중심 문화와 주변 문화가 어떻게 조화롭게 상생할 것인가에 대한 하나의 제안이기도 하다. 이러한 유기체적 사고는 지역 문화들이 획일적인 중심 문화로 흡수·통합되는 것을 문화의 파멸로 보았던 엘리엇T.

S. Eliot의 문화론과도 상통한다. 엘리엇은 문화의 생태학적 고찰을 통해 부분과 전체의 유기적인 상호 관계를 가진 문화의 유기체적 특성에 초점을 맞추어 문화의 핵심에 접근하고 있다.[115] 정수일 역시도 이와 동일한 맥락에서 "보편 문명의 실현은 오로지 서로의 부정 아닌 긍정, 상극 아닌 상생 속에서 상부상조적 교류를 통해서만 가능하다"[116]고 피력한다.

본래 '진보'란 역사의 변화가 좀 더 높은 단계로 이행하는 일련의 정신적·물질적 변화의 법칙을 포괄한다. 과거 인류의 문명이 잘못된 진보 이데올로기로 인해 타자에 대한 정복, 배타, 약탈을 자행함으로써 야만성을 드러냈다면 이제 생명공동체의 입장에서 그들과 협력하고 공존하는 격조 높은 생명생태 중심의 진보관을 모색할 때이다. 아울러 진보의 척도 역시 침략적·지배적 보편성이 아닌 친화적·공생적 보편성으로 전환되어야 한다. 톰린슨이 진정한 코즈모폴리턴적인 인간은 보편주의자인 동시에 다원주의자가 되어야 하며 자애로운 보편주의를 실천해야 한다고 충고한 의미가 여기에 있다.[117] 요컨대 문명의 진보 의미와 관련하여 우리가 지향해야 할 생태문명의 핵심 규범들을 적출해보면 다음과 같다. 첫째, 거시적·총체적 세계주의, 둘째, 유기적·공감적 관계망, 셋째, 생명생태학적 진보관, 넷째, 다주체다중심적 다원주의, 다섯째, 호혜적 보편주의, 여섯째, 전일적 동서통합주의, 일곱째, 평화공동체의식, 여덟째, 화해공존의식, 아홉째, 동시적·균형적 진리관, 열째, 도덕적·예술적 가치관이 그것이다.

그리고 여기에 덧붙여 생태문명관에 대한 다음과 같은 운용 요칙들을 상정해볼 수가 있다. 첫째, 역사·지리상 인류의 문화와 문명을 유기적으로 통합해 설명할 수 있는 포괄적인 문명관으로서 합당해야 한다. 둘째, 복수적 개별 문명의 고유성이 유지된다는 전제 아래 개별 문명들이 조화를 이룰 수 있는 개방성과 상호 주체적 가치를 지닌 다원주의적 문명관으로서 합당해야 한다. 셋째, 단수적 보편 문명의 전파로 인한 타문명의 억압이 아닌 문명 간 상호 교류와 끝없는 진화를 통해 지향해감은 물론 최종적으로 각 개별 문명의 이상 실현이 될 상위 개념의 보편 문명을 간직한 문명관으로서 합당해야 한다. 넷째, 오리엔탈리즘이나 옥시덴탈리즘 식의 편협주의와 일방주의로부터 탈피된 균형을 갖춘 문명관으로서 합당해야 한다. 다섯째, 제국주의나 패권주의 속성에서 벗어난 인류의 평화와 자유를 실현할 수 있는 생태학적 문명관으로서 합당해야 한다.

이상의 핵심 규범과 운용 요칙에 합당한 문명관은 단·복수적 문명론에 기대어 특권적인 문화·문명의 헤게모니를 조장하는, 예컨대 서구중심주의 내지는 중화주의와 같은 일체의 패권주의에 대한 부정을 의미한다. 물론 여기에는 서구중심주의에 입각한 후쿠야마와 헌팅턴 류의 문명론에 대한 비판도 포함된다. 21세기 문명 시대의 새로운 진보 의미와 자유세계의 시작은 지금껏 서구인은 물론 동양인의 사고 체계에까지 광범위하게 확산되고 의식화된 서구 편향적 문화제국주의를 청산하는 데서 가능할 것이다. 뿐만 아니라 부당한 중심주의와 우월주의에 동조하는 우리 안의 근원 의식에 대한 뼈아픈 자성도 함께 논급되어야 한다. 우리가 염원하는 새로운 문명관은 인권과 생명에 위해를 가하는 일체의 강권에 대한 저항과 해체에 있다. 나아가 인류의 평화와 공존을 위해 세계인이 합심해 노력해야 한다는 상호 주체적 평등 관계를 기초로 한 범인류 중심의 유기체적인 세계주의 문명관의 각성과 구축에 있다. 요컨대 그것은 자연 중심의 다주체적 공생주의 자연관에 걸맞은 '세계주의적 생태문명', 곧 세계 문명 중심의 다문명적 공존주의 문명관으로 요약할 수 있다.

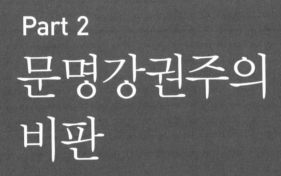

Part 2
문명강권주의
비판

문명생태주의 비평은 지배 이데올로기적 문명강권주의의 내부에 깊이 침투하여 거침없는 비판을 가할 것이다. 그리고 방대한 다층의 이분법적 문명 차별 구조를 소멸시키는 파괴적인 힘으로 작동할 것이다. 생태 지향적 문명관은 서구중심주의, 중화주의 등 문명 패권주의에 대한 단호한 부정과 저항이다. 여기서는 그 단서를 세계주의 시각의 생태와 문명의 융합 차원에서 모색해보고자 한다. 이 노력은 문명의 독점과 충돌이라는 냉엄한 현실과의 대결 속에서 세계 문명권의 화해와 공존을 담보하는 생명생태중심적 문명관으로 결집될 것이다.

06
현대 문명강권주의
비판 담론

반서구중심주의를 중심으로

6장은 반서구중심주의를 중심으로 집필된 글이다. '서구중심주의Eurocentrism
(West-centrism)'란 동과 서라는 본질적인 분열 구도 속에서 동양을 타자로 하여
서양의 타고난 우월성을 강조하는 세계관을 말한다. 근대 유럽의 사상적 기반이 된
18세기 계몽주의에 뿌리를 둔 서구중심주의의 이면에는 계몽기에 비교적 정형화된
'문명' 개념이 존재한다. 그리고 이 문명 개념에는 서구화나 근대화의 특징이 함유
되어 있다. 서구로 대표되는 제도와 가치가 보편성을 띠면서 '세계화'는 점차 서구
화나 근대화 과정으로 이해되었다. 이 과정에서 서구인들은 세계를 유럽의 '문명
인'과 나머지 세계의 '야만인'으로 구분하는 세계 문명에 대한 차별 의식을 강화시
키왔다. 이로 볼 때 서구중심주의는 근대 영역의 신화적 재구성임을 알 수 있다.
이 장은 이처럼 부당한 이데올로기로 세계를 동과 서로 양분하여 중심 문명의 패권
을 강제하는 서구문명강권주의의 탈중심적 해체를 목표로 기획된 것이다. 이런 맥
락에서 문명패권주의 통제와 문명독점주의 행태에 저항하는 '세계주의 시각'의 여
러 동서 자유주의 담론들을 검토해보았다. 결국 현대 문명 담론은 생태철학이 투영
되거나 그와 밀접한 관계에서 진행되며 현재 인류의 문명은 역사성 세계 인류가 교
호 속에서 함께 만들었다는 '인류운명공동체의식'을 각성시킨다. 아울러 그 공론
은 생명과 인권, 인간의 자유를 옹호하는 입장에서 타자와 소통하는 보편적 인류애
의 생태학적 문명관, 즉 상호 주체적 평등 관계를 기초로 한 문명 공존의 '생태문명
담론'을 요청한다는 사실을 확인할 수 있다.

머리말

제국주의의 정점인 19세기 말 영국의 시인 키플링Joseph R. Kipling은 〈백인의 책무White Man's Burden〉라는 시를 통해 유럽 문명의 위대성을 찬양하면서 유럽이 세계 문명의 이상이고 그 역사적 사명은 자신들의 문명적 준거에 따라 세계를 문명화하는 것이라고 했다. 그는 또한 시 〈동과 서의 발라드The Ballad of East and West〉에서 "오, 동양은 동양이고 서양은 서양이니 하늘과 땅이 신의 위대한 심판대에 설 때까지 두 세계는 결코 만나지 못할 것이다"라고 말한 바 있다. 이 말은 과거 수세기 동안 동양이 서양에 공헌한 긍정적인 역할들을 망각하게 만든다. 이처럼 키플링에게서 보듯이 서양인은 '동'과 '서'를 차별적인 별개의 존재로 인식하는 이항 대립적인 인식 체계를 가지고 있다. 그들은 대체로 동양을 대극적인 타자로 인식하여 동양과의 평등 관계를 거부한다. 여기에는 역사적으로 서구 중심적 관점이 깊게 개입되어 있다.

심지어 인류의 권리 평등과 계급 없는 사회를 주창했던 마르크스Marx조차도 서구중심주의적 목적론을 충실하게 따르고 있다. 그의 역사관은 총론적으로 보아 "서양을 발전적인 세계 역사의 능동적인 주체로 격상시키고 동양을 수동적인 객체로 격하시키는"[1] 입장을 취한다. 아시아적 생산 양식과 전제주의가 지배하는 아시아라는 말과 함께 "그(동양인)들은 스스로 자신을 대변할 수 없고 다른 누군가에 의해 대변되어야 한다"[2]라는 마르크스의 말은 그를 오리엔탈리스트로 규정하게 만든다. 마르크시즘뿐만 아니라 프로테스탄티즘과 자본주의 정신으로 발전을 거듭해온 유럽과는 달리 합리성이 결여된 아시아는 정체를 면치 못한다고 보았던 막스 베버Max Weber, 그리고 자유주의, 세계체제론 등 서양의 발흥에 관한 표준 이론들이 모두 서구중심주의 틀 안에 있음은 주지의 사실이다.

사실 '서구중심주의West-centrism'(또는 유럽중심주의Eurocentrism)란 '동'과 '서'라는 본질적인 분열 구도 속에서 동양을 타자로 하여 서양의 타고난 우월성을 강조하는 세계관을 말한다. 이 입장에서 볼 때 동양이란 "서양의 열등한 보완체로, 대립적인 타자로, 자신의 우월성을 입증시켜주는 부정적인 특질의 담지자"[3]인 것이다. 이 서구중심주의는 17~18세기에 본격적으로 대두된 계몽주의의 '문명'과 '진보'의 개념에 의해 발아되었다. 18세기 후반 프랑스 계몽철학자들이 '문명 civilisation'이라는 단어를 이성의 진보를 지칭하는 의미로 처음 사용했다. 여기서 주목되는 점은 '유럽'이라는 어휘 역시 "보편적 의식의 형태를 띠기 시작한 것은 18세기에 이르러서였다"[4]는 사실이다. 그러다가 19세기에 들어와서 문명은 유럽 중심적 성격을 강하게 띠면서 주로 서구 문명에 국한된 용어로 자리 잡았다. 이로 볼 때 서구중심주의는 근대 영역의 신화적 재구성임을 알 수 있다.

이렇게 형성된 서구중심주의는 '서구예외주의Western exceptionalism'와 '오리엔탈리즘Orientalism'이라는 두 요소로 구성된다. '서구예외주의'는 말 그대로 서구 문명이 특수적이고 예외적이라는 주장인데 서구 문명의 독특성, 자생성, 항구성을 그 명제로 한다. 가령 에릭 존스E. L. Jones가 《유럽의 기적The European Miracle》에서 취한 기술방식이 대표적인 경우로[5] 서구를 제외한 세계 어디에도 그처럼 합리적·독창적·진보적·근대적 문명은 발전되지 못했다는 것이다. 또한 '오리엔탈리즘'에는 "뒤떨어지고 열등한 동양이라는 상상의 타아를 부정적으로 정의하는 우월한 서양적 자아의 고정적인 심상이 깔려 있다".[6] 이 양자는 동시적으로 진행되었지만 서구예외주의가 근대 초에 서구인들이 서구 문명에 대해 구성한 자화상이라고 한다면 오리엔탈리즘은 서구인들이 서구라는 거울을 통해 왜곡되게 구성한 비서구 문명의 상을 지칭한다.

그런데 이 서구중심주의의 팽창은 근대성modernity과 접맥되어 단일적 서구 계몽주의 이성의 고도의 획일화된 문화적 기획 속에 자리한다. 세계화 범주에서 보면 이것은 '보편 문명'에 대한 염세적 사고 차원에서 세계 문명의 악의적 '서구화'로도 표현된다. 즉 근대성이 서구에 역사적 기원을 둠으로써 서구가 세계의 정치, 경제를 지배하게 되었고, 다시 그 지배로 인해 서구가 독특한 문화 발전과 현재 삶의 방식을 보편적으로 타당한 것이라고 주장하는 담론적 위치를 구축하게 되었다는 것이다. 이런 측면에서 톰린슨John Tomlinson은 "근대 유럽 문명화와 이와 관련된 18세기로부터 이어지는 서구의 '문화제국주의'는 부상하는 세계적·성찰적 근대성과 공존하는 특질로서 보일 수 있다"[7]고 주장한다.

이처럼 서구중심주의는 근대기의 자문명에 대한 성찰적 성격으로 기술될 수 있다. 다른 문명들과의 관계 속에서 형성된 지배적 거울상, 즉 서구의 자민족적 상상과 이에 근거한 문화적 지배의 기획이

다름 아닌 근대기에 도출되었기 때문이다. 서구문명중심주의는 서구 근대성의 세계적 보편화로 극대화됨으로써 서구 계몽주의 문명의 헤게모니 상승이 불러온 제국주의의 위계적 속성으로 이해된다. 더욱이 이것은 '서구화 이론'으로 집약되어 서구적 문명화 내지는 서구적 동질화로 인해 다른 개별 문명들의 고유성을 파멸시킨다는 위협론으로까지 표출되고 있다. 그 때문에 20세기 후반 급진적 문화 비평 중의 하나인 '문화제국주의'[8]의 한 형태로 분류되어 비판받기도 한다. 문화제국주의는 서구중심주의, 인종주의, 가부장제, 자본주의, 중화주의 등 모든 중심주의를 문화적으로 관철시키는 기제라고 할 수 있다. 이 점에서 강정인은 서구중심주의를 피억압자에 대한 지배 문화의 동화 정치, 즉 "문화제국주의의 근대 서구적 발현 형태"[9]라고 규정한다.

오늘날 자본주의와 과학기술 문명을 조형해낸 근대의 기계론적 세계관은 서구중심주의와 밀접한 관련을 맺고 있다. 그리고 실제로 근현대 서구중심주의와 서구제국주의는 '근대성'이라는 토양 위에서 번성을 누려온 게 사실이다. 여기서 이른바 근대성이란 서구 문명의 이면에 존재하는 데카르트René Descartes의 이원론적 형이상학에 근거한, 즉 인간을 자연과 분리시켜 이항적 대립과 갈등을 조장하는 '이원적 자연관'과 '인간중심주의'를 지칭한다. 이러한 이분법적 형식은 인간으로 표상되는 '서구 문명'이 지배와 약탈의 대상, 곧 자연으로 표상되는 '여타 문명'에 대해 갖는 관점과 태도를 그대로 반영해 적용시킨 것이다. 오리엔탈리즘의 지배적 신화인 서양과 동양의 이원성 구조 역시 이 규범 속에서 발원한 것이다. 에드워드 사이드 Edward W. Said가 오리엔탈리즘을 통해 서구가 주장하는 동양과 서양 사이에 본질적인 차이가 존속한다는 존재론적·인식론적 흑백 논리를 밝히고자 한 이유도 여기에 있다.

그러나 근대 서구제국주의가 종식됨으로써 이방 세계의 타자에 대한 지배 담론도 차츰 희석되어가고 있다. 더욱이 최근 포스트모더니즘의 거침없는 비판에 의한 근대적 이성의 보편성 붕괴는 박이문의 지적대로 "그러한 이성에 기초한 근대적 문명과 문화의 모델, 즉 세계관을 근본적으로 재검토하고 평가할 것을 요구한다. 게다가 한 걸음 더 나아가 단 하나의 보편적 세계관 대신에 서로 상반된 특수성을 인정하는 다양한 세계관의 공존을 주장한다".[10] 이러한 새로운 문명관을 여기서는 '생태문명'으로 명명하고자 한다. 이렇듯 이 글에서는 비교적 최근에 전개되고 있는 세계 여러 학자들의 서구 중심적 '인식 경계'에 대한 저항 담론을 국내에 소개된 저작과 이론 들을 중심으로 검토하고자 한다. 그럼으로써 문명생태주의 차원에서 동서 반문명강권주의 이론을 융·통합하여 최종적으로 문명 간 소통과 공존이 가능한 문명 대안 담론, 곧 '생태학적 문명학' 정립을 위한 전체적 방향을 설정해보고자 한다.

사이드와 그 지적 유산

사이드의 타자론

20세기 후반 탈냉전 시대와 함께 찾아온 '지구촌 시대'는 문명 간의 상호 대화와 이질 문명을 이해하고자 하는 여러 논의들을 촉발시켰다. 이것은 선행적으로 근대 이후 세계를 석권해온 패권적인 '서구 문명중심주의'를 극복하지 않고서는 불가능한 일이다. 어떤 면에서 근대 유럽 계몽주의는 서구중심주의로 볼 때 좀 더 자기 의식적이고 문명적 우월성의 신화를 유지하기 위해 문화적 '타자the Other'에 의존해왔다. 여기서 타자란 동일자의 반대 개념으로서 자신들과 다른 속성을 지닌 부류, 계층, 종교, 민족, 인종 등을 총칭하는 말이다. 어쨌든 이 타자 관념에 입각한 19세기 서구제국주의자의 오리엔트 신화들은 서구 문화적 가치와 실천에 대한 반대물인 동양이라는 상상적 지리 속의 의도적 담론 구성물에 의한 것이다. 그로 인해 피억압자인 동양은 스스로 존재할 수 없었고 단지 서구인들이 정의한 형태로만 존재할 수 있었다.

팔레스타인 출신의 미국 지식인 사이드의 이론은 이러한 사실들을 여실하게 보여준다. 그는 서구 문단과 학계에서 서구의 지배 이데올로기에 대항하는 강력하고도 새로운 비판 이론을 펼치면서 제3세계 문학과 문화를 대변함으로써 다른 어떤 마르크스주의 비평가의 이론보다 더 강도 높게 자본주의와 제국주의의 병폐를 비판했다는 평가를 받고 있다.[11] 그 대표적인 사상 체계가 바로 동양에 대한 서구인들의 편견을 고발한 '오리엔탈리즘' 이론이다. 사이드는 한 국가 내에서 권력이 작동하는 방식을 동양과 서양 사이의 권력 작동 방식에 적용하는 한편, 이와 결부된 서구의 동양 재현 행위를 지적 폭력 내지는 학살이라고 비판한다.[12] 사이드의 이러한 지적 노력은 서구의 근대적 경험을 특권화하는 문명이분법을 타파하는 데 강력한 사상적 무기가 되었다. 정수일이 지적한 대로 사이드의 타자론이 대두되면서 "문명 간의 관계 속에서 문명을 이해하고 정의하려는 현대적 문명 담론이 활성화되고 있으며 문명 인식이 점차 균형을 잡아가고 있

다".[13]

사이드는 1978년 출간한 《오리엔탈리즘Orientalism》에서 수많은 서구의 문학 작품과 문헌 들을 분석함으로써 서구인들의 동양에 대한 허상이 어떻게 하나의 지식 체계로 탈바꿈했는지를 생생하게 그려낸다. 그의 저작은 오리엔탈리즘, 담론분석, 저항정치, 탈식민주의 등에 관한 최근의 논쟁들에 기여했다. 그로 인해 서구 문명의 보편화와 서구인들이 규정하는 절대 가치들 역시 상대적일 수밖에 없다는 인식이 확산되어 이제 고압적인 '서구문명중심주의' 는 더욱 설득력을 잃어가고 있다. 그리고 무엇보다도 이 '오리엔탈리즘' 이론의 독특한 가치는 "동양에 관하여 진실을 말하는 담론의 측면보다도 동양을 지배하는 유럽적·대서양적인 권력의 표지라는 측면에서 더욱 분명하게 나타난다".[14] 사이드가 말하는 '오리엔탈리즘' 은 동양 문화 본의상의 개념이 아니다. 그것은 서양이 동양의 실체를 날조한 서양의 지배 담론, 즉 부정확한 정보와 왜곡된 편견이 투사된 서구인의 허상이자 조직적인 규율·훈련의 '지배하는 지식' 이다.[15]

사이드는 내면화된 오리엔탈리즘의 본질을 밝히는 데 미셸 푸코 Michel Foucault[16]의 '담론discourse' 분석, 즉 광기와 비정상을 차별하고 다스리기 위해 지식과 권력이 담합하여 어떤 형태로 '담론 행위' 를 만들어내는지에 대한 푸코의 성찰을 원용했다. 다시 말해서 푸코의 '담론 행위' 이론을 자신의 오리엔탈리즘 체계에 대입시켜 동양에 대한 서양의 편견이 어떻게 하나의 공인된 학문 체계나 진리로 고착되었는지를 추적했다. 푸코는 유럽 사회에서 정신병이 타자화되는 과정을 분석하여 그것은 정상인과 합리적 자아를 정의하기위해 미친 사람을 가두거나 침묵하게 만들면서 탄생했다고 주장한다. 사이드는 이 논리를 채용하여 서양을 중심에 두고 그 합리성을 정의하기 위해 동양의 비합리성을 타자로 만드는 이분화 과정이 동양을 정복하고 지배한 근대 서양의 제국주의적 전략과 깊이 연관되어 있음을 간파했다. 서구 문명이 은폐된 자기이기도 한 '동양'을 소외시킴으로써 자신의 정체성을 확인하고 동양에 대한 권력을 행사하고자 했다는 것이다.

여기서 열등한 동양이 서양의 우월한 정체성을 완성하고 그로 인해 지배를 정당화해준다는 이 이분화적 사유에 대한 사이드의 비판은 바로 푸코의 극한적 사유에서 착상된 것이다. 사이드가 채용한 푸코의 사유란 타자의 사유이며 동일자의 바깥에서 사유하는 바깥의 사유인 것이다. 그리고 이것은 동일자와 타자가 갈라지는 경계선상에서 성립하는 극한의 사유라고도 할 수 있다. 푸코는 자신의 고고학과 계보학을 통해서 타자를 다루는 지식이 가능케 하는 조건들을 메타과학적으로 검토함으로써 그 밑바탕에 작동하는 존재론적 분절과 배제의 역학을 드러내고자 했다.[17] 이로 볼 때 푸코가 생각하는 '담론'이란 바로 "지배계급이 피지배계급에 특정한 지식과 규율을 강요함으로써 진리의 장을 구성하는 언술체계"[18]임을 알 수 있다. 이와 같이 지배 담론의 형성 규칙이 자신의 타자를 구성하는 배제의 메커니즘으로 이해되는 푸코의 담론 개념은 사이드의 '오리엔탈리즘' 발상에 이론적인 틀을 제공함으로써 절대적인 영향을 미쳤던 것이다.

이런 점에서 사이드는 "나는 미셸 푸코의 《지식의 고고학*The Archaeology of Knowledge*》과 《감시와 처벌*Discipline and Punish*》 속에서 설명된 '담론'이라는 개념을 원용하는 것이 오리엔탈리즘의 본질을 밝히는 데에 유효하다고 생각한다. 곧 담론으로서 오리엔탈리즘을 검토하지 않는 한, 계몽주의 시대 이후의 유럽 문화가 정치적·사회적·군사적·이데올로기적·과학적으로 또 상상력으로써 동양을 관리하거나 심지어 동양을 생산하기도 한 경우의 그 거대한 조직적 규율·훈련이라고 하는 점을 이해할 수 없다"[19]라고 말한다. 이처럼 사이드는 푸코의 사상을 계승하여 이성이 광기를 자신의 외부로 날조하여 성립하는 것처럼 서구 사회는 심상지리를 매개로 삼아 '내부'의 동일자와 존재론적 분절 속에 있는 이질적인 타자로서의 죄수, 광인, 환자, 여성, 빈민과 정체성을 공유하는 '외부'의 동양에 대해 방대한 표상을 증식해냈다고 주장한다. 서구는 이를 바탕으로 자신의 정체성과 힘을 획득하여 동양을 지배·관리하고자 했다는 것이다.

사실 사이드가 푸코의 담론 개념을 통해 해명하고자 한 것은 서구의 문화적 헤게모니에 의한 지배였다. 그의 타자론은 제국 중심적인 문화의 표상과 주변적이고 탈중심적인 문화의 표상 사이의 관계를 묻는 것이다. 사이드의 입장에서 문화란 우리가 그 어떤 것에 귀속되고 소유하고 있는 것을 표상한다. 또 그런 문화는 점유 과정과 함께 어떤 경계를 가리키며 이 경계에 의해 문화의 내재적인 것과 외재적인 것을 나누는 관념이 작동한다. 문화의 힘은 이 관념에 의해 그 영역의 내부와 외부로 강력한 차별화를 추진해가는 동인이 된다. 여기서 사회에 대한 문화 종주권과 국가라고 하는 사이비 신학적인 외적 질서의 공범 관계가 구축되고 조국과 귀속감, 공동체와 묶여 있는 의미의 모체가 생긴다. 그런데 이 외부에 문화와 국가에 대립하는 문화의 공민권을 갖지 못한 것들이 존재한다. '타자'란 바로 그러한 문화에 의해 표상될 수 없는 것에 부여된 속성을 의미한다.[20]

이 타자론과 연결된 사이드의 문화관은 1993년에 출간된 《문화와 제국주의*Culture and imperialism*》에서 더욱 구체화된다. 사이드는 문화가 어떤 순정하고 지고한 존재로서가 아닌 정치적·사회적 이념들의 혼합체이자 유럽의 제국주의 문화일 수 있음을 갈파한다. 이를 근거로 그는 서구 세계의 문화적 제국주의에 대항하는 자신의 탈식민주의 이론을 설득력 있게 전개한다. 예컨대 제국 형성의 정당화가 어떻게 제국주의 시대에 필연적으로 서구의 문화적 상상력 속에 내재하며 그러한 제국주의의 유산이 어떻게 오늘날까지도 정치적·이념적·사회적 측면 모두에서 과거 식민지인들과 서구와의 관계에 영향을 끼치는가를 보여주고 있다.

무엇보다 사이드는 단순한 반제국주의 담론을 넘어 과거의 제국과 식민지, 동양과 서양의 화해를 주창한다. 그런 의미에서 두 영역의 '공동의 경험'과 '겹치는 영토'를 중요시한다. 반면 냉전 시대 이후에 등장한 제3세계의 국수주의와 복고주의는 신랄하게 비판한다. 그가 보기에 "모든 문화는 혼혈이며 다양하고 놀랄 만큼 변별적이며 다층적이다".[21] 이런 생각은 통합과 공존을 위한 '다문화주의multiculturalism'를 옹호케 하여 지배 문화는 유연함과 관대함, 즉 '열린 태도'를 견지해야 한다는 문화적 신념으로 이어진다. "만일 주요 그룹의 낡고 관습적인 관념이 이 새로운 그룹을 허용할 만큼 유연하고 관대하지 못하다면 그런 관념들은 변해야만 된다"[22]는 것이다. 궁극적으로 사이드는 세계의 조화로운 공존을 위해 모든 문화는 상호 의존적이며 필연적으로 서로에게 빚지고 있다는 사실을 인문학적·역사적 차원에서 이해시키고자 했다.

포스트오리엔탈리즘

이처럼 사이드가 제기한 근대 문화에서 '타자성'의 문제는 서구중심주의에 대한 근원적 비판이자 식민주의와 제국주의 담론에 대한 총체적 비판을 포괄한다. 이러한 시도는 최근 폭넓은 문맥 속에서 핵분열되어 타문화와 타문명을 이해하고자 하는 다양한 탈중심적인 현대 문명 담론의 생산을 촉진시키고 있다. 즉 사이드의 지적 유산은 내포와 외연에서 발전을 거듭하여 현대 문명을 비판하는 활성화된 보편적 개념으로서 광범위하게 적용되고 있다. 더욱이 21세기 현재 과거의 서구문명중심주의의 숙주 조건이 변화된 상황에서 그 극복과 대안 논의 역시 고유한 지배양식과 지배 담론으로서의 사이드식 오리엔탈리즘조차도 초극하고 있다. 여기서는 '포스트post'가 '~를 넘어서는go beyond' 극복과 청산이라는 의미를 갖는다는 점에서 최근의 오리엔탈리즘과 관련된 일련의 논의들을 '포스트오리엔탈리즘Post-Orientalism'으로 총칭하고자 한다. 이제 사이드의 타자론에 대한 이해를 바탕으로 그와 연결된 국내외 여러 학자들의 문명 담론을 검토해보고자 한다.

클라크J. J. Clarke는 사이드가 말한 동서양의 권력과 지배라는 표면적인 관계만으로는 온전히 설명할 수 없는, 더 풍부하고 긍정적인 오리엔탈리즘의 복원을 목표로 했다. 그는 식민지적 권력과 결합된 요소들의 중요성을 받아들이는 한편, 동양의 관념들이—비록 타자로서 인지되었지만—정치적·도덕적 혹은 종교적 영역에서 서구의 자기비판과 자기갱신을 위한 대리인으로 사용되었다는 사실에 주목했다. 동양의 타자성은 배타적인 상호적 반감에서 나온 것이 아니고 유럽의 우월성을 확고히 하는 수단도 아니다. 그것은 서로 참조하며 유사성과 유비성 그리고 풍부한 모델들을 발견하는 생산적이고 해석학적인 관계들의 토대가 되는 개념적 구조틀을 제공한다.[23]

이와 같이 클라크는 문화적 다원주의가 고취한, 즉 다른 문화를 공유하려는 열망에 공감하는 오리엔탈리즘의 모습을 찾고자 했다. 나아가 같은 맥락에서 동서양 세계주의 시각의 문명관을 다음과 같이 피력하고 있다. "미래의 역사가들에게 동서양 관념들의 특수한 조우는 더 이상 유럽적인 사업이 아닐 것이고 제국주의적인 사업은 더욱 아닐 것이다. 심지어 그것은 진실로 '전 지구적인 해석학'을 건설하는 데 공헌하는 것으로 보일 수도 있을 것이다."[24]

정진농은 '혼성적 오리엔탈리즘'을 '세속적 오리엔탈리즘―사이드식 오리엔탈리즘', '구도적 오리엔탈리즘'과 구분하여 설명하고 있다. 이를테면 "혼성적 오리엔탈리즘은 서양이 동양을 구성하고 지배하는 데 오리엔탈리즘을 이용했다고 보는 시각, 즉 서구제국주의의 거대 담론으로 보았던 사이드의 오리엔탈리즘에서 더 나아가 서양과 동양을 보다 상호적인 관점에서 보고 오리엔탈리즘을 더욱 창의적이고 보다 열린 관점에서 보는 견해이다."[25]

또한 동서 간 문화 연구에 새로운 이론적 모형을 제시했다는 점에서 샤오메이 천Xiaomei Chen의 저서 《옥시덴탈리즘Occidentalism》이 주목된다. 사이드의 '오리엔탈리즘'이 좀 더 공격적 이데올로기로서의 타자화라고 한다면 샤오메이 천의 '옥시덴탈리즘'은 수비적 태세의 저항적 타자화로 평가된다.[26] 샤오메이 천은 동서 문화의 만남이라는 주제와 관련하여 마오쩌둥毛澤東 이후 중국 지식인들이 정치적 해방을 위해 서양을 날조·조작하고 이용해온 생생한 현대 중국의 문화 현상들을 분석해냈다. 서양이 제국주의 지배 전략의 일환으로 동양을 날조했듯이 동양 역시 서양을 다양한 방식으로 오해하고 오독해왔다. 서양이 제국주의적 목적을 위해 동양을 타자화했다면 동양도 자신의 정치적 목적에 부합되게 서양을 타자로 설정하고 있다는 것이다.

샤오메이 천은 이처럼 역설적이고 혁신적인 옥시덴탈리즘 이론을 제시하여 수동적 타자로서의 동양이 아닌 능동적 주체로서의 동양을 복원, 사이드가 오리엔탈리즘에서 행한 논의의 상대적 일면성을 수정하고 동서 쌍방향적 문화 관계를 다양한 관점에서 이해하고자 했다. 뿐더러 동서 문화 교류에서 개념과 실재 사이에 존재하는 간극을 탈피하기 위해 문화적 원형인 서양과 그 문화 수용 과정을 문화제국주의와 문화적 식민지화라는 고착된 인식틀에서 벗어나 수용자 동양의 능동적인 주체성을 부각시키는 관점에서 해석한다. 그럼으로써 동서를 고정된 두 개념이 아닌 살아서 생동하는 두 세계, 특히 능동적인 동양의 실재를 드러내 보이고자 했다.

이옥순은 《우리 안의 오리엔탈리즘》이라는 글에서 사이드의 오리엔탈리즘에 근거하여 영국이 인도를 지배한 시대에 영국이 창조한 인도의 부정적 이미지를 분석하고 그것이 오늘날 우리나라에서 어떻게 복제·재생산되는지를 논증한다. 한편으로 오리엔탈리즘을 '박제'와 '복제'로 나누어 설명한 것은 사이드 이론을 한층 진일보시킨 것으로 평가된다. '박제 오리엔탈리즘'이란 영국이 인도를 보는 관점으로서 상대적인 자신들의 우월성을 나타내기 위해 인도를 수동적이고 폐쇄적이고 미개하게 보는 태도를 말한다. 이옥순은 여기서 그치지 않고 19세기 제국주의자 영국에게 감염된 우리의 인도 보기를 '복제 오리엔탈리즘'이라고 명명한다. 이것은 동양인 우리가 "서양이 구성한 인도, 인도에 대한 영국의 식민 담론을 비판 없이 차용하고 복제하여 우리보다 발전하지 못한 인도를 우리의 동양과 타자로 바라보면서 한때 막강한 힘을 가졌던 대영 제국의 공범이 되어 심리적 보상을 얻는 것"[27]을 의미한다.

　이러한 관념은 우리가 일제 식민 시대를 겪으면서 동양과 같다는 것에 대한 부정적 인식으로 인해 영국이 인도를 부정적으로 인식하여 긍정적인 자기 정체성을 강화했듯이 우리도 인도를 열등한 동양으로 타자화하면서 우리 자신을 발전한 서양과 동일시하는 과정에서 생겨난 것이다. 이렇게 볼 때 "우리의 복제 오리엔탈리즘은 인도에 투사된 우리의 얼굴이자 우리 의식의 자화상"[28]이라고 할 수 있다. 이 복제 또는 동양화는 우리의 근대화에 수반하여 소개된 문학, 교과서, 학술 도서, 미디어, 영화 등이 가져온 문화적 효과를 통해 전파되었다. 그리고 이것은 이렇게 당연시되고 박제된 인도의 이미지와 지식을 적극 활용하면서 고착화되었다. 이옥순은 우리가 보는 인도란 이중의 오리엔탈리즘, 곧 '서양이 구성한 동양'이 아닌 '동양이 구성한 동양'이라는 중층적 구조를 갖고 있다고 지적했다.[29]

　끝으로 사이드의 지적 후예로 자처하는 박홍규 역시 이옥순과 동일한 논법으로 다듬어진 사이드의 이론을 통해 근대 일본의 동양관과 조선관을 비판한다. 그는 일본의 아시아 침략은 기본적으로 일본이 아시아 국가 중에서 가장 빨리 근대화하면서 그 근대화의 본질적 요소인 제국주의를 서양에서 배웠기 때문이라고 전제한다. 이에 관한 규명은 일본 현대학문의 기초를 다진 후쿠자와 유키치福澤諭吉의 한국에 대한 중층적 오리엔탈리즘 행태 비판에서부터 시작한다. 박홍규의 주장대로라면 후쿠자와는 '문명=유럽=진보'를 '미개=아시아=정체'와 대비하면서도 일본은 동양의 예외로 간주하여 문명한 서양과 동일시하는 그야말로 복제 오리엔탈리즘의 전형적인 인물이다. 특히 조선을 극단적으로 폄하하는 비역사적인 용어를 구사해 대비시킴과 동시에 서양이 동양에 대해 그랬듯이 조선을 관능적인 대상으로 묘사하여 일본의 방탕한 무리들을 보내는 장소 내지는 도덕적인 본토에서는 불가능한 성적 체험의 유발지로 묘사했다고 고발한다.[30]

계속해서 박홍규는 후쿠다 도쿠조福田德川의 경우 이미 1902년에 서구와 일본의 경제 발전을 정통으로 보고 한국을 그 이단적 계열인 특수 중의 특수로 검토한 바 있으며, 일본 국제정치학의 아버지 니토베 이나조新渡戸稲造는 식민은 문명의 전파라는 신념을 견지했고, 반전 반군국주의자였던 야나이하라 다다오矢內原忠雄까지도 식민의 문명화 작용을 확신했다고 폭로한다. 나아가 박홍규는 일본 전후 학계의 3천재로 불리는 정치학의 무라야마 마사오丸山眞男, 경제학의 오츠카 하사오大塚久雄, 법학의 가와시마 타케요시川島武宜를 거론하면서 이들이 표방한 근대화론은 대부분 유럽 문명관의 변종에 지나지 않는다고 주장한다. 그 중에서도 오츠카 경제사학은 베버를 토대로 삼아 근대적 생산력으로서의 근대 사회를 담당한 근대적 인간을 추구했는데, 오츠카는 그 반대의 경우로 아시아적 인간형, 곧 동양인을 지목하면서 아시아의 특징을 동양적 전제주의와 정체 사회로 단정했다고 엄정하게 성토했다.[31]

반서구중심주의와 문명대안론

반서구중심주의 담론

'서구중심주의'는 콜럼버스가 신대륙을 발견한 1492년부터 본격적으로 전개되어 18~19세기에 절정을 이룬다. 유럽 문명의 신대륙 발견은 비유럽 문명에 대한 정치적·경제적 우월성을 확보할 수 있는 결정적인 계기가 되었다. 서구중심주의는 정치적·경제적으로 유럽의 자본주의적 산업화, 자유주의 혁명, 문화적으로 르네상스, 종교개혁, 계몽주의 등에 수반하여 생성되었다. 이 과정에서 서구중심주의는 2차 세계대전 이전까지 제국주의, 식민주의, 인종주의, 기독교, 문명, 진보 등과 복합적으로 얽히면서 상호 의존적으로 전개되었다.[32] 곧 그것은 서구의 식민주의, 제국주의, 인종주의 담론의 기본 전제이자 정당화의 기제로 작용했던 것이다. 서구중심주의가 제국주의 시대에는 문명화로 치장되었다면 그 종말을 고한 2차 세계대전 이후에는 서구 문명의 수호자로 새롭게 부상한 미국이 근대화, 세계화의 명제를 통해서 서구중심주의를 주도해왔다.

이에 강정인은 서구중심주의 개념을 분석하여 그 구성 명제를 다음 세 가지로 압축한다. 첫째, '서구우월주의'로서 근대 서구 문명—지리적으로 서유럽을 중심으로 출현했지만 그 문화를 이식한 미국, 캐나다 등도 당연히 포함된다—은 인류 역사의 발전 단계 중 최고의 단계에 도달해 있다. 둘째, 서구보편주의·역사주의로서 서구 문명의 역사 발전 경로는 서양뿐만 아니라 동양을 포함한 전 인류사에 보편적으로 타당하다. 셋째, 문명화·근대화·지구화로서 역사 발전의 저급한 단계에 머물러 있는 비서구 사회는 문명화(식민지 제국주의 시

대) 또는 근대화(탈식민지 시대)를 통해 오직 서구 문명을 모방·수용함으로써만 발전할 수 있다.[33]

이렇게 전개된 문화제국주의적 서구중심주의에 강력히 제동을 걸고 나선 대표적인 인물이 바로 앞에서 살펴본 비판가이자 실천가이며 행동하는 지식인 사이드다. 그의 '타자론'의 세찬 격랑은 현대 서양인은 물론 의식의 식민화된 동양인에게서조차도 가치와 실천 상 광범위하게 관념화·내면화된 서구문명중심주의의 높은 아성을 휩쓸고 지나갔다. 다만 사이드의 이론은 지식의 본질에 관계된 것이고 이슬람 지역을 대상으로 하기 때문에 파괴력 면에서는 한계를 보인다. 그럼에도 불구하고 사이드가 남긴 지적 유산은 여러 분야에 침투되어 확대·발전되고 있다. 더군다나 사이드가 서구 지식인들의 관점과 그 지식의 본질에 관계된 것만을 해부해 고발한 데 반해 최근의 담론들은 여기에만 국한하지 않고 정치, 경제, 과학, 지리 등 다양한 분과를 망라한다.

이처럼 동서의 반서구중심주의가 비록 분야와 방법은 상이하다고 하더라도 문명중심주의적 이데올로기 타파와 인류 문명의 평등적 공존 모색이라는 차원에서는 공동의 목표를 갖는다. 서구중심주의가 서구의 특수한 경험만을 강조하고 비서구의 풍부한 다양성을 무시하고 억압하는 문명강권주의라는 점에서 더욱 그렇다. 현재는 포스트모더니즘 등의 공격으로 많이 퇴색되기는 했지만 여전히 우리의 삶 곳곳에서 익숙하지만 위압적인 이데올로기로 작용하고 있다. 그것은 대체로 근대 문명의 표준을 만들어낸 유혹적인 위업 때문일 것이다. 이제 현대 문명 담론 차원에서 반서구중심주의에 합류하는 이론들을 국내에 소개된 대표적인 저작들을 중심으로 검토해보도록 하겠다.

먼저 안드레 군더 프랑크Andre Gunder Frank의 이론을 보면 그가 《리오리엔트ReORIENT》에서 제시한 '동양'이란 이슬람 세계가 아닌 바로 '중국'을 가리킨다는 점에서 확실히 사이드를 능가하고 있다. 프랑크는 기존의 유럽중심주의적인 패러다임에 맞서는 전략으로 '인류 중심적인 글로벌한 패러다임'을 제시한다. 이를테면 서양의 발흥, 자본주의의 발전, 유럽의 패권, 대영제국·소련·미국 같은 강대국의 흥망, 로스앤젤레스의 제3세계화, 동아시아의 기적 등의 근세 경제사를 이해하고 설명할 수 있는 글로벌한 관점을 주장한다. 이러한 일련의 경제사적 현상들은 내재적 요인들의 구조와 상호 작용을 통해 또는 하나의 원인에 의해 발생한 것은 하나도 없으며 모두 단일한 세계경제체제 구조와 발전의 일부라는 것이다.[34]

프랑크는 유럽중심주의에 함몰된 세계의 시각을 궤도 수정해야 한다고 주장한다. 그가 보기에 유럽 중심적 사고는 반역사적이고 반과학적이다. "서양은 아시아 경제라고 하는 열차의 3등칸에 달랑 표 한 장을 끊어 올라탔다가 얼마 뒤 객차를 통째로 빌리더니 19세기에 들어서는 아시아인을 열차에서 몰아내고 주인 행세를 하는 데 성공했다."[35] 이처럼 서양은 아시아를 중심으로 돌아가던 세계에서 반짝 부상했을 뿐이고 이제 세계는 다시 아시아 중심으로 복귀하고 있다는 것이다. 그는 1400년 이후에 시작된 서양의 발흥을 세계 경제와 인구 성장이라는 거시적인 틀 안에서 분석하고 그것이 1800년을 전후하여 본격화된 동양의 쇠락과 어떻게 맞물려 있는지를 전체론적으로 규명한다. 유럽 국가들은 아메리카 식민지에서 들여온 은을 가지고, 결코 유럽만의 전유물은 아니었던 경쟁력 있는 기술과 제도를 바탕으로 세계 경제를 주도하고 있던 아시아 시장에 편승할 수 있었다.

동양이 세계 경제 사이클의 하강 국면에 접어들었을 때 서양 각국은 수입 대체 산업을 육성하면서 수출 진흥에 주력하여 신흥공업경제지역으로 발돋움했다고 프랑크는 주장한다.

프랑크의 '리오리엔트'는 오리엔트가 머지않아 세계 경제의 헤게모니를 다시 장악한다는 것인데 여기서 '리Re'란 19세기 초반까지도 오리엔트가 세계 경제의 주역이었음을 보여준다. 유럽은 아시아라는 거인의 어깨에 올라탔을 뿐이고 유럽의 패권은 일시적 현상이다. 유럽의 세계 지배는 1800년 이후 지금까지 길어야 200년 남짓 이어진 한때의 현상에 불과하다. 그때까지 세계경제의 중심은 결코 유럽이 아닌 인도를 비롯한 아시아, 특히 '중국'이었다. 프랑크는 현재 대략 200년 주기의 경제 침체기가 끝나면서 중국이 다시 세계 경제의 중심으로 부상하고 있다고 주장한다. 그렇다고 해서 그에게서 '리오리엔트'란 유럽중심주의가 아시아중심주의 내지는 중국중심주의로 대체됨을 의미하지는 않는다. 그것은 단지 진정한 문명 공존의 실현을 위해서 동양과 서양이 차지하고 있는 시공간상의 위치와 관련하여 새로운 방향을 설정해보고자 의도한 '방향 전환'일 따름이다. 그가 염원하는 것은 패권을 가진 중심이 주도하는 일방적 질서가 아니라 여러 지역이 평등하게 교류하면서 공존하는 '다양성 속의 통일성'이라는 인류 보편의 이상인 것이다.[36]

이러한 프랑크의 주장은 강정인의 '지구주의—다중심적 다문화주의'와 상통한 면이 있다. 강정인은 서구중심주의 극복 전략을 논하면서 문화와 문명에 관련한 '혼융적 담론'과 그 문화적 조건인 '다중심적 다문화주의'를 제시한다. 그는 동화적·역전적·혼융적·해체적 담론을 거론하면서 전반적으로는 '혼융적 전략'을 추천한다. 그가 말하는 '혼융적 전략'이란 서구 문명과 비서구 문명이 한데 섞이거나 융화함으로써 양자 간 존재하는 차이가 부분적으로 존속하고 해소되는 계기를 마련한다는 것이다. 강정인은 이와 더불어 서구중심주의의 극복이 가능한 객관적 조건인 '지구주의'와 '지구적 의식'의 출현을 전망했다. 특히 국가 간, 문명 간의 교차 문화적 또는 교차 문명적 대화를 좀 더 평등한 차원에서 전개하는, 곧 '혼융적 담론'을 가능케 하는 문화적 조건으로 '다중심적 다문화주의'의 필요성을 강조한다.[37]

한편 존 홉슨John M. Hobson은 서양의 발흥에 대한 서술에서 자민족 중심주의 시각에 반기를 들고 서구 문명의 동양적 기원, 즉 '동양적 서양의 발흥'을 주창한다. 다시 말해 동양이 현대 서양 문명의 발흥을 가능하게 한 중추적인 역할을 했다는 것이다. 홉슨은 서구중심주의에 대항하는 강력한 논객으로 아시아, 특히 동아시아가 현대의 자본주의로 이어지는 서양의 발흥에 토대가 되었다고 주장하며 이것을 가능하게 만들었던 여러 과정들을 밝혀주고 있다. 그에 따르면 동양은 500년 이후 독자적이며 실질적인 경제 개발을 적극 선도함은 물론 세계 경제를 적극적으로 창조하고 유지했다. 더군다나 기술, 제도, 사상 등 수많은 진보 자원을 개발해 서양으로 전파함으로써 서양의 발흥에 적극적으로 기여했다. 지금껏 동양이 세계사에서 배제된 이유는 이 같은 중요한 문제가 은폐되고 간과되었기 때문이다. 따라서 홉슨은 동양에서 경제력 발원의 역사와 서양의 발흥에 있어서 동양의 중요한 역할들을 부활시켜야 한다고 역설한다.

이처럼 홉슨은 동양적 서양의 발흥에 동양이 기여했다는 다양한 증거들을 추적함으로써 자발적이거나 잠재적인 서양의 개념을 '동양적 서양'이라는 개념으로 바꾸자고 제안한다. 그것은 동양이 전파와 동화 그리고 도용이라는 2가지 주요한 과정을 통해 서양의 발흥에 깊은 영향을 미쳤다고 보기 때문이다. 그에 따르면 "첫째, 동양인은 500년 이후 세계 경제와 세계적 통신망을 구축했다. 이에 따라 더 발전한 동양의 자원 목록이 서양으로 전파되었고, 특히 유럽은 내가 말하는 동양적 세계화 과정을 통해 순차적으로 동화되었다. 둘째, 1492년 이후 유럽인은 제국주의를 무기로 서양의 발흥을 가져온 동양의 모든 경제적 자원을 도용했다. 서양은 동양의 도움 없이 자발적으로 발전하지 못했다"[38]고 했다. 그가 제시한 상호 관련성을 지니는 이 두 견해, 곧 동양의 세계화를 통한 매개적인 역할과 진보한 동양적 자원의 전파, 그리고 유럽의 매개적인 역할·정체성과 동양 자원들에 대한 도용이라는 불가분의 주장은 동양적 서양의 발흥에 대한 잃어버린 이야기를 되찾아준다.

안드레 군더 프랑크와 존 홉슨이 주로 경제사적 관점에서 서구중심주의에 저항했다면 다음으로 소개할 데이비드 루이스David Levering Lewis, 리처드 루빈스타인Richard E. Rubenstein 그리고 주쳰즈朱謙之는 인문학 영역인 역사학과 철학의 관점에서 지금까지 서구우월주의자들이 조장한 역사 상식과 고정 관념을 뒤엎는 놀라운 이야기들을 들려준다.

미국의 비교역사학자 데이비드 루이스는 자신이 집필한 《신의 용광로God's Crucible》에서 서구의 기독교적 관점으로 서술된 기존의 유럽 중세사에 이의를 제기한다. 그는 8세기 초 아랍인들은 권력, 종교, 문화, 재화의 놀라운 혁명을 이루어 그것을 암흑 시대의 유럽에 가져왔다고 주장한다. 바로 유럽의 탄생은 당시 무슬림이 정복한 스페인 지역인 알-안달루스에서 공존했던 선진적인 이슬람 문명의 거대한 용광로에서 주조되었다는 것이다. 책의 부제인 '유럽을 만든 이슬람 문명 570~1215' 라는 문구는 그의 이러한 논점을 극명하게 보여준다. 이 대담한 논제는 유럽이 타 문명권의 협력과 무관하게 독자적으로 발전해왔다는 믿음을 균열시키기에 충분하다. 특히 이 저서의 압권은 732년 가을 프랑크 왕국의 궁재 카를 마르텔Karl Martell의 기독교 군대와 코르도바의 총독 아브드 알-라흐만Abd ar-Rahmân의 무슬림 군대 간에 벌어진 문명사적 의미의 '푸아티에 전투' 에 대한 해석일 것이다.

종래의 유럽사는 카를 마르텔이 프랑스의 중부 평원 푸아티에에서 승리함으로써 피레네 산맥을 넘어 동진해오던 야만적인 이슬람 문명의 세력 확장을 막은 것으로 평가한다. 다시 말해 카를 마르텔의 탁월한 활약이 이슬람의 야욕으로부터 유럽의 기독교 문명을 구해냈다는 것이다. 이 문명사적 전투와 관련하여 역사학자 에드워드 기번 Edward Gibbon은 《로마제국쇠망사The History of The Decline and Fall of The Roman Empire》에서 그 끔직한 운명에서 간신히 모면한 유럽을 되돌아보면서 만약 전투에서 패배했더라면 "어쩌면 옥스퍼드 대학에서는 지금 코란의 번역본을 가르칠 것이고 설교사들은 할례받은 사람들에게 마호메트의 신성함과 진리를 증명할 것이다"라는 말을 내뱉으며 몸을 떨었다.[39] 그러나 데이비드 루이스는 이와 정반대의 시각을 제시한다. 그는 유럽이 푸아티에 전투에서 승리함으로써 도리어 선진적인 이슬람 문명의 세례를 직접 받지 못했고 그로 인해 역설적으로 경제, 사회, 문화 측면에서 발전할 기회를 놓치고 말았다고 말한다.

가령 아브드 알-라흐만 군대가 우세하여 승리했더라면 로마 제국 이후의 서양은 아마도 국경에 방해를 받지 않는 세계 국가인 이슬람 제국으로 흡수되었을 것이다. 그 제국 내에서는 성직자 계급이 없고 신자들은 동등한 교리에 따라 활발한 신앙 활동을 할 뿐더러 모든 종교적 신앙은 존중을 받았을 것이다. 또한 천문학, 삼각법, 아라비아 숫자, 그리스 철학의 집대성 등이 자연스럽게 유럽에 소개되어 문화가 촉진되었을 것이다. 그럴 경우 유럽은 13세기에 가서야 겨우 달성했던 경제적·과학적·문화적 수준을 3세기나 앞당길 수 있었을 것이다. 물론 종교 전쟁도 일어나지 않았을 것이다. 이런 해석을 계속 밀고 나가면 푸아티에의 승전은 결과적으로 경제적으로 후퇴한, 분열된, 동포를 죽이는 퇴행적 유럽을 형성시킨 것으로 볼 수 있다. 즉 카를 이후의 중세 유럽은 종교 박해, 문화 배타주의, 세습 귀족 정치를 미덕으로 내세웠고 그 결과 르네상스 이전 300년에 가까운 황폐화된 역사의 역주행을 거듭한 것이다.[40]

실제로 아라비아 반도 변방에서 성장한 이슬람 세력은 711년 지브롤터에 침공하여 1085년 이슬람 군대가 톨레도에서 패퇴할 때까지 무려 400년이나 유럽의 서쪽 끝 알-안달루스에 정착했다. 데이비드 루이스의 주장에 따르면 종교적 관용을 표방한 무슬림 사회는 유대교와 기독교 인구를 관대하게 포용했고 그들의 문화를 융합하여 선진 문화를 만들어냈다. 그리하여 알-안달루스는 이슬람 문명의 거대한 용광로가 되었다. 중세 암흑 시대의 유럽은 알-안달루스에서 피레네 이동以東으로 대규모로 흘러들어오는 새로운 문명으로부터 자극을 받았다. 특히 1085년 무슬림 톨레도가 함락되고 나서 약 75년 동안 기독교, 무슬림, 유대교 사이의 '인디언 서머' 기간이 있었다.

당시의 사람들은 그것을 상생의 의미인 '콘비벤시아convivencia'라고 불렀다. 파리, 쾰른, 파도바, 로마 등의 도시에서 아리스토텔레스Aristoteles와 플라톤Platon, 유클리드Euclid와 갈렌Galen, 힌두 숫자, 아랍 천문학 등을 알게 된 것은 이 '톨레도 컨베이어벨트'를 통해서였다. 이런 이슬람 문명의 유럽 만들기는 13세기 초까지 계속되었다.

한편 이 기간은 리처드 루빈스타인의 저서 《아리스토텔레스의 아이들Aristotle's Children》의 역사 배경과도 겹친다. 그의 연구는 유럽 최초의 지식혁명의 전파자는 다름 아닌 비유럽 문명인 '이슬람 제국'이었다는 사실을 증명해준다. 즉 이슬람 세계가 로마 제국 이후 그리스의 고전 문화를 보존하고 계승하여 1천년 후 이슬람 세계에서 재발견되어 중세 유럽의 '기독교 문명'을 각성시켰다는 것이다. 논지컨대 "로마 제국이 몰락하고 유럽의 질서가 와해된 이후에 아리스토텔레스를 비롯한 많은 그리스 과학자들의 저술들은 페르시아로부터 스페인에 이르는 터키 제국을 지배했던 번창하고 계몽된 아랍 문명의 지적 소유물이 되었다".[41] 그런데 이 그리스 문헌의 아랍어 번역 판본들은 12세기 무슬림 스페인에서 일하던 기독교 성직자들에 의해 발견된다. 이렇게 발견된 그리스 문헌들은 다양한 문화적 배경을 지닌 학자들에 의해 라틴어로 번역되었고 새롭게 건립된 유럽의 대학교들에 전파되었다. 거기에는 물론 아랍 철학자들이 자신들의 견해를 첨가하여 해석하고 확장한 내용들도 함께 포함되어 있었다.

루빈스타인은 이 일련의 과정을 통해 중세 유럽의 교회와 대학은 대변혁을 겪었고 마침내 르네상스의 무대가 마련되었다고 주장한다. 특히 그는 기독교, 이슬람교, 유대교가 어떻게 협력하여 고대의 지혜를 재발견하고 어두운 유럽의 중세에 빛을 던졌을까하는 문제에 관심을 기울였다. 이런 태도는 루빈스타인이 기독교와 이슬람 문명 간의 갈등 문제를 해결하는 전문가라는 현재의 특수한 이력과도 무관하지 않을 것이다. 그는 당시의 역사적 풍경을 다음과 같이 우호적으로 채색한다. "12세기 스페인은 가히 학자들의 천국이었다고 말할수 있다. 우리 머릿속에 가장 먼저 떠오르는 광경은 시리아어, 아람어, 아랍어, 히브리어, 그리고 그리스어로 쓰인 수십 장의 필사본들이 펼쳐져 있는 넓은 탁자와 그것을 비추는 밝은 촛불이다. 그 탁자옆에서 그 문헌들을 꼼꼼히 살피고 요약하며 활발하게 담화를 나누는 사람들은 턱수염을 기른 유대인, 체발을 한 가톨릭 수사, 터번을두른 무슬림, 그리고 검은 머리카락을 지닌 그리스인이다."[42]

루빈스타인이 그리고 있는 이 우아한 문명사적 협력은 현재 기독교, 이슬람교, 유대교가 세계 분쟁 지역의 3대 종교 이데올로기라는점에서 우리의 심상에 더욱 깊게 각인된다. 아리스토텔레스라는 하나의 사상적 기원 속에 있는 이 3대 문명 사회, 그리고 그 협력의 스케치는 데이비드 루이스가 주창한 '글로벌 상호 협조의 정신'[43]과도맥이 통한다. 그의 저서가 2001년 '9·11 사태' 직전에 구상된 것임을 고려할 때 우리는 저자가 코르도바 대모스크 사원의 조명에 그토록 매달렸던 우언을 이해해야 한다. 그것은 옮긴이도 지적했다시피"현 세기에서 폭력적으로 진행되고 있는 문명 충돌에 대한 평화적인용광로의 해결을 기원하기 때문일 것이다".[44] 그런 까닭에 데이비드루이스가 대안으로 제시하는 알−안달루스 시절의 '종교적 관용'이나 '다문화의 수용', 그리고 루빈스타인이 아리스토텔레스의 아이들이라는 주제를 통해 암묵적으로 제안하는 '문명 간 이해와 타협의당위성'은 모두 공존의 가치를 일깨운다는 점에서 진지한 사색적 성찰이 필요하다.

한편 데이비드 루이스와 리처드 루빈스타인이 모두 유럽의 중세사를 배경으로 서구중심주의에 대항했다면 중국 철학자 주첸즈는 18세기 유럽의 계몽주의를 겨냥하여 그것이 중국의 영향이라는 도발적인 주장을 펼친다. 그런데 이 주장은 자신의 문화철학이 이론적 바탕이 되어 치밀한 구도 속에서 전개되고 있다. 이를 압축해보면 서양 문화는 본질적으로 '과학 문화' 유형에 속하며 19세기 이전까지 두 시기를 거친다. 첫 번째가 중세의 종교 문화이고 두 번째는 18세기의 철학 문화다. 그리고 19세기에 와서야 과학 문화 시대로 진입하게 된다. 주첸즈는 서양의 종교 문화, 철학 문화는 서양 문화 자체의 산물이 아니라고 말한다. 서양 문화사의 '종교 시대'에 해당하는 중세의 종교 문화는 사실 인도 종교 문화의 영향으로 이루어진 것이며 서양 문화사의 '철학 시대'에 해당하는 18세기 유럽의 계몽 운동은 중국 철학 문화의 영향을 받은 것이라고 했다. 근현대 중국이 서양 문화의 영향을 받아 과학 시대로 접어든 것처럼 중국 철학역시 18세기 서양에 영향을 미쳤으며 그 결과 서양의 철학 문화 시대가 열렸다는 것이다.

주첸즈는 이를 근거로 중국과 유럽의 문화적 접촉을 크게 세 시기로 구분하여 소개한다. 첫 시기는 물질적 접촉 시대로, 중국의 물질 문명이 7~8세기 아라비아인을 거쳐 유럽으로 전파되는 때부터 13세기 몽골의 유럽 정복까지다. 그 중에서도 중국의 4대 발명품이 유럽 문예부흥의 물질적 기초로 작용했다고 설명한다. 종이·인쇄술은 교육 개혁의 기초가 되었고 화약은 봉건 제도를 타파하는 민중 자위군 창립의 기초가 되었으며 나침반은 지리상 대발견의 기초가 되었다는 것이다. 두 번째는 미술적 접촉 시대로, 문예부흥이 한창이던 16세기 이후 자기·칠기·사직품·풍경화 등이 대량으로 유럽으로 건너가 로코코 운동에 영향을 미쳤을 뿐만 아니라 중국식 건축 양식이 유럽에 들어가 18세기 '중국 원림園林운동'으로 승화되었다고 했다. 세 번째는 철학적 접촉 시대로, 18세기의 예수회 선교사가 유럽에 소개한 공자의 학설理學과 1645년부터 1742년까지 100년에 걸쳐 이루어진 '전례 논쟁'은 유럽의 일반 지식 계층이 중국 사상 연구에 관심을 갖도록 만드는 하나의 계기가 되었다고 했다.

특히 주첸즈는 세 번째 시기에 주목한다. 그것이 18세기 유럽 계몽운동의 정신적 기초가 되었다고 보기 때문이다. 그는 18세기 유럽을 '철학 시대', 곧 '이성 시대'로 규정하고 중국의 영향이 그리스의 영향보다 훨씬 컸다고 단언한다. 그의 주장에 따르면 "18세기 유럽의 사상계는 이미 종교에 반대하고 철학을 주장하는 시대였으므로 비종교적인 중국 철학이 열렬하게 환영받고 제창된 것은 당연한 일이었다. 게다가 백 년에 걸친 전례 논쟁은 곧 중국 철학이 유럽으로 전해질 수 있었던 절호의 기회였다. 로마 교황에 의해 무신론적이고 유물론적인 것으로 간주된 '중국 철학'은 불행하게도 예수회 선교사를 매개로 유럽에 전해졌다. 그러나 이 이단적 학설이 유럽에 전해짐에 따라 유럽 사상계가 일대 자극을 받을 수 있었던 것은 실로 다행한 일이었다. 이것은 그야말로 유럽 사상계에 있어서 '반기독교', '반신학', '반종교'의 이론적 기초가 되어 마침내 유럽의 철학 시대를 형성하기에 이른 것이다".[45]

생태학적 문명대안론

앞 절에서 선행적으로 서구문명중심주의 극복과 그 대안 담론들을 고찰해보았다. 그렇다고 해서 자신의 문명에 대해 서구인이 갖는 자부심과 자의식 자체를 한사코 문제 삼을 수는 없을 것이다. 어떤 면에서 자문명에 대한 자존 의식은 보편적인 역사 상식으로서 한편으로 주체사관의 발로이자 공존의 열린 민족주의의 토대이기도 하기 때문이다. 그런 점에서 김응종은 "서양인이 서양인의 관점으로 동양을 바라보는 것은 어쩔 수 없는 일이라는 점도 인정해야 한다. 오히려 그것을 서양인의 관점이라고 받아들이지 않고 객관적인 진리인양 받아들인 사람들에게 잘못이 있을 것이다"[46]라고 말한다. 이렇듯 인간은 누구나 자신의 세계관으로 외부 세계를 바라보기 마련이다. 문제는 자민족중심주의가 지나치게 강화되어 문화다원주의를 무시한 채 타문명에 대한 문화적 비하와 침탈을 꾀하는 문화제국주의로 이어지는 것이다. 이는 분명 경계해야 할 것이다.

그렇다면 21세기 오늘날 문명화, 서구화, 근대화, 세계화 이론[47]과 결부된 서구 중심적 합리주의가 인류의 이상 실현에 있어 제한적이라고 했을 때 우리가 앞으로 추구하고 선택해야 할 대안은 무엇인가? 최근 인문사회학적 연구 동향과 경향을 보면 제국주의나 패권주의 속성에서 벗어난 생명공존 개념의 문명대안론이 대두되고 있다. 이에 대해 정수일은 "20세기에 들어와서 미증유의 세계대전을 두 차례나 겪은 데다 냉전까지 겹치다 보니 종래의 해법에 대한 회의론이 일면서 새로운 대안 모색이 시도되었다. 대안의 하나가 바로 문명이다"[48]라고 피력한 바 있다.

논구컨대 이 문명대안론은 과거의 갈등적이고 대립적인 국가, 민족, 정치, 경제, 이데올로기 등의 굴레에서 벗어나 좀 더 신축적인 '문명'이라는 분석 단위를 통해 20세기 후반 냉전 종식 이후의 현실 상황을 진단하고 미래 세계를 조망하기 위한 본원적 차원의 학문 탐구라고 할 수 있다. 그 연구 방향과 방식은 정치, 경제, 종교, 역사, 철학 등 여러 분야에 걸쳐 다각도로 적용·모색되어 급기야 현대적인 문명 담론이 개화되기에 이른 것이다. 특히 문명대안론이 종래 특권 문명의 문화적 강점을 해체하고 인류 문명의 특수성과 보편성이 함께 구현되는 상호 관계망의 다원주의적 문명의 공존을 요청한다는 측면에서 최근의 형태와 방향은 '문명생태주의'로 귀결되고 있다.

이런 의미에서 박이문과 제러미 리프킨Jeremy Rifkin의 주장을 우선적으로 검토할 필요가 있다. 박이문은 우리가 지향해야 할 새로운 문명의 모델로서 '포스트과학기술문명'을 제안한다. 그에 따르면, 이 문명관은 자연에 대한 과학적 접근과 인식 그리고 과학기술의 중요성을 부정하지 않는다. 새 문명이 과학기술문명과 다른 점은 과학기술문명을 반성적으로 재평가하고 그것의 의미와 기능을 한층 '거시적인 시각'에서 이해·통제하자는 데 있다는 것이다. 여기서 거론된 '거시적 시각'이란 다름 아닌 '생태학적 세계관'을 가리킨다.[49]

사실 서구의 근대 문명을 지탱하는 양대 실재관은 '인간중심주의'와 '이원적 자연관'이라고 할 수 있다. 형이상학적 측면에서 인간과 자연은 전혀 다른 성질이며 실천적 측면에서 자연은 필연적으로 인간에게 위협의 근거이자 불안의 요소이며 인간에 의한 정복과 지배 그리고 약탈의 대상이다. 이렇게 표출된 자연관은 이원론적 형이상학과 인간 중심적 세계관을 함축한다. 즉 이것은 한편으로 플라톤에서 비롯하여 데카르트에서 분명해진 철학적 이원론과, 다른 한편으로 유대교에서 비롯하여 기독교에서 분명히 드러난 종교적 인간중심주의 속에 내재한다. 나아가 이러한 자연관은 자연을 정복의 대상으로 본 베이컨Bacon이나 로크Locke의 철학으로 뒷받침된 근대 계몽주의적 진보 사상과 자연 개발로 나타난다.[50]

이러한 자연관에 연원하는 '서구적 합리성'은 그 합리성의 본질을 과학과 기술을 통해 구현하고자 한다. 때문에 과학기술은 자연을 끊임없이 수탈해온 근대적 산업 생산의 한계 속에서 발전해온 게 사실이다. 이렇게 볼 때 산업 발전 역시 인간 중심적 세계관으로 추진되고 유물론적 가치이념으로 정당화되는 이원론적 형이상학에 토대를 둔다고 하겠다. 박이문은 이 서구적 합리성이 비서구 사회를 지배하게 된 배경을 다음과 같이 설명한다. "지난 2, 3세기에 걸쳐 서구 세계의 비서구 세계에 대한 냉혹한 군사적·경제적·정치적·지적 지배는 서양적 합리성의 보편성과 객관성이 갖는 이른바 정의로움과 진리성의 권위 밑에서 이루어졌다. 그 합리성은 물질적인 성공에 의해 정당화되었고, 서구 세계가 인류 전체와 세계에 가져다주었다는 정치·사회적인 자유화와 지적 계몽에 의해서 타당한 것으로 받아들여졌다. 이런 식으로 합리적인 것은 과학적인 것과 동일시되고 과학적인 것은 서양적 사고의 규범을 따르는 것과 거의 동일시되었다."[51]

이처럼 박이문은 근대 문명에 깔려 있는 이원론적 형이상학과 인간 중심적 가치관으로 규정할 수 있는 '서양적 세계관'에서 자연생태계 파괴, 문명 파국 등 현재 인류가 처한 위기의 원인을 찾고자 했다. 따라서 그는 인류의 미래를 보장하기 위해서는 '일원론적 형이상학'과 '자연 중심적 가치관'으로 서술할 수 있는 '동양적·생태학적 세계관'으로 전환해야 한다고 주장한다. 더욱이 이러한 생태학적 세계관은 "수학적·기계적 이성에 앞서 미학적·예술적 이성을 더 근본적인 것으로 본다"[52]는 차원에서 미래 문명의 새로운 대안이 될 수 있다고 했다. 그렇다고 해서 그것이 무작정 서양적 이성, 근대 서양의 유산인 과학적 지식이나 기술의 부정이나 포기를 의미하지는 않는다. 그에게서 생태학적 세계관이란 "동양의 전통적 세계관과 서양의 근대적 세계관이 통합된 세계관을 지칭한다".[53]

박이문은 지금까지 서구적 시각에서 단지 도구적·과학적·수학적으로만 이해되고 도용된 이성과 합리성에 대해 그것이 본질적으로는 '생태학적'이라고 재규정한다. 생태학적 이성과 생태학적 합리성이 아닌 이성과 합리성은 존재하지 않는다는 것이다. 그는 이렇게 개념 자체의 교정을 통해 세계와 우리 자신을 보는 올바른 비전을 찾는 데서 패러다임의 변화가 일어나기를 바랐다. "이원론적 형이상학에서 일원론적 형이상학으로, 과학적·기계론적 인식론에서 미학적·유기적 인식론으로, 인간 중심의 윤리에서 생태 중심의 윤리로 변화가 일어나지 않으면 안 되는 이유는 우리가 직면하고 있는 문명의 거의 종말론적인 위기가 절박하다고 믿기 때문이다"[54]라고 강력히 호소했던 것이다. 다시 말해 새로운 문명의 패러다임은 세계관, 사물을 보고 생각하는 시각의 생태학적 전환을 통해서만 창출될 수 있다는 것이다.

이상 살핀 박이문의 '포스트과학기술문명'은 저명한 미래학자 제러미 리프킨의 '공감적 문명'과 연결시켜 볼 수 있다. 리프킨은 역작 《공감의 문명 The Empathic Civilization》에서 문명의 명멸 원인을 공감empathy의 물결과 엔트로피entropy의 상호관계 속에서 찾았다. 나아가 21세기는 새로운 커뮤니케이션 혁명과 더불어 '분산 자본주의'

가 인도하는 '3차 산업혁명'이 진행되고 있다고 전망한다. 그는 인류 문명은 본질적으로 새로운 에너지와 커뮤니케이션 혁명이 맞물려 발달해 왔다고 본다. 이를테면 1차 산업혁명은 석탄과 인쇄술이, 2차 산업혁명은 석유와 전기통신이 이끌었으며, 오늘날은 정보통신기술의 '분산 네트워크 혁명'과 재생 가능한 에너지, 즉 '에너지 제도 혁신'이 결합한 3차 산업혁명이 촉발되고 있다고 했다. 그런데 이 3차 산업혁명 시대가 바로 "지구를 감싸는 거대한 생명권과 전체 인류에게 공감의 범위를 빠르게 넓혀 가고 있"[55]는 '공감의 문명'이라는 것이다.

리프킨은 저엔트로피 사회를 지향, 유물론적 세계관에 지친 서구 문명에 동양의 자연 친화적인 철학을 불러내어 현대적 의미로 재창조한다. 그리고 그에 기초하여 이 시대는 '공감적 감수성'이 새로운 경영 방식의 핵심으로 부상할 것이라고 분석한다. 그는 기본적으로 "분산 정보 기술과 분산 커뮤니케이션과 분산 에너지 인프라가 분산 자본주의를 태동시키고 3차 산업혁명에 어울리는 새로운 유형의 경영 방식을 채택하리라"[56]고 내다보았다. 그야말로 과거 적자생존과 경쟁, 부의 집중을 부른 낡은 경제 패러다임을 대신해서 이제 세계는 협력과 네트워크, 오픈소스, 경제적 이타주의에 기반을 둔 새로운 체제, 즉 '분산 자본주의'라는 3차 산업혁명 시대로 접어들고 있다는 것이다. 리프킨은 이 새로운 경제 패러다임으로 인해 인류 미래의 경영 전략, 권력 구도, 지정학 등에서 광범위한 변화가 초래될 것이라고 했다.

특히 리프킨은 20세기를 2차 산업혁명의 시대로 규정하면서 이 시대는 석유라는 '엘리트' 에너지를 기반으로 하기 때문에 소수에게

부가 집중되는 경제 체제였다고 강조한다. 그러나 그는 피크오일이 지나고 세계화가 정점에 이르러 기존의 경제 시스템은 한계에 봉착했고, 더욱이 지구온난화와 엔트로피의 증가로 생물권biosphere이 붕괴되고 세계 경제 침체가 나타나는 등 그 체제는 이미 황혼기를 맞고 있다고 분석한다. 그런가 하면 이 시대는 한편으로 에너지-커뮤니케이션 혁명이 불러온 새로운 경제 체제가 출현하고 있다고 말한다. 즉 21세기는 다윈Darwin의 적자생존이 아닌 '공감하는 인간 Homo-Empathicus'이 새로운 패러다임을 형성할 것이며, 승자와 패자를 가르는 게임에서 윈윈 전략으로, 폐쇄성에서 투명 경영으로, 이기적 경쟁에서 이타적 협업으로, 엘리트 에너지에서 재생 가능한 분산 에너지로, 석유 지정학에서 에너지 협력 관계로, 소유의 시대에서 접속의 시대로 변하고 있다는 것이다.

또한 우리가 추구하는 문명생태학적 전범은 뚜웨이밍杜維明의 '문명대화론', 정수일의 '문명교류론', 황태연의 '패치워크문명론'에서 좀 더 구체적이고 진화된 형태로 목도된다.

미국 하버드대 중국학 종신 교수이자 하버드-옌칭연구소Harvard-Yenching Institute 소장인 뚜웨이밍은 서구의 계몽주의가 낳은 공격적 과학주의, 유럽중심주의, 도구적 합리주의, 그리고 고립적 개인주의는 인류 번영의 범위를 심각하게 제한하고 있다고 비판한다. 그는 이에 대한 대안으로 자신이 오래도록 연구하고 체득한 독특한 동양 문명의 사유 체계, 즉 현대 '신유학'에서 그 방법을 찾는다. 그리고 그 사유의 결과로서 공존을 넘어서 한층 안정적인, 곧 '공공의 선'을 전제로 하는 지구촌 '공동체'의 건설을 위해 '문명들 사이의 대화'를 피력한다. 뚜웨이밍은 여기서 공동체를 "사람들이 함께 생활하고 공동의 가치와 실질적인 시민의 도덕을 함께 누리며 최대한 공익을 실현함으로써 하나로 연합하는 것"[57]이라고 정의한다.

무엇보다도 뚜웨이밍은 "몰개성적인 보편주의와 자민족우선주의 사이에는 상당히 넓은 틈새가 존재하는데 이곳이 바로 문명 간 대화가 출현하게 될 지점"[58]이라고 말한다. 나아가 문명의 대화에는 인류 문명의 다원성이 전제되어야 하며 동일성과 차이를 동시에 인정해야 한다고 역설한다. 동일성이 없다면 공동의 기초가 결여되고 차이가 없다면 대화와 교류의 필요성이 사라진다는 것이다.[59] 뚜웨이밍은 진정한 대화란 "온갖 정성을 들여 세심하게 만들어내는 일종의 예술"[60]임을 강조한다. 그는 말하기를 "대화를 통하여 우리는 타자의 가치를 즐길 수 있는 것이다. 이러한 가치는 우리가 상호 존중 의식에 기초하여 타자로부터 배우는 것이다. 심지어 우리는 서로 간의 차이에서조차 기쁨을 느낄 수 있다. 차이가 쌍방의 시야를 넓혀주기 때문이다"[61]라고 했다.

뚜웨이밍은 "자기반성의 능력을 증가시키는 동시에 남을 이해하고 이런 이해를 통해 자신의 시야를 확대하는 것"[62]을 대화의 목적으로 보았다. 그에게서 대화란 "상대방의 가치를 이해하고 이를 함께 누림으로써 상호 이해와 공동 창조의 새로운 삶의 의미를 구성하는 것"[63]이다. 지금은 어느 문명에 속하든 간에 다른 문명에 대한 이해가 있어야 한다. 기독교, 힌두, 이슬람, 유교 등 어떤 문명에 속할지라도 다른 문명에 대한 이해가 부족하면 미래 자신의 문명을 발전시키는 데 어려움이 생길 것이다. 그는 문명의 대화를 통해 최대한 타자의 독특한 특성을 감상하는 법을 배울 수 있다고 했다. 우리와 타자, 타문명이 융화되어 이루어진 절묘한 다양성을 이해함으로써 자신에 대한 인식을 더욱 풍부히 할 수 있다. 대화는 우리에게 모든 사람들을 진정으로 포용할 수 있는 공동체를 실현할 수 있는 힘을 준다는 것이다.[64]

뚜웨이밍은 다음 두 가지 명제로 자신의 기본 관점을 요약한다. "첫째는 세계화가 몰개성적인 동질화를 가져올 수 있다. 이는 차이를 무시하고 지고무상한 권력을 추구한다. 대화를 통해서만 우리는 진정한 의미의 세계 공동체를 실현할 수 있다. 둘째는 정체성의 추구는 다른 민족에 대한 배타감을 유발할 수 있다. 이는 협애한 민족중심주의나 타자에 대한 배척, 폭력 등으로 나타난다. 대화를 통해서만 우리는 진정한 세계 교류 방식을 찾을 수 있고 다양성의 보존을 진정으로 존중할 수 있다."[65] 이러한 관점을 견지하다 보니 뚜웨이밍은 문화를 전혀 모르는 헌팅턴Samuel P. Huntington이 '문명의 충돌'을 표명한 행태를 비판한 것과 같은 논법으로 이슬람 문명에 관해 마음과 몸으로 체감하지 못한 사이드가 오리엔탈리즘을 제시한 데 대해 대담하게 비판을 가하고 있다. 다시 말해 아랍 문화도 모르고 이슬람교의 영향도 받지 않은 상태에서 팔레스타인 해방 운동에 참여한 사이드 역시 질책을 면할 수 없다고 했다.[66]

한편 한국문명교류연구소 소장 정수일은 자신의 '문명교류론'을 설명하면서 문명은 '자생성'과 함께 '모방성'이라는 고유한 속성을 지니므로 생성과 발달 면에서 반드시 타문명과의 교류를 수반한다고 피력했다. 그에 따르면 문명의 생명은 '공유성'에 있는데 문명의 발달 과정은 이 문명의 공유성을 실현하기 위한 과정이다. 만약 문명 요소에 상호 공통적인 공유성이 없다면 문명은 존재할 수 없을 뿐더러 보편 문명을 공유하기 위한 문명 교류도 이루어질 수 없다. 그런데 이 공유성은 '자생성'과 '모방성'이라는 문명의 근본 속성에서 비롯된다. 자생성과 모방성은 문명의 2대 속성인 동시에 발생·발전·전파의 2대 요소이기도 하며 서로가 상보·상조적 관계에 있다.

여기서 '자생성'이란 문명의 내재적이고 구심적인 속성으로서 문명의 '보편성'과 '개별성'을 규제하고, '모방성'은 문명의 외연적이고 원심적인 속성으로서 문명의 '전파성'과 '수용성'을 파생한다. 문명 교류는 문명의 모방성으로 인해 불가피하게 진행된다. 그 구체적인 과정은 문명의 전파와 수용에 의해 실현된다. 또한 문명 교류는 자생성에서 발생되는 보편성과 개별성에 의해서도 당위성을 찾을 수 있고 보장된다. 결국 교류 속에서 개개의 문명은 자신의 자생성을 다른 문명에 대한 모방성과 결합시키면서 자체의 고유한 문명을 키우고 살찌워 나갈 수 있는 것이다.[67]

정수일은 이와 같은 자신의 문명교류론을 토대로 21세기 '문명'이 대안 담론으로 부상하게 된 근거를 "공유를 생명으로 하는 문명만이 모든 문제 해결의 공통분모로 작용해 '보편 문명'을 창출함으로써 인류의 공생공영을 보장할 수 있다"[68]는 데서 찾았다. 여기서 보편 문명의 성립 근거인 '공유성'은 전 세계의 모든 문명을 아우르는 단일한 문명이 부상하여 지금까지 번성해온 다양한 문명 체계들을 대체한다는 문명 패권적 내지는 문명 획일적 방식의 동질화를 의미하지 않는다. 정수일은 오히려 이와는 반대로 "보편 문명의 실현은 오로지 서로의 부정 아닌 긍정, 상극 아닌 상생 속에서 상부상조적 교류를 통해서만 가능하다"[69]고 역설한다.

끝으로 황태연은 기존의 문명융합모델과 문명갈등모델의 대안으로 짜깁기문명론이라고 할 수 있는 '패치워크문명patchwork civilization'[70]

이라는 독특한 안을 제시하면서 그것을 통해 인류 문명의 과거와 현재 그리고 미래를 거시적으로 조망한다. 그는 종래의 "융합모델이 문명의 전통적 정체성을 가벼이 여기기 때문에 근본적으로 오류에 빠졌다면 갈등모델은 권력을 문명으로 혼동하기 때문에 근본적 오류에 빠진다"[71]고 지적한다. 반면 자신이 제시한 패치워크모델에 비추어보면 적절한 자기비판적 개방성과 공감적 모방 욕구를 전제할 때 기본적으로 문명권들 간에는 선진과 후진의 높낮이와 교류협력의 창조적 패치워크만이 존재하며 본질적인 차원에서의 '융합'이나 '갈등'은 존재하지 않는다고 단언한다. 이러한 그의 입론에는 다문화적인 패치워크문명은 창조적 패치워크 속에서 강해지고 번영하지만 폐쇄적이고 자만하는 문명은 약해지다가 소멸하고 만다는 문명의 원리가 내포되어 있다.

결국 황태연이 말하는 '패치워크문명'이란 전통의 내적 공통문법에 입각하여 다른 문명권에서 필요한 사람과 문명조각을 받아들여 자문명의 결함과 취약점을 실로 깁듯이 보수해서 나름의 자기완결성을 갖춘 체계로 재탄생한 문명을 의미한다. 이를테면 "문명들은 때로 오해와 마찰이 없지 않을지라도 …… 서로 도움과 영향을 주고받는 교류협력 속에서 고유한 전통에 새로운 수입문물을 짜깁기하여 자기정체성을 새로운 형태로 확대재생산하는 순환적 패치워크 과정을 거쳐 보다 복합적이고 보다 세련되고 보다 고차적인 문화를 창조해 나간다"[72]는 것이다. 특히 그는 이렇게 재창조된 패치워크문명의 "완제품은 어설픈 절충의 산물이 아니라 자기통일성을 가진 자기완결적 엔텔레키(완전자)"[73]임을 강조한다.

황태연은 이 논단을 확장시켜 21세기 패치워크문명 시대는 문명적 다극체제의 시대임을 환기시키면서 천문학적 인간학살과 전 지구적 자연파괴를 자행해온 전지적 과학주의의 모태인 '서구 합리주의' 를 비판한다. 그는 현재 서구 기독교 문명의 침체와 퇴조는 기본적으로 서구의 주류 사조인 합리주의의 지성주의적 침략성, 인간파괴성, 자연파괴성에 기인한다고 인식한다. 즉 "그간 인류는 후진국과 약소민족들에 대한 제국주의 국가들의 야만적 침략과 착취, 세계대전과 혁명내전 속에서의 무자비한 인간학살, 인간파시즘(휴머니즘)적 과학기술과 개발메커니즘의 무제한적 자연파괴 등 전대미문의 갖은 대재앙을 다 겪었다. 오늘날 인류는 새로운 출로를 찾아 스스로 진지하게 역사적 물음을 던지고 답해야 한다"[74]는 것이다.

황태연은 그 해답으로 인간과 자연에 대한 대량파괴로 귀결된 서구의 오만한 전지주의적·지성주의적 합리론에 대한 공맹철학의 덕성주의적 우월성을 서구의 비주류 사조인 비판적 경험론과의 연대 속에서 논증한다. 그는 동아시아 유교패치워크문명의 재창조와 관련하여 공자주의와 영미의 경험주의 간의 유사성과 공통성에 주목하면서 공맹철학은 "스스로 '지성' 이 아니라 사람사랑과 자연사랑의 보편적 '덕성' 을 제일로 치는 독특한 '덕성주의' 철학임을 분명히 자각"[75]해야 한다고 역설한다. 결국 황태연은 서구 철학사조의 분열상에 대한 분리전략을 취함으로써 "서구 합리론과의 치열한 철학적 대결 속에서 그리고 서구 경험론과의 긴밀한 연대와 교류협력 속에서 '창조적 패치워크' 로 재건된 공맹철학은 동아시아를 위해서만이 아니라 세계를 위해서도 아끼고 지키며 살펴가는 새 길을 열어 줄 수 있다"[76]고 확신한다.

맺음말

거대 이데올로기로서 '서구중심주의'와 '중화주의Sinocentrism'가 모두 문명 쇼비니즘chauvinism이라는 차원에서는 기본적으로 동일하다고 할 것이다. 다만 '중화주의'는 주로 '문명 내부의 담론', 즉 동아시아권을 중심으로 중국 문명의 직간접적 영향권 하에 있는 주변 민족에 대해 중국 문화의 우월성 내지는 중국 지배의 정당화 논리로 기능한 데[77] 반해서 '서구중심주의'는 서구 문명이 비서구 문명에 대해 전 지구적 지배와 팽창을 정당화하기 위해 전개시킨 '문명 사이의 담론'이라는 점에서 상호 구별된다. 이렇게 볼 때 서구중심주의가 여타 자문명중심주의에 비해 파괴적이고 부정적 이데올로기로서의 폐해가 상대적으로 광범위하고 심대했음은 물론이다. 예컨대 근현대 서구 중심적 강권주의자들이 전 세계를 상대로 서구패권주의를 앞세워 특권 문명의 권익을 위해 획책한 일련의 탐욕적이고 야수적인 세계 지배 야욕과 그로 인해 발생된 수많은 세계 분란과 전쟁들이 이러한 사실을 잘 설명해준다.

서구가 우월하다는 서구 중심적 자의식은 근대 유럽의 사상적 기반이 된 18세기 계몽주의에 뿌리를 두며 그 이면에는 계몽기에 비교적 정형화된 '야만'과 대립되는 '문명' 개념이 존재한다. 그리고 이 '문명' 개념에는 서구화나 근대화의 특징이 함유되어 서구로 대표되는 제도와 가치가 보편성을 띠면서 '세계화'가 곧 서구화나 근대화 과정으로 점차 이해되었다. 이 과정에서 서구인들은 세계를 유럽의 '문명인'과 나머지 세계의 '야만인'으로 구분하는 세계 문명에 대한 차별 의식을 강화시켜왔다. 말하자면 계몽사상의 핵심이라고 할 수 있는 세계시민주의Cosmopolitanism는 서유럽적 세계 건설에 한정되며 동유럽이나 발칸반도 지역 등의 나라들은 그 범주에서 제외된다. 또한 '빛'으로 상징되는 계몽사상enlightenment과 대비시켜 아프리카를 혼돈과 암흑을 표상하는 '검은 대륙'이라 칭하여 비하하는 태도 등은 그 단적인 예들이다.

일반적으로 문명사에서 서양사는 세계사로 통하며 자발적이고 잠재적인 서구가 부단한 합리성, 과학성, 진보성, 민주성 등의 자산을 기반으로 오늘날 세계로 부상했다고 선양된다. 다시 말해 서양의 발흥은 서양 자체에 내재된 독특한 내적 요인에 의한 것으로, 자신들의 문명에만 존재하는 특수적이고 예외적인 현상이라는 것이다. 반면 동양은 세계 문명사에서 퇴화적인 존재로 부정되며 동양 자체의 독창적인 자산은 아예 처음부터 무시된 채 누락된다. 더구나 서구우월주의는 보편주의로 가장하여 타 문명권에 대해 서구 모델의 모방이 현 시대의 문제를 해결하는 유일한 해결책이라고 강제한다.

특히 현대의 세계 문명사는 대부분 서양의 약진과 현대 자본주의의 기원에 관한 이론에 접목된다. 모든 것이 고대 그리스와 함께 시작해서 중세의 유럽식 농업혁명으로 발전한 뒤에 1000년을 넘어서면서 이탈리아인이 주도한 상업의 부흥으로 이어진다. 그런 다음에 유럽이 순수한 그리스 사상을 재발견한 중세 중기의 계몽기로 넘어간다. 이때 과학혁명, 계몽운동, 민주주의 발생이 서로 맞물리면서 유럽은 드디어 산업화·자본주의적 근대화로 약진했다는 것이다. 존 홉슨은 이렇게 유럽의 기적을 기정사실화하는 설정과 관점에 대해 강력한 서구 중심적인 정복자의 개념을 강화해주는 잠재된 '승리주의자의 목적론'이라고 질타한다.[78] 결국 현대 자본주의와 문명의 역사는 비서구에 관한 언급이 전혀 없이 들려주는 서양의 이야기일 뿐이다.

이와 같이 서구중심주의는 자본주의의 이데올로기적 구성물 전체 속에 자리한다. 그리고 유럽 문화와 문명의 근원적 우월성을 정당화하기 위해 고대 그리스·로마에서 출발하여 중세 봉건 기독교 유럽을 거쳐 자본주의적 유럽으로 이행되는 일련의 인위적인 역사를 창조하고 확산시켜왔다. 이런 점에서 사미르 아민Samir Amin이 지적한 유럽 중심의 신화적인 구성물 네 요소에 동의하지 않을 수 없다. "① 헬레니즘을 오로지 유럽하고만 연결시키기 위하여 고대 그리스가 전개되고 펼쳐졌던 바로 그 환경을 잘라내고, ② 유럽의 문화적 통일성이 구성되기 위한 근본적 기초인 인종주의의 흔적을 보유하고, ③ 마찬가지로 종교적 현상들이 갖는 비과학적 비전을 이용하여 자의적으로 유럽에 병합된 기독교를 유럽의 문화적 통일성을 유지하기 위한 핵심적 요소로 해석하고, ④ 동시에 동일한 인종주의적 근거 위에서 종교의 불변적인 비전을 끌어들임으로써 근동Near East과 더 먼 동양의 비전을 구성한다."[79]

더욱이 비교적 최근에 회자되었던 탈냉전기 국제정치를 단·복수적 문명 패러다임으로 설명하고자 한 대표적인 학자 후쿠야마Francis Fukuyama와 헌팅턴의 거대 담론 역시 이 '서구중심주의'에 깊이 착근되어 있다. 후쿠야마의 역사종말론은 세계화의 근대적 서구 문명을 보편 문명으로 인식하여 '문명'이라는 말 자체가 내포하는 보편 문명으로서의 서구우월주의를 신봉한다. 이에 반해 헌팅턴은 문화의 다원성을 인정하고 강조한다는 점에서 후쿠야마와 견해를 달리한다. 하지만 그는 형성 중인 상위의 보편 문명을 인정하지 않은 상태에서 개별 문명들 간의 충돌, 특히 '서구'와 '그 나머지'(유교와 이슬람)라는 도식 속에서 갈등만을 강조한다. 이런 점에서 그의 문명충돌론 역시 개방적 다원주의가 아닌 미국이 유럽과 함께 세계를 선도하고 지배해야 한다는 탈냉전 시대의 오리엔탈리즘의 전형이자 서구패권주의의 연속에 지나지 않는다.

이렇게 전개된 총체적 서구강권주의자들의 편파적이고 독단적인 문명 패권 의식에도 불구하고 한편으로 자문명을 주역으로 삼아 자신의 관점에서 타문명을 이해하고 기술하고자 하는 문명사의 특성 또한 간과해서는 안 될 것이다. 헌팅턴이 "모든 문명은 자신을 세계의 중심으로 보며 자신의 역사를 인류사의 주역으로 인상 깊게 서술한다"[80]고 말한 의미가 여기에 있다. 예컨대 유태인들은 당시 최고의 문명 사회였던 메소포타미아 땅에서 일어났던 일들을 자신의 세계관과 역사관에 의거하여 인류의 보편적 역사로 구성함으로써 《구약성서The Old Testament》라는 작품을 남겼다. 그들은 같은 여호와를 믿는 사람들을 유태인Jew이라 불렀고 그렇지 않은 사람들을 이교도Gentiles라고 구별해서 불렀다. 후일 그리스인들도 그리스 도시국가 시민들을 헬라인Hellas이라 하고 그렇지 않은 나머지를 알아들을 수 없는 소리로 말하는 사람들이라는 뜻의 이방인Barbarians이라고 불렀다. 고대 중국에서도 자신[華]을 중심에 두고 주변의 사람들을 오랑캐[夷], 즉 동이東夷, 서융西戎, 남만南蠻, 북적北狄으로 구분하여 이분법적으로 세상을 바라보았다.

이러한 인류 문명의 성향으로 비추어볼 때 '서구문명중심주의'를 일방적으로 서구의 팽창과 정복, 침탈과 착취의 결과물로만 보기에 앞서 우리에게도 철저한 비판적 자기 성찰이 뒤따라야 할 것이다. 아울러 반서구중심주의 역시 하나의 지적 유형으로 영원불변한 진리일 수는 없다는 사실을 명심해야 할 것이다. 김웅종의 말대로 "반유럽 중심주의는 사실로 포장되어 있기는 하지만 그 역시 하나의 관점임에 틀림없다".[81] 이런 맥락에서 "서양의 동양 읽기에서 파생되었던 것이 유럽중심주의와 오리엔탈리즘이었다고 한다면 거꾸로 동양은 '자기'의 정체성을 확립하는 과정에서 얼마나 타자를 읽어내기 위한 노력을 기울였고 그러한 노력을 뒷받침하는 지식 구조를 만들어냈는가?"[82]라는 김명섭의 자성의 목소리는 동서의 균형 잡힌 시각을 잃지 않는다는 전제 하에서 반추해볼 필요가 있다.

이 장은 부당한 이데올로기로 세계를 '동'과 '서'로 양분하여 중심 문명의 패권을 강제하는 서구문명강권주의의 탈중심화적 해체를 목표로 기획된 것이다. 나아가 사이드가 자신의 '오리엔탈리즘' 지식이 동양에 대한 새로운 자세의 확립에 하나의 도움이 되고 종국에는 동양과 서양이라는 관념조차 함께 소멸시키기를 바랐던 염원[83]에 합류한다. 우리가 바라는 진정한 문명인은 타 문화와 문명에 대한 이해와 관용에 있을 것이다. 이런 의미에서 시공간상 인류의 문화와 문명을 유기적으로 통합해 설명할 수 있는 '세계주의 시각'을 주창한 동서 학자들, 곧 문명패권주의 통제와 문명독점주의 행태에 저항하는 자유주의 담론이 중요한 의미를 지닌다. 특히나 현재 논의되고 있는 세계 문명에 대한 거시적 담론들은 "모든 존재가 상호 연결적 그물망을 구성하고 있다"[84]는 문명론적 의미의 생태철학이 투영되거나 그와 밀접한 접맥 속에서 진행되고 있어 주목된다.

이 생태학적 문명관은 문명 사이의 상호 관계에 관한 어떤 규범적 관점에서 볼 때 이것은 '서구' 식의 이분법적 절멸주의exterminism[85]

가 아닌 문명 간의 상호 열림과 소통을 적극적으로 긍정한다. 여기에는 인간이 필연적으로 자연과의 유기체적 관계 속에서 생명을 유지할 수 있듯이 한 문명권도 타 문명권과의 유기체적 관계 속에서만 생존과 지속적인 발전을 꾀할 수 있다는 논리가 내포되어 있다. 이러한 논법은 1980년대 말 공산주의의 붕괴와 관련하여 서구 문명의 현재 조건을 생태학적 다양성을 소실한 대립물의 부재, 즉 '대안 없는 삶'으로 명명했던 바우만Zygmunt Bauman의 다음과 같은 충격과 우려에서도 드러난다. "내부에 실질적인 적대자를 갖고 있지 않고 밖에서 문을 두드리는 야만인들을 갖고 있지도 않으며 단지 아첨꾼과 모방자를 갖고 있을 뿐이다. 서구 사회는 그 자신에 대한 모든 대안을 실천적으로 그리고 명백히 되돌이킬 수 없을 정도로 정당한 지위에서 물러나게 했다."[86]

이와 관련하여 우리는 "역사는 어느 한 집단의 사람들에게만 속해 있는 것처럼 쓸 수는 없다. 문명은 지금은 어느 한 집단, 다음 시기에는 또 다른 집단의 기여에 의해 점차적으로 형성되는 것이다"[87]라는 루스 베니딕트Ruth Benedict의 고언을 상기할 필요가 있다. 동시에 샤오메이 천이 "우리가 기억해야 할 교훈은 동양·서양, 자아·타자, 전통주의·현대주의 그리고 남성·여성 등 서로를 갈라놓는 이항 대립을 조장하기보다 모든 '진리'들의 다양성을 찬양하면서 한 종류의 '진리'만을 주장함이 없이 이러한 이항 대립적 대립들을 끊임없고 지속적인 대화 속에 참여시키는 것이 비평이 할 수 있는 최선이라는 사실이다"[88]라고 역설한 의미를 깊이 되새겨야 할 것이다.

환기컨대 최근의 문명 담론은 본론에서도 이미 확인한 바와 같이 문명헤게모니주의와 문화제국주의가 구획해놓은 '동서 이분법적 사고'를 해체함으로써 현재 인류의 문명은 역사상 세계 인류가 상호 교류와 영향 속에서 함께 만들었고 미래 역시 이를 토대로 발전할 것이라는 공생공영의 '인류운명공동체의식'을 고취시킨다. 뿐더러 인류의 지속적인 평화와 공존을 위해 동서를 막론하고 모두가 협력해 노력해야 한다는 '인류애적 신념'의 메시지를 각인시킨다. 이렇듯 현재와 미래의 문명에 대한 공론은 자명하다. 그것은 생명과 인권, 인간의 자유를 옹호하는 입장에서 타자와 소통하는 보편적 인류애의 생태학적 문명관, 즉 상호 주체적 평등 관계를 기초로 한 문명 공존의 '생태문명 담론'을 요청한다고 하겠다.

07
주첸즈 문화철학의
현대 문명 담론적 현재성
서구 패권적 문명 패러다임에 대한 동양의 대안 담론으로서의 가능성

7장은 서구 패권적 문명 패러다임에 대한 동양의 대안 담론으로서의 가능성을 주
제로 작성된 것이다. 이 글은 대표적인 현대 문명 담론으로 일컬어지는 문명 패러
다임의 서구중심적 패권주의 성향 극복과 참된 문명관의 모색을 위한 동양의 문화
철학적 차원의 시도다. 이와 관련하여 주첸즈의 문화철학은 그 안에 내장된 문화의
복수론적 다원주의 유형과 그 표현 형식으로서의 역사 진화 법칙, 그리고 미래의
보편 문명으로 구상된 예술 문화의 치밀한 운용을 통해 문명다원주의와 보편문명
론 간의 상충점을 회봉시킴으로써 양자의 긍정적인 면을 동시에 구현시키는 논리
구조를 갖추고 있다. 나아가 단·복수론에 기초한 후쿠야마의 단일 중심적 문명전
파론이나 헌팅턴의 복수 중심적 문명충돌론의 서구 패권적 성향 역시 예술 문화의
구도 속에서 극복될 수 있다.

또한 각 문화 유형의 유기적인 조합 관계나 예술 문화의 특성과 작용으로 볼 때 주
첸즈의 문화철학은 문명 간의 생태적 관계를 존중하는 생명 중심의 문화생태학적
원리를 함유하고 있다. 이런 의미에서 주첸즈의 문화철학은 서구 문명 패러다임의
대안 담론으로서 범인류 중심의 유기생태적 세계주의 문명관, 즉 '문명생태주의 담
론'으로 명명할 수 있을 것이다. 동시에 각 문명의 본질적·역사적 유형을 분석해
내고 문명 간의 상호 교호 법칙들을 통찰해내는 '문명 유형 철학' 내지 '문명 교류
철학'으로 자리매김하는 현대 문명 담론으로서의 현재성을 지닌다.

머리말

서구와 일본의 제국주의적 세계 지배 야욕이 끝난 2차 세계대전 이후에도 인류 사회는 군사와 경제 강대국을 중심으로 하는 동서 이념적 대립과 산업·기술을 기준으로 선진국과 후진국으로 구분되어 대립과 갈등을 겪어왔다. 현재는 냉전 종식 후 미국의 유일 지배 체제 속에서 다양한 국가론적·문명론적 대응과 모색이 이루어지고 있다. 우리가 처해 있는 현 시점은 '정보혁명'의 와중에 있다는 사실 말고도, 경제, 정치, 사회, 문화 각 방면에 걸쳐서 혁명적인 변화를 겪고 있는 그야말로 시대의 전환기임에 틀림없다. 이렇듯이 급변하는 세계정세 속에서 세계의 석학들은 그 변화의 원인과 본질을 밝혀내고 다가올 미래를 예측하기 위해 수많은 노력을 기울여왔다. 가령 미래학자 "앨빈 토플러Alvin Toffler는 정치 제도, 생활양식, 문화적 욕구, 사회의 조직 원리, 생활양식, 국가 간의 관계 등에도 혁명적인 변화가 오고 있다고 주장한다".[1] 이와 같이 각 분야에서 전반적으로 재구성을 요하는 새천년 21세기는 대변혁을 예고하고 있음은 물론 이미 실현되어가는 과정이다.

　이러한 시대적인 대변혁은 탈냉전기 국제정치 질서에도 예외 없이 나타나고 있다. 최근 일련의 국제정치는 과거의 냉전적 세계 정치 질서가 와해되고 동서 이데올로기의 대립과 그에 기인된 군사적 대립이 종식된 상황으로 전개되었다. 그리고 이에 발맞춰 학계에서는 21세기의 국제 질서와 세계 체제는 무엇에 기초하여 형성될 것인가의 논의와 모색이 한창 시도되고 있다. 특히 기존의 국제 관계 이론인 현실주의나 다원주의 이론에 대한 대안으로 '문명 패러다임'이 등장하여 '문명'이라는 새로운 분석 단위가 제시되었다. 문명 패러다임을 제기한 대표적인 인물은 미국의 헌팅턴Samuel P. Huntington이다.[2] 특정한 시대에 공유하는 패러다임으로는 사회 현상을 설명할 수 없을 때 새로운 패러다임이 출현한다는 토머스 쿤Thomas Kuhn의 주장처럼 헌팅턴의 문명 패러다임은 갑자기 도래한 냉전의 종언을 예측하지 못했던 국제정치학상의 방법론적 반성에 뿌리를 두고 있다.

이 문명 패러다임의 이론은 크게 보아 후쿠야마Francis Fukuyama의 '단일singular 중심적 문명전파론'과 헌팅턴의 '복수plural 중심적 문명충돌론'으로 나누어 볼 수 있다. 이것은 문명 개념의 서로 다른 두 의미와 관련된다. 곧 단일(단수)적 의미의 문명과 복수적 의미의 문명이 그것이다.

단수문명론은 보편적 세계 문명론과도 맞닿아 있으며 "인간을 덜 동물스럽고 덜 야만적이며 따라서 보다 시민사회적이고 예의가 있는 Civil 존재로 만들어가는 일련의 과정이나 그 결과를 뜻한다".[3] 이것은 서구 계몽주의 문명의 동심원적 확장성을 전제로 한 문명화의 과정과 동일한 개념이기도 하다. 유럽 국가들이 세계를 제패한 제국주의 시대에 이르기까지 세계 문명은 오직 기독교 문명의 단수로서만 존재했다. "그들이 보기에 여타의 민족과 국가들은 문명이 없는 야만 상태였고, 그래서 자신들의 문명을 심어주기 위해 전진해야만 했었다."[4] 이 논의는 소련 공산주의의 몰락이 역사의 종언과 전 세계에서 자유민주주의의 보편적 승리를 의미한다는 후쿠야마의 주장으로 이어진다.[5]

한편 복수문명론은 하나의 역사문화공동체를 조성하는 특수한 세계관, 풍습, 구조, 문화와 관련된다. "어떤 이상, 아니 유일무이의 이상으로 정의되는 문명을 폐기하고 소수의 특권적 개인이나 집단, 인류의 엘리트에게만 국한된 문명화의 단일한 기준이 있다는 전제와 결별하는 것을 의미한다. 문명은 여러 개이며 각각의 문명은 독자적 방식으로 문명화되었다"[6]는 것이다. 헌팅턴은 지구상에 존재하는 복수 문명들의 관계가 세계 질서에 어떤 영향을 미칠 것인가를 논하고 있다.

보편 문명을 주장하는 후쿠야마의 입장에서 보면 "단일 문명의 반대편에는 야만이 존재하며 이 경우 문명의 전파와 야만의 흡수가 발생한다. 이 과정에서 비록 충돌이 발생한다고 하더라도 그것은 전파와 흡수의 과정에서 나타나는 저항일 뿐 문명의 충돌은 아니다".[7] 보편 문명이란 "인류의 문화적 융합, 세계 곳곳의 사람들이 공통된 가치관, 믿음, 지향점, 관습, 제도를 받아들인다는 것을 의미한다".[8] 예컨대 보편 문명으로서의 민주주의와 인권, 평화와 자유는 특정 문명이 강요하지 않더라도 보편적으로 받아들일 수 있는 가치임에 틀림없다. 보편 문명관에는 중심부 사회가 있기 마련이다. 근대 이후 서구 문명이 지배적인 문명의 패러다임이 되면서 서구가 보편사의 중심으로 해석되었기 때문에 이것은 서구중심주의라고 할 수 있다.

서구가 많은 보편적 가치를 가지고 있는 것은 사실이다. 하지만 전파하는 방법에 있어서 일방주의적이고 심지어 무력을 사용한다면 타

문명권에서는 그것을 서구의 제국주의로 받아들일 수밖에 없다. 이처럼 "보편 문명의 세계 체제에는 일원적 역사관이 깔려 있다. 일원적 역사관은 인류의 역사를 작은 지류들은 있을지언정 큰 중심 물줄기는 하나인 강물로 보는 것과 흡사하다".[9] 이것은 자유민주주의 체제가 사회주의 체제를 패퇴시킴으로써 이제 자유민주주의 체제가 보편적인 체제가 되었다는 후쿠야마의 주장과 상통한다. 다시 말해 단일의 보편 문명이 고유한 특징을 지닌 복수의 개별 문명들을 종국에 가서는 종식시킬 것이라는 그의 믿음은 자칫 탈냉전 시대 미국의 외교 정책을 지배하고 있는 신보수주의자neocons들의 신제국주의 인식적 기초로 확대될 위험성이 있다.

헌팅턴의 문명충돌론은 냉전 이후 전 세계를 석권했던 이 같은 후쿠야마식 사고에 대한 강력한 비판과 제어의 의미를 가진다. 그러나 서구 중심적 패권주의라는 차원에서는 후쿠야마와 별반 다를 바가 없다. 헌팅턴의 다원문명론적 입장에서 보면 "복수 문명의 반대편에는 다른 문명 또는 복수 문명 사이의 빈 공간이 존재하며 이 경우 한 문명의 전파 과정은 다른 문명의 전파 과정과 충돌을 빚게 된다".[10] 이것은 서구의 오리엔탈리즘을 정치학적으로, 과거의 냉전을 문화적으로 재생산하고 있다는 점에서 '문명다원주의'와는 일정한 거리가 있다.

문명(문화)다원주의는 모든 인류에게 상식적으로 받아들여지는 전제로서 상대주의를 전제로 한다. 그것은 자문화중심주의에 반대하고 다양한 문화들의 가치를 인정하며 존중하는 것이다. 여기에는 개방성이라는 기본 태도와 관용이라는 가치가 요구된다.[11] 또한 서구 중심의 역사관과 직선적 진보사관에 대한 거부를 공통적인 특징으로 한다. 인류의 역사는 같은 가치를 지닌 여러 문명들의 다원적인 변화 과정이며, 각각의 문명들은 하나의 독립적인 생명체와 마찬가지로 독자적인 성장의 과정을 밟는다는 것이다.[12] 결국 문명다원주의는 "개별 문명의 고유성이 유지된다는 전제 아래 고유한 문명들이 조화를 이루고 고유성을 인정한 선에서 교류하는 경우를 말한다".[13]

이로 볼 때 헌팅턴이 비록 거시적으로 시대 문명을 다룬다거나 문명다원주의가 오늘을 지배한다는 식의 논법을 전개하고 있지만, 그의 견해는 사실 개방적 다원주의가 아닌 미국이 유럽과 함께 세계를 선도하고 지배해야 한다는 지극히 폐쇄적이며 배타적인 서구문화 쇼비니즘chauvinism에 지나지 않는다. 이와 관련해서 강정인이 헌팅턴의 문명충돌론에 대해 "미소 냉전의 종언 이후에 서구 문명이 새로운 정체성을 찾기 위해 가상의 적을 설정하고 나아가 그 적과의 대립 및 대결 의식을 고취한다는 점에서 새로운 냉전 질서의 구상에 다름 아니다"[14]라고 한 비판에 공감하지 않을 수 없다.

문명이란 견고한 구조적 실체라기보다는 열린 과정으로 봐야 한다. 그럼에도 헌팅턴은 형성 중인 상위의 보편 문명을 인정하지 않은 상태에서 개별 문명들 간의 충돌, 특히 서구와 나머지―유교와 이슬람―라는 도식 속에서 갈등만을 강조한 나머지 개별 문명들 간의 상호 협력과 교류, 그것의 긍정적 잠재력을 간과하는 오류를 범하고 말았다.[15] 사이드Edward W. Said가 헌팅턴을 두고 오리엔탈리즘의 전형이라고 신랄하게 비판했던 이유는 이런 점 때문이다.[16] 요컨대 후쿠야마나 헌팅턴의 이론 모두 탈냉전 시대의 '서구 중심적 신제국주의' 내지는 '오리엔탈리즘적 서구패권주의' 성향이 강하다는 사실을 확인할 수 있다.

이처럼 국제 질서와 세계 체제의 분석틀로 제시된 문명 패러다임은 문화와 문명의 문제를 이 시대의 공론이자 화두로 부각시키는 기폭제가 되었다. 동시에 문명 패러다임의 적실성, 유용성, 제국주의적 성향에 대한 국내외의 수많은 비판에도 불구하고, 그것은 이제 대표적인 현대 문명 담론으로서 우리의 의식에 견고하게 안착됨은 물론 문명 담론의 정당성을 부여해주는 심리적 기제로 작용하고 있다.

그러나 이 문명 패러다임의 이면에 잠복해 있는 서구패권주의적 이데올로기의 경향에 대해서는 경각심을 갖지 않을 수 없다. 왜냐하면 근현대 서구의 강권주의자들이 인류애와 평화 이념을 상실한 채 소수 기득권층의 권익을 위해 획책하고 축조한 부정적 이데올로기로 인해 겪어야 했던 과거 인류의 아픈 역사들을 우리는 깊이 인식하고 있기 때문이다. 후쿠야마나 헌팅턴류의 문명 패러다임 역시 서구패권주의적 이데올로기라는 점에서는 예외일 수 없다. 이러한 문명 패러다임의 이데올로기적 재생산을 막기 위해서는 이 시대를 이끌 올바른 문명 담론의 정립이 무엇보다도 절실하다고 하겠다.

그렇다면 인류의 공영과 보편 가치를 실현할 수 있는 가장 바람직한 문명의 형태와 담론은 무엇이 되어야 할 것인가? 이 문제는 공의 公義적이고 창의적인 시각으로 좀 더 논의되어야 하겠지만, 현 학계의 논의를 종합해볼 때 현재와 미래의 세계는 단일의 보편 문명과 고유한 특징을 지닌 복수의 개별 문명들이 중층적으로 공존한다고 보고 일단 '문명다원주의를 전제로 한 보편 문명에의 지향'으로 정리할 수가 있겠다.[17]

그런데 이 중층적 규정 속에는 사실 상반된 주장이 담지되어 있다. 그것은 바로 문명의 단·복수론과 연관된 '보편 문명'과 '문명다원주의' 라는 상충된 문제로 귀결된다. 그리고 보편 문명이 특성상 역사적으로 서구중심주의와 결부되어 있음을 감안한다면 어떠한 형태가 되어야 하는지는 계속적인 공론이 뒤따라야 할 것이다. 이로 보건대 현대 문명 담론에는 보편문명론과 문명다원주의의 긍정적인 면을 동시에 구현시킬 수 있는 논리 구조와 함께 보편 문명의 제국주의적 성향을 탈각시킬 수 있는 새로운 문명관의 모색이 요청된다고 하겠다.

그 작업을 나는 이 장의 테마인 주쳰즈朱謙之(1899~1972)의 문화철학에서 시도해보고자 한다. 내가 무엇보다도 주쳰즈를 주목하는 까닭은 '문화'에 바탕을 둔 그의 투철한 현실 인식 때문이다. 그는 문화라는 분석틀을 통해서 1930~40년대 국제정치의 시대적 이상을 심오하고도 광범위한 자신의 학문 체계에 충실히 담아내고 있다. 그의 《문화철학》은 이에 대한 이론적 기초를 제공한다.

이 장은 대표적인 현대 문명 담론으로 일컬어지는 문명 패러다임의 오리엔탈리즘적 서구패권주의 성향의 극복과 그에 따른 새로운 문명관적 대안을 위한 동양의 '문화철학'적 모색이라고 할 수 있다. 현대 문명 담론의 상충점인 문명다원주의와 보편 문명이 주쳰즈의 문화철학에 내장된 문화의 '근본 유형'과 그 '진화 법칙' 속에서 어떻게 회통될 수 있는지, 또 전통적인 보편 문명 개념의 난제인 서구 제국주의적 성향이 문화의 이상향으로 제시되고 있는 주쳰즈의 '예술 문화'에 의해 어떻게 탈각되어 재구성될 수 있는지를 논하고자 한다. 그리고 이러한 일련의 논의를 거침으로써 최종적으로 참된 문명관의 기본 원칙들을 도출해내고자 한다.

문화철학과 문화의 진화

문화와 문화철학

주첸즈는 폭넓은 학문 세계와 방대한 사상 체계로 인해 백과전서 학자로 정평이 나있다. 그의 학문과 저작은 크게 유심론자로서의 '전기-아나키즘 시기'와 유물론자로서의 '후기-마르크스·레닌주의 시기'로 구분할 수 있다. 전기 사상에 한정해서 보면 스스로 "해방 이전 나 자신의 사상 속에는 언제나 무정부주의 또는 변형된 무정부주의가 우세했다"[18]고 술회하고 있다시피, 그의 전기 사상의 특징인 허무주의, 유정唯情주의, 역사주의, 문화주의는 전체적으로 아나키즘적 이상을 직간접적으로 담고 있다.

동양의 전통사상과 접맥되는 전기의 아나키즘사상은 '비관적 허무주의' 시기와 '낙관적 범신주의' 시기로 양분되어 전개된다. 전자가 노불老佛사상과 관련되어 현실 부정적인 염세주의, 냉소주의, 파괴주의 성향을 사상적으로 표출했다면, 후자는 유가儒家사상이 깊이 개입되어 현실 긍정적인 낙천주의, 인도주의, 평화주의 이념을 학문적으로 구현해냈다. 이러한 사상적 역정은 유심주의와 개인주의의 배경 속에서 본체 세계를 규정하는 그의 우주관의 변화에 따른 것이다. 동시에 이것은 젊은 시절 자신의 정서적 굴곡과도 복잡하게 얽혀 진행되었다.

이상 서술한 바와 같이 주첸즈 사상의 결정체라고 할 수 있는 문화와 문명에 대한 기품 있는 저작과 입론은 바로 그의 전기 사상(아나키즘 시기, 1918~1949)의 마지막 학문 도달점이라고 할 수 있다. 그는 현대의 학술계는 철학, 역사학, 사회학, 교육학을 막론하고 모두 이미

'문화주의' 경향이라는 데 견해가 일치한다고 했다. 그 중에서도 특히 문화철학은 모든 '문화학'을 연구하는 데에 가장 종합적인 인자일 뿐만 아니라 다른 분야인 역사학, 사회학, 교육학의 근거가 되어 문화역사학, 문화사회학, 문화교육학을 연구하는 사람은 반드시 거쳐야 하는 통로라고 했다. 동시에 철학은 무엇이 문화인가 하는 질문에 근본적인 대답을 할 수 있기 때문에 문화철학은 철학 중에서도 가장 높은 위치를 차지한다고 했다.[19]

이처럼 주첸즈는 "미래의 철학은 마땅히 문화사의 철학, 바꾸어 말하면 문화철학이 될 것이다"[20]라고 예견했다. 이 관점은 현대에 와서 이미 실증된 사실로서 현행 세계 연구 풍토에서 인문 요소를 강조하는 추세는 철학 연구의 하나의 중요한 방향을 이루고 있다. 뿐더러 "단지 하루를 살더라도 그 하루 동안은 문화를 위해서 힘쓸 것이고 진리를 위해서 분투할 것"[21]이라고 했던 그의 말에서 확인할 수 있듯이 그는 평소 문화 연구에 대한 강한 의욕과 소신을 가지고 있었다. 그는 《문화철학》을 집필하게 된 취지를 〈서序〉에서 다음과 같이 밝히고 있다. "문화의 본질 및 그 유형을 설명하고 종교, 철학, 과학, 예술 등 각종 지식 생활에 대해서 모두 근본적으로 연구를 가한다. 또한 문화의 지리상 분포를 분석하여 중외中外 문화 관계와 중국 문화의 새로운 경향을 밝히고 미래의 세계 문화 건설을 모색하고자 한다."[22] 이처럼 그가 《문화철학》에서 제시한 문화 이론은 이후 그의 일련의 문화 거작들의 이론적 기초가 된다.

주첸즈의 사상 형성은 투철한 현실 인식에서 비롯된다. 그는 당시 중국의 위기 상황에서 민족이 부흥하지 못한 이유는 문화가 부흥되지 않은 데 있다고 절감했다. 때문에 쑨원孫文이 '실업 계획'을 했던 것처럼 주첸즈는 제국주의 강권에 맞서 중국을 구하고자 한다면 모름지기 근본적으로 문화로부터 시작해야 한다는 '문화 계획'을 실행함으로써 민족 부흥의 근본을 삼으려고 했다. 문화 계획의 구체적인 실행은 문화에 관한 저술 활동과 학술 강연을 통한 문명 개조, 구국적 '남방 문화운동'[23]이었다. 이처럼 문화 계획의 발로가 비록 애국애족적 차원의 구망救亡에 있었지만 이로 인해 이루어진 《문화철학》과 그 이후의 문화 저작들은 인류의 이상과 맞닿는 인류애적 프로젝트였다.

그렇다면 주첸즈가 그의 문화 저술들 속에서 꿈꾸었던 미래의 이상 세계는 무엇이었을까? 이 질문에 대답하고자 한다면 《문화철학》과 연결되어 있는 저작, 즉 《문화사회학》, 《문화교육학》을 관통하는 그의 문화 정신을 읽어내야 할 것이다. 1948년 비교적 뒤늦게 집필한 《문화사회학》은 사실 《문화철학》과 자매서임과 동시에 속편이라고도 할 수 있다. 이 두 책은 동일한 태도, 방법, 체계 하에서 이루어진 것이다. 다만 《문화철학》은 지식적 유형을, 《문화사회학》은 사회적 유형을 각각 분석하고 연구한 점이 다르다고 하겠다. 그리고 문화의 이상향을 《문화철학》에서는 '예술 시대'로 설정했다면, 《문화사회학》에서는 '미美적 사회주의'로 스케치하고 있다. 이 저서들에 이어 주첸즈는 미래 문화 사회로 이어주는 매개, 즉 '교육애愛'에 정초한 《문화교육학》을 기획했다. 이를 통해 '문화 인격'과 '문화 의지'를 배양하고 '문화주의 사회'를 건설하기 위한 인격적 유형을 연구하고자 했다.[24] 그러나 이 책은 끝내 집필하지 못한 것으로 보인다.

한편 문화와 문명의 개념은 본래 동양의 고유어가 아닌 서구어의 번역어로서 성립된 것이다. 독일의 문화 이데올로기로서 나치즘에 의해 비대칭적인 대립 개념으로 사용된 경우를 제외하고는 "유럽의 지배적인 언어 체계는 문화를 대체로 문명과 동일시한다".[25] 단지 그 것들은 내포하는 바와 뉘앙스를 달리하면서 상보적인 관계를 갖는 개념들이라고 하겠다. 문화는 문명의 기초가 됨으로써 문명의 진보 는 문화의 발전에 의지하고 문화의 발전은 필연적으로 문명의 진보 를 촉진시킨다는 이해 방식이 그것이다. 헌팅턴 역시도 문화와 문명 을 엄격하게 구분하지 않은 상태에서 문명을 '문화적 실체', '크게 쓰인 문화'로 파악함과 동시에 문명과 문화를 모두 '사람들의 총체 적 생활 방식'을 가리키는 개념으로 파악했다. 이렇듯이 일반적으로 문화와 문명은 혼용되어 쓰이거나 굳이 구별한다면 "문화는 중성적 인 개념으로 가치 판단이 배제되며 문명은 긍정적인 개념으로 인류 사회의 진보 상태"[26]를 말한다. 또한 "문화는 문명을 구성하는 개별 적 요소이고 그 양상 정도"[27]로 이해된다.

그런데 주쳰즈에게서 '문화'와 '문명'의 개념은 분명한 선이 있다. 이에 대한 그의 구별점은 바로 '문화철학'과 '문화사회학'이 갈리는 기준이 된다. 그는 "문화란 현재 유행하는 가장 신선한 명사다!"[28]라 고 하면서 문화에 대한 정확한 뜻을 추정하지 않는다면 문화철학의 방향을 잡을 수가 없다고 반문한다. 그런데 여기서 눈에 띄는 것은 그가 '문화'는 독일어Kultur—영·불어 culture와 함께 라틴어 cultra (땅의 경작)에서 유래—에, '문명'은 영어Civilization—라틴어 civis (시민)와 관련된 형용사 civilis, 명사 civilitas(시민권, 공손함), civitas(도 시국가) 등에서 유래—에 각각 배치하고 있다는 사실이다. 이로 볼 때 그의 문화와 문명에 대한 개념 분석은 19세기 말에서 20세기 초 에 이 두 단어를 둘러싸고 서구에서 벌어진 복잡한 개념 논쟁과 관련 되어 있음을 알 수 있다.

영국과 프랑스에서는 17~18세기에 일어난 시민혁명과 산업혁명을 계기로 근대적 시민사회가 형성됨에 따라 문명Civilization이라는 신조어가 등장하게 되었다. 하지만 당시만 하더라도 독일어권에서 강화되어 나타난 문화Kultur의 개념과는 기능적·의미적으로 별다른 차이가 없었다. 그러던 것이 1차 세계대전을 기해 독일의 민족주의적 문화 이데올로기가 출현함으로써 문화와 문명의 적대적 분열이 초래되었다. 독일의 보수주의 지식인들은 문명을 문화의 한 형태이자 기계적·기술적 수단이나 상업주의를 지칭하는 것으로 규정하면서 인간성과 인류 역사에 큰 위협으로 작용한다고 했다. 반면 독일 민족이 발현시킨 문화는 인류의 미래를 밝혀줄 참된 가치라고 주장했다.

이와 같은 문화와 문명의 적대감과 우열 의식은 2차 세계대전 이후에는 더 이상 통용되지 않았다. 하지만 슈펭글러O. Spengler, 토인비A. Toynbee의 문명과 문화 개념 역시 이 논쟁 시대의 지적 축조물이라고 할 수 있다. 특히 슈펭글러가 문명을 극렬하게 배격한 이유도 이 일련의 논쟁과 연관되어 있다. 그는 개별 세계 문화들은 유기체적인 성장 단계를 가지며 각 문화의 노년기가 바로 문명이라고 했다. 즉 문명은 문화의 퇴화물로서 몰락을 피할 수 없다고 말한다. 그야말로 문화가 생명이라면 문명은 죽음인 것이다.

주첸즈 역시 "독일인이 Kultur를 중시하고 영국인과 미국인은 Civilization을 중시한 까닭에 결과적으로 '문화'와 '문명'이 두 조각으로 나뉘게 되었다"[29]고 여겼다. 그는 슈펭글러의 견해에 대해 다소 불만족스럽게 생각하면서도 그가 결론 맺고 있는 문화와 문명에 대한 개념 규정만큼은 일정부분 받아들인 것으로 보인다. 스스로도 "자신의 근본적인 방법은 슈펭글러의 세계 형태학적 방법과 다소 일치한다"[30]고 밝히고 있다.

이와 함께 일본인 요네다 소타로米田莊太郎의 《현대 문화인의 심리 現代文化人之心理》라는 저서를 인용하여 문화와 문명의 개념을 다음과 같이 정리하고 있다. "독일어인 Kultur의 어원 및 그 의미는 모두 종교적 색채를 띠고 있다. 이와 반대로 Civilization의 어원과 원의는 본래 정치적·법률적 생활과 서로 관계가 있다. 라틴어의 Civis는 시민의 일을 가리키며, 이로부터 전화되어 Civilis(형용사) 혹은 Civilisatio (명사)가 되었다. 모두가 시민의 지위, 시민의 권리를 가리킴은 물론, 아울러 시민의 품격과 교양이라는 여러 뜻을 갖추어 말한 것에 불과하다. 때문에 Kultur는 극히 심오한 정신적 의미를 지닌다고 할 수 있으며, Civilization은 사회적·정치적 의미와 밀접한 관계가 있다고 하지 않을 수 없다."[31]

결국 문화에 강조점을 두면서 문화와 문명을 두 개념으로 나누고자 한 점 그리고 "용어 습관에 비추어보면 여전히 문화는 지식적인 것과 사회적인 것의 두 측면을 포괄한다고 할 수 있으며 사회 조직 발달의 문명을 오로지 가리켜서 그 가운데에 덧붙여 넣은 것이다"[32]라고 한 말에 비추어보면 주첸즈는 기본적으로 슈펭글러의 견해를 기초로 하는 독일식의 개념 구분을 따르고 있음을 알 수 있다. 강조컨대 독일어권에서 문화 개념은 "근본적으로 정신적·예술적·종교적 사실들에 적용되며 이런 종류의 사실들과 정치적·경제적·사회적인 사실들 간에 분명한 선을 그으려는 경향을 강하게 드러낸다"[33]는 점을 상기할 필요가 있다.

주첸즈는 최종적으로 슈펭글러와 요네다 소타로의 견해를 종합하여 다음과 같이 피력한다. "독일인이 제창한 Kultur 개념이 정신적 문화 개념—종교, 철학, 과학, 예술 등 지식 생활—이라고 한다면, 영국인과 미국인이 제창한 Civilization은 사실 사회적 문화 개념—정치, 법률, 경제, 교육 등 사회생활—이다. 모호하게는 물론 일반 학자와 같이 양자의 구별을 논하지 않겠지만 만약 세심하게 고찰해 보면 이것은 사실 인류 생활의 두 측면을 대표하는 표현이다. 이를테 면 한 측면이 인류의 지식 생활 문화를 표현한 것이라면 또 한 측면 은 인류의 사회생활 문화를 표현한 것이다."[34]

주첸즈는 이를 토대로 '문화학'을 크게 두 분과로 나눈다. 그 중 하 나가 문화Kultur, 즉 지식적 문화생활을 연구하는 '문화철학'이고, 또 하나는 문명Civilization, 즉 사회적 문화생활을 연구하는 '문화사회 학'이 그것이다. 뒤에서 재차 설명하겠지만 그는 Kultur 개념에 기초 한 문화의 근본 유형을 지식 생활상 종교, 철학, 과학, 예술로 세분화 시켜 '문화철학'의 연구 범위에, Civilization 개념에 기초한 문화의 근본 유형을 사회 생활상 정치, 법률, 경제, 교육으로 세분화시켜 '문 화사회학'의 연구 범위에 각각 귀속시키고 있다.

문화철학이라는 용어는 20세기로 전환하는 시점에 처음 등장했다. 당시에는 기술·산업혁명을 추진한 근대화의 힘으로 인해 파괴된 종 래의 문화 개념의 새로운 토대를 찾아야 한다는 실존적인 문제가 있 었다. 주지하다시피 근대화는 모든 문화 영역을 급속히 파괴했으며 도시화된 인간과 자신의 도구에 의해 조종되는 인간을 만들어냈다. 이와 같은 당시 시대상을 반영하고 진단하는 문화철학이 단지 철학 의 특정한 분과를 지칭하는 용어일 수는 없을 것이다. 그것은 전문적 인 개별 학문 분과들을 가로질러 있다고 하겠다.[35]

이처럼 문화철학은 아직 남아 있는 종래의 문화를 이해하고 변화된 조건 속에서 다시 재생시킬 수 있는지에 대한 가능성을 논의하는 여러 시도들을 총칭하는 개념이다. 이 시도들은 독일에서 두 개의 중요한 뿌리를 두고 있다. 하나가 니체Nietzsche, 딜타이Dilthey, 베르그송Bergson을 계승하면서 인식이 아닌 체험에 가치를 두는 경향이라면, 다른 하나는 자연 과학적 개관성의 가치를 제한하면서 문화적 현상의 가치를 규정하는 현상학적 및 신칸트주의적 단초다.[36] 주첸즈가 안출한 문화철학에 대한 정의는 전자에 근접한다.

주첸즈는 문화를 '인류 생활의 표현 및 인류 생활 각 방면의 표현'으로 이해하여 이를 문화철학의 개념 규정으로 확장시킴으로써 '생활 경험', 즉 문화사적 경험상에 근거를 둔 새로운 문화철학을 정립하고자 했다. 그는 문화철학을 선험적 관념론 상에 구축하고자 했던 빈델반트Windelband의 전통적인 문화철학의 개념에 찬동하지 않았다. 신칸트학파의 빈델반트는 문화철학의 원조를 칸트Kant에 두고 문화철학을 생활 경험보다는 초경험적 절대 가치의 추구라고 주장했다. 그러나 이렇게 되면 문화철학의 최대 목적인 문화의 창조, 곧 가치의 창조는 망각될 우려가 있었다. 이 때문에 주첸즈는 이 견해에 반대하여 문화철학을 영원한 창조와 진화인 '생명의 흐름[生命之流]'에 정초하고자 했다.

그런데 이러한 그의 생각은 기본적으로 량수밍梁漱溟이 문화를 "한 민족의 생활양식"[37]이라 한 것과 패턴이 유사하다. 량수밍은 알다시피 "베르그송의 생명철학과 유가철학의 생명 관념을 결합하여 도덕적 형이상학을 건립함으로써 명맥이 다해가던 전통 유학을 현대화시키는 데 결정적인 공헌을 했다. 그리하여 20세기 중국 근현대 철학사에서 현대 신유학의 독자적 영역을 구축했던 것이다".[38] 주첸즈의 문화관은 이처럼 량수밍이라는 큰 틀 속에 있으면서 루소Rousseau로부터 기초함은 물론 짐멜Simmel, 딜타이 등의 '생철학Philosophy of Life'과 베르그송, 크로체Croce, 슈펭글러 등의 '생명주의파'에 근거한다.

위에서 보다시피 주첸즈와 량수밍이 모두 문화를 '생활'로 간주한 것은 동일했지만 이 동일한 시각 속에서도 량수밍이 현대 신유학으로 나아갔던 것에 반해 주첸즈는 중국식 전통주의적 아나키즘 문화관을 확립하고 있다. 이것은 개인주의적 아나키스트로서 그의 아나키즘이 천의파의 이론적 지도자 류스페이劉師培의 중국식 아나키즘의 한 흐름으로 평가된 것[39]만 보아도 알 수 있다.

무엇보다도 주첸즈가 문화를 영원한 창조와 진화인 '생명의 흐름'에 정초한 것은 당시 중국 사회를 정체시킨 전제주의 봉건 문화를 혁신시키려는 의도였다. 비과학적 속성과 도덕형이상학적 색채가 짙은 중국 문화의 추상성과 모호성을 떨쳐버리고 문화 논의를 올바른 시대 인식의 환기 내지는 인간의 현실적인 삶의 문제로 끌어들였다는 점은 긍정적으로 평가할 만하다. 결국 그에게서 문화철학이란 "문화 본질을 구성하는 존재로서 이미 가치를 추정할 수 있는 인류 생활이 남긴 총괄적인 성적일 뿐만 아니라 인류 생활의 깊숙한 곳저 영원한 창조이며 영원한 진화인 '생명의 흐름'에 근원하는 것"[40]이라 하겠다.

문화의 진화

주첸즈는 문화를 생명을 가진 유기체로 파악하여 그 자체가 창조할 수도 진화할 수도 있다고 생각했다. 그러므로 문화의 진화란 무기체인 물질의 퇴적과는 근본적으로 다르다고 하겠다. 그의 말을 보면

"문화의 진화 속에는 옛것[故]에 의지하는가 하면 또 한편 새것[新]을 우러러보기도 한다. 미래의 전진은 예측할 수 없는 한편 과거의 누적은 영원히 끝나는 시기가 없다. 문화의 누적은 내부 발전으로부터 오기 때문에 생물의 진화와 같고 물질의 퇴적적인 것과는 다르다 하겠다. 물질의 퇴적은 유한적이고 공간적이고 동질성적이지만 문화의 진화는 무한적이고 시간적이고 끝없는 영원 변화적이다. 간단히 말해서 문화란 사실 자연과 대립되는 것이므로 전자는 유생명적이고 후자는 무생명적이다."[41]

주첸즈의 문화 진화 개념에는 베르그송의 '지속duration'과 헤겔Hegel의 '지양Aufheben'이라는 개념이 동시에 내포되어 있다. 바꿔 말해서 세계 문화사의 근본 현상에는 변증법의 '지양'적인 현상이 담겨져 있지만 그 발전 변화의 흐름 속에는 일종의 '지속'적 근본 현상이 담겨져 있다. 그는 말하기를 "문화의 진상을 설명함에 있어서는 마땅히 영속[常]을 써야겠지만 실제상의 응용에 있어서는 도리어 단절[斷]을 써야만 한다. 문화철학은 일면 문화의 진상을 매몰시키지 않으면서 끊임없이 창신創新하고 영원히 중도에 끊이지 않는 지속을 인식하는가 하면, 일면 지양적 법칙을 현재에 응용하여 현실을 진화의 노정에까지 인도해 간다"[42]고 했다.

주첸즈는 이처럼 생명 구분을 강조하는 변증법적 발전과 더불어 영원히 한순간도 정지하지 않고 창조적 진화를 계속하는 영속적인 '문화 생명'에 주목했다. 또한 이를 설명하기 위해서 베르그송의 '대지속大持續(duration)'이라는 개념을 끌어들여 영원한 현재만이 참된 시간이며 그 생명으로부터 표현된 문화만이 진정한 문화라고 주장했다. 그는 말하기를 "참된 문화는 극히 미세하고 극히 간단한 것에서부터 흥기하여 점점 증가해 나아가고 스스로 쌓아가는 것임은 물론 끝없이 확장한다. 미세한 것에서 현저함에 이르고 작은 것이 쌓여서 지대해진다. 그것은 시시각각의 누적일 뿐더러 시시각각의 창신이다"[43]고 했다. 이러한 그의 생각은 크로체의 "모든 참된 역사는 현재적 역사다Every true history is contemporary history"라는 말에 수렴되어 "참된 문화는 모두 '현재적인 것'이고 '생명을 가진 표현'이다"[44]라는 말로 귀결된다. 즉 문화란 '현재성'과 '생명성'을 지녀야만 참된 의미의 문화임이 강조된다.

이를 통해서 주첸즈는 당시의 맹목적인 복고 운동을 통렬하게 비판함은 물론 중국 문화의 과학화를 촉구하고자 했다. 이를테면 "만일 문화 부흥이 단지 과거의 고문화를 다시 받아들인다는 것이거나 과거 봉건식 문화를 회복하는 것이라고 한다면 이러한 복고 운동은 문화의 파산과 민족의 멸망을 선포하는 것이나 진배없다!"[45]고 선언했던 것이다. 이것은 근현대 제국주의 침략에 직면하여 조국을 구하기 위한 '문화구국주의'적 발로였다. 그야말로 "과거 문화는 반드시 현 생명의 재창조를 거쳐야만 …… 존재 의미가 있다"[46]는 것이 주첸즈의 확고한 신념이었다. 여기서 현 생명이란 바로 현대의 헤게모니인 과학 문화를 가리킨다. 그에게서 현재성과 생명성의 자정 능력을 상실한 현실 문화나 고문화 부흥 운동은 단지 허상에 불과했다.

이와 동시에 문화의 진화에 대한 주첸즈의 또 하나의 중요한 개념은 바로 '돌창突創적 진화'다. 그는 이것을 다음과 같이 설명한다. "현재적 문화는 시간적으로 영원히 항상 새로운 문화의 흐름으로서 언제나 창조되고 생산된다. 그러나 생生이란 또한 무無로부터 발생하여 존재한다는 것이 아니라 본래 그 사물이 없는데 홀연 스스로 돌창된다는 의미이다. 돌창이란 반드시 그 바탕이 있다. 그런 다음에야 이 돌창적 진화는 비로소 문화적 진화가 된다고 하겠다 …… 돌창적 진화 그 자체가 역시 진화의 가운데 있고 문화의 진화는 돌창적 진화의 극점인 것이다."[47]

주쳰즈는 이 이론을 모건C. L. Morgan과 알렉산더S. Alexander의 신창조론을 응용하여 도출해내고 있다. 신창조론이란 간단히 말해서 화학이 출발점이 되고 생물학이 그것을 보좌하는 형태다. 가령 화학의 경우 수소와 산소가 결합해서 발생한 물은 성질상 원래의 합성물과는 전혀 다른 새로운 물질(갑+을+X=병)이 된다는 사실이 이론적 논거를 이룬다. 모건 등은 이러한 현상을 발견하고 이를 원칙으로 삼아 모든 근원을 설명하고자 했다.

말하자면 전자의 그룹이 원자를 이루는 점은 수소와 산소가 반응하여 물이 되는 것과 같다. 원자의 구성으로 분자가 되는 것 역시 그렇고, 분자의 구성으로 물질이 되는 것, 더 나아가서는 세포의 구성에 있어서도 또한 그렇지 않은 바가 없다. 심지어 생명이 물질에서 나온다는 사실과 심령이 생명에서 나온다는 것 모두가 이처럼 창조된다. 주쳰즈는 이 같은 법칙은 문화 현상에서도 통용될 수 있다고 보았다. "이러한 신창조론을 응용하여 문화의 진화를 설명한다면 문화의 진화는 사실 이 돌창적 진화의 절정이 아닐 수 없다. 최초 돌창적 진화는 수소와 산소가 화합하여 물이 되듯이 일체 생활 기능이 없는 무기체의 현상에서 나타난다. 그 다음으로 많은 기관이 생물을 구성해내는 것처럼 일체 생활 기능을 갖는 유기체 혹은 생명체의 현상에서 나타난다. 더욱이 이제는 모든 초생명체의 현상에서 나타나고 있는데 이것이 소위 '문화 세계의 현상'인 것이다."[48]

그런데 주첸즈는 문화의 진화는 돌창적인 한편 '단계 창조적'이며 질적인 변화인 한편 양적인 변화라고 했다. 예컨대 문화의 지리적 분포에서 보면 유태계가 그리스계에 더해져서 유럽의 중세 문화가 이루어졌지만 사실 양 계열의 문화 성질과는 다른 별도의 한 존재가 되었으며, 인도계가 중국계에 더해져서 중국의 중세 문화가 이루어졌지만 중국의 중세 문화는 사실 양자의 성질 말고도 별도의 새로운 성질을 갖는다는 것이다.[49] 그는 향후 동서 문화의 상호 접촉과 영향 하에서 새로운 세계 문화가 창출되기를 내심 기대했다.

그러나 이것은 문화 현상 중의 하나인 공간적 개척을 두고 말한 것이고 문화의 근본 현상인 지속을 포괄하기에는 불충분하다. 주첸즈는 문화철학의 최대 장점은 "단계 창조적 진화를 응용하여 문화의 시간 지속 속에서의 모든 단계적 발전을 설명하는 데에 있다"[50]고 했다. 또한 주첸즈는 매 단계를 판에 박은 듯한 콩트Comte의 '3단계 법칙'은 문화의 돌창적 진화를 설명하기에 부족하므로 별도로 그것을 '발생식發生式'적 법칙으로 대체해야 한다고 주장한다. 이 법칙의 장점은 "지금까지의 인류 문화에 대한 퇴적적 견해를 타파하고 문화의 돌창적 진화를 간파하는 데에 있다. 그것은 다만 하나의 계승적 연장 형식일 뿐만 아니라 생명의 무궁한 발전이다"[51]고 했다. 그는 다음과 같은 다섯 가지의 기초 개념을 제시한다.

① 돌창emergence: 모든 문화가 과정이기 때문에 모든 사물은 변화를 가진다. 이 문화란 사실 갑자기 나타난 것이지만, 매번 변화에는 반드시 고유한 것 외에도 어느 정도의 창신이 있게 마련이다. 이러한 창출품이 곧 문화의 새로운 단계가 된다. ② 층차層次(levels): 문화의 새로운 단계는 앞 단계를 기초로 삼아서 갑자기 창생創生해 나오기 때

문에, 앞 단계가 한 층이 되고 새로운 단계는 이 층 위에 또다시 한 층이 더해지는 것이다. 이리하여 층층이 추진되어 언제나 한 층에 이르면 반드시 더 높은 층이 정해진다. 그런 뒤에 한 층이 반드시 앞 층을 능가하게 된다. ③ 내포內包(involution): 문화의 매 층은 비록 그 위에 반드시 따로 한 층이 있게 마련이지만, 상층은 반드시 그 아래의 한층 혹은 수층을 기초로 하기 때문에, 최고층으로부터 최저층에 이르기까지 한 층은 한 층에 포함된다. ④ 상속上屬(dependence): 문화는 앞 층으로부터 뒤 층으로 나아가기 때문에, 뒤 층이 비록 앞 층을 기초로 삼지만, 앞 층은 그 뒤 층을 좌우할 수 없다. 그러나 뒤 층은 반대로 앞 층을 충분히 지배할 수 있다. ⑤ 인연因緣(relatedness): 문화는 본래 단지 하나의 구조여서 앞 층에서 뒤 층이 돌창되어 나오기 때문에 이 뒤 층은 반드시 하나의 인연이 합쳐진 새로운 격식, 즉 새로운 구조를 가진다. 구조가 같지 않은 이유로 해서 마침내 뒤 층이 돌고 돌아 앞 층과 달라지게끔 된다.[52]

주첸즈는 이처럼 문화의 발전을 높고 큰 탑에 비유하고 있는데 위의 다섯 가지의 기초 개념에 근거해서 설명해보면 다음과 같다. A는 신학 단계, B는 형이상학 단계, C는 실증·과학 단계를 가리킨다. 문화철학에서 보면 인류의 진화는 C단계에서만 그치지 않고 D, E, F, G 내지는 X의 단계로 돌창되는 계속적인 창조 속에 있는 것이다. 그림 A층은 횡선으로 표시되어 있고 B층은 직선과 횡선이 동시에 존재한다. 즉 A층 위에 한 층이 더해져서 신학 단계 외에 새로운 단계가 더해져 있음을 알 수 있다. 같은 이치로 C층은 사선으로 그 특성을 표시한 것 외에 직선과 횡선이 겸해져 있다. C층은 A층과 B층 말고도 한 층이 증가한 것이다. 즉 형이상학 단계와 신학 단계 위에 더욱

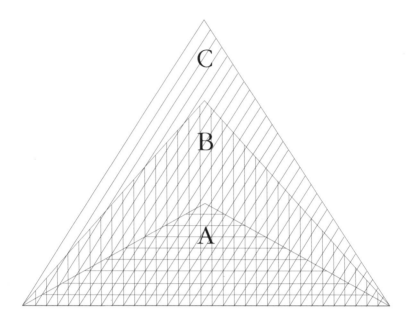

새로운 단계가 더해졌다고 할 수 있다.

 문화의 내포로 말한다면 C층은 B, A층을 기초로 함은 물론 B층은 A층을 기초로 삼는다. 이를테면 실증·과학 단계는 형이상학과 신학 단계를 기초로 하고 형이상학 단계는 신학을 기초로 한다. 이것이 바로 문화의 진화가 최고층에서 줄곧 최저층에 이르기까지 모두 최저의 한 단계에 그것을 포함시킬 수 있음을 말해주는 것이다. 그렇지만 문화의 '상속'으로 말한다면 A의 상층은 B이고 B의 상층은 C이지만, B는 결코 A에 의해 지배받지 않으며 오히려 그 속에 있는 A를 지배한다. C 역시 B, A에 의해 지배받지 않으며 반대로 B, A에 영향을 준다. 이것이 바로 문화 진화의 제2단계(층차)를 말한 것으로 형이상학은 결코 신학에 의해서 지배받지 않으며 역으로 그 속에 있는 신학을 지배한다. 제3단계(층차)에 있어서는 실증·과학 역시 형이상학이나 신학에 의해 지배받지 않으며 반대로 형이상학이나 신학의 변화를 발생케 한다. 그리고 재차 문화의 '인연'으로 이어지게 된다.[53]

사실 이 3단계의 법칙은 본질상 인류 정신 가운데 고유한 세 가지 종류의 다른 지식 유형이지만 표현 형식상 역사적 단계의 발전인 것이다. A, B, C 각 지식 유형이 상호 결합하여 이룬 문화 총체는 여러 가지 다른 구조와 다른 배열의 형식을 갖는다. 제1시기 A(신학 지식: 종교)는 AA(종교적 종교) AB(종교적 철학) AC(종교적 과학)로, 제2시기 B(형이상학 지식: 철학)는 BA(철학적 종교) BB(철학적 철학) BC(철학적 과학)로, 제3시기 C(과학 지식: 과학)는 CA(과학적 종교) CB(과학적 철학) CC(과학적 과학)로 각각 진화하게 된다.

이처럼 그 사이인 뒤 층이 앞 층에 돌고 돌아서 달라진 이유는, 전체 내면적 구조가 여러 가지로 다른 면이 존재하기 때문이다. 그에 따른 매 새로운 층의 표현적 형식 역시 갖가지로 달라지는 데 불과하다. 또한 문화철학에서 보면 그 차이는 절대적인 것은 아니다. 이것은 문화 생명의 근본 현상을 파악하기 위한 것으로 한층 한층의 단계적 정상靜相은 원래 인연의 화합에 의해서 이루어진 것으로 본래는 실상이 없다. 문화의 진화 역시 영원히 한순간도 정지하지 않고 창조적 진화를 계속하는 '영원한 현재'인 것이다.[54]

이와 같은 문화의 근본 유형과 그 표현 형식에 대해서는 다음 장에서 자세히 살펴보겠지만 여기에는 해석상 콩트의 심리학적 방법과 헤겔의 논리학적 방법이 깊이 개입되어 있다. 위의 설명은 주로 콩트의 지식적 진화 유형을 베르그송의 시간적 '지속'에 역점을 두어 기술한 것이다. 역사 진화의 법칙에서 보면 제1단계 종교 형태로부터 제2단계 철학 형태, 제3단계 과학 형태에 이르기까지 그 생명의 한 흐름 속에는 분절할 수 없는 문화의 진화가 존재한다.

그러나 역사 진화의 법칙으로 말한다면 헤겔의 논리주의의 강점인 표현 형식으로서의 변증법적 '지양'이라는 개념을 간과할 수 없다. 즉 다른 차원에서 보면 지속적 근본 현상 외에도 지양적 단계 법칙이 함께 내재되어 있어 매 역사 변화 단계상 변증법적 모순 투쟁이 발생한다. 예컨대 철학과 종교의 경우 철학은 종교 형태에 대한 일차적 부정이다. 이 부정이란 인류 지식이 종교 형태에서 철학 형태로 이행할 때 나타나는 피할 수 없는 관념 투쟁인 것이다. 이 과정에서 고대 그리스의 소크라테스Socrates가 희생됨은 물론 근세의 데카르트Descartes, 스피노자Spinoza, 루소 등도 종교적 압박에 처했다는 것이 주첸즈의 논지다.

세계 문화 유형과 그 담론적 현재성

문명다원주의적 문화 유형

주첸즈의 문명(문화)에 대한 관점은 기본적으로 복수론적 다원주의 입장을 취한다. 그는 "인류라는 틀 속에서는 문명 민족이든지 아니면 야만 민족이든지 막론하고 모두 자연스럽게 그 자신의 문화를 가지고 있으며 다만 문화적 정도만이 서로 다를 뿐이다"[55]고 말한다. 주첸즈가 복수론적 입장을 견지한 데는 무엇보다도 세계적 연구 조류를 놓치지 않고 빠르게 흡수하고 있었기 때문이다.

예컨대 문명 비평가 토인비, 슈펭글러 등은 당시 서구의 지성계를 지배하고 있던 단일문명론에 맞서 복수적 의미의 문명 개념을 인정함은 물론 각각의 문명은 흥망의 과정을 밟아간다는 주장을 펼쳤다. 이것은 서구 학계에서는 가히 혁명적인 인식의 전환이었다. 슈펭글러는 단수로서의 문명 개념에 반대하고 복수로서의 문명 개념을 주장한 대표적인 학자였다. 주첸즈의 입론은 특히 슈펭글러의 반향이라고 할 수 있다. 그리고 여기에 문화철학적 차원에서 콩트의 심리주의와 헤겔의 논리주의가 함께 협력을 이룬다.

환기하자면 주첸즈의 다원주의적 세계 문화 유형과 지리적 분포를 이해하기 위해서는 문화의 근본(본질) 유형과 그 표현 형식인 역사 진화의 법칙에 대한 분석이 선행되어야 한다. 주첸즈는 문화의 근본 유형과 작용에 대한 독특한 견해를 피력한다. 즉 문화의 본질상 심리주의와 논리주의 해석 방법으로서 콩트의 '3단계 법칙'과 헤겔의 '3분 分 변증법'에 '예술적 단계'와 '몰자적 단계'를 각각 첨가시켜 '4단계 법칙'과 '4분 변증법'으로 변형·발전시킨다.

논지컨대 콩트의 제1단계 신학, 제2단계 형이상학, 제3단계 실증·과학, 제4단계 예술을 각각 헤겔의 몰자(종교적 관념 형태), 즉자(철학적 관념 형태), 대자(과학적 관념 형태), 즉자대자(예술적 관념 형태)에 대입시킨다. 그리고 이와 함께 시기적으로 콩트는 제3단계에 살았기 때문에 실증적·과학적 단계를 종점으로 삼을 수밖에 없었으며, 헤겔은 시기적으로 제2단계에 살았기 때문에 즉자적 단계를 기점으로 삼을 수밖에 없었다고 그들의 한계를 지적하고 있다.

결국 주첸즈는 이와 같은 콩트와 헤겔의 이론을 종합하여 문화의 근본 유형을 지식 생활상 4단계, 즉 종교, 철학, 과학, 예술, 그리고 그 의존 관계에 있는 사회 생활상 군사, 법률, 경제, 교육을 첨가하여 문화의 여덟 가지 유형을 완성해낸다. 이미 살펴본 대로 지식 생활상

네 유형은 '문화' 개념으로서 '문화철학' 연구의 범위에 속하고, 사회 생활상 네 유형은 '문명' 개념으로서 '문화사회학' 연구의 범위에 속한다. 이것은 본질적 존재인 한편 형식적(역사적) 존재이기도 하다.

철학을 예로 들어보면 철학은 문화의 본질에 해당된다. "그 본질상에서 보면 철학은 독립적인 일종의 특수한 문화학으로 다른 것과는 상이하다. 형식상에서 보면 철학은 시간의 변화에 의거함은 물론 순서에 따라서 다른 문화 생명을 취함으로써 그 표현의 형식을 삼는다."[56] 그러므로 한 유형이 각 유형과 맺는 관계로 보면 그것은 형식상의 문제이지 본질상의 문제는 아니다. 한 유형의 본질적 생명은 독립해서 스스로 존재하는 초시간적 성질을 갖는다. 그러나 한 유형의 표현적 형식은 다른 문화 생명과 상호 관계를 발생키기 때문에 시간과 역사를 초월하지 않을 뿐더러 시간과 역사 속에 존재하여 역사의 동적 관계를 이루는 것이다.

이처럼 주첸즈는 문화의 본질과 표현 형식을 콩트의 심리주의와 헤겔의 논리주의 방법을 응용하여 해석하고자 했다. 콩트의 "심리주의는 생활을 중점으로 하면서 내용적·경험적·정의(情意)적 경향"[57]을 띠므로 문화의 본질적 유형을 설명하기에 적합하다. 반면에 헤겔의 "논리주의는 사상을 중심으로 하면서 형식적·선험적·이지적 경향"[58]을 띠므로 문화의 형식적 유형을 설명하기에 적합하다. 그러나 문화의 본질 해석에서 논리주의는 원래 심리주의의 한 해석과 반영이기 때문에 콩트의 3단계 법칙과 헤겔의 3분 변증법은 서로 상호 보충적 관계에 있다. 이러한 문화철학적 성과는 이 두 파의 장점은 취하되 단점은 피하고자 한 주첸즈의 학문적 분투로 가능했던 것이다.

주첸즈는 이 문화 유형들에 그 표현 형식인 역사학적 방법, 즉 문화의 진화상 자신이 고안한 발생식적 법칙과 헤겔의 변증법을 응용하여 연쇄적 관계로서의 역사 발전 과정으로 분화시킨다. 아울러 방법론상에서 문화 유형의 관계를 관찰해보면 각 문화의 유형을 파악해낼 수 있다고 보았다. 그의 관점에서 보면 이 네 문화 유형은 자료의 차이에서 오는 것이 아니라 운용 방법의 특이함에서 오는 것이다. 즉 연역법(신앙)→종교; 변증법(내성)→철학; 귀납법(관찰, 실험, 비교, 역사)→과학; 직관법(표현)→예술이 그것이다. 이러한 일련의 문화철학적 해석과 방법은 다변적이고도 다층적인 문화 현상을 본질적인 차원에서 좀 더 효과적으로 설명해낼 수 있다는 장점을 가진다. 이것은 당시 중국 내의 문화철학 연구의 수준을 감안해본다면 다른 어떤 이론들보다도 발전된 형태임에 틀림없다.

또한 주첸즈는 헤겔의 문화지리학의 형이상학적 이해를 통해 하나의 세계 문화 민족은 반드시 하나의 특수적이고 외부적인 지리적 기초를 가진다는 사실을 간파해낸다. 이 지리적 기초란 인류 문화와 상관관계에 있는 기후, 지형을 의미하는 것이다. 그의 결론은 '고원 문화'는 인도로서 지리적 특성상 종교적 문화를, '평원 문화'는 중국으로서 지리적 특성상 철학적 문화를, '해양(연해지) 문화'는 서양으로서 지리적 특성상 과학적 문화를 각각 형성한다. 이처럼 그는 세계 문화를 기본적으로 '3원론', 즉 인도, 중국, 서양이라는 문화의 세 근본 단위로 파악하고자 했다. "이 지형상의 세 요소를 대표하는 인도, 중국, 유럽은 모두 구세계에 있어서 인구가 가장 많은 세 지역이다. 이 세 지역에 의해 발육된 세 종류의 다른 문화는 매 문화마다 세계 인구의 4분의 1에 영향을 준다."[59]

문화 발전의 시간 순서로 말하자면, "인도의 종교적 문화는 기원전

3000년에서부터 327년에 이르기까지가 문화사의 제1시대가 된다. 중국의 철학적 문화는 가령 춘추전국의 출발로부터, 즉 기원전 770년부터 1660년 명明이 망하기까지가 문화사의 제2시대라고 할 수 있다. 서구의 과학적 문화는 엄격히 말해서 응당 중세기의 문예부흥과 종교개혁 이후로부터 시작하여 현대에 이르러서야 비로소 매우 신속한 진보가 있었다. 이것이 문화사의 제3시대가 되는 셈이다".[60] 이것은 뒤에서 다시 언급하겠지만 그는 인류 문화사의 발전 단계를 크게 종교→철학→과학으로 구분한다. 이 가운데 인도 문화는 첫 번째 시기인 종교 시대를, 중국 문화는 두 번째 시기인 철학 시대를, 서양 문화는 세 번째 시기인 과학 시대를 각각 대표한다. 이상 설명한 내용을 문화 발전의 인연 관계에 따라 표로 나타내보면 아래와 같다.

시기 문화 구역	제1시기: 종교 단계	제2시기: 철학 단계	제3시기: 과학 단계	제4시기: 예술 단계
인도(고원): 종교	종교적 종교 (연역적 연역법)	철학적 종교 (변증적 연역법)	과학적 종교 (귀납적 연역법)	예술적 종교 (직관적 연역법)
중국(평원): 철학	종교적 철학 (연역적 변증법)	철학적 철학 (변증적 변증법)	과학적 철학 (귀납적 변증법)	예술적 철학 (직관적 변증법)
유럽(해양): 과학	종교적 과학 (연역적 귀납법)	철학적 과학 (변증적 귀납법)	과학적 과학 (귀납적 귀납법)	예술적 과학 (직관적 귀납법)
이상(세계): 예술	종교적 예술 (연역적 직관법)	철학적 예술 (변증적 직관법)	과학적 예술 (귀납적 직관법)	예술적 예술 (직관적 직관법)

이에 앞서 주첸즈는 당시 한창 열띤 토론의 대상이 되었던 '동서 문화의 문제'와 관련, 이 문제를 해결하기 위해서는 "선행적으로 무엇이 동방이고 무엇이 서방인지 하나의 표준을 정해야 한다"[61]고 했

다. 결론적으로 그는 동방 문화를 중국과 인도로, 그리고 서방 문화를 서구로 나누는 데 동조한다. 그러면서도 "중국 문화와 인도 문화를 함께 섞어서 서구 문화와 비교하는 식의 생각은 근본적으로 틀렸다고 보지 않을 수 없다"[62]고 했다. 중국과 인도를 동질적인 하나의 문명권으로 고정시켜서 서구와 비교하는 식의 생각에는 반대했던 것이다. 이것은 량수밍이 "동방 문화는 최소한 중국 문화와 인도 문화의 양대 체계로 구분되어야 하며 동방 여러 민족 모두를 혼합해서 말할 수는 없다고 한 것"[63]과 그 맥이 같다.

주첸즈 역시 량수밍이 "세계는 유럽, 중국, 인도로써 문화의 3대 계통으로 삼음이 옳다"[64]고 한 것과 같이 세계 문화를 3원론, 즉 인도, 중국, 서양이라는 문화의 세 근본 단위로 파악하고자 했다. 물론 세계 문화를 말할 때 단지 이 세 가지만으로는 부족한 듯이 보일지 모르지만 고등 문화를 대표하는 유형에 관해 말하자면 오히려 중국, 인도, 그리고 서구만이 존재할 뿐이라고 주장했다.[65] 이러한 세 종류의 고등 문화는 주첸즈에게 있어서는 사실 비교적 독립적인 각각의 문화이고 세 종류의 다른 대등병칭적인 가치를 대표한다고 하겠다.

그런데 주첸즈는 '세계 문화의 지리적 3원론'에 대한 이론적 근거로 량수밍의 '문화의 세 방향[三路向]설'과 막스 셸러Max Scheler가 지식사회학에서 제시한 '지식의 세 형식'을 대응시킴으로써 자신의 학설을 강화하고 있다. 전자는 ① 서양 문화는 '의욕의 앞으로 향한 요구[意欲向前要求]'를 근본정신으로 삼는다, ② 중국 문화는 '의욕의 자위·조화·지중[意欲自爲調和持中]'을 근본정신으로 삼는다, ③ 인도 문화는 '의욕의 자신을 반성하여 뒤로 향한 요구[意欲反身向後要求]'를 근본정신으로 삼는다(량수밍)가 그것이고, 후자는 ① 실용적 지식—서구의 자연 정복적 지식, ② 교양적 지식 또는 본질적 지식—중국 및 그리스의 지배 계급적 지식, ③ 해탈적 지식—인도의 불교적 지식(셸러)이 그것이다.[66]

이 두 동서양 학자의 설을 정리해보면 '의욕의 자신을 반성하여 뒤로 향한 요구'인 인도 문화는 '해탈적 지식'으로서 주첸즈가 말한 '종교적 문화'이고, '의욕의 자위·조화·지중'인 중국 문화는 '교양적 지식'으로서 그가 말한 '철학적 문화'다. 그리고 '의욕의 앞으로 향한 요구'인 서양 문화는 '실용적·자연 정복적 지식'으로서 그가 말한 '과학적 문화'인 것이다.

엄밀한 의미에서 주첸즈의 문화철학은 중국 사상사에 있어 량수밍의 이론을 계승해 발전시킨 것이다. 주첸즈는 량수밍이 말한 것이 "자신의 문화철학의 출발을 위한 길잡이임"[67]을 스스로 인정하고 있다. 말하자면 "서양 문화는 이지理智 중심의 물질 문화, 중국 문화는 직관直觀 중심의 도덕 문화, 인도 문화는 현량現量 중심의 종교 문화"[68]라고 했던 량수밍의 이론은 그대로 주첸즈에게 계승되어 세계 문화 체계로 유형화되고 있다.

량수밍은 문화란 한 민족의 생활양식이고 생활은 의욕을 표현하는 것으로 다른 민족의 문화 표현은 다른 특질을 갖고 있게 마련이라고 했다. 그는 이를 기초로 하여 서방·중국·인도 세 방면의 문화로 구분하여 문화의 세 방향설을 제기했던 것이다. 이 세 종류의 문화 방향은 모두 의욕이 취하는 세 갈래 다른 방향에 의해 나타난 것이다.[69] 그런데 "주첸즈의 문화 4단계인 종교적 문화, 철학적 문화, 과학적 문화, 예술적 문화는 바로 이와 같은 량수밍의 문화의 세 방향설을 거울삼은 것"[70]이라고 할 수 있다.

이미 논급했듯이 주첸즈의 세 종류의 지식 문화는 세계 인구가 가장 많이 거주하는 세 구역, 즉 문화의 지리적 분포상 인도, 중국, 서구에 각기 대응된다. 현 세계 문화의 체계는 종교형에 속하거나 철학형 혹은 과학형에 속한다. 문화의 전파로 말하자면 인도 문화에 의해 전파된 것이거나 중국 문화 혹은 서양 문화에 의해 전파된 것이다. 문화의 유형으로 말하면 종교 문화는 인도가, 철학 문화는 중국이, 과학 문화는 서양이 각각 그것을 대표하지만 모든 문화는 결국 예술 문화를 향해서 나아가게 된다. 한편으로 주첸즈는 세계사의 문화 구역을 24단위로 분류하기도 했지만,[71] 종합해보면 중국, 인도, 서구 세 문화 단위로 귀결된다고 했다. 이 문화 단위의 특징은 다음과 같다.

① 문화의 유형: 인도 문화는 종교 문화이고 중국 문화는 철학 문화이며, 또한 서양 문화는 과학 문화다. 인도 문화사는 종교 문화의 발전사이고 중국 문화사는 철학 문화의 발전사다. 서양 문화사는 과학 문화의 발전사다. ② 문화의 구조: 인도 문화에도 철학, 과학, 예술은 있지만 모두 종교 문화가 중심이 되어 종교적 철학, 종교적 과학, 종교적 예술을 형성한다. 중국 문화에도 종교, 과학, 예술은 있지만 모두 철학 문화가 중심이 되어 철학적 종교, 철학적 과학, 철학적 예술을 형성한다. 마찬가지로 서양 문화에도 역시 종교, 철학, 예술은 존재하지만 모두 과학 문화가 중심이 되어 과학적 종교, 과학적 철학, 과학적 예술을 형성한다. ③ 문화의 발전: 인류 문화사의 발전 단계는 크게 종교 시대→철학 시대→과학 시대→예술 시대로 구분할 수 있다. 이 가운데 인도 문화는 첫 번째 시기인 종교 시대를 대표하고, 중국 문화는 두 번째 시기인 철학 시대를 대표하고, 서양 문화는 세 번째 시기인 과학 시대를 대표한다. ④ 문화의 접촉: 인도 문화

사 중 과학 시대는 서양 과학 문화의 영향이다. 중국 문화사 중 종교 시대는 인도 종교 문화의 영향이며 과학 시대는 서양 과학 문화의 영향이다. 서양 문화로 말한다면 서양 문화사 중 종교 시대는 인도 종교 문화의 영향이며 철학 시대는 중국 철학 문화의 영향이다.[72]

여기서 흥미로운 것은 인류 문화사의 발전 단계상 문화 유형의 배열에서 량수밍과 차이를 보이고 있는 점이다. 량수밍은 인류 사회의 발전 단계를 3단계로 구분하면서 매 단계마다 해결해야 할 문제를 제시함으로써[73] 인류 문화는 서양→중국→인도로 순차적으로 방향을 전환한다고 주장한다. 그런데 인류 문화 발전의 법칙성을 규명하기 위해서 한층 일반적이고 보편적인 원칙을 정립하지 않고 그는 단지 몇 가지 특수한 사례를 들어서 설명하고 있다. 또한 정신의 작용만을 강조한 나머지 문화 3단계 방향설은 역사 발전의 필연성에 근거했다기보다는 우연성에 의존하여 설명하고 있다는 점에서 한계를 드러내고 있다.[74]

이에 반해 주첸즈의 문화 진화 개념에는 베르그송의 지속과 헤겔의 지양이라는 개념이 동시에 내포되어 있다. 더 나아가서 헤겔의 논리주의와 콩트의 심리주의를 종합함은 물론 변증법적인 역사 진화의 연구법을 채용함으로써 량수밍에 비해 좀 더 객관성과 타당성을 확보하고 있다. 이러한 의미에서 주첸즈의 문화철학은 중국 사상사 차원에서 볼 때 량수밍의 계승임과 동시에 한 단계 발전된 형태라고 할 수 있다.

보편문명으로서의 예술 문화

근대 이후 현대화가 곧 서양화라는 관념이 우리의 의식을 지배한 지 오래다. 서양 문명은 현대 문명의 대명사가 되어버린 셈이다. 서양 문명은 과학과 기술의 경이적인 발달과 인류 역사에서 전례를 찾아볼 수 없는 부의 축적을 이루었다. 그리고 합리적인 원칙에 근거해서 이성이 지배하는 영역을 극대화시킴으로써 미래 사회의 장밋빛 꿈이 실현될 것으로 모든 사람들을 굳게 믿게 만들었다. 그러나 물질문명의 이기는 인류사에 있어서 두 차례의 세계대전이라는 다시없는 대재앙과, 생태학적 위기, 핵전쟁, 인간 소외나 원자화 등의 수많은 고통을 안겨주었다.

주첸즈는 이를 두고 다음과 같이 진단한다. "현대 문명은 대전 이후의 선혈鮮血 속에서 현재의 네 기사騎士가 쏟아져 나왔다. 첫째는 경제 테러, 둘째는 흉작, 셋째는 메마른 감정, 넷째는 호전주의의 재생이 바로 그것이다. 문명은 돈 냄새, 시끄러움, 물질주의로 변했고 문화Civilization 역시 변해서 매독화되었다. 이것이 바로 문명의 진짜 위기로서 세계 각국의 사상가가 모두 문명의 장래를 우려하게끔 만드는 부분이다. 그리하여 그들은 큰 소리로 '지금 우리들은 또 어디로 가는 것인가?' 라고 외치는 것이다."[75]

이처럼 암울한 서구 문화의 파행 속에서 문제의식을 안고 태어난 저작이 바로 슈펭글러의 《서구의 몰락Der Untergang des Abendlandes》이다. 이 저서는 문화형태학의 시도로서 개별 세계 문화들은 유기체적인 성장 단계를 갖으며 종교와 정신을 대표하는 문화의 노년기가 바로 물질적인 성향의 문명이라고 했다. 슈펭글러에게서 "서구의 몰락이란 문명의 문제에 다름 아니다".[76] 그는 말하기를 "문명이란 한 문화의 불가피한 운명이다 …… 문명이란 고도의 인종이 가능케 하는, 가장 외적이고 또 가장 인공적인 상태다. 문명이란 종결이다. 문명은 이루어지는 것에 뒤이은 이루어진 것이고 삶에 뒤이은 죽음이며 발달에 뒤이은 응결이다"[77]라고 했다. 슈펭글러는 문화에서 문명으로 퇴화하고 문명의 몰락은 피할 수 없다고 말한다.

주첸즈는 이렇게 문명을 문화의 최후 단계로 보았던 슈펭글러의 생각에 반대하고 "문명은 바로 문화의 물질적 기초인 까닭에 문명은 문화의 종점이 아니라 도리어 문화의 새로운 기점이 된다"[78]고 주장한다. 아울러 슈펭글러는 생명인 문화에서 죽음을 의미하는 문명으로의 이행은 이미 "서양에서는 19세기에 완성되었다"[79]고 보았다. 그러나 주첸즈는 현대 문명에 대해 "문화가 문명으로 변하는 것이 아니라 도리어 문명이 새로운 문화를 생산해낸다"[80]고 진단했다. 다시 말해서 문화의 축적은 과학 시대에 절정에 달했다고는 할 수 없지만 실제로는 문화 가치의 최고 수준인 예술 세계를 위해 이미 하나의 통로를 열었다는 것이다.

결국 주첸즈는 문화와 문명의 문제는 슈펭글러가 말한 바와 같은 "종교 문화와 과학 문화의 문제가 아닌 미래에 장차 존재할 예술 문화와 현재에 현존하는 과학 문화의 문제"[81]로 보았던 것이다. "문화와 문명의 문제는 예술 문화가 흥기해서 과학 문화를 대체한다는 바로 그 문제인 것이다. 문명의 본질은 과학적이지만 문화의 본질은 예술적이다. 문명과 문화의 차이는 곧 과학과 예술의 차이다. 만일 과학이 문명을 대표한다면 문명이란 바로 필연적인 세계로서 문화의 자유세계로 나아가는 계단에 해당된다. 뿐더러 문화란 전체성을 지니므로 모든 문화는 최후에 가서는 전부 예술 쪽으로 쏠리게 된다."[82]

이상 살핀 바와 같이 문명은 문화의 한 단계에 지나지 않으며 이 단계는 더 높고 더 완전한 새로운 단계를 실현하기 위한 하나의 준비

과정에 지나지 않는다. 그런 까닭에 문명의 몰락은 바로 일면 새로운 예술 문화의 출현을 의미한다. 이를테면 인도와 중국은 과거에 이미 존재했던 문화이고 서양은 현존하는 문화다. 예술은 세 방면을 포괄하여 미래에 장차 존재할 문화다. 그것은 세계 문화의 조화와 종합임은 물론 문화의 이상향으로서 앞으로 우리에게 다가올 미래 세계라고 할 수 있다.

이러한 예술 문화는 문화 그 자체의 궁극체로서 현대 문명 담론 차원에서 보면 '보편 문명'에 해당한다. 이것은 개별 문화가 각기 그 이상향에 도달할 수 있도록 생명소로 기능하여 개별 문화의 보편적 이념 속에 향유되는 것이다. 아울러 예술 시대만이 개별 문화인 종교, 철학, 과학을 하나로 융합시킬 수가 있다. 과거의 문화 정통 속에서 인도는 종교 문화에서 예술 문화로, 중국은 철학 문화에서 예술 문화로, 서양은 과학 문화에서 예술 문화로 이행할 것이다. 이러한 발전은 반드시 현 단계인 과학 문화의 절차를 거쳐야 한다. 주첸즈는 당시 중국이 밟고 있는 경로는 이와 비교적 비슷하여 서세동점의 시련과 위기는 서양 과학 문화의 세례에 불과하다고 여겼다.[83]

그렇다면 주첸즈가 꿈꾸었던 보편 문명으로서의 예술 문화란 구체적으로 어떤 모습일까? 다음 말을 보면 짐작할 수 있다. "문화란 원래 예술이 그 이상향이 되기 때문에 일체 개개의 문화는 모두 예술성과 생명성을 함유한다 …… ① 전 단계인 개개의 문화가 개별적이라면 예술 문화는 전체적이다. ② 전 단계의 문화가 대립적(전쟁 중심적)이라면 예술 문화는 조화적(평화 중심적)이다. ③ 전 단계의 문화가 민족주의적이라면 예술 문화는 대동주의적이다."[84]

이 인용문에 따르면 예술 문화의 구체적인 특성은 예술성, 생명성,

전체성, 조화성, 평화성 등으로 정리해볼 수가 있겠다. 그리고 최종적으로는 유가의 대동 세계로 집약된다. 주첸즈는 인류 문화의 목표는 국가가 아니라 대동 세계라고 믿었다. 가령 오펜하이머Oppenheimer와 엥겔스Engels의 국가부정론은 미래의 세계를 말한 것인데 그것이 《예기》〈예운禮運〉의 "대도가 실현되면 천하는 공평해진다[大道之行, 天下爲公]", 《논어》의 "세상 사람이 다 내 형제다[四海之內皆兄弟也]"라는 말과 모두 다르지 않다고 했다.[85]

특히 주첸즈는 전쟁을 잉태하는 현대 문명이 전후 문화인 예술 시대로 접어들게 되면 현대 과학 문명의 모순성과 약탈성이 극복되어 만인이 누리는 아름다운 예술 과학으로 변모될 것이라고 주장했다. 이를테면 "현재의 과학은 소수의 사람들 수중에 있지만 미래의 과학은 모든 사람들이 그것의 이로운 점을 모두 향유할 수 있다 …… (현재의) 기계 시대가 지나가고 새롭게 출현하게 될 기계는 일종의 매우 아름다운 예술로 변할 것이다. 기계 돌아가는 소리는 일변해서 조화롭고 부드러운 음악처럼 리드미컬하게 될 것이다".[86]

그리고 대동 세계로 귀결시켜 노동이 창조적 행위로서의 예술이 되는, 기쁨으로 가득 찬 미래의 세계를 다음과 같이 예찬한다. "노동적 측면에서 말하자면 현대 노동자는 실제로 기기의 노예나 다름없지만, 가장 아름답고 유쾌함은 물론 가장 자유스러운 예술 시대에 이르러서는 이 때 사람들의 노동은 바로 예술이 된다. 가령 부하린Bucharin이 말한 바와 같이 '사람들이 통계국의 계획에 따라서 일하는 것은 마치 연주자가 지휘자의 지휘봉에 맞춰 음악을 연주하는 것과 같다'고 하겠다. 이것은 공자의 이상적인 대동 세계와 똑같아서 장엄하고 화려하지 않은가?"[87]

이것은 윌리엄 모리스William Morris가 《에코토피아 뉴스News from nowhere》에서 디자인하고 있는 예술과 노동이 하나가 되는 이상 사회와 흡사하다. 모리스는 자본주의 사회에서는 노동이 반복적이고 억압적인 성격을 띠지만 사회주의 혁명 이후의 미래 사회에서는 노동은 자신의 사상을 표현하는 즐거운 행위이며 그 행위가 곧 예술이 된다고 했다.[88] 주첸즈는 이 모리스의 에코토피아ecotopia 세계를 쑨원의 중국적 사회주의사상과 연결시켜 유교 유토피아인 대동 세계와 동일시했다.[89] 그런데 예술의 표현이 형식화된 모형의 파괴이자 과잉 억압의 거부라는 점에서 예술을 문화의 본질로 삼는 주첸즈의 문화철학은 강권에 대한 저항 논리를 담고 있다. 그가 말하는 예술 문화란 현대 문명의 억압적 폐해, 곧 봉건적 전통, 보수 과학, 군수자본주의, 제국주의 등을 부정하는 더 높은 단계의 지양태인 것이다.

이 논단은 강권적인 구문화의 해체를 선언하는 다음 말에서 확인할 수 있다. "과거의 수천 년 동안에 걸쳐 축적된 문화가 만약 우리들에게 일종의 억압의 힘으로만 전해져서 그와 같은 과거의 불변의 진리 아래에서 영원히 속박을 받고 해방되지 못하게 한다면, 이러한 암울한 문화는 사람들이 그 이상 생활상의 관념(즉 진真·선善·미美)을 가지고 어떠한 방식으로 그것의 가치를 추정한다고 해도 나는 오히려 칼로 베어 내듯이 명확하게 괴멸시키는 편이 훨씬 더 낫다고 생각한다."[90] 이렇듯 '억압 없는 문명'[91]이란 인류에게 영원히 포기될 수 없음은 물론 이 염원을 향한 인류의 중단 없는 투쟁의 역사는 지금도 진행형이라는 점에 비추어본다면 주첸즈의 예술 문화가 갖는 유토피아적 혁명 이론으로서의 가치는 쉽게 희석될 수 없을 것이다.

요컨대 '예술 문화'란 주첸즈가 근대 이후 자행된 야수적인 제국주의 침탈로 인한 민족 문화와 세계 문화의 파산을 뼈아프게 지켜보면서 일구어낸 문화철학적 이상향이다. 그가 꿈꾼 이상 세계는 단지 그의 시대에만 국한되는 것이 아닌 우리 모두가 지금도 끊임없이 완수해나가야 할 미완의 이상향이다. 물론 그의 예술 문화가 아나키즘적 유토피아의 색채와 "예술이 상상력을 통해 획득되어지는 직관적 지식"[92]이라는 특성 때문에 극단적인 이상주의로 흐르고는 있지만, 그 속에 내포된 자유와 평화의 이념은 21세기 현대 문명 담론으로서의 현재성을 가진다. 그 메시지는 예술 문화가 갖는 타자와의 호혜적 조응이다. 즉 서구 단일문명론의 보편 문명 개념 속에 내포된 일방주의적이고 제국주의적인 위압성의 탈피를 통한 인류 보편적 가치로의 재정립에 있다고 할 것이다.

대안 담론적 기능과 한계

주첸즈의 문화철학은 현대 문명 패러다임에 대한 동양의 대안 논리와 함께 현대 문명 교류 철학으로서의 가능성을 지닌다. 21세기 세계 평화와 인류 공영을 위한 가장 바람직한 현대 문명 담론을 '문명다원주의를 전제로 한 보편 문명에의 지향'으로 보았을 때, 그 상충점인 문명다원주의와 보편 문명이 주첸즈의 문화철학에 내장된 문화의 근본 유형과 진화 법칙, 그리고 미래의 문화 이상향으로 제시되고 있는 그의 예술 문화 속에서 어떻게 회통될 수 있는지를 살펴보도록 하겠다.

다시 말해 현대 문명 담론, 즉 문명 패러다임의 서구패권주의적 이데올로기 성향의 극복과 새로운 문명관적 대안 모색이라는 차원에서 헌팅턴과 후쿠야마의 이론에 대한 주첸즈의 문화철학적 비판 방식으로 진행하고자 한다. 주첸즈의 문화철학은 역사·지리상 인류의 문명을 유기적으로 통합해 설명할 수 있음은 물론 오리엔탈리즘이나 옥시덴탈리즘식의 편협주의와 일방주의로부터 탈피된 균형을 갖춘 문명관으로 평가할 만하다. 그는 세계 문명의 체계 이해 면에서 봤을 때 동과 서라는 이항 대립적 분열 구도 속에서 대결 의식만을 고취하는 식의 전통적인 사고법에서 벗어나 있다.

주첸즈의 문화철학에는 복수적 의미의 개별 문명인 다원주의적 근본 유형이 담지되어 있다. 즉 인도, 중국, 서양의 복수적 개별 문화는 사실 문화 유형학상 하나의 특유한 독립 문화를 대표한다. 그리고 여기에 역사 진화의 방법이 채용됨으로써 연쇄적으로 분화되어 결국 보편 문명에 해당되는 '예술 문화'의 세계로 진입한다. 인도의 종교 문화나 중국의 철학 문화가 현대의 헤게모니를 쥐고 있는 서양의 과학 문화에 비해 비록 낮은 단계에 배치되어 있지만, 그것이 고유한 개별 문화로서의 본질적인 문화 유형을 가진 탓에 서양의 과학 문화의 위력 앞에서도 소멸되지 않는다.

주첸즈에 따르면 "각종 문화는 그 독립적인 관점에서 보면 모두 독립적이고 그 상호 관련된 흔적으로부터 보면 모두 독립적이지 않고 상호 영향적이다. 매 문화는 필경 어느 정도까지는 그 다른 문화를 받아들일 수 있다. 이것이 양과 질을 받아들이는 법칙적 한계이다. 하지만 매 문화가 근본적으로 다른 문화를 소멸시키려고 한다면 그야말로 불가능한 일이 될 것이다".[93] 오히려 자신의 유형에 더욱 철저함으로써 과학 문화를 흡수하여 자신의 반대물로 이동하게 된다. 즉 변증법적 발전에 따라 인도의 종교 문화는 종교적 종교에서 과학적 종교로, 중국의 철학 문화는 철학적 철학에서 과학적 철학으로 진일보한다.

그러나 문화의 역사적 발전 경로는 여기에서만 그치는 것이 아니다. 종교, 철학이 독립적인 오성悟性 규정을 유지할 수만 있다면 그것은 변증법의 내재적 초월 작용으로 인해 저절로 과학적 종교, 과학적 철학에서 진일보하여 예술적 종교, 예술적 철학으로 나아간다.[94] 서양의 과학 문화도 예외는 아니다. 그것 또한 과학 문화의 약탈적이고 침략적인 성향이 탈각된 평화와 생명 중심적인 예술적 과학으로 나아가게 된다. 여기서의 예술이란 미래의 보편 문명을 가리킨다. 이러한 주첸즈 문화철학의 구도는 현대 문명 패러다임 이면에 잠복해 있는 탈냉전 시대의 서구패권주의적 성향을 극복하게 하는 하나의 문명론적 기틀이 될 수 있다.

주첸즈는 "문화가 문화다운 이유는 그것이 인생의 고통을 벗어나게 해서 모두에게 즐거움을 누릴 수 있는 기회를 부여하기 때문이다"[95]라고 했다. 이처럼 문화의 지선至善한 단계가 바로 '예술 문화'인 것이다. 그렇다면 그가 꿈꾸는 문화철학의 최종 단계인 '예술 문화'란 무엇인가? 그는 그것을 공자의 '대동 세계'에서 찾고 있다. 이것은 '전후 문화'로 형상화되어 구체적으로 다음과 같이 그려지고 있다. "미래의 인류 문화가 최고의 경지에 이르게 되면 그 때 전 인류 사회는 남녀를 막론하고 모두 각자 자신의 능력을 다함은 물론 각기 필요한 바를 얻게 될 것이다. 모든 물건은 모든 사람을 위해서 존재하여 모든 사람의 안락한 생활을 실현할 것이다. 이때의 정치, 법률, 경제, 교육은 하나라도 모든 사람의 안락을 그 종지로 삼지 않음이 없다. 뿐만 아니라 인류 생명을 근본정신으로 하여 모든 사람의 안락을 요구한다. 이처럼 더없이 좋은 아름답고 선한 문화 사회에서 국가의 무력이 더 이상 쓸모가 있겠는가!"[96]

이와 동시에 주첸즈는 "예술 문화는 문화 그 자신의 충분한 실현이기 때문에 동방이든 서방이든 막론하고 예술적 문화를 전담할 하나의 정해진 곳은 없다"[97]고 말한다. 뿐더러 "개별 문화인 종교 문화, 철학 문화, 과학 문화로부터 예술적 문화로 나아가지 못할 곳 역시 존재하지 않는다"[98]고 했다. 이 문화의 이상향 속에는 모든 종교, 철학, 과학이 결코 소실되지 않는다. 이 시대의 세계 문화는 예술적 종교, 예술적 철학, 예술적 과학의 형태로 그야말로 문명다원주의 하에서의 보편 문명을 실현하게 된다. 이렇게 되면 "문화는 비로소 문화의 본성—예술—을 회복하여 문화가 자신을 깊이 음미하는 하나의 역사를 창조하게 될 것"[99]이라고 그는 확신했다.

또 한편 주첸즈는 "문화란 예술성과 생명성을 함유한다. 문화가 종교, 철학, 과학 등의 유형을 내포하고 있으면서도 근본적으로 충돌에 이르지 않는 까닭은 예술의 작용 때문이다. 문화의 각 유형 중 매 유형은 기타 모든 유형을 포함하므로 문화사에 있어서의 한 시대를 나타낸다"[100]고 했다. 이것은 각 개별 문명 간의 이질성으로 인해 상호 반목한다는 충돌 논리가 아닌 문명의 복수적 다원주의를 인정하면서 결국 보편 문명을 지향, 융합되어 조화를 이룬다는 논리 구조인 것이다. 여기서 문명다원주의를 말하면서도 문명 간의 상이성만을 강조하여 세계 문명의 충돌을 주장했던 헌팅턴의 복수 중심적 문명충돌론은 주첸즈의 문화철학적 차원에서 극복될 수 있다.

주첸즈가 구상한 예술 문화는 엄밀히 말해서 종교 문화, 철학 문화, 과학 문화와 같이 어느 특정 구역에서 유형화된 문화가 아니다. 그에 의하면 "예술 문화가 문화 유형의 중심 유형인지라 종교, 철학, 과학, 그리고 기타 모든 문화는 모두 예술의 원리와 상태로 경도되게 된다. 따라서 미래의 장차 존재할 예술 문화 시대를 이룸과 동시에 또한 문화가 문화다운 이유의 문화 시대에 도달한다고 하는 것이다".[101] 이처럼 예술 문화는 문화 자체의 완전한 구현체이기 때문에 개별 문화가 각기 문화의 이상향에 도달할 수 있도록 작용하여 그 개별 문화의 이상향 속에 편재遍在하는 것이다. 다시 말해 상위의 예술 문화는 하위의 개별 문화의 중심 문화로 군림하여 점거하거나 소멸시키는 것이 아니다. 그것은 각 개별 문화의 이상 형태인 예술적 종교, 예술적 철학, 예술적 과학의 생명소로 작용하여 세계가 자유와 평화의 이상 세계에 도달할 수 있도록 견인차의 역할을 하는 것이다. 이로 볼 때 문화사를 단일 문명의 전파와 흡수의 과정으로 보았던 후쿠야마의 단일 중심적 문명전파론 역시 주첸즈의 문화철학적 의미에서 극복될 수 있다.

이상 주첸즈 문화철학의 내용과 현대적 의미를 높이 평가하면서 다음 두 가지 점에서 그의 문화철학이 갖는 한계를 지적하고자 한다.

첫째, 예술 문화 고정론의 오류다. 주첸즈는 헤겔의 3분 변증법과 콩트의 3단계 법칙을 4분 변증법과 4단계의 법칙으로 발전시키고 있지만 이것은 자신의 이상 세계인 예술 문화의 확립을 위한 하나의 의도된 도식이라는 혐의를 지울 수 없다. 다시 말해 콩트의 3단계 법칙에 예술 유형을 첨가시키려는 의도로 변증법을 왜곡시키고 있다는 인상을 준다. 주첸즈가 변증법을 4분으로 나누어 예술 문화 속에서 종교, 철학, 과학을 하나로 융합시키고자 했지만 결국은 변형된 변증법에 지나지 않는다. 문화철학이란 역사 진보의 과정 속에 있는 끊임없는 변증법적 과정의 철학으로 보아야 마땅하다. 그럼에도 불구하고 주쳰즈가 예술을 완결된 문화로 못 박은 것은 자신이 수용한 진보의 논리 차원에서도 모순이 아닐 수 없다.

더욱이 유가의 대동 세계를 예술 문화로 연결시켜 너무 이상시한 점은 문제의 소지가 있다. "대동 세계란 원시 공산 사회로서 자연의 산물만 채집하여 먹고 살아도 충분하던 원시 시대를 배경으로 그려진 사회다. 그러나 많은 인간이 함께 경쟁하며 살아야 하는 현대 사회에서는 '대도大道의 실천'이라는 막연한 논리만으로는 인간의 문제를 풀 수가 없다."[102] 현대는 복지 사회, 즉 사회 보장 제도가 잘 운영되어 사회 구성원의 생활이 향상되고 행복하게 생존권을 누릴 수 있는 전혀 다른 차원의 이상 세계가 논의되고 있다는 사실을 잊어서는 안 될 것이다.

그렇다면 예술 단계란 무엇인가? 그것은 헤겔의 '모순의 논리' 내지는 마르쿠제Herbert Marcuse의 '위대한 거절'이라는 개념으로 이해해야 합당하다. 인류가 낮은 문화·원시 종교→형이상학(정신·육체 이원론)→과학(논리 형식, 모형의 정립)으로 발전해왔다면 부단한 역사 이행 속에서의 모형의 초자아적 파괴가 다름 아닌 예술인 것이다. 특히 마르쿠제가 예술의 원형적 내용은 바로 구속에 대한 부정이며 진리의 일차적 특성인 위대한 거절을 표현한 것이라고 한 의미가 여기에 있다. 즉 "구속과 억제는 문화에서 반드시 치르지 않으면 안 될 희생"[103]이며 예술은 이 과잉 억압에 대한 자유의 추동력을 부여하는 것이다. 주쳰즈 역시 예술을 강권에 대한 저항으로 상정하고 있기 때문에 형식화된 보수적 과학 모형의 파괴, 미리 조작된 규칙에 대한 거부, 특정한 기득권만을 위한 사상—제국주의·복고주

의·왕조주의·운명철학—의 분쇄라는 차원에서 예술 문화를 이해
해야 타당하다.

둘째, 중화민족주의 성향 역시 비판의 대상이 되어야 할 것이다. 주
첸즈는 중국 문화의 특질을 현재의 생동하는 언어로 표현해보면 정情
과 애愛라고 했다. 특히 중국 문화의 전통적 개념인 인仁을 '사랑愛]
으로 부활시키고 있다. 그에게서 예술은 기본적으로 '생명 예술' 내지
는 '종합 예술' 차원에서 다루어지고 있다. 그는 예술 세계의 기본 요
칙을 "진실한 감정의 흐름眞情之流]"[104]으로 해석한다. 그리고 미래의
세계 문화인 예술 문화를 이른바 공자의 대동 세계와 결부시킴으로써
이것이 사해동포주의로서 인류애의 이상향임과 동시에 바로 중국 문
화의 정화임을 확인시킨다. 이러한 중국 문화는 현재와 같이 치열한
생존 경쟁 시대에는 사실 볼품이 없고 세상 사람들에게 인정받기도
힘들지만, 세계 문화의 전체로 보면 "문화사의 미래 시기—제4시
기—에는 중국의 인생 태도는 각 민족의 인생 태도로 변화될 것"[105]이
라고 했다. 그 때의 지구상은 중국 문화로 인해 "광휘 찬란한 세계로
변화될 것"[106]이라는 이해하기 힘든 예단으로까지 나아가고 있다.

뿐만 아니라 "철학 문화가 예술 문화로 경도되는 바가 서양의 과학
문화보다 한층 더 우수하다"[107]는 말을 반추해볼 때 문화철학 이면에
깔려 있는 주첸즈의 중국 문화의 부흥과 희망의 논리 장치를 읽을 수
있다. 이것은 미래는 중국 문화가 서양 문화를 대신하는 시대가 될
것이라고 했던 량수밍의 문화철학에 내재된 강한 중화 의식과 그가
같은 선상에 있음을 의미한다. 물론 량수밍의 문화철학이 "문화상대
주의의 범위를 확대하여 문화의 진보와 낙후의 구분을 없애버린"[108]
데 비해 주첸즈는 인도와 중국 문화는 서양의 과학 문화보다 낮은 단

계에 있음을 인정한다는 점에서 그가 확실히 객관성을 유지하려 했음은 분명하다. 그럼에도 미래의 문화 전망에 있어서 민족성— '중화 민족수의'를 강조하는 식의 대도는 량수밍의 테두리에서 크게 벗어나지 못하고 있다. 이러한 점에서 주첸즈의 문화철학이 후쿠야마나 헌팅턴류와 같은 또 하나의 문화쇼비니즘이라고 한다면 그러한 비판은 당연히 받아들여야 마땅하다.

맺음말

흔히 중국의 근현대사는 문화철학의 역사라고 말한다. 여러 이견이 있겠지만 중국의 현대 문화철학의 출발은 1920년대 량수밍의 《동서문화와 철학東西文化及其哲學》에서 시작되어 1930년대 주첸즈의 《문화철학》에서 정형화되었다. 특히 주첸즈의 《문화철학》은 5·4 신문화운동 이후 중국에서 축적된 일련의 문화 논의들을 기반으로 한 중국 최초의 철학적 문화 탐색으로 평가된다. 주첸즈는 당시 민족과 인류의 시대적 위기를 문화 문제를 통해 해결하고자 경주했다. 이를테면 전쟁으로 파괴되고 손상된 당시 인류의 인성을 새로운 유형의 '문화 의지'로 충만한 인격으로 개조하고자 했다. 그럼으로써 군수자본주의의 근대 문화를 생명에 기초한 새로운 예술 세계의 '문화주의 사회'로 탈바꿈시키려고 했다. 이와 같은 그의 학문적 고뇌와 분투의 노력은 오늘날 현대에 와서도 귀중한 동방의 정신문화 유산으로 우리에게 많은 영감을 제공해준다. 예컨대 현대 문명 담론에 있어 자유, 평화, 공영이라는 21세기 인류의 공통된 염원의 구현을 위한 새로운 문명관의 모색이라는 차원에서 기능한다고 하겠다.

서두에서도 언급했다시피 현대 문명 담론의 최대 관건은 단일문명론과 복수문명론의 화해와 회통에 있다. 현재 학계의 대체적인 견해는 현재와 미래의 세계는 단일의 보편 문명과 고유한 특징을 지닌 복수의 개별 문명들이 중층적으로 공존한다고 본다. 이는 '문명다원주의'를 전제로 한 보편 문명에의 지향'으로 귀결된다. 이로 볼 때 주첸즈의 문화철학은 그 안에 내장된 문화의 복수론적 다원주의 유형과 그 표현 형식으로서의 역사 진화 법칙, 그리고 미래의 보편 문명으로 구상된 예술 문화의 치밀한 운용 속에서 이 명제를 충족시키고 있다. 이를테면 주첸즈의 문화철학은 문명다원주의와 보편문명론 간의 상충점을 회통시킴으로써 양자의 긍정적인 면을 동시에 구현시키는 논리 구조를 갖추고 있다. 뿐더러 단·복수론에 기초한 후쿠야마의 단일 중심적 문명전파론이나 헌팅턴의 복수 중심적 문명충돌론의 서구 패권적 성향 역시 예술 문화의 구도 속에서 극복될 수 있음을 확인했다. 이런 의미에서 주첸즈의 문화철학은 오늘날 현대 문명 담론으로서의 현재성을 띤다고 하겠다. 아울러 각 문명의 본질적·역사적 유형을 분석해내고 문명 간의 상호 교호 법칙들을 통찰해내는 '문명 유형 철학' 내지 '문명 교류 철학'으로 자리매김할 할 수 있을 것이다.

이와 더불어 각 문화 유형의 유기적인 조합 관계나 예술 문화의 특성과 작용으로 볼 때 주첸즈의 문화철학은 문명 간 생태적 관계를 존중하는 생명 중심의 문화생태학적 원리를 함유하고 있다. 논지컨대 그의 문화철학은 기본적으로 생명주의에 기초한다. 주첸즈에게서 문화란 생명을 가진 유기체로 파악되며 그 자체가 창조와 진화의 속성을 갖는다. 더욱이 문화의 이상향으로 제시되고 있는 예술 문화는 생명성, 예술성, 전체성, 조화성, 평화성, 대동성 등으로 특징되며 그것은 세계 각 문화 유형의 보편적 이념 속에 편재하여 생명소로 작용하고 향유된다. 이러한 사실들을 집약해보면 주첸즈의 문화철학은 범인류 중심의 유기체적인 세계주의 문명관에 합당하다고 하겠다. 나아가 그것은 문명 패러다임의 대안이 될 수 있는 '문명생태주의 담론'으로 명명할 수 있다. 이 문명생태주의는 용어에서도 알 수 있듯이 생태주의 개념에서 유래한다.[109] 생태주의란 자연 세계의 종들 사이에서 발견되는 상호 의존 관계의 상생 법칙을 이성적 판단과 성찰을 통해 자연과 인간의 상호 의존적 관계로 재구성하는 철학을 말한다. 생태학적 문명론은 이 생태주의를 인간의 문화와 문명 세계에 전용한 것이다.

생태학적 관점에서 보면 인간이 하나의 유기체인 것처럼 인간의 정신적 산물인 문화와 문명 역시도 유기체적인 특성을 지닌다. 인간이 필연적으로 자연과의 유기체적 관계 속에서 생명을 유지할 수 있듯이 한 문명권도 타 문명권과의 유기체적 관계 속에서만 생존과 지속적인 발전을 꾀할 수가 있다. 이것은 생명체 네트워크인 생태계를 인간의 정신적 네트워크인 문화 생태계와 연관시켜 사고하는 하나의 문화 유기체 철학이라고 할 수 있다. 그리고 거기에는 인간이 인간 중심적 사고로 자연을 지배의 대상으로 여겨 정복과 파괴만을 일삼게 되면 전체 생태계가 큰 재앙에 처하는 것과 마찬가지로, 문명 또한 강권 문명이 타문화를 자문화 중심의 배타적 사고로 일방적으로 흡수하고 파괴를 자행한다면 유기체적인 상호 의존 관계로 긴밀하게 연결되어 있는 세계 문화 생태계는 결국 붕괴되고 만다는 논리가 담겨 있다. 여기에 비추어보면 서구문명 쇼비니즘에 입각한 후쿠야마와 헌팅턴류의 문명 패러다임은 자문명을 포함한 인류 전체의 문명을 파멸로 몰고 가는 범죄적 기도임을 간파할 수 있다. 주첸즈 문화철학의 현대적 가치는 바로 이 지점에서 기능한다. 그것은 다름 아닌 치명적인 오류의 문화제국주의에 대한 이데올로기적 작동과 재생산을 비판하고 억제하는 문명생태주의 담론으로서의 반격인 것이다.

주첸즈의 문화철학은 문화제국주의와 문화쇼비니즘에 대한 단호한 거부다. 또한 문화와 문명의 문제를 수단으로 서구문명헤게모니주의와 서구 중심적 패권주의를 조장하는 후쿠야마나 헌팅턴류의 문명론에 대한 부정이다. 아무리 아름답게 미화되고 치장된 국가주의, 민족주의, 종교주의, 이상주의라 할지라도 인류의 인권과 생명을 짓밟거나 그 도구로 도용된다면 그것은 우리의 절대적 문화 신념이 될 수 없다. 그것에는 동서관념, 인종주의, 선민의식, 빈부귀천, 특권의식 등과 같은 타자에 대한 이항 대립적 차별 의식이 불식되고 타자와의 호혜적 조응을 통해 모든 사람이 사람다워지는 '행복 추구'가 담보되어 있어야 한다. 이는 주첸즈 문화철학의 현대적 메시지이기도 하다. 마르쿠제가 예술의 원형적 내용은 바로 구속에 대한 부정이며 진리의 일차적 특성인 위대한 거절을 표현한 것이라고 했는데 주첸즈 역시 현대의 암울한 과학 문화의 폐해, 그리고 봉건적 전통과 제국주의의 억압을 부정하는 더 높은 단계의 '예술 문화'를 상정하고 있다. 이런 점에서 그것은 마르쿠제와 동일한 구도상에서 문화강권주의에 대한 문화철학적 혁명성을 내포한다고 하겠다. 끝으로 현 세계 분란의 원흉인 군수자본주의적 패권 국가를 향해 주첸즈의 문화철학적 의미에서 총체적 반성을 촉구함과 동시에 20세기 초 주첸즈가 그토록 갈망했던 강권으로부터 탈피된 '자유 연합'으로서의 진정한 '인류 평화'가 진작되기를 바라면서 이 장을 마무리하고자 한다.

08
중국 이학이 근대 프랑스 계몽주의에 미친 영향과 그 문화철학적 의미

데카르트 학파의 좌파 벨과 우파 말브랑슈를 중심으로

8장은 프랑스 데카르트 학파의 좌파 벨Pierre Bayle과 우파 말브랑슈Nicolas de Malebranche를 중심으로 이루어진 글이다. 이 장은 '서구중심주의'에 대한 문화철학적 극복과 대안 모색이라는 차원에서 중국의 '농유 이학'이 17~18세기 근대 유럽 '계몽주의' 형성에 미친 영향을 고찰한다. 구체적으로 수용자의 주체적인 관점에서 프랑스 계몽주의의 원형이라고 할 수 있는 데카르트 학파, 즉 좌파인 회의론적 진보주의자 벨과 우파인 호교론적 보수주의자 말브랑슈의 중국 형상을 중심으로 살핀다.

이들은 데카르트 철학 자체가 안고 있는 '혁명성'과 '보수성'에 근거하여 이학으로 대표되는 중국의 비종교적 이성주의 문명에 대해 각기 다른 입장과 태도를 취했다. 벨이 찬동 입장에서 중국 문명을 이성 세계의 건범으로 파악해 유럽의 수구 문화 비판과 혁신을 위한 강력한 사상적 원군으로 삼았다면, 말브랑슈는 반대 입장에서 중국 문명을 위협적인 이단 세계로 규정하여 유럽의 신성 문화 수호를 위한 비판과 공격의 대상으로 여겼다.

이러한 벨과 말브랑슈의 논의와 해석은 계시신학과 무관한 중국의 자연 이성관을 적극 부각시켜 유럽의 계몽주의 지식인들에게 진보적 영향을 미쳤다. 이를테면 그것은 프랑스의 백과전서파에게 반향을 일으켜 프랑스의 무신론, 유물론, 혁명 철학으로 화하여 종교의 허위성을 폭로하고 전제 정치를 타도하는 프랑스 정치혁명의 사상적 기반으로 작용했다.

논제의 선행적 고찰

서구중심주의와 그 극복 담론

'서구중심주의West-centrism' (또는 유럽중심주의Eurocentrism)는 동과 서라는 본질적인 분열 구도 속에서 동양을 타자로 하여 서양의 타고난 우월성을 강조하는 세계관[1]을 말한다. 이 입장에서 볼 때 동양이란 "서양의 열등한 보완체로, 대립적인 타자로, 자신의 우월성을 입증시켜주는 부정적인 특질의 담지자"[2]인 것이다. 이러한 서구중심주의는 유럽예외주의와 오리엔탈리즘이라는 두 요소로 구성된다. 유럽예외주의는 말 그대로 유럽 문명이 특수적이고 예외적이라는 주장인데 서구 문명의 독특성, 자생성, 항구성을 그 명제로 한다. 이를테면 유럽을 제외한 세계 어디에도 그처럼 합리적·진보적·근대적 문명은 발전되지 못했다는 것이다. 또한 "오리엔탈리즘에는 뒤떨어지고 열등한 동양이라는 상상의 타아를 부정적으로 정의하는 우월한 서양적 자아의 고정적인 심상이 깔려 있다".[3]

사실 서구중심주의는 콜럼버스가 신대륙을 발견한 1492년부터 본격적으로 전개되어 18~19세기에 절정을 이룬다. 신대륙 발견은 유럽 문명이 비유럽 문명에 대한 정치·경제적 우월성을 확보할 수 있는 결정적인 계기가 되었다. 서구중심주의는 정치·경제적으로 유럽의 자본주의적 산업화, 자유주의 혁명, 문화적으로 르네상스, 종교개혁, 계몽주의 등에 수반하여 생성되었다. 이 과정에서 서구중심주의는 2차 세계대전 이전까지 제국주의, 식민주의, 인종주의, 기독교, 문명, 진보 등과 복합적으로 얽히면서 상호 의존적으로 전개되었다.[4] 곧 그것은 서구의 식민주의, 제국주의, 인종주의 담론의 기본 전제이자 정당화의 기제로 작용했던 것이다. 서구중심주의가 제국주의 시대에는 문명화로 치장되었다면 제국주의가 종말을 고한 2차 세계대전 이후에는 서구 문명의 수호자로 새롭게 부상한 미국이 근대화, 지구화의 명제를 통해 서구중심주의를 주도해왔다. 이로 인해 서구중심주의는 현대 서양인은 물론 의식의 식민화된 동양인에게서조차도 가치와 실천 상 광범위하게 관념화·내면화되었다.

　이러한 서구 중심적 문화제국주의에 강력하게 제동을 걸고 나선 것이 1978년 에드워드 사이드Edward W. Said의 《오리엔탈리즘Oriental- ism》이라는 저서다. 그가 말하는 '오리엔탈리즘'이란 동양 문화 본의상의 개념이 아니다. 그것은 동양과 서양의 존재론적·인식론적 차이에 근거한 사고 체계로서 "동양을 지배하고 재구성하며 위압하기 위한 서양의 스타일"[5]이다. 사이드는 동양에 대한 서양의 사고, 인식, 표현의 본질을 날카롭게 파헤쳐 그것이 구조적으로 서양의 동양 지배 논리와 직결된 관계임을 식민지적 상황에서 설명하고자 했다. 그의 입장에서 오리엔탈리즘은 서양이 동양의 실체를 날조한 서양의 지배 담론인 것이다. 사이드의 오리엔탈리즘을 포함해서 서구중심주의 극복 담론은 수많은 논의가 진행되고 있다. 더욱이 21세기 현재 과거의 서구중심주의의 숙주 조건이 변화된 상황에서 그 극복과 대안 모색 역시 지배 담론으로서의 사이드식 오리엔탈리즘조차도 넘어서고 있다. 예컨대 정진농의 '혼성적 오리엔탈리즘', 클라크J. J. Clarke의 '타자의 역할', 즉 서양이 자기비판과 자기갱신을 하도록 이끄는 동양의 역할, 샤오메이 천Xiaomei Chen의 '옥시덴탈리즘Occidentalism' 개념 등을 들 수 있다. 이를 좀 더 구체적으로 살펴보면 다음과 같다.

정진농은 '혼성적 오리엔탈리즘'을 '세속적 오리엔탈리즘 – 사이드식 오리엔탈리즘', '구도적 오리엔탈리즘'과 구분하여 설명하고 있다. 이를테면 "혼성적 오리엔탈리즘은 서양이 동양을 구성하고 지배하는 데 오리엔탈리즘을 이용했다고 보는 시각, 즉 서구제국주의의 거대 담론으로 보았던 사이드의 오리엔탈리즘에서 더 나아가 서양과 동양을 보다 상호적인 관점에서 보고 오리엔탈리즘을 더욱 창의적이고 보다 열린 관점에서 보는 견해다".[6]

클라크는 사이드가 말한 동서양의 권력과 지배라는 표면적인 관계만으로는 온전히 설명할 수 없는, 더 풍부하고 긍정적인 오리엔탈리즘의 복원을 목표로 했다. 그는 식민지적 권력과 결합된 요소들의 중요성을 받아들이는 한편, 동양의 관념들이—비록 타자로서 인지되었지만—정치적, 도덕적 혹은 종교적 영역에서 서구의 자기비판과 자기갱신을 위한 대리인으로 사용되었다는 사실에 주목했다. 동양의 타자성은 배타적인 상호적 반감에서 나온 것이 아니고 유럽의 우월성을 확고히 하는 수단도 아니다. 그것은 서로 참조하며 유사성과 유비성, 그리고 풍부한 모델들을 발견하는 생산적이고 해석학적인 관계들의 토대가 되는 개념적 구조틀을 제공한다.[7] 이처럼 그는 문화적 다원주의가 고취한 다른 문화를 공유하려는 열망에 공감하는 오리엔탈리즘의 모습을 찾고자 했다.

또한 동서 간 문화 연구에 새로운 이론적 틀을 제시했다는 점에서 샤오메이 천의 이론이 주목된다. 그는 동서 문화의 만남이라는 주제와 관련하여 마오쩌둥 이후 중국 지식인들이 정치적 해방을 위해 서양을 날조·조작하고 이용해온 생생한 현대 중국의 문화 현상들을 통해 사이드가 오리엔탈리즘에서 행한 논의의 상대적 일면성을 수정하고 대안 담론으로 역설적이고 혁신적인 '옥시덴탈리즘'을 제시한다. 샤오메이 천은 여기서 문화 수용 과정을 수용자의 능동적인 주체성을 부각시키는 관점에서 해석한다. 서양이 제국주의 지배 전략의 일환으로 동양을 날조했듯이 동양 역시 서양을 다양한 방식으로 오해하고 오독해왔다. 즉 서양이 제국주의적 목적을 위해 동양을 타자화했다면 동양도 자신의 정치적 목적에 부합되게 서양을 타자로 설정하고 있다는 것이다. 이것은 수용자의 능동성을 부각시켜 주체적 의미를 강조한다는 강점이 있다.[8]

이상의 논의와 관련하여 서구중심주의 극복 담론으로서의 시공간상 인류의 문화를 유기적으로 통합해 설명할 수 있는, 즉 '세계주의 시각'을 주장하는 대표적인 학자의 이론들을 좀 더 살펴보도록 하자. 그럼으로써 이 장의 전체적인 방향을 설정하고 그 문화철학적 의미를 찾고자 한다.

먼저 안드레 군더 프랑크Andre Gunder Frank의 이론을 보면, 그는 기존의 유럽중심주의적인 패러다임에 맞서는 전략으로 '인류 중심적인 글로벌한 패러다임'을 제시한다. 말하자면 프랑크는 서양의 발흥, 자본주의의 발전, 유럽의 패권, 대영제국·소련·미국 같은 강대국의 흥망, 로스앤젤레스의 제3세계화, 동아시아의 기적 등의 근세 경제사를 이해하고 설명할 수 있는 글로벌한 관점을 주장한다. 이러한 일련의 경제사적 현상들은 내재적 요인들의 구조와 상호 작용을 통해 또는 하나의 원인에 의해 발생한 것은 하나도 없으며, 모두 단일한 세계경제체제 구조와 발전의 일부라는 것이다.[9] 프랑크의 '리오리엔트Reorient'는 유럽중심주의가 아시아중심주의 내지는 중국중심주의로 대체된다는 의미가 아니다. 그것은 단지 진정한 문명 공존의 실현을 위해서 동양과 서양이 차지하고 있는 시공간상의 위치와 관련하여 새로운 방향을 설정해보고자 의도한 '방향 전환'일 따름이다. 프랑크가 염원하는 것은 패권을 가진 중심이 주도하는 일방적 질서가 아니라 여러 지역이 평등하게 교류하면서 공존하는 '다양성 속의 통일성'이라는 인류 보편의 이상이다.[10]

강정인은 서구중심주의 극복 전략으로 동화적, 역전적, 혼용적, 해체적 담론을 제시하고 전반적으로는 '혼용적 전략'을 추천한다. 그가 말하는 혼용적 전략이란 서구 문명과 비서구 문명이 한데 섞이거나 융화함으로써 양자 간 존재하는 차이가 부분적으로 존속하고 해소되는 계기를 마련한다는 것이다. 그는 이와 동시에 서구중심주의의 극복이 가능한 객관적 조건인 '지구주의'와 '지구적 의식'의 출현을 전망했다. 특히 국가 간, 문명 간의 교차 문화적 또는 교차 문명적 대화를 좀 더 평등한 차원에서 전개하는 혼용적 담론을 가능케 하는 문화적 조건으로 '다중심적 다문화주의'의 필요성을 강조한다.[11]

클라크 역시 다음과 같이 지적함으로써 강정인과 같은 맥락임을 보여주고 있다. "미래의 역사가들에게 동서양 관념들의 특수한 조우는 더 이상 유럽적인 사업이 아닐 것이고 제국주의적인 사업은 더욱 아닐 것이다. 심지어 그것은 진실로 '전 지구적인 해석학'을 건설하는 데 공헌하는 것으로 보일 수도 있을 것이다."[12]

연구의 방향과 역사 배경

이 글 역시 크게 보아 '반서구중심주의'의 논의에 합류한다. 그러나 서구중심주의에 맞서는 식의 일방적인 동학서점東學西漸의 승리주의에 매몰되지 않는다. 서구중심주의 극복 논의에 있어서는 앞에서의 몇몇 학자들의 예처럼 '동양에 대한 서양의 지배와 권력 행사를 위한 담론'이라는 단선적 논리의 사이드식 오리엔탈리즘을 넘어설 것이다. 오리엔탈리즘이 단순히 지배론적인 제국주의 이데올로기와 동일시될 수만은 없다는 사실은 이미 검증되었다. 본 연구의 목적은 17~18세기 유럽의 계몽사조 형성기에 중국 철학이 서구의 근대 '이성' 개념의 형성에 미친 영향을 증명하는 데 있다. 서양이 중세의 신 중심 사회에서 이성 중심 사회로 탈바꿈하는 데 중국의 '송유 이학宋儒理學'이 크게 기여했다는 역사적 사실을 프랑스의 데카르트 학파를 중심으로 살펴보고자 한다.

이 논의는 서구중심주의로 인해 세계사 속에서 상대적으로 저평가되고 주변화된 동양 문명의 평등적 중심화 복원을 위한 프랑크적 의미의 방향 전환의 시도라고 할 수 있다. 이와 동시에 문화철학적 차원에서 존 홉슨John M. Hobson의 서구 문명의 동양적 기원, 즉 '동양적 서양의 발흥'[13] 노선과도 동일선상에 있다. 그리고 이 장은 단순한 동양 내지는 서양의 이분법적 승리주의에서 벗어나 역사상 세계 인류가 함께 현대 문명을 만들었고, 때문에 인류의 평화와 공존을 위해 동서를 막론해서 함께 합심해 노력해야 한다는 문화철학적 의미, 즉 상호 주체적 평등 관계를 기초로 한 '범汎인류 중심의 유기체적인 세계주의 문명관'의 정립을 최종 목표로 한다.

연구의 진행은 샤오메이 천의 경우처럼 유럽인의 중국 철학 수용

과정을 수용자의 능동적인 주체성을 부각시키는 관점에서 접근하고자 한다. 동시에 그것을 수용자인 유럽의 구체적인 역사 공간, 곧 서양의 사상사 속에서 바라보고자 한다. 서방 세계의 중국에 대한 흥미는 중국의 실상을 파악하기 위한 적극적인 노력이기도 했지만 사실 서양 자체의 현실적인 수요와 필요에 의한 측면이 더 많았다. 즉 유럽인들은 자신들의 투영체이기도 한 이질 세계—중국을 통해서 자신들의 불만과 희망을 발설하고자 했다. 만약 수용자의 능동적인 주체성과 구체적인 역사 조건을 고려하지 않는다면 봉건 의식 형태의 유가 학설이 어떻게 유럽 계몽주의자들의 수중에서 반종교, 반봉건의 사상적인 무기로 화할 수 있었는지를 이해하지 못하게 될 것이다. 이런 의미에서 서양의 중국학은 서양인의 중국에 관한 연구이기는 하지만, 실제로는 중국의 영역에서 벗어난 서양의 역사, 서양의 문화사, 서양의 사상사의 일부분이라고 할 수 있다.

중국에 의한 근대 서구의 지적 성취는 마테오 리치Matteo Ricci(利瑪竇, 1552~1610)를 위시한 예수회 선교사들의 중국 전교의 산물이었다. 16세기부터 중국에 진출한 예수회원의 중국 전교 활동에 힘입어 유럽 '과학 문화'가 중국에 전해지는 한편, 18세기에 이르러서는 그들에 의해 중국 철학, 특히 '공자 학설'과 '송유 이학'이 유럽에 소개되었다. 이 서양 선교사들의 최대 목표는 종교 문화를 중국에 전하는 것이었다. 공자 학설에 대해서는 고대 유학 경전 속의 '종교성'만을 강조하여 유럽에 소개하고자 했다. 그러나 주첸즈朱謙之가 지적한 바와 같이 "18세기 중국 문화가 유럽에 끼친 영향은 예수회 선교사들이 가져와 교의에 억지로 갖다 붙인 이른바 천학天學이 아니라, 그들에 의해서 전해졌고 또한 유해하다고 인식되었던 바로 '이학'이었다".[14] 이학에 대한 유럽의 일반 지식 계층의 관심 증폭은 1645년 이노첸시오 10세Innocentius X로부터 1742년 베네딕트 14세Benedictus XIV의 교령에 이르기까지 근 100년에 걸쳐 이루어진 선교사들 사이의 '전례 논쟁'[15]이 계기가 되었다. 그리고 이것과 맞물려 진행된 가톨릭 선교사들의 '반反이학 운동'(1603~1753)은 중국 철학의 무신론적·유물론적 성향을 부각시켰고, 이것은 당시 프랑스의 정치적·사회적 분위기와 필요에 부합되어 벨Pierre Bayle(1647~1706), 볼테르Voltaire(1694~1778), 디드로Denis Diderot(1713~1784) 등의 계몽주의자들에게 적극 제창되었다.

서구 지식인의 입장에서 볼 때 중국은 서양 문화 범주에서 벗어난 완전히 자주적이고 독립적인 별개의 문명권이었다. 특히 중국 문화는 인격신을 기반으로 하는 서양의 종교 신앙 사회 체계[16]와는 달리 인문주의·이성주의가 형성시킨 종법 인륜 체계의 윤리 중심 사회였다. 중국 문화는 흔히 '인문성'과 '비종교성'으로 특징되며 그 발전 방향은 서양과는 확실히 다른 길을 걸었다. 은주殷周 시기에 자연 종교 신앙에서 '인문 윤리 신앙'으로의 전환 과정을 겪었고, 이후 춘추 시대에 공자가 출현하여 원시 종교에서 세속 윤리로의 이행을 촉진시킴으로써 고도의 이성주의적 인문 정신을 뿌리내리게 했다. 천라이陳來에 따르면 "중국 문화는 결코 자신의 한계를 인식하여 초월적인 무한 존재로 전향한 것이 아니다. 이성의 발전은 신화 속 여러 신들에 대한 윤리적 저항이 아니며, 더욱이 유일신론적 신앙을 초래한 적도 없었다. 중국인은 이 과정 속에서 다른 신과 신성의 한계성을 더욱 인식하여 이 세상과 인간성에 더 많은 관심을 기울인 듯하다. 말하자면 초월의 타파라기보다는 오히려 인문의 전향이라고 하는 편

이 낫겠다".[17]

중국 문화의 이성주의는 춘추 이후로 이미 원시 종교 색채를 탈피하여 한대의 경학과 위진의 현학을 거쳐서 급기야 송명 이학에 이르러 최고의 단계로 발전하게 된다. 여기서 '이학'이란 남송의 주희朱熹가 북송 오자五子의 학설과 학통을 계승함과 동시에 유가의 윤리론을 도가의 본체론 및 불가의 사변 구조와 하나로 융합시켜 집대성한 "이성주의적 특징을 지닌 신유학"[18]을 말한다. 이 체계 속에서는 "이론상 유가 전통의 천명론과 동중서董仲舒의 천인감응의 신학 목적론은 부정된다".[19] 이학자들은 '천天'의 인격적인 면이나 초자연적인 존재에 대한 숭배와 신앙을 인정하지 않는다. 이학의 본체인 '리理'가 "감정과 의지가 없고 헤아려 판단함도 없으며 지어서 만들지도 않는다[無情意, 無計度, 無造作─朱熹]"고 한 이상 그것이 의지를 가진 '인격신'일 수는 없기 때문이다. 서양의 신학자들이 중국의 리에는 인격신의 특징이 없다고 비판한 것은 오히려 중국 이학의 비종교성과 이성 사유적 특성에 대한 중국인들의 깊은 이해를 드러낸 것이라 할수 있다. 물론 중국 문화에 천에 대한 신앙과 정신적 초월이 존재하지 않은 것은 아니다. 다만 서양처럼 종교적 의식이나 외재적 신의 숭배로 이어지지 않았으며 대부분 천은 도덕적 차원에서 내면화되었다. '윤리'가 신성한 존재로서 신의 자리를 대신했던 것이다.

한편 유럽은 17세기 근대 철학의 신호탄인 데카르트 철학의 승리 시대를 지나 18세기 이성과 자유를 존중하고 이성으로 신의 권위를 대체하는 계몽 시대, 즉 이성 시대를 맞이한다. 서양에서 인문주의적 이성 각성은 중세에서 근대로 넘어가는 필수불가결한 조건이었다.[20] 프랑스 역시 이성은 계몽주의 지식인들의 기치였다. 그들은 이성으로 기독교의 허구에 항거하고 회의주의로 신학에 기초하는 전제 권력의 신성성을 해체시켰다. 이러한 프랑스의 계몽주의 "이성파는 데카르트René Descartes(1596~1650)에서 시작하여 백과전서파의 유물론, 무신론을 거쳐 프랑스 혁명에 영향을 미치는"[21] 역사를 창출하게 된다. 이처럼 "신구 시대와 문화 교체기에 프랑스의 사상가들은 새로운 이해, 새로운 시야, 새로운 역사, 새로운 사실로 자신들의 이성을 증명하고 자신들의 이상을 완벽하게 할 필요가 있었다".[22] 중국 문화는 바로 이와 같은 역사적 배경 하에서 예수회 선교사들이 매개가 되어 프랑스에 전해졌던 것이다. 이로 볼 때 무신론적이고 유물론적인 송유 이학의 철학적 이성관이 유럽에서 주목받게 된 것은 어찌 보면 당연한 일이었을 것이다.

이처럼 이 장은 중국의 전적典籍과 사상이 유럽에 전해졌던 전파의 과정보다는 그것이 유럽에 전파된 이후에 발생된 영향이 핵심을 이룬다. 바꿔 말해서 서구 사상계의 중국 문명에 대한 찬동과 비판의 문화철학적 수용사라고 할 수 있다. 이러한 차원에서 17~18세기 서양인의 눈에 비친 중국 형상을 데카르트 학파 내부에 한정하여 좌파 벨과 우파 말브랑슈Nicolas de Malebranche(1638~1715)를 중심으로 다루어보고자 한다. 요컨대 송유 이학과 관련해서 이 두 학자는 모두 동일한 관점에서 중국을 무신론적이고 유물론적인 문명으로 파악했다. 그러나 외래 문화를 받아들이는 수용자의 주체적 시각에서 보면, 그들은 데카르트 철학 그 자체가 안고 있는 '혁명성'과 '보수성'[23]에 근거하여 이질적인 중국 문명에 대해 각기 다른 입장과 태도를 취했다. 벨이 중국 문명을 찬동하는 입장에서 그것을 통해 자문화의 혁신과 변혁을 꾀했다면 말브랑슈는 중국 문명을 자문화의 위협적인 요소로 판단하여 비판적인 견지에서 호교론적인 수구 노선을 걸었던 것이다. 이제 본격적으로 그 구체적인 전개 양상을 살펴보도록 하자.

벨의 유럽 수구 문화 비판과 혁신으로서의 중국

데카르트 철학의 좌파―벨

프랑스 계몽 운동의 선지자 벨은 피레네 산맥 기슭에 있는 푸아 지방의 카를라에서 프랑스의 위그노 목사 가정에서 태어났다. 그는 예수회 콜레주에서 교육을 받는 동안 가톨릭으로 개종했다가 다시 신교인 위그노로 개종했는데 당시 프랑스에서 재개종자는 범법자였기 때문에 주네브로 도피해 철학 공부를 계속했다. 그 후 프랑스의 스당sedan에 있는 신교학원에서 잠시 철학 교수로 있었다. 그러나 루이 14세가 종교 통일을 통한 절대주의 강화를 위해 낭트Nantes칙령을 폐지하는 등 신교도에 대한 박해가 갈수록 심해지자 1681년 네덜란드로 망명하여 로테르담의 명문학교에서 철학과 역사를 가르쳤다.[24] 17세기로 말하면 최후의 형이상학자이고 18세기로 보면 최초의 철학자로 평가되는 벨은 시기적으로 17세기와 18세기에 활동했던 과도기적인 인물이다. 그는 프랑스의 계몽 운동 시대를 직접적으로 이끈 개척자임과 동시에 데카르트의 철학, 즉 "그 유물주의사상과 과학회의주의를 추종하고 계승한"[25] 중요한 사상가였다.

데카르트 학파에서 벨은 무신론을 주장하고 중국 사상을 옹호하여 좌파에 속했다. 데카르트는 근대 철학의 비조로서 "나는 생각한다. 그러므로 나는 존재한다cogito ergo sum"라는 명제를 철학의 제1

원리로 삼아 근대 철학의 문을 연 인물이다. 그의 이 명제는 모든 가정을 내던지고 철학 자체에서 사유를 시작하여 기존의 모든 철학, 특히 교회의 권위에서 출발한 이론들을 타파하는 혁명적 뇌관으로 화했다.[26] 주지하다시피 중세는 가톨릭교회로 대표되는 영적 조직과 봉건주의라는 세속적 체제로 구성된 이중의 통제 사회를 이루고 있었다. 인간은 이 빈틈없는 전체의 그물망 속에서 한낱 부품으로서만 인정받았다. 이 구도 속에서는 자신의 운명을 스스로 개척하는 자율적이고 독립적인 개체로서의 인간은 어디에도 설 자리가 없었다.[27]

이렇게 볼 때 데카르트의 생각하는 '나', 즉 이성적으로 사유하는 주체의 발견은 철학 이성과 계시 이성이 갈라서는 기점이 되었다. 그것은 인간이 '신'의 피조물로만 존재했던 중세적 관점과의 결별을 의미했다. 다시 말해 유럽은 데카르트로 인해 종교 시대에서 근대 철학 시대로의 전환이 촉발되었고 근대의 합리주의적이고 이성 중심적인 인간관이 확립되는 토대가 마련되었던 것이다. 또한 코기토cogito라는 이 명제의 중요한 원칙은 일체를 회의하는 데 있었다. 데카르트는 확실한 지식에 이르기 위해 의심이라는 방법적 회의를 사용했다. 그런데 나는 모든 것을 의심할 수 있지만 결코 의심할 수 없는 존재가 있으니 그것이 바로 '나'라는 것이다. 말 그대로 내가 의심하는 까닭에 나는 존재한다.

이와 더불어 벨의 회의론은 데카르트 외에 휴머니즘적 도덕성의 옹호자이자 당시 유럽의 편협한 종교적 태도를 비판했던 몽테뉴 Montaigne(1533~1592)의 영향이기도 했다. 몽테뉴 역시 중국 예찬론자로서 동양으로부터 새로 들어온 정보라면 사소한 것이라도 재빨리 파악하여 자신의 논쟁에 이용했다. 특히 그는 여러 평론에서 독자들이 유럽의 사태에 대해 좀 더 폭넓고 개방된 시각을 갖도록 중국을 사례로 들어 설명했다. 뿐더러 지식의 불확실성, 세계의 무한한 다양성, 도덕적 교훈의 보편성에 관한 자신의 신념을 지지하기 위해 동양을 원용했다.[28]

벨의 전기를 쓴 데메조Des Maizeaux에 의하면 벨은 몽테뉴에 심취해서 《수상록*Les Essais*》(1580)을 모두 암기할 정도였다고 한다. 그런데 몽테뉴에게서 사유하는 나의 정체성은 바로 회의적 정체성에 해당한다. 몽테뉴는 인간에게는 영혼의 맹목성이 존재하는데 이것이 사람을 독선적으로 만든다고 했다. 모든 진리를 스스로 보유했다고 생각하는 것은 진리 탐구의 길을 막는 행위다. 반대로 스스로 지식이 부족하다고 느껴 어떠한 사물에 대해서도 회의적인 태도를 견지한다면 지식을 증가시킬 수가 있다. 몽테뉴가 여기서 말한 '독선'이란 실제로는 유럽 중세의 지배 이념인 스콜라 철학Scholasticism을 가리킨다. 그는 지식의 상대성을 가지고 회의주의를 논증했던 것이다.[29] 이처럼 "몽테뉴는 지식에 관한 한 그 어떤 권위도 인정하지 않았으며 그의 비판적 성찰의 매서운 칼날은 대상을 가리지 않았다".[30]

벨은 이상과 같은 데카르트와 몽테뉴의 회의주의를 계승하고 발전시켜 교조적인 유럽의 종교 이데올로기를 혁신하고자 했다. 말브랑슈가 주로 데카르트주의에 관한 자신의 독특한 해석을 변호하는 데 관심을 두었다면 벨은 진리를 억압하는 형이상학적이고 종교적인 요소들을 공격하는 데 힘을 쏟았다. 당시 가톨릭의 종교 신학에 의하자면 국가는 교회에 복종해야 하고 가톨릭의 신정神政 국가가 되어야 한다고 규정했다. 통치자와 국가는 신의 화신이고 신의 의지의 표현이기 때문에 모두 선하다는 것이다. 이와 같은 종교 신학의 관념 형태는 봉건 사회와 그 통치자의 보호 논리로 고착화되어 서양의 전 중세기를 관통하고 있었다. 벨은 이러한 유럽 사회의 일반적인 통념을 깨고 진정한 이상 사회는 무신론자가 조직한 사회라고 논증했다. 이 사회에서는 신을 믿지 않아도 서로 사랑하고 평등과 자유의 삶을 누릴 수 있다고 했다. 이렇듯이 그는 무신론을 추상推尙하고 당시 종교 폐단으로 왜곡된 유럽 사회를 통렬하게 비판했을 뿐만 아니라 이를 근거로 종교와 국가를 분리시켜야 한다고 주장했다.

또한 서양의 종교계는 교회가 도덕의 화신이고 가톨릭을 신앙하고 신의 명령에 복종하는 사람만이 숭고한 도덕을 갖출 수 있다고 선양했다. 그러나 벨은 종교와 도덕 역시 필연적인 관계가 없기 때문에 분리시켜야 마땅하다고 역설했다. 이러한 그의 논단은 종교 신앙에 대한 준엄한 도전이 아닐 수 없었다. 그는 말하기를 "신에 대한 두려움과 사랑만이 결코 사람을 움직이는 유일한 원동력일 수는 없다. 다른 요소인 영예에 대한 욕망, 악명에 대한 두려움, 각종 기질상의 경향, 관부 규정의 상벌 등도 사람의 마음에 큰 영향을 미친다"[31]고 했다. 그리고 실천적 동기 면에서 후자가 전자보다 더욱 지속적이고 적극적인 의미를 지닌다고 주장했다. 뿐더러 벨은 "종교를 믿지 않는 사람은 기질적인 원동력과 추동력에 더하여 영예를 좋아하고 치욕을 무서워하기 때문에 매우 도덕적으로 생활할 수 있지만 …… 이에 반해 그렇게 많은 사람들이 종교의 진리를 깊이 믿는데도 여전히 갖은 악행을 다 저지른다"[32]고 단언했다.

이처럼 벨은 국가와 윤리에 대한 종교의 필연성을 부정하고 종교가 필요치 않는 순수 무신론자가 조직한 사회, 즉 '무신론 사회'를 제창했던 것이다. 그에 따르면 종교는 도덕의 기초가 될 수 없으며 종교 신앙이 깊다고 해서 반드시 도덕성이 있다고는 할 수 없다. "선을 행하는 성향과 악을 행하는 성향은 인간의 본성에서 나오는 것이지 종교에서 나오는 것이 아니다."[33] 무신론자는 이성을 가지고 있기 때문에 숭고한 도덕성을 갖출 수 있다. 무신론자는 존경받을 수 있고 무신론자로 구성된 사회는 존재할 수 있다. 인간의 존엄성을 더럽히는 것은 무신론이 아니고 미신과 우상 숭배라는 것이다.

18세기 프랑스는 다름 아닌 '유물론'과 '무신론' 발전의 중심지였다. 벨의 무신론사상과 비판 정신은 프랑스의 사상계를 일깨워 새로운 계몽 시대의 가능성을 알렸다. 벨을 프랑스 계몽 운동의 선각자라고 일컫는 것은 이 때문이다. 다시 말해서 "프랑스사상사에 있어서 벨 철학의 중요한 공헌은 회의론을 이용해 종교를 비판하고 무신론 사상을 창도했다는 데 있었다."[34] 벨이 중국의 문화와 철학사상에서 받은 중요한 영향은 두 가지 측면에서 살펴볼 수가 있다. 하나는 '관용 정신'이고, 또 하나는 '무신론'이다.

종교적 관용과 중국

1685년 낭트칙령의 폐지를 전후로 루이 14세는 이교도를 배척하기 시작한다. 벨은 루이 14세의 이러한 행위에 반대하면서 중국 연구에 최종적으로 이끌리게 된다. 그는 "동양에 대한 몽테뉴의 관심을 계속해서 발전시켜 낭트칙령의 취소에 따른 종교적 불관용의 분위기를 공격하기 위해 몽테뉴와 유사한 방식으로 동양을 인용했다".[35] 벨은 낭트칙령을 반대하는 저작에서 '종교적 관용'이라는 중요한 원칙을 제시했다. 즉 신교도에 대한 신앙의 자유와 양심의 자유를 인정해야 한다고 주장하면서 이 요구는 신교도에게만 한정된 것이 아닌 보편적이고 순수 철학적 원칙임과 동시에 다른 모든 신앙에게도 유효한 원칙이라고 했다. 종교적 목적 때문에 저질러지는 어떠한 폭력도 옳지 못하다는 의미가 바로 그것이다.

벨은 1684년부터 발간하던 《문필공화국소식》을 통해 가톨릭의 불관용을 공격하는 한편, 《"억지로라도 들여보내라"는 예수 그리스도의 말씀에 대한 철학적 검토Commentaire philosophique sur ces paroles de Jésus-Christ: "Contrains-les d'entrer"》를 출판하여 이성의 빛에 의한 성서 해석과 양심의 자유를 주장했다. 이 획기적인 저작은 존 로크 John Locke의 《관용에 대한 편지A Letter concerning Toleration》 (1689)와 함께 위대한 관용론 저술로 손꼽힌다.[36] 다만 로크가 사회의 도덕성을 해친다는 이유로 무신론자들을 관용의 대상에서 제외시킨 반면에 벨은 '전부 아니면 무'라는 원칙을 고수하여 무신론자를 포함한 모든 사람들의 관용을 주장했다. 여기서 벨은 그 핵심적인 논거들로 종교와 정치, 종교와 철학, 종교와 도덕을 각각 구분함으로써 관용을 피력했다. 또한 세속의 군주는 종교적인 문제에 개입할 권리가 없고 성서의 구절은 철학적으로 검토해야 하며 무신론자라고 해서 반드시 도덕적으로 타락하는 것은 아니라고 했다.[37]

이렇게 벨은 이성, 양심, 복음, 형평의 원칙 등에 입각하여 관용을 주장하는 한편 종교적 관용의 예증을 중국에서 찾았다. 중국인은 서양인의 종교가 허구이고 자신들의 신념과 판이하게 다르다는 사실을 알면서도 이질적인 가톨릭 선교사들을 인자하게 포용하는 태도에 깊은 인상을 받는다. 그는 말하기를, "서양의 종교인들은 왜 이교도 왕국에서 성행하는 관용 사상을 돌아보지 않고, 우리는 그들을 공개적으로 몽매하고 잔혹한 국가로 매도하는지를 모르겠다. 이것은 바로 중국 황제가 예수회원의 종교는 거짓된 종교이고 황제와 그 신민臣民이 선양하는 종교와 서로 대립된다고 굳게 믿고 있기 때문일 것이다. 그러나 황제는 선교사를 학대하는 것을 용납하지 않으며 매우 인도적으로 그들을 대한다"[38]라고 했다.

단적인 예로 당시 루이 14세가 낭트칙령을 폐지하고 우수한 신교도들을 처단하거나 모두 국외로 추방하고 있을 때 중국의 강희제는 오히려 가톨릭교도에게 유리한 칙령을 반포했던 일을 들 수 있을 것이다. "벨이 보기에 이것은 확실히 모든 사건 중에서 가장 설득력 있는 한 마디였다. 즉 중국인은 서양인에게 관용에 관한 강의를 했던 것이다."[39] 이처럼 당시 중국은 벨에게 있어 이질 문화 포용에 대한 중요한 모형이 되었고 중국의 관용 정신은 서양의 종교적 배타성을 비판하는 중요한 근거였다. 그는 종교적 관용 태도는 실행할 만하며 중국에 이미 존재한다고 확신했다.

벨의 입장에서 보면 프랑스가 자국에서 극단적이고 배타적인 종교 박해의 오류를 범하고 있는 상황에서 예수회원을 중국에 파견하여 중국 황제에게 선교 활동에 대한 관용 정책을 요구하는 그러한 이중적 태도를 이해할 수가 없었다. 그는 밀턴Milton의 관용 교의를 연구하고 그 교의에 의거하여 "가톨릭은 완전히 관용적 특권을 상실할 것이다. 이것은 하나의 종교이기 때문이 아니라 다른 모든 유파를 압박하는 전제 교파이기 때문이다"[40]라고 인식했다. 벨은 프랑스가 신민에게 무력으로 가톨릭을 받아들일 것을 강요하고, 선교사를 중국에 보내 중국인들의 영혼을 복종시키고 정복하는 식으로 동일한 원칙을 적용시키고 있다고 보았다. 가톨릭이 성공적으로 중국에 자리를 잡게 된다면 정복적 복음을 통한 다른 종교는 파괴될 것이다. 때문에 중국 황제는 중국에 선교를 희망하는 종교를 연구하여 이질성을 용납하지 못하는 종교에 대해서는 결코 관용할 수 없다는 입장을 취해야 한다고 주장했다.

사실 가톨릭의 교황주의는 정복적 복음, 즉 이교도를 용납하지 않고 질시하는 정복적 방법을 취한다. 이것은 타종교를 맹목적으로 배척하는 유대인 종교의 특징에서 유래한다고 하겠다. 벨은 이러한 서양의 종교적 교조성에서 비롯되는 가톨릭의 정복적 복음을 단순한 종교상의 편견이 아닌 일종의 도덕적 죄악으로까지 파악했다. 인위법인 모든 종교법보다 앞서는 영구적인 도덕 준칙을 위해서 중국 황제는 가톨릭교도를 제국 안에서 반드시 축출해야 한다. 죄업으로 상대를 핍박하는 것은 종교를 지탱하는 허위이고 본성과 도덕 의지를 어기는 처사다. 벨은 중국 황제가 이러한 선교사들을 축출하여 중국인에게 가장 크고 용서받지 못하는 죄행을 저지르지 않도록 해야 한다고 주장했다.[41]

벨은 기독교와 함께 불관용이 탄생했고 기독교의 본질이 다름 아닌 불관용이라고 인식할 정도로 유럽 수구 문화에 대해 비판적인 태도를 견지했다. 그는 구교와 신교 모두로부터 박해를 받았고 종국에는 박해지에서 불운한 철학자로 생을 마쳤다. 이 일련의 종교적·정치적 박해는 관용이 벨 사상의 큰 특징으로 자리 잡게 하는 하나의 중요한 요인이 되었다. 그의 모든 이론이 관용 정신을 둘러싸고 전개될 정도로 관용은 벨의 사상에서 핵심을 이룬다. 당시 가톨릭이 프랑스의 종교를 지배하고 다른 종교를 잔혹하게 핍박하는 상황에서 이 같은 입장을 취했다는 사실은 역사적 시각에서 볼 때 상당히 진보적 의미를 지닌다.

그런 점에서 클라크는 벨에 대해 "그는 전복적인 방법론으로 18세기 백과전서파에게 강력한 영향을 끼친 사상가이다. 그는 반권위주의적 회의주의를 견지하고 중국의 고대성을 이용하여 전통적인 성서의 연대기를 전복시키고 자국의 종교적 불관용과 박해를 공격했으며 중국을 기존 질서에 맞서는 투쟁의 필수적인 도구로 파악한 리베르땡(자유사상가)이라고 불린 급진사상가 그룹의 일원이었다"[42]고 평가했다. 이처럼 벨이 중국에서 흡수한 이교에 대한 '관용 정신'은 그가 주장한 일련의 신학적 세계관을 뒤엎는, 즉 무신론도 인정하는 신앙의 자유, 도덕과 종교의 분리, 신앙과 이성의 양립 불가 등의 주장과 유기적으로 결합하여 이후 근대 계몽사상가들에게 깊은 영향을 미쳤다.

무신론 사회와 중국

앞에서 이미 지적한 바와 같이 벨은 데카르트의 회의주의를 계승, 그것을 무기로 삼아 종교 신앙과 그 이론적 기초인 17세기의 형이상학에 반기를 들었다. "회의주의는 이성주의의 운용임과 동시에 중세종교 철학의 비판과 관련되어 있다."[43] 이성의 각성은 필연적으로 종교에 대한 회의와 동요를 불러오게 마련이다. 벨은 이런 점에서 이성과 신앙의 대립적인 각도에서 종교 신학을 회의하고 비판했던 것이다. 또한 이성을 극히 찬양하여 이성과 신앙은 서로 근본적으로 용납될 수 없다고 보았다. 벨이 생각하기에 "종교란 신앙 영역이지 이성영역은 아니었다. 이성이 도달할 수 있는 것은 신앙이 필요치 않는다는 것이고 이성이 이해할 수 없는 것은 신앙 계시의 필요였다".[44] 결국 종교가 이성과 서로 부합되기란 불가능한 것이었다. 더 나아가 벨은 허황성을 종교 신학의 본질로 규정하여 이성이 이해할 수 없는 종교 신학은 황당무계한 것이라고 주장했다. 형이상학 역시 이성으로 이해할 수 없는 존재를 증명하고자 하기 때문에 똑같이 황당무계하다고 했다.

중세의 종교 신학은 유럽 봉건 사회를 지배하는 통치 이념으로서 유럽인들의 의식에 깊이 착근되어 있었다. 벨은 이와 같은 중세적 관념과 질서에 반대하고 회의론을 주장했던 것이다. 그는 "회의론은 신학에 있어서는 위험한 존재이지만 자연 과학과 국가에 있어서는 그렇지 않다"[45]고 말한다. 회의론을 견지하는 태도는 실제 생활에서 보면 국가를 준수하는 법칙을 거절하는 것이 아님은 물론 도덕 원칙의 견지를 방해하지 않는다고 했다. 그렇다면 누가 이 회의주의를 두려워하겠는가? 벨은 확실성을 기초로 하는 종교만이 그것을 두려워할 뿐이라고 했다. "사람들의 심리에 그 진리에 대한 확고부동한 믿음을 잃게 되면 그것의 목적, 효과, 용도는 끝장나고 말기"[46] 때문이다. 이로 인해 그는 반종교를 부르짖게 된다.

벨의 대표적인 저작은 《역사비판사전Dictionnaire historique et critique》으로서 이것은 역사와 성경 인물에 관한 사서辭書이지만 앞 세대의 잘못을 바로잡는 주석집도 함께 포함되어 있다. 벨은 여기서 종교에 대한 회의적 태도를 취하면서 종교를 이성과 자연의 빛으로 대체하여 봉건적 세계관에 도전했다. 벨이 이 책을 집필한 본래 의도는 앞 세대의 착오를 제기하는 데 있었다. 하지만 당시 종교와 정치 투쟁이 치열해짐에 따라 가톨릭 수구파와의 논쟁이 내용의 중심을 이루게 된 것이다. 이 저작은 이후 현실 비판의 수단으로서 기독교와 논전할 때 사용되는 무기였을 뿐만 아니라 중세의 신 중심 철학 사상에 대한 직접적인 도전이기도 했다. 1696년 출판된 이후 프랑스와 유럽에 크게 유행하여 1760년까지 10여 차례나 재판되었다. 이 책은 무신론자들의 교본이라 일컬어질 정도로 당시 유럽 사상계와 18세기 프랑스 사상가에게 깊은 영향을 미쳤다.

벨은 무신론 사회의 실례를 중국에서 찾았다. 그는 《역사비판사전》에서 중국을 논급할 때 중국인이 비록 무신론자들이기는 하지만 존경할 만한 종족이라 했다. 1697년도판 《역사비판사전》 〈스피노자〉 조목에 다음과 같이 쓰고 있다. "고대 중국인은 만물의 '영靈' 가운데서 하늘[天]이 가장 신령하다는 데 동의했다. 하늘은 능히 자연을 지배하니 자연계 속의 다른 '영'은 하늘에 순종하지 않으면 안 된다. 그러나 모든 '영'들 역시 그에 합당한 힘을 가지고 있다. 이들은 능히 자력으로 활동할 수 있고 다른 '영'과 구별되는 고유한 정체성을 형성한다. 이와 같은 무수하고도 자잘한 비창조물의 존재는 그리스의 대철학자였던 데모크리토스Democritus와 에피쿠로스Epicurus에 의해 일찍이 진리로 인식되기도 했지만 이러한 사상은 동방에서 오히려 극히 보편적으로 발달된 것이었다."[47]

〈Sommona-Codon〉 조목에서는 창천蒼天의 '영'과 기타 만물의 '영'은 모두 지력智力이 결핍된 일종의 동적인 물질로 간주된다고 주장했다. 인류 행동의 유일한 판단자는 맹목적인 운명에 귀속되며 운명은 전지전능한 법관처럼 존재한다. 이런 점에서 벨이 보기에 유자儒者는 분명 에피쿠로스의 사상과는 같지 않았다. 왜냐하면 에피쿠로스는 섭리를 부인하고 신적 존재를 긍정하지만 유자는 일종의 섭리는 긍정하고 신적 존재는 부인하기 때문이다.[48]

이와 같은 "벨의 '중국 무신론'에 대한 긍정은 그의 종교 회의적 태도와 관련이 있다".[49] 중세는 신을 연구하는 신학이 모든 학문을 지배하는 종교 신학이라는 하나의 의식 형태만이 존재했다. 가톨릭 교의는 의심할 수 없는 부동의 존재이자 절대적 신조였다. 벨은 유럽인을 속박하는 종교적 멍에를 타파하는 그 중요한 의미를 깊이 체득하고 있었다. 그는 회의론의 칼끝으로 종교 신학을 비판하고 나섰다. 동시에 공교孔教의 무신론을 이용하여 종교 신학과 그에 기초한 전제 정치를 타도하고자 했다. 그에게서 《성경》은 더 이상 신성한 신의 율법이 아니었다. 벨은 솔직하고 생기 넘치는 문필로 《성경》을 경망스러운 일화들의 묶음이라고 비난했다. 이러한 변론 양식은 이후 볼테르와 백과전서파에게 채용된다.

벨이 중국에 대해 비교적 깊은 연구와 관심을 기울이게 된 것은 중국의 전례 논쟁이 폭발한 이후였다. 그는 프랑스 황가도서관에서 송유의 이학 사상에 관한 정보를 얻었고 중국 전례 논쟁에 대한 저작과 문장을 읽었다. 전례 논쟁과 관련된 그의 입장은 "중국인이 믿는 지극히 높고 지극히 선한 존재인 '신神'은 사실상 세계 물질의 중심을 이루고 있다. 바꾸어 말하면 '신'은 곧 세계의 진미진선眞美眞善인 '천天'의 중심일 따름이었다".[50] 그리고 "유자가 '천'을 조물주인 진신眞神으로 인정했다는 예수회 선교사의 주장은 의도적으로 무시했고 반대로 반예수회파의 저서를 참조하여 유교를 무신론으로 인정했다".[51]

이처럼 벨은 중국의 비종교적 이성주의 문명을 전범으로 하여 '무신론 사회'라는 가설을 제창했다. 바꿔 말해 이 무신론 사회의 실례가 중국 사회이며 중국 철학은 무신론적 철학이라는 것이다. 이것은 그가 중국의 전례 논쟁을 연구한 다음에 얻은 결론이었다. "중국은 매우 오래된 민족이면서 가장 순결한 윤리를 실행한다. 중국의 무신론은 중화 민족의 형성과 생존을 방해하는 일이 없으며 이 무신론이 오히려 생존과 번영을 유지하도록 돕는 듯하다."[52] 벨은 이 중국의 무신론은 일부 철학자의 특수적 교의가 아닌 중국에서 지배적 위치를 차지하는 철학 이론임을 증명했다.

벨은 전례 논쟁 당시 그의 《혜성에 대한 다양한 사고들*Pensées diverses sur la comète*》이라는 논저가 일으킨 논쟁에 직면해 있었다. 그는 혜성은 자연 현상이지 불행의 전조가 아니라고 말하면서 혜성의 출현을 신의 경고로 해석하는 가톨릭의 우상 숭배적 관행을 비판했다. 벨은 여기서 그치지 않고 인간은 신의 존재를 믿지 않고서도 건전한 생각을 할 수 있다며 무신론을 옹호했다.[53] 벨은 이 책에서 일찍이 무신론이 우상 숭배보다 낫다는 증명을 시도하고 있었다. 때문에 우상 숭배가 유신론이라는 점을 감안한다면 종교계의 반대에 부딪쳤던 것은 당연한 일이었다. 당시 지배적인 생각에 의하면 무신론자들은 사후 세계를 믿지 않으므로 현세에서 부도덕한 생활을 한다는 것이다. 특히 종교계에서는 무신론을 비열하고 부끄러움을 모르며 육욕과 향락만을 강조하는 일련의 부도덕한 학설로 치부했다.

그러나 벨은 "우상 숭배와 무신론을 선택하라면 차라리 후자를 선택하겠다는 입장이었다. 그것은 무신론자는 타 신앙을 용인하지만 우상 숭배자는 배타적인 광신자들이라는 이유에서였다".[54] 벨은 여기서 무신론과 도덕은 무관하다는 획기적인 논거를 제시한다. 그는 신의 존재를 믿으면서도 도덕적으로 타락한 자기 시대의 신앙인들과 디아고라스Diagoras, 에피쿠로스, 중국의 철학자들 그리고 동시대의 스피노자 같은 고결한 무신론자들을 대조시킨다. 벨에 따르면 자비심, 검소함, 순수함 등은 신을 믿는 데서 오는 것이 아니라 기질, 교육, 개인적인 이해, 욕망, 이성의 본능 등에서 나오는 것이기 때문이다. 도덕은 종교에서 나오는 것이 아니라 종교보다 더 오래된 것이다. 도덕은 일반적 섭리인 자연에서 나온다. 이렇게 무신론자도 도덕적일 수 있을 뿐만 아니라 더 우월하기도 하다. 왜냐하면 무신론자들은 기독교인들과 달리 사후 세계에서 보상을 기대하지 않고 순수하게 도덕을 실천하기 때문이다.[55]

중세 유럽의 국가와 민족은 대체로 종교를 사회 공덕을 유지하는 정신적 지주로 삼고 있었다. 서양의 윤리학은 기독교의 신 중심 철학의 지배를 받았고 개개인의 윤리와 도덕 역시 기독교의 원죄설과 관련된 기독교 범위 내에서만 확립되었다. 오직 신 앞에서의 부단한 참회와 수도를 통해서만 도덕적 이상에 도달할 수 있다는 논리였다. 그런데 벨이 보기에 중국인은 "계시 신학에 대해 조금도 아는 바가 없지만 자연 법칙에 따라 선량한 도덕 생활을 영위할 뿐더러 정치적으로도 다른 어떤 나라보다 번영을 누리고 있었다. 그리고 문화 역시 매우 발달해 있었다".[56] 중국을 전범으로 하는 벨의 무신론 사회의 가설은 기존의 기독교 윤리관과는 근본적으로 화합될 수 없는 상반된 개념이었던 것이다. 따라서 그것은 반사회적 특징을 지님은 물론 기독교의 이론과 권위를 뒤흔드는 반종교적 사상 다름 아니었다.

벨은 중국 연구를 통해 무신론과 윤리 사이에 사실상의 모순이 없다고 확신했다. 그는 "공자는 무신론자였음에도 불구하고 많은 우수한 도덕 훈계를 남겼다"[57]고 말했다. 습관이 풍속에 미치는 영향력은 항상 가장 준엄한 도덕을 앞서기 때문에 도덕은 추호도 종교에 종속되지 않는다는 것이다. "그는 종교 신앙이 없는 중국의 고상한 윤리 생활을 근거로 하여 인간이 종교에서 완전히 벗어날 수 있음을 설명하고자 했다. 완벽한 윤리 생활의 영위, 인간의 숭고함과 비천함은 결코 신이 결정하는 것이 아니라는 것이다."[58]

서양의 경우 십자군의 동정東征, 종교 전쟁, 낭트칙령의 폐지 등 종교 문제로 인해 수많은 분란이 발생했던 것에 반해서 중국에서는 특수한 경우를 제외하면 전체 사회적 차원에서의 종교적 광신과 분란은 출현하지 않았다. 중국 문화는 역사상 비종교성과 인문성이 지배적이었다. 이것은 인사人事와 현실을 중시하고 종교와 내세를 경시하는 특징으로 나타났다. 중국의 종법 의식과 윤리 도덕론이 지속적으로 종교를 대신해왔던 것이다. 량수밍梁漱溟이 중국 문화의 특징을 '종교 부재의 인생'과 '도덕적 분위기 중시'[59]라고 한 의미가 바로 여기에 있다. 벨은 이러한 관점에서 중국인은 기독교의 복음이나 계시 신학에 관해 조금도 몰랐지만 자연 이성에 따라 훌륭한 도덕 생활과 문화를 발전시켜왔다고 인식했다. 벨은 이러한 중국의 예증을 통해 종교의 권위를 부정하고 이성의 지위를 제고시킴으로써 프랑스 계몽 운동의 문을 열었던 것이다.

말브랑슈의 유럽 신성 문화 수호로서의 중국

데카르트 철학의 우파―말브랑슈

말브랑슈는 가톨릭 신부이자 신학자이며 데카르트 학파의 중요한 철학자다. 데카르트 학파에서 벨이 중국의 무신론을 승인하고 중국 문명에 찬동하여 좌파에 속했다면, 말브랑슈는 벨과 같은 시각에서 중국 철학이 무신론·유물론임을 주장하면서도 파스칼Blaise Pascal(1623~1662)과 동일하게 중국 문명에 반대하여 우파에 속했다. 그는 1638년 프랑스 파리에서 루이 13세 비서의 막내아들로 태어났다. 라마르슈la Marche대학과 소르본느Sorbonne대학에서 신학을 수학했고, 1660년 오라토리오 수도회에 입회하여 1664년에 사제로 서품되었다. 말브랑슈는 우연히 데카르트의 《인간론Traité de l' homme》을 읽은 후 물리학, 수학, 데카르트 철학에 심취하여 독자적인 형이상학을 구축했다. 그의 철학적 과제는 신앙의 진리와 이성적 진리를 어떻게 조화시킬 것인가 하는 문제였다. 이를 위해 그는 아우구스티누스Aurelius Augustinus(354~430)의 신학과 데카르트의 철학을 융합시켰다.

말브랑슈는 데카르트 철학을 추종했을 뿐만 아니라 데카르트가 미해결로 남겨놓은, 두 개의 실체로 확연히 구별되는 이원론적 정신과 육체의 관계 문제, 즉 물질적 실체인 연장을 본성으로 하는 '물체·육체'와 정신적 실체인 사유를 본성으로 하는 '영혼·정신'이 어떻게 상호 교섭하는가의 문제를 해결하고자 했다. 더욱이 이 두 실체의 결합체가 인간이라고 했을 때 연장을 갖지 않는 정신의 생각들이 육체에 어떻게 영향을 미치며 육체적 충돌이 어떻게 생각을 만들어내는가 하는 문제는 숙제가 아닐 수 없었다. 말브랑슈는 이 난제를 해결하기 위해 '기회원인론occasionalism'을 제창함으로써 데카르트 철학의 이원론을 정통 로마 가톨릭 신앙과 조화시키고자 노력했다. 기회원인론이란 정신과 육체 사이의 모든 상호 작용은 신이 매개한다는 이론을 말한다. 즉 별개의 실체인 정신과 육체는 직접적으로 상호 작용을 하지 않는다. 인간은 오직 신을 통해서만 내적 세계와 외적 세계를 인지할 수 있다. 신은 정신의 의지가 작용하는 것을 기회로 그에 상응하는 육체의 운동을 일으키고, 육체가 다른 물질 대상과 부딪치는 것을 기회로 정신에 그에 상응하는 생각을 불어넣는다.

좀 더 덧붙이자면 이원적론적인 정신과 물체 사이에 인식이 성립되기 위해서는 그 매개자인 관념이 필요하다. 올바른 인식은 신의 이성에 기대어 신 안의 관념을 통해서만 얻을 수 있다. 왜냐하면 "신은 모든 것을 창조하여 일체에 대해 관념을 가질 뿐더러 신은 그것들의 존재와 수많은 정신들을 통해서 극히 긴밀하게 결합되어 있기"[60] 때문이다. 이처럼 말브랑슈의 입장에서 보면 신이란 우주의 유일한 실체이자 변화의 유일한 원인인 것이다. 말하자면 신 자체에 만물이 포함됨은 물론 사람의 정신은 오로지 신 안에서만 일체를 인식할 수 있다. 당시 가장 논란이 많았던 '신 안에서 모든 것을 본다' 라는 주제와 관련하여 "말브랑슈는 기독교·플라톤·아우구스티누스적 모델에 의존했다".[61] 인간의 생리 활동과 심리 활동 사이의 상호 관계는 단지 일종의 기회 원인일 따름이다. 진정한 원인은 신의 의지에 귀속된다. 그는 이 기회원인론을 정신과 신체 관계에만 적용시키는 데 그치지지 않고 모든 자연적 원인을 기회 원인으로 보았다. 어떠한 변화도 직접적인 원인은 모두가 신의 의지라는 것이다.

말브랑슈는 이러한 자신의 기회원인론의 철학적 관점에서 출발하여 중서비교철학사에 있어 일대 쟁점이 된 《신의 존재와 그 본질에 대한 가톨릭 철학자와 중국 철학자의 대화Entretien d'un philosophe *chrétien avec un philosophe Chinois sur l'existence et la nature de Dien*[62]라는 저서를 집필한다. 이 책과 관련해서 말브랑슈 철학의 다음과 같은 특징에 먼저 주의해야 한다. 말브랑슈의 신에 대한 관념은 중세의 그것과 분명한 차이가 있었다. 그는 데카르트 철학에 기초하여 순수 이성적 방향으로 발전시켜 나갔다. 이런 점에서 팡징런 龐景仁은 "말브랑슈의 신은 의인관이 탈각된 신"[63]이라고 했던 것이다. 말브랑슈가 《대화록》에서 신이 실체적 존재임을 논증할 때, 이 "신은 결코 토마스 아퀴나스Thomas Aquinas 이론 속의 신과는 달랐으며 성육신成肉身(Incarnation)의 인격화된 신의 아들인 예수의 존재는 더욱 아니었다. 그것은 실제로 이성 그 자체였고 무한적이고 추상적인 주관성이었다. 그는 여기서 신을 사물과 사유의 통일로 보았다".[64] 이와 함께 말브랑슈는 벨이 데카르트 철학에 근거하여 무신론을 제창했던 것과는 달리 데카르트 철학 이면에 보존되어 있는 신을 되살려 데카르트주의를 우익적으로 발전시켜 나갔다. 때문에 그의 이성적 신은 일정 부분 '계시 이성'적 성격을 띤다.[65] 이제, 이를 기반으로 하여 말브랑슈의 중국 철학에 대한 이해와 태도를 살펴보도록 하자.

가톨릭 철학자와 중국 철학자의 대화

말브랑슈의 주요 저서로는 《진리의 탐구*De la recherche de la vérité*》(3권, 1674~1678), 《자연과 은혜에 관하여*Traité de la nature et de la grâce*》(1680), 《형이상학과 종교에 관한 대화*Entretiens sur la métaphysique et sur la religion*》(1688) 등이 있다. 그러나 앞에서 언급했다시피 말브랑슈의 중국과 관련된 저작은 1708년 70세 고령의 나이로 출판한 《대

화록〉이다. 발표 시점은 전례 논쟁이 최고조에 이른 시기이자 중국의 교황 대리 주교인 리온Artus de Lionne(梁弘仁, 1655~1713)이 로마로 돌아오던 때였다. 말브랑슈가 이 책을 집필하게 된 동기는 당시 예수회의 사적死敵 리온 신부의 간절한 부탁 때문이었다. 리온 신부는 그에게 전례 문제를 토론하여 예수회 선교사의 주장에 대해 비판해주기를 희망했다. 말브랑슈는 이 일을 다음과 같이 회고한다. "사람들에게 매우 존경을 받고 진정으로 신뢰할 만한 분이 나에게 알려주었다. 그는 일찍이 중국 유학자들과 교제한 적이 있었기 때문에 그들의 신에 관한 견해가 내가 명백하게 논술하는 것과 같다는 사실을 그는 안다. 뿐더러 이러한 견해들을 반박해줄 것을 여러 차례 내게 간청해왔다. 진리를 이용하여 그들이 받아들이도록 함으로써 신의 본성에 관한 그들의 잘못된 관념을 바로잡아달라는 것이다."[66]

여기서 "사람들에게 매우 존경을 받고 진정으로 신뢰할 만한 분"이란 바로 리온 신부를 가리킨다. 리온은 파리외방선교회의 일원으로서 사천성四川省의 교황대리주교를 역임하는 등 중국에서 13년 동안 선교사로 활동하다가 1702년 프랑스로 돌아왔다. 그는 복건성福建省 주교 매그로Charles Maigrot와 같이 예수회에 매우 적대적인 입장을 취했다. 리온은 당시 말브랑슈가 유럽 사회에 상당한 영향력이 있음을 감지하고 말브랑슈에게 한 권의 책을 써줄 것을 요청해왔다. 말하자면 중국 유학자들의 신의 본성에 관한 잘못된 관념을 바로잡기만 한다면 서양의 가톨릭을 순조롭게 전파시킬 수 있다고 설득했다. 그는 이를 통해 예수회의 전례 논쟁의 입장을 공격하고자 했던 것이다.

말브랑슈는 리온의 요청을 받아들여 중국 철학에 대한 자신의 비판서인 《대화록》을 저술하게 된다. 이 책은 "원칙상 자신의 형이상학적 체계에 근거한 가톨릭의 호교론적 저작"[67]이라고 할 수 있다. 하지만 말브랑슈는 리온처럼 예수회에 대해 그렇게 적대적이지도 않았음은 물론 중국 철학에 관한 지식도 그리 깊지 못했다. 때문에 집필에 필요한 지식은 리온, 후케Jean-Francois Foucquet(傅聖澤)의 직접적인 내방이나 이탈리아인 중국 선교사 롱고바르디Nicolaus Longobardi(龍華民)의 《중국 종교에 관한 몇 가지 의문*Traité sur quelques points de la religion des Chinois*》이라는 저서 등을 통해 획득한 것으로 보인다.

이 《대화록》은 사실 미래의 중국 선교사들을 위해 쓰인 대화와 교류 형식의 형이상학 수첩이다. 말브랑슈가 이 같은 형식을 취한 이유는 중국 철학자의 논거와 반대 의견에 신속하게 회답할 수 있도록 하기 위한 것이다. 그러므로 이 책은 단순히 중국 철학을 소개하기 위한 저술이 아니다. 그것은 신의 본성에 관한 중국인들의 잘못된 관념을 바로잡기 위해 마련된 가톨릭적 신의 존재와 본질에 대한 논증이다. 그런 까닭에 중국 철학자는 대화 중 거침없는 가톨릭 철학자에비해 언제나 열세를 면치 못할 뿐더러 서양 종교 철학의 전승을 위한 열등한 비교 대상에 지나지 않는다. 이런 면에서 말브랑슈 역시도 서구중심주의의 예외일 수는 없을 것이다.

'리' 와 '신' 의 동이론同異論

말브랑슈가 이 《대화록》에서 집중적으로 논술한 것은 중국 정주程朱 철학의 '리' 와 서양 가톨릭 철학의 '신' 의 차이다. 그는 특히 당시 중국 철학이 송유 이학의 영향을 받았다는 사실에 주목한다. 그가 보기에 중국의 유학자들은 "무릇 눈앞에 사물 아닌 것이 없고 사물에는 모두 리가 있다[凡眼前無非是物, 物皆有理一伊川]", "천하에 리 없는 기氣가 없고 기 없는 리도 없다[天下未有無理之氣, 亦未有無氣之理一朱熹]"라고 인식한 까닭에, 리는 물질에 의존하는 존재이고 가톨릭의 신과 같이 정신과 물질을 생산하는 것도 아니므로 영원불변의 실체일 수가 없었다. 말브랑슈는 이러한 외물外物 중시적 경향 등을 들어 중국 철학을 무신론, 유물론으로 인식하게 된다. 한편 1708년 2월에 그의 저서가 출판되자 예수회의 기관지인 《트레부Trévoux》는 7월에 이 책에 대한 비판의 글을 실었다. 이에 맞서 말브랑슈는 《가톨릭 철학자와 중국 철학자의 대화에 관한 의견Avis touchant l'Entretien d'un philo-sophe chrétien avec un philosophe Chinois》이라는 책을 8월에 출판한다. 그는 여기서 중국 철학을 다음 여섯 가지로 정리하고 있다.

"첫째로 오직 두 존재만이 있다. 즉 리(혹은 가장 높은 이성·질서·지혜·정의)와 물질[氣]뿐이다. 둘째로 리와 물질은 영원한 존재다. 셋째로 리 그 자체는 스스로 존재할 수 없고 물질로부터 독립할 수 없다. 중국인들은 리를 분명하게 '형상'으로 간주하거나 물질 속에 분포해 있는 하나의 성질로 생각한다. 넷째로 리는 가장 높은 지혜이고 지성이기는 하지만 지혜롭거나 영리하지는 않다. 다섯째로 리 자체는 결코 자유롭지 못하다. 자신이 하고자 하는 것은 단지 그 본성의 필연성에 의한 것이며, 이미 알지 못할 뿐더러 자신이 하는 모든 행위에 대해서도 전혀 원하는 바도 없다. 여섯째로 리는 지혜, 지성, 정의의 부분을 알맞게 받아들이게 하여 물질이 지혜적이고 지성적이고 정의적이게 만든다. 왜냐하면 내가 말하는 유학자들에 의하면 인간의 정신은 단지 정화된 물질이거나 리의 지시에 따라 지성적이고 생각할 수 있는 물질이 되기 때문이다. 명백하게, 바로 이 점 때문에 리가 모든 사람들을 계몽하는 빛이고 리 안에서 우리는 만물을 볼 수 있다고 그들은 생각하는 것이다."[68]

우리는 이상을 통해서 전체적인 《대화록》의 내용과 그가 중국 철학을 어떻게 이해하고 있는지를 대략 짐작할 수가 있다. 그런데 여기서 무엇보다도 주의할 점은 말브랑슈가 "리는 그대로 Ly라고 쓰면서도 기는 물질matiere이라고 불어로 번역해서 쓰고 있다"[69]는 사실이다. 그가 이처럼 크게 고민하지 않고 기를 간단하게 데카르트적 물질로 처리함으로써 중국 철학을 오독하게 된다. 말하자면 말브랑슈에게서 신이란 무한적이고 완전하며 영원성이 그 특징인데 반해서 물질이란 불완전하고 제한적이며 하등적인 실체에 지나지 않았다. 그가 단순히 "리는 오로지 이러한 물질[氣] 속에서만 존재할 수 있다"라고 규정함에 따라서 리의 형이상학 본체론적 의미를 상실시키는 등 중국 철학에 대한 많은 그릇된 해석을 불러왔다. 사실 송유 이학 특히 주자 철학에 있어 기는 데카르트의 연장이나 서양 철학의 물질 개념과 완전히 동일하다고는 할 수 없다. 더군다나, 리와 기는 결코 이원적 구조가 아니기 때문에 단지 데카르트의 연장 개념 차원에서 기를 물질로 이해하는 것은 옳지 못하다고 하겠다.

다음으로 주목되는 점은 중국 철학의 '리'에 대한 위치 설정 문제다. 주지하다시피 말브랑슈 입론의 모태인 데카르트 철학에서의 정신과 물질은 판연히 구별되는 서로 다른 차원의 독립된 실체다. 이와 관련하여 상호 의존적 개념인 리와 기의 관계 속에서 리를 어떻게 파악하고 위치시킬 것인가는 말브랑슈의 입장에서 보면 난제였을 것이다. 더욱이, 중국 철학의 경우 '정신'은 물질[氣]의 유기화와 순화로 간주되었으므로 데카르트의 물심이원론으로는 더 한층 설명할 길이 없었다. 때문에 말브랑슈는 주로 가톨릭의 신을 중심에 놓고 그 신을 중국 철학의 리와 비교하여 공통점과 차이점을 밝혀내고자 했다. 결국 그가 보기에 리는 물질에 의존하는 한은 결코 서양적 정신 실체가 될 수 없는 '제1물질'에 지나지 않았다. 그런 면에서 "중국인의 리는 거짓된 리이며 가톨릭 신의 일종의 졸렬한 모방에 지나지 않았다. 그에게서 진정한 리란 영존불변하며 물질로부터 독립된 가장 숭고한 신령 즉 가톨릭의 신에 다름 아니었다".[70] 그리고 그는 이처럼 자체 모순적인 중국인의 '리'의 개념을 바로잡기만 한다면 서양에서 말하는 '신'과 같게 된다고 믿었다.

좀 더 부연해 보면 말브랑슈의 생각은 단순히 중국 철학을 비판하는 데만 그치지 않고 앞에서 이미 언급했듯이 신에 대한 중국인들의 잘못된 관념을 바로잡고자 했다. 그런데 그 출발점은 "중국인의 이미 터득한 진리를 이용해서 그들이 아직 터득하지 못한 진리를 받아들이게 한다"[71]는 것이다. 그의 말을 보면 "리는 결코 작품을 구성하는 각 부분의 안배 속에 존재하지 않는다. 마찬가지로 법칙 역시 장인 대뇌 각 부분의 안배 속에 존재하지 않는다. 리는 모든 사람에 대한 공통된 광명이지만 물질(기)의 모든 이 안배들은 일부 특수한 변화에 불과하다. 이러한 안배들은 사멸하고 바뀌지만 리는 영원불변한 존재다. 그러므로 그것은 그것 그 자체 속에 존재하는 것이지 물질이나 가장 숭고한 지혜에 의존하는 것이 아니다".[72] 말브랑슈가 여기서 말하는 리란 실제로 신이며 물질은 중국 철학의 리라고 할 수 있다. 결국 리와 신의 구별은, 리는 단지 구체적인 기(물질) 속에서만 존재하므로 바뀌고 사라지는 존재이지만 신은 영원한 지혜이고 하나

임과 동시에 만유여서 만물을 창조하고 영원히 멸망하지도 않는다[73]
는 바로 여기에 있었다. 말브랑슈의 문제의식은 이처럼 한계를 지닌
중국 철학의 '리'를 서양적 '신'의 개념으로 바로잡아야 한다는 것
이었다.

결론적으로 말브랑슈가 비교한 '신'과 '리'의 차이점은 다음 세
가지로 정리할 수 있다. "첫째는 중국 철학의 리는 물질을 떠나서는
존재할 수 없지만 신은 물질과는 완전히 다른 존재이다. 그리고 중
국 철학자들은 '정신'을 정화된 물질로 봄으로써 정신과 물질을 완
전히 다른 것으로 보는 가톨릭 철학과는 다르다. 둘째는 중국 철학
자들은 리가 사람들에게 지혜, 지성, 정의를 부여하면서도 그 자신
은 지혜롭지도 않고 지성을 갖거나 정의롭지 않다고 하기 때문에 신
과는 다르다. 여기서 강조되는 것은 리가 의식을 가진 존재가 아니
라는 것이다. 셋째는 중국 철학자들은 리가 물질에 조리와 질서 그
리고 예지를 부여하는 존재라고 하면서도 물질을 떠나서는 존재할
수 없는 것이라고 말해서 그것이 단순한 물질의 배열 및 질서와 같
은 것으로 본다. 전자를 보면 그것은 신과 같지만 후자를 보면 신과
다르다."[74]

말브랑슈는 '리'의 작용 차원에서 그것이 지고무상한 진리임을 승
인하고는 있지만, 서양의 신처럼 독립된 실체가 아닌 물질에 의존한
다는 사실에 더욱 초점을 맞추었다. 물질에 의존하는 리는 서양적 개
념의 신과는 달리 영원불변의 완전한 존재가 아닐 뿐더러 신과 같이
물질과 정신을 생산할 수도 없었다. 그러므로 리는 결국 소멸할 수밖
에 없는 존재이고, 말브랑슈는 이런 의미에서 중국 철학은 명백한 유
물론, 무신론이라고 주장했던 것이다. 이것은 리온이나 롱고바르디

에게서 받은 영향이 크다고 할 수 있다. 특히, 그는 롱고바르디의 "리는 단지 기(물질) 속에서만 존재할 수 있다"라는 단편적인 정보에만 의탁했기 때문에 이학의 윤리 본체론적 특징을 간과한 채 리는 물질에 속박당한다는 오로지 유물론적 각도로만 바라보게 되었던 것이다. 즉 주자학의 명제인 "리와 기는 서로 떠날 수 없다[理氣不相離]"라는 말과 함께, "서로 섞이지 않는다[理氣不相雜]"라는 말이 있음을 이해하지 못했다. 이 때문에 '기'로부터 분리된 논리적이고 본체론적인 '리'의 위치와 그 특성인 영원성을 놓치고 말았다.

중국의 이학 비판을 통한 스피노자의 무신론 공격

한편 말브랑슈가 《대화록》을 저술한 이유는 자신의 형이상학을 중국 철학의 연구를 통해 증명하고자 함도 있었지만, 이학의 무신론적·자연주의적 성격을 비판하여 스피노자Spinoza(1632~1677)의 무신론적 경향을 공격하려는 목적이 더 강했다. 말브랑슈의 이 저서가 유럽 사회에 그처럼 큰 파문을 일으켰던 까닭은 "유럽 사상 내부의 변천과 논쟁, 즉 가톨릭 사상과 스피노자 철학사상 간의 투쟁과 관련이 있었다".[75] 정작 말브랑슈가 중국 철학을 비판했던 숨은 동기는 사실 스피노자 철학에 대한 공격에 있었다. 즉 "그는 이 책을 중국의 리에 관한 개념을 연구하고 토론하는 논저로 여기지 않고 사실 종교를 믿지 않는 스피노자를 논박하는 격문으로 보았던 것"[76]이다.

스피노자는 데카르트의 실체 개념에서 출발하지만 그 이원론적 관점에는 동의하지 않고 하나의 실체만을 인정한다. 데카르트의 연장과 사유는 이 실체의 두 가지 속성일 뿐이다. 그가 말하는 하나의 실체란 바로 우주 전체를 포괄하면서 그것의 변화를 일으키는 자연 또는 신이다. 스피노자에게서 '신'이란 우주 밖에서 만물을 창조하고 군림하는 중세의 종교적 절대자가 아니다. 그것은 바로 자연 안에 있는 모든 변화의 원인, 즉 만물의 내재인을 가리킨다. 이를테면 신은 "초월적 원인이 아닌 단지 모든 사물의 논리적 이유로서만 존재한다".[77] 이 때문에 스피노자를 범신론자라고 부르는 것이다. 또한 엄밀히 말해서 스피노자의 신 개념에는 "물질적 성질이 내포되어 있으며 그것은 세계에 속하여 분리될 수 없다. 신이 바로 세계라면 신은 이미 인격과 의지적 이지理智가 없는 것이다. 그것은 우주를 따로 창조한다거나 자연 질서를 바꿀 수도 없을 뿐더러 공정함을 주관하여 선을 장려하고 악을 징벌할 수도 없다. 그것은 단지 자기 본성의 절대적 필연성에 따라 존재하고 동작할 뿐이다".[78]

데카르트주의자이면서 가톨릭 신부였던 말브랑슈의 입장에서는 이와 같은 일원론적 '자연신론'의 스피노자 철학에 동의할 수 없었다.[79] 창조주인 신과 피조물인 자연은 엄격히 구분되는 것인데 그것을 하나라고 주장하는 스피노자의 주장은 신의 존엄성을 모독하는 것이었다. 아울러 당시 중국인들도 일원론의 차원에서 두 개의 실체가 아닌 하나의 실체만 인정한다고 하는 해석이 있었고, 초월적인 신을 인정하지 않는다는 점에서도 스피노자의 철학이 중국 철학과 유사한 것으로 인식되기도 했다.[80] 말브랑슈는 스피노자 철학과 중국 철학을 '무신론'으로 단정함은 물론 스피노자의 무신론과 중국 철학의 무신론 사이에는 많은 공통점이 있다고 주장했다. 이처럼 말브랑슈는 중국인들의 잘못된 생각을 비판함으로써 그것을 스피노자에 대한 공격의 수단으로 삼았다. 요컨대 벨이 예수회가 유럽에 소개한 중국의 종교와 철학에서 스피노자주의에 유리한 논거를 찾았다면 말브랑슈는 그 재료를 스피노자 저작의 위해를 규탄하는 목적으로 이용했던 것이다.

이런 점에서 말브랑슈의 《대화록》에 대한 에땅블Etiemble의 혹평이 주목된다. "스피노자의 학설이 중국 사상에 얼마나 많은 덕을 보았든지 간에 그의 사상은 이미 공자의 사상도 주희의 사상도 아니다. 그러나 불행히도 말브랑슈의 입에서 중국인을 말할 때는 마음속에 스피노자주의자를 생각했고 리에 관해 쓸 때는 자연과 같은 신(자연신론)을 생각했다. 이러한 방법으로 한 권의 리의 개념에 관한 논저를 썼다는 것은 실로 유감스러운 일이 아닐 수 없다. 말브랑슈는 예수회원과 선교단 간의 분쟁 속에 휘말린 나머지, 그가 지은 것은 한 편의 비교 철학 논저가 아닌 실은 규탄하는 글이고, 그가 규탄한 것은 스피노자의 진정한 사상이 아닌 바로 광신도와 비방자가 단순화시킨 스피노자 사상이다. 때문에 그는 다른 사람이 그에게 제공한 리와 기에 관한 잘못된 개념을 불가피하게 더더욱 잘못되게 했던 것이다."[81]

이와 같은 한계와 단점에도 불구하고 말브랑슈의 《대화록》은 프랑스 백과전서파의 무신론적·유물론적 철학에 깊은 영향을 주었을 뿐만 아니라, 라이프니츠Leibniz 역시 논문에서 중국 철학을 다룰 때 이 책을 참고하는 등 이 저작은 당시 서양인이 중국 철학을 이해하는 데 중요한 자극제가 되었다. 이런 의미에서 주첸즈는 동서철학교류사에서 말브랑슈의 가치를 다음과 같이 평가한다. "말브랑슈의 중국 사상에 대한 특수한 이해는 중국 철학, 특히 송유 이학의 반향이었다 …… 중국 철학이 18세기 유럽에서 '유물론', '무신론', '혁명적 철학'으로 바뀐 이유는 말브랑슈의 해석이 프랑스 백과전서파에게 매우 큰 영향을 주었기 때문이다."[82]

맺음말

서두에서 이미 살펴본 바와 같이 서구중심주의란 동과 서라는 본질
적인 분열 구도 속에서 동양을 타자로 하여 서양의 타고난 우월성을
강조하는 세계관이다. 서구중심주의자들은 자발적이고 잠재적인 유
럽이 타 문명권의 협력과 무관하게 현대의 세계 문명을 독자적으로
개척했다고 믿는다. 서양의 발흥은 서양 자체에 내재된 독특한 내적
요인에 의한 것으로 그것은 자신들의 문명 속에서만 존재하는 특수
적·예외적 현상이라는 것이다. 그러나 이러한 주장은 통합적이고
유기체적인 세계주의 시각에서 보면 허구임이 드러난다. 동시에 그
것은 문화철학의 몰이해, 즉 세계 문명은 바로 동서 문화의 끊임없는
상호 침투와 융합으로 인한 문화의 '돌창突創적 진화'[83]의 결과임을
몰각한 무지의 소치인 것이다. 우리는 "구세계의 양극단 사이에 동
양과 서양이 서로 크게 영향을 주고받은 3천 년간의 대화가 지속되
었다"[84]고 한 조지프 니덤Joseph Needham과 같은 중국학자들의 말을
되새길 필요가 있다. 세계 문명은 유럽의 내적 요인만으로는 설명되
지 않는다. 유럽 문명을 포함한 인류 문명은 동양과 서양이 지속적으
로 교섭하고 협력해서 함께 만든 것이다.

  이 장은 서구중심주의에 대한 문화철학적 극복과 대안 모색이라는
차원에서 중국 이학이 17~18세기 근대 유럽 계몽주의 형성에 미친
영향을 프랑스 계몽주의의 원형이라고 할 수 있는 데카르트 학파, 즉

좌파 벨과 우파 말브랑슈의 중국 형상을 모델로 하여 연구된 것이다. 문화철학은 동서 문화 교류와 세계 인류 문명의 발전은 동일성을 갖는다는 역사적 진실을 설명해준다. 이것은 유럽의 계몽 시대에도 예외는 아니다. 근대 유럽의 이성 시대는 송유 이학으로 대표되는 지극히 인문주의적인 중국 문명과의 조우 속에서 본격화되었다. 당시 비종교적 중국 이성 문명의 유럽 침투는 서구가 신학 체계로 응집된 종교 사회를 탈피하여 반종교적·반전제적 근대 계몽 사회로 진입하게 하는 자극제가 되었다. 말하자면 서양의 근대 계몽주의자들은 정치적·문화적 함의의 중국이라고 하는 타자의 세계상을 통해 자신들의 문명적·문화적 병리 현상을 진단할 수 있었다. 그리고 그들에게서 중국 이학의 이성주의 문화는 질식하리만큼 교조화된 서구 종교 문화, 그와 연관된 부패한 정치상과 문화상의 난국을 타개하기 위한 내면의 거울이 되었다.

사실 서양인이 발견한 중국은 인도유럽어족 밖에서 존재하는, 완전히 서양 문화 범주에서 벗어난 별개의 세계였다. 서구의 중세 종교 의식 형태에서 보면 중국은 신학 체계에 기초하지 않는 인문주의적 이성윤리 중심 사회로서 서구 문명과는 전혀 다른 비종교적 문명권이었다. 특히 송유 이학은 역대 중국 유학 인문주의에서 인격신이 제거된, 그야말로 중국 이성주의의 정점頂點을 이루는 철학 체계다. 이러한 이질적인 문명이 예수회의 중국 전교 사업이 매개가 되어 유럽에 소개되고 그에 대한 무신론적·유물론적 인식 문제로 폭발된 전례 논쟁이 근 100년에 가깝게 유럽의 지성계를 뜨겁게 달구었을 때, 유럽인의 의식 속에 자리 잡은 중국 형상은 두 방향에서 표출되었다. 하나는 유럽의 이성 시대를 이끈 진보적 계몽 지식인들에 의한 자문화의 반성과 갱신으로서의 이상적 표상이었고, 또 하나는 신학 보수주의자들에 의한 이교 문명과 이단 사설로서의 위협적인 비아非我의 전통 형상이었다.

　문명 간 상호 이해와 해석은 각자 자신들의 문화 변혁 과정과 밀접한 상관성을 갖는다. 그러므로 세계 문명의 교류와 그 영향 관계를 연구할 때 수용자의 능동적인 주체성과 구체적인 역사 상황을 고려해야 하는 것이다. 그래야만 수용자의 타문화에 대한 정독과 오독을 객관적으로 읽어낼 수 있다. 계몽 시대 서양인의 눈에 비친 중국 형상 역시 서양 자체의 현실적인 수요와 필요에 의해 결정된 측면이 많았다. 유럽인들은 자신들의 투영체이기도 한 이질 세계—중국을 통해서 자신들의 불만과 희망을 발설하고자 했다. 이러한 점은 프랑스 데카르트 학파, 즉 좌파 벨과 우파 말브랑슈의 경우에서도 극명하게 나타난다. 아울러 그것을 통한 사회적 실천 방향과 작용 역시 각기 달랐다. 전자가 중국을 유럽의 수구 문화 비판과 혁신을 위한 강력한 사상적 원군으로 삼았다면, 후자는 중국을 유럽의 신성 문화 수호를 위한 비판과 공격의 대상으로 여겼다. 이들은 모두 같은 입장에서 "마테오 리치의 관점을 차용하여 중국에는 큰 무리의 무신론자의 철학자들이 존재한다"[85]고 판단하면서도, 각각 데카르트 철학의 혁명성과 보수성에 근거하여 회의론적 진보와 호교론적 보수라는 서로 다른 길을 걸었던 것이다.

　벨이 보기에 중국이란 자신이 꿈꾸는 이상 세계, 즉 관용 정신과 무신론 사회의 정치한 철학적 성찰의 중요한 증거가 보존된 곳이었다. 그는 중국을 전범으로 자국의 문화를 반성하고 새로운 미래상을 제시하고자 했다. 이를테면, 이교 문화를 포용하는 중국의 관용 정신은 극단적인 서양의 종교적 배타성에 항거하는 근거가 되었다. 이와 함께 그는 중국의 비종교적 이성주의 문명을 긍정하여 국가와 윤리에 대한 종교의 필연성을 거부하고 종교가 필요치 않는 순수 무신론자가 조직한 사회, 즉 무신론 사회를 제창했다. 이처럼 벨에게 중국이란 당시 신에 의탁해서 학문과 민중을 속박하고 있던 성직자와 봉건 영주의 전제적 지배 이데올로기를 비판하고 그에 저항하는 하나의 사상적 터전이었다.

이에 반해 말브랑슈의 중국관은 벨과는 상반된 형태로 진행되었다. 그에게 극동의 중국이란 비종교적이고 유물론적인 이단 문명의 상징으로서 유럽의 질서와 신념 체계를 뒤흔드는 위협적인 공간이었다. 또한 중국은 서구의 가치 체계로 계도해야 하는, 즉 일신교적 가톨릭 철학의 전승을 위해 마련된 열등한 비교 대상이기도 했었다. 말브랑슈는 리신동이理神同異의 논증을 통해 신의 본성에 관한 중국 이교 문명의 잘못된 관념을 비판하고, 그것을 수단으로 유럽의 기독교적 순정 문화를 동요시키는 스피노자주의의 무신론을 공격하고자 했다. 당시 유럽의 종교계는 나날이 흥기하는 스피노자주의와 같은 반종교 세력에 위협을 느끼고 있었다. 말브랑슈는 가톨릭 신부로서 스피노자주의를 중국의 무신론과 유사하다고 규정함으로써 지극히 대결적인 입장을 취했다. 벨이 스피노자주의를 옹호하기 위해 중국의 재료 속에서 유리한 논거를 찾았다면 말브랑슈는 그것을 스피노자주의의 무신론을 규탄하는 목적으로 이용했던 것이다.

이렇게 전개된 중국 문명에 대한 데카르트 학파의 찬반론은 결국 그 이면에 깃들어 있는 송유 이학의 유럽적 혁명성을 예고하는 것이었다. 당시 유럽의 문화 변혁은 종교개혁의 여진, 서구 인문주의 전

통과 근대 과학의 조응, 시민 계층의 성장, 동방 세계의 발견 등 내외
인적인 상황과 복잡하게 얽혀서 진행되고 있었다. 이런 와중에 벨과
말브랑슈의 논의와 해석은 계시 신학과 무관한 중국의 자연 이성관
을 적극 부각시켜 유럽의 계몽주의 지식인들에게 예기치 못한 진보
적 작용, 즉 문화의 돌창적 진화를 불러오게 했다. 중국의 이성관이
독일에서 라이프니츠–볼프 학파에게 반향을 일으켜 독일의 관념론
형성이라는 정신 혁명으로 이어졌다면, 프랑스에서는 백과전서파에
게 영향을 끼쳐 프랑스의 무신론, 유물론, 혁명철학으로 이어짐으로
써 종교의 허위성을 폭로하고 프랑스의 전제 정치를 타도하는 혁명
적 무기가 되었다. 바꿔 말해 프랑스의 정치 혁명을 이끄는 사상적
기반으로 작용했던 것이다.

이 장에서는 과거, 현재의 세계 문명은 상호 교호 속에서 이루어졌
으며 미래 역시 이를 토대로 발전할 것이라는 명제를 말하고자 했다.
나아가 서구중심주의와 같은 잘못된 인식을 비판·수정하고 기존의
그릇된 관념으로 인해 왜곡된 인류의 역사와 문명을 원래의 자리로
되돌려놓는 문화철학적 '참된 인식'의 정립이 목표라는 점을 강조하
고자 했다. 이러한 올바른 의식이 전제되지 않으면 인류 공생을 위한
올곧은 사상과 역사는 구축될 수 없기 때문이다. 내가 열망하는 참된
인식이란 바로 세계 문명의 평등적 비주변화를 실현하여 기존의 이
항 대립적 동서 차별 의식을 무력화하고, 각 문명권의 상호 주체적
중심화와 이를 통한 상보상조와 평화 지향의 세계적 협력을 이끌어
내는 것이다. 이것은 인류 이상의 '보편 문명universal civilization'의
출현이라는 문화와 문명 담론의 궁극적 염원이기도 하다. 이런 의미
에서 사이드가 열변했던 "우리는 날조된 문명의 충돌보다 중첩되고

서로에게서 빌려오고 함께 살아가는 문화의 느린 공동 작업에 관심을 기울여야 한다"[86]라는 말은 이 연구의 전체적인 맥락과 상통한다. 요컨대 이 장은 동서를 막론하고 광범위하게 의식화된 서구 편향적 문화강권주의에 저항하고 반박하기 위한 참된 인식의 복원, 즉 '범인류 중심의 유기체적인 세계주의 문명관' 의 구축이라는 문화철학적 논증이자 그 회답이라고 할 수 있다.

09
조선조 주자학의
한국 유학적 전개 양상

중화주의에 대한 한국 유학적 해체를 중심으로

9장은 동아시아 문화강권주의라 할 수 있는 국제 이데올로기 중화주의
Sinocentrism(또는 Chinese ethnocentrism)에 대한 한국 유학적 해체를 중심으로
이루어졌다. 이 장에서는 조선조 주자학— '이기심성론'의 한국 유학적 전개 양상
을 주자의 '이동理同', 율곡의 '이통理通', 낙학의 '성동性同', 북학파의 '인물균론
人物均論'으로 연결되는 한국 유학의 독특한 사상사적 체계를 중심으로 논했다. 이
과정에서 율곡의 이통기국론과 호락논쟁의 관계와 그 투영, '인물성동이 논쟁'으
로 인한 낙론계의 사상 성립, 낙학과 북학의 사상적 계기, 그리고 한국 근대화로 이
어지는 한국 사상사의 철학적 토대와 흐름을 이해하고자 했다.

특히 북학파의 보편통일시적 화이일론華夷一論으로 귀결되는 조선의 이기심성론
은 주자 성리학의 한국적 발전임과 동시에 주자학에 내재된 '화이차별주의' 성향
의 극복을 의미한다. 이처럼 이 글의 전체적 논지는 어떤 면에서는 '한족漢族중심
주의'라고 할 수 있는 중국 주자학을 한국적 상황으로 융해하여 결국에는 동아시아
중세 국제 이데올로기 화이론華夷論적 성향을 탈색시켜 인류 보편적 사상으로 재
구성하는 한국 사상사의 자생성을 읽어내고자 했다.

머리말

주자학朱子學을 최초로 한국에 소개한 인물은 고려의 집현전 대학사 안향安珦(1243~1306)이다. 그는 고려 말 원조元朝에 사신으로 갔다가 《주자전서朱子全書》를 들여왔는데 이로부터 조선 성리학性理學의 역사가 시작되었다. 이후 성리학은 신흥사대부 계층의 새로운 학풍으로 자리 잡아 그들의 사회 개혁론의 이론적 기초가 되었음은 물론 조선 통치 이념의 기본 원리가 되었다. 하지만 성리학의 주체적 수용과 이론적 심화는 16세기 조선조에 와서 이루어졌다.

이 시기 본격적인 조선 성리학의 문을 연 대표적인 인물은 주지하다시피 퇴계退溪 이황李滉(1501~1570)과 율곡栗谷 이이李珥(1536~1584)를 꼽을 수 있다. 이들은 조선 유학의 학파와 학맥을 주도하면서 중국 성리학의 조선 토착화의 과정 속에서 자연과 우주의 문제보다는 '인간 내면의 성정性情', '도덕적 가치', '사회 윤리'의 문제를 더 중요시했다. 다시 말해서 송대의 성리학이 천인天人 관계를 중심으로 하여 객관적인 우주론적 경향성을 띠는 데 반하여, 조선조 퇴·율 성리학은 자연이나 우주의 문제보다는 인간의 내적 성실성을 통해 인간의 주체성을 강조하는 것이 특징이다.

이는 퇴계와 고봉高峰 간, 그리고 율곡과 우계牛溪 간에 벌어진 '사칠이기논쟁四七理氣論爭'에서 특히 두드러진다. 사칠이기논쟁은 조선 성리학을 고조시켜 조선의 학계를 윤리 단계에서 논리적 철학 단계로 끌어올렸다. 이와 동시에 심성론과 이기관理氣觀 측면에서도 주희 朱熹(1130~1200) 이학을 크게 보충·발전시켰다.[1] 이 이기심성理氣心性의 변론 속에서 퇴계의 주리파主理派와 율곡의 주기파主氣派가 만들어졌고 그에 따라 영남嶺南학파와 기호畿湖학파가 형성되어 이후 조선 유학의 학파와 학맥을 주도했다. 그리고 17세기 조선 성리학은 예학 禮學이 확립되면서 새로운 양상으로 발전했다. 무엇보다도 18세기 초엽 율곡 계통에서 일어난 '인물성동이논쟁人物性同異論爭'은 조선의 주리론과 주기론의 대립 논쟁의 연속으로서 중국을 능가하는 조선 성리학의 발전된 면모를 보여준다.

이 장에서는 율곡의 '이통기국론理通氣局論'과 '인물성동이논쟁'의 관계성을 중심으로 조선조 주자학—'이기심성론'의 한국 유학적 전개 양상을 고찰하고자 한다. 이를 통해 중국과 다른 주자학의 한국 사상사적 발전 양상, 즉 조선 성리학의 내재적 발전으로 촉발된 새 시대 변혁 사상의 자생성自生性을 발견할 수 있을 것이다. 나아가 어떤 면에서는 '한족漢族 중심주의'라고 할 수 있는 중국 주자학을 한국적 상황으로 융해하여 결국에는 화이론華夷論적 성향을 탈색시켜 인류 보편적 사상으로 재구성하는 한국 사상사의 독특한 흐름을 읽어낼 수 있을 것이다.

'화이사상'이란 중화를 중심으로 사이四夷와의 관계를 계층적 질서로 규정하려는 한족 중심의 세계관으로서 본래 지리적·종족적인 면과 문화적인 면이 복합된 개념이었다. 그러나 역사의 변천에 따라 지리적·종족적 측면보다는 문화적·윤리적 측면이 더욱 강화되어 나타났다. 아울러 그것은 강력한 정치적·군사적·문화적 한족민족주의임과 동시에 제국주의적 성향을 내포하기도 한다.

동아시아 중세 국제이데올로기라고 할 수 있는 이 화이명분론은 특히 조선 후기 대외적 인식에까지 파급, 객관적인 가치 판단을 전제로 하는 올바른 대외관 형성의 차단막이 되어 국익을 위한 국제 외교 및 교역 활동에 심대한 위해를 가했다. 즉 한반도 전체를 1세기가 넘도록 폐쇄적 고립주의에 빠져들게 했다. 그러다가 종국에는 자국의 문화적·정치적·경제적 허약성과 낙후성을 노정시켜 비판의 대상이 된다. 게다가 이것은 근대의 벽위闢衛사상과 위정척사衛政斥邪사상에도 계승되어 양이洋夷, 왜이倭夷에 대한 지극히 대결적·배타적 성향으로 작용하기도 했다.

이와 관련하여 이 장에서는 율곡의 '이통기국론'이 호락논쟁湖洛論爭에서 어떻게 투영되었고, 그 결과 '화이명분론'의 극복 논리로서의 북학北學사상, 즉 한국 근대 사상의 싹이 어떻게 움트게 되었는지 그 내발적 변화를 드러내 보이고자 한다. 이 과정에서 '인물성동이논쟁'으로 인한 낙론계洛論界의 사상 성립, 낙학洛學과 북학의 사상적 계기繼起, 그리고 개화파와 한국 근대화로 연결되는 한국 사상사의 철학적 토대와 흐름을 이해할 수 있을 것이다. 더욱이 이러한 한국 유학사의 독특한 흐름 속에서 한중 문화 교류의 공유성과 평화 공존 의식에 대한 현대 문명 담론 차원의 중요한 전통적 문명 공존의 전범을 발견해보고자 한다.

주자학의 한국적 전개

주자학 이기심성론의 한국적 토착화

'주자학'이란 남송의 주희가 북송 오자五子인 주돈이周敦頤, 장재張載, 소옹邵雍, 정호程顥, 정이程頤의 학설과 학통을 집대성하여 유교 철학 체계를 완성한, 즉 현학玄學과 불학佛學의 사상을 비판하고 흡수·융합한 기초 상에서 형성된 이성주의적 특징을 지닌 신新유학²을 말한다. 주자학은 도학道學, 이학理學, 성명학性命學, 성리학이라고도 불리며 한·당의 경학이나 주소학注疏學의 테두리에서 벗어나 형이상학적·내성적·실천 철학적인 여러 분야에서 유학을 일신하여 송·명 사상계의 주체가 되었다.

또한 주자학은 육조六朝·수당隋唐 이래 사회의식과 사상계를 석권했던 도교와 불교의 영향을 받아 인성론과 철학적 사고를 발전시킴으로써 유교를 현저하게 내성화시켰다. 이를테면 우주, 자연, 인성人性에 관한 깊은 본체론적 형이상학 탐구인 천명天命, 태극太極, 천리天理, 성명性命, 의리義理, 리理, 기氣, 음양陰陽, 심心, 성性, 정情, 인심人心, 도심道心, 사단四端, 칠정七情 등이 그것이다. 이로 인해 우주론, 존재론, 인성론 등에서 치밀한 철학적 기초를 다질 수 있었다. 특히 노불老佛사상이 가미된 이기심성론의 확립은 주자학이 성리학으로 명명되는 사상적 특징이다.

사실 중국의 본성론 논의는 선진先秦 시대에 크게 성행하다가 송대에 이르러 순자荀子의 성악설이 배척되고 맹자孟子의 성선설이 본성론의 정통적 위치를 차지하게 되었다. 주자는 맹자의 성선설을 《중용中庸》의 '천명지위성天命之謂性'으로 연결시켜 그 보편적 근거를

'천명'에서 찾았다. 천명은 '천리'라고도 말하는데 성선설은 성즉리性卽理설로 표현된다. 주자는 '리'와 '기'의 개념을 통해 인간의 심성을 '본연지성本然之性'과 '기질지성氣質之性'으로 나누어 설명했다. 여기서 '본연지성'은 완전한 선을 의미하고 '기질지성'은 기질의 양부良否에 따라 선악으로 갈린다. 그런데 이 '성' 개념에 대한 이기론적 해명 논리가 갖는 불완전성 때문에 주자학이 한국에 전래된 이후 이에 관한 많은 논란과 논쟁이 야기되었다.

무엇보다도 조선의 유학자들은 인간의 성정 규명과 심성의 올바른 발현을 통해 주자학적 이상 국가를 구현하고자 했다. 때문에 인간의 성정이 우주 만물과 현실 속에서 어떻게 구성되고 적용되는가 혹은 타 존재와 어떻게 차별되는가 하는 문제는 그들에게 매우 중요했다. 이 문제에 대한 철학적 탐색은 '사단칠정논쟁'에서 극명하게 들어나며 이 논쟁과 더불어 조선 주자학을 특징짓는 또 하나의 논쟁인 '인물성동이논쟁'에서도 부각되고 있다. 처음 학자들은 이미 드러난 상태인 이발처已發處의 '사단'과 '칠정'의 규정 문제에 주의를 기울였지만 조선 후기에 접어들면서 그들의 관심사는 드러나지 않은 상태인 미발처未發處의 '심心'과 '성性'을 어떻게 규명할 것인가로 점차 옮겨갔다. 이것은 급기야 '인성人性'과 '물성物性'의 규정 문제로까지 확대되었다.

한편 이와 사상사적으로 접맥된 낙론계의 사상 성립은 '인물성동이논쟁'에서 유발되었다. 호락 시비는 율곡 이이와 우암尤庵 송시열宋時烈(1607~1689)의 학파에 섬으로써 회암晦庵사상을 계승한 수암遂庵 권상하權尙夏(1641~1721)의 문하에서 시작되었다. 이것은 그의 문하 강문팔학사江門八學士 중 가장 걸출했던 외암巍巖 이간李柬(1677~1727)

과 남당南塘 한원진韓元震(1682~1751)의 견해 차이—전자는 '인물성동론同論', 후자는 '인물성이론異論'—에서 비롯된 것이다. 그리고 주변의 학자들이 차차 이 두 견해 중 어느 한편을 지지하고 동조함에 따라 마침내 학파적 대립 양상으로까지 발전하게 되었다. 다시 말해서 남당을 지지한 학자들은 주로 호서湖西 지방에 거주했고 외암을 지지한 학자들은 주로 낙하洛下 지방에 거주했기 때문에 '호락논쟁'이란 그들 간에 전개된 '인물성동이론'을 그들의 거주지에 근거하여 지칭한 말이다.

이들 논쟁의 논점은 대략 '인물성동이', '미발심체본선유선악未發心體本善有善惡', '명덕분수유무明德分殊有無'로 나누어 볼 수 있는데,[3] 특히 그 주면모는 '인물성동이'의 문제에 집중되어 있다. 동론을 주장하는 입장에서는 《중용》〈천명지위성〉장구에 관한 주자의 주를, 이론을 주장하는 입장에서는 《맹자》〈고자장구告子章句〉상 〈생지위성生之謂性〉장에 실린 주자의 주를 각기 전거로 삼고 상호 논쟁을 전개시켰다.

잠깐 살펴보면 이간은 성性이 '기' 속의 '리' [氣中之理]임을 인정하되 '성즉리'에 초점을 맞춘 것이라면 한원진은 '성'이 곧 '리'라 할지라도 기국氣局 여부에 따라 '리'와 '성'이 구별됨에 주목하는 것이다. 그런데 이들은 모두 이이의 이통기국설에 입각하여 기국, 즉 기에 의해 성에 다양성이 생겨난다는 이동기이理同氣異의 입장에 근거하고 있다. 그러나 성의 다양성은 기동리이氣同理異의 관점으로도 설명될 수 있다. 그런데 논쟁의 양측 모두 '성' 개념의 다양한 의미를 주자의 설을 근거로 했던 것이다.

사실 이 논쟁은 주자가 인간과 사물의 '성性'을 논할 때 모순된 언급을 했기 때문에 야기된 것이다. 그렇기는 하지만 한편으로 "만물의 일원一原을 논하면 '리理'는 같으나 '기氣'는 다르지만 만물의 이체異體를 보면 '기'는 오히려 서로 가까우나 '리'는 절대로 같지 않다"[4]라는 주자의 논술을 이끌어서 '인물성동이' 문제의 이기론적 기초로 해명해 본다면 어쩌면 그 모순성의 해결점을 찾을 수도 있을 것이다. 즉 〈중용주〉(人物性同)는 만물 일원의 입장에서 말한 것이며 〈맹자주〉(人物性異)는 만물 이체의 입장에서 말한 것이라 할 수 있다.

율곡의 이통기국과 호락논쟁

앞에서 언급했다시피 호락논쟁의 저변에는 주회암의 이른바 '이동기이理同氣異'와 함께 율곡의 이른바 '이통기국'의 사상이 가로놓여 있는 것으로 결국은 보편과 특수의 관계에 대한 논쟁임을 알 수 있다. 이 세계는 무형무위無形無爲를 특성으로 하는 형이상의 '리'와 유형유위有形有爲를 특성으로 하는 형이하의 '기'가 합해 이루어지는 것[5]이다. 그러기에 보편성과 특수성을 함께 갖는다. 이러한 맥락에서 율곡에게 '성'은 이기의 합임은 물론이며, 대개 보편자의 '리'가 개별자의 '기' 가운데에 있게 된 연후에야 '성'일 수 있었던 것이다.[6] 그리고 그의 '이통기국설'에 따르면 인人과 물物의 '성'은 기국 때문에 다르며 이통지리理通之理의 측면에서 인과 물의 '리'는 동일한 것이다.[7] 실제로 호·락계의 학통 계승상 율곡의 '이통기국설'은 이 두 논쟁에서 자신들 주장의 근거로 제시하고 있으므로 심대한 비중을 차지하고 있었다.

　율곡의 '이통기국설'은 원래 우계와의 격렬한 논변 중에 제기된 새로운 관점으로서, 이기불상리지묘理氣不相離之妙의 관계 속에서 이

무형理無形, 기유형氣有形의 특성에서 비롯되는 이기 관계에 대한 설명을 간략 명료하게 체계적으로 정리한 것이다. 율곡은 "본연이라는 것은 '리'의 동일함이요 유행流行이라는 것은 ('리'가) 나누어져서 달라지게 된 것이다"[8]라 하면서 '리'를 체용體用의 논리로 설명하여 일본—本의 '리'를 체로 만수萬殊의 '리'를 용으로 보아 '기'가 가지런하지 않기 때문에 승기유행乘氣流行하여 만수가 있게 된다고 했다.[9]

여기서 특히 이무형의 특성을 강조하여 참치부제參差不齊한 이 차별적인 만수 가운데에서도 그 '성'의 본연을 이루는 '리'는 혼연자여渾然自如한 것[10]이라 했으니, 율곡의 이통의 '리'는 승기乘氣 이후의 분수지리分殊之理가 아닌 통체일태극統體—太極으로서의 '리'임을 간파할 수 있다.[11] 이것은 율곡이 "'리'가 승기한 것으로 말하면 '리'가 고목사회枯木死灰(말라 죽은 나무와 불이 꺼진 재)에 있는 것은 진실로 '기'에 국한되어 각기 일리—理를 이루게 되며, '리'의 본체로 말하면 '리'가 비록 고목사회에 있다 하더라도 그 본체의 혼연함은 진실로 자약自若한 것이다"[12]라 입언立言했던 바, 본체적 입장에서의 이통지리의 특성과 승기 이후의 분수지리(즉 기국지리氣局之理)의 특성에 대한 율곡의 명확한 규명을 엿볼 수 있다.

또한 '기국氣局'을 말하면서 유형한 특성을 지닌 '기'는 형적形迹에 간섭한 것이어서 본말선후本末先後가 있다고 했다. '기'의 본연은 담일청허湛—清虛할 뿐이었으나 승강비양昇降飛揚하여 일찍이 그친 적이 없기—이에 유행하면서 그 본연을 잃은 것과 그렇지 않은 것이 있다—때문에, 참치부제하여 만 가지의 변화가 생기면서 시공적인 국한성을 지니게 되므로 기국이라고 했다.[13] 이를 엄밀히 따지자면 율곡이 말한 기국의 국이란 이통과 대비된 말이므로 '기'의 유행 이후에 나타나게 되는 분수지리의 원인이 '기'의 유형성에 있다는 점을 말하는 것이다. 곧 이일분수설理一分殊說에서의 이분수理分殊는 바로 기국 때문이라는 점을 명료하게 밝힌 것이라 하겠다.[14]

요컨대 율곡의 '이통기국설'은 기존 주자학의 형이상학 체계인 이일분수를 설명한 것이다. 즉 유형유위한 개별자[氣]가 시공적으로 국한하기[氣局] 때문에 보편자[理]는 만 가지로 달라지게 되지만[理分殊], 무형무위한 보편자가 다름 아닌 하나[理一]이기 때문에 결국은 천지만물의 '리' 역시 그 하나로 통한다는 것[理通]이다. 이 논리를 준거로 하여 그는 '인물성동이'를 논하기를, 인과 물의 '성'은 기국 때문에 다르며 이통지리의 측면에서 인과 물의 '리'는 동일하다[15]고 했다.

이러한 율곡의 '이통기국설'은 호학과 낙학에 와서 상호 입장에 따라 달리 해석됨으로써 '인물성동이논쟁'에서 각기 그 근거가 되었다. 그런데 더 자세히 살펴보면 외암과 남당의 해석 차이의 원인은 '성'의 개념을 서로 달리 규정했다는 점에서 비롯된다.

이를테면 인간과 동물을 막론하고 만물은 모두 오행五行의 전부를 지니고 있다고 하는 것은 성리학의 대전제로서, 호론湖論이나 낙론은 모두 이를 수긍한다. 낙론에서는 오행의 '리'(五行之理)를 오상五常이라 정의하고, 만물은 모두 오행의 전부를 지니고 있기 때문에 동물도 인간과 마찬가지로 오상의 전부를 지니고 있다고 주장한다. 하지만 낙론에서도 인간의 오상은 수연粹然한 반면에 사물의 오상은 불수不粹하다고 하여 인성人性과 물성物性의 질적 차이를 분명히 한다. 반면에 호론에서는 오상이란 오행수기의 '리'(五行秀氣之理)라고 정의하고, 인간은 오행의 수기秀氣를 모두 타고 났기 때문에 인간의 오상은 완전하지만 동물은 오행은 모두 갖추었어도 오행의 수기는 일부만 지

니고 있기 때문에 동물의 오상은 편색偏塞하다는 것이다.[16]

이와 동시에 인성과 물성에 대해 관점에 따라 같음[同] 또는 다름
[異]의 이론이 상대적으로 성립될 수 있음을 시인하면서도 제각기 자
신의 관점에 맞춰 그 중 하나를 선택했다는 점에서 이것은 근본적으
로 예정되어 있었다. 바꿔 말해서 이일지리理一之理(곧 理通之理)를
'성'으로 정의하면 인성과 물성은 동일하며 분수지리를 '성'으로 정
의하면 인성과 물성은 상이하게 된다는 사실[17]을 지적해 두고 싶다.
이 두 사람은 실제로 관점에 따라 인성과 물성의 상동相同 또는 상이
相異의 이론이 다 같이 상대적으로 성립함을 시인하고 있다.

외암은 인人과 물物을 일원一原(곧 本然之性)이라는 점에서 서로 같음
을 자신의 관점으로 선택하면서도, 이체異體(곧 氣質之性)라는 점에서
인·물이 서로 다름은 물론, 모든 개체의 성性들도 서로 다르다고 했
다. 남당 역시 다른 표현으로 일원과 이체를 구분했다. 물론 내용상
삼분三分(곧 性三層說: 超刑器一一原·理通, 因氣質一本然之性·氣局之理, 雜氣
質一氣質之性·氣局)하여 말하는 것이 외암과는 다르지만, 일원의 경우
를 초형기超刑器(곧 氣質을 超越)라 표현해 이 관점에서 인·물의 성은
같다고 했고 이체의 경우를 인기질因氣質(즉 기질에 입각)이라 표현해
이 관점에서 서로 다르다고 했다. 남당은 다 알다시피 후자를 자신의
관점으로 선택했다.[18]

다시 그들의 입장을 율곡의 '이통기국설'에 입각하여 논해 보기로
하자. 사실 이 동이론에서의 인성이다 물성이다라고 말하는 그 '성'
은 성리학에서의 바로 본연지성을 가리키는 것이다.[19] 남당은 기본
적으로 절대보편적 차원인 초형기를 인정하면서도 "'성'이란 이기의
합으로서 '리'가 '기' 가운데에 있게 된 연후에야 '성'일 수 있다"[20]

라는 말과 "인성과 물성은 기국 때문에 다르다"[21]라는 율곡의 말을 계승했다. 말하자면 그는 '성'(本然之性)을 '기'와의 연관 아래에서만 가능하다는 인기질이언因氣質而言[22]으로서의 분수지리, 기국지리氣局之理라는 입장을 고수하면서 '인물성부동人物性不同'을 설했는데 이것은 기국지리의 국한성을 고집하는 태도다.[23]

이에 대비되는 외암의 '성'(本然之性)을 살펴보면 그는 정이천程伊川과 주회암이 말한 바대로 '기'가 탈색된 성즉리가 기본 전제인 이상 '성'의 본질은 하나의 보편적 근원, 즉 일원이라고 주장했다. 그런가 하면 한편으로 기질은 각기 서로 다른 개체, 즉 이체에 해당함[24]을 아울러 인정했다. 이러한 입장은 "'리'가 비록 '기'에 국한되어 있더라도 본체는 자여하다",[25] "인·물의 '리'가 동일한 까닭은 이지통理之通 때문이다"[26]라는, 이통에 중점을 두는 율곡의 태도다.

북학파의 화이일론적 세계관

낙학과 북학의 사상적 계기

이제까지 율곡의 '이통기국설'과 그것이 '인물성동이논쟁'에 어떻게 적용되고 근거되었는지를 살펴보았다. 그 결과 율곡의 설이 주자학의 형이상학 체계인 이일분수설에 입각한 이론이므로, 이 두 방면(同·異)에 모두 설명이 가능하다는 사실을 알 수 있다. 더 엄밀히 말하자면 호·락의 분쟁은 자신들의 소신과 관점에 따라 '성'(本然之性)의 개념을 달리 규정하면서 유발된 것이지만 사실 이 논쟁의 근거가 된 율곡의 '이통기국설' 내에서도 그 특성상 '인물성동이'에 대한 관점의 상대적 성립의 논리 구조를 본유하고 있다는 점도 함께 유념해야 할 것이다.

이것은 율곡의 논리대로 이지승기理之乘氣(合看·不離)로 말하면 '기'에 국한되어 각각 현상적·특수적·차별적·사실적·이체적·개별적·개체적 일리(氣局之理)가 된다는 관점[27]—호론의 이론 근거—과, 이지본체理之本體(離看·不雜)로 말하면 본체적·보편적·무차별적·이념적·동일적·전체적 그 본체의 혼연(理通之理)함은 진실로 자약하다는 관점[28]—낙론의 동론 근거—의, 그야말로 양립적인 차원인 것이다.[29]

그런데 이렇게 구별되는 이 두 사상은 역사적 기능 면에서도 각기 서로 다른 작용을 하고 있음을 볼 수 있다. 호학이 특수적·차별적·이체적인 '기'와의 연관 속에서 '성'의 개념을 규정[性異]함에 따라 그것은 금수와 사람, 이적과 조선중화민족 사이의 귀천을 준별하여 기존의 가치 질서와 시대적 이데올로기를 강화하는 이론적 토대로 기능했다.[30] 이는 가장 율곡적인 호론과 가장 퇴계적인 기호남인 계열이 공유하는 입장으로서, 퇴·율 철학의 한국적 의미를 논하기에 앞서 주자학의 본질이 화이명분론과 윤리·도덕적 의식의 강조에 있음을 보여주는 예다. 당시의 대외 인식에 있어서도 청淸의 존재는 여전히 배척해야 될 오랑캐로서의 범주를 벗어나지 못했다.

이에 반해서 낙학은 보편적·무차별적·동일적인 '리'에 역점을 둠[性同]으로써, 뒷날 후학으로 하여금 중세 사회의 계층 질서를 부정하고 근대적인 가치 질서를 확립할 수 있게 하는 하나의 초석을 마련했다. 말하자면 낙론은 율곡의 학풍을 퇴계학과 절충하여 인성과 물성, 성인聖人과 범인凡人은 다르지 않다는 결론을 얻게 된다. 다만 차이가 있다면 기질에 의한 것이므로 범인도 기질의 개선을 통해 성인이 될 수 있음을 확신했다. 이에 논리상 청을 인정함은 물론 청이 주도하는 동아시아 국제 질서 속에서 능동적이고 탄력적으로 대처할 수 있게 했다. 이것 역시 이 두 학파의 큰 차이점이라고 하겠다.

한편 여기서 간과할 수 없는 중요한 사실은 낙학과 북학의 사상 내적인 계기 요인을 해명해 낼 수 있는 연맥점, 즉 관점의 분기선 상에서의 선택이라는 문제다. 이러한 의미에서 되짚어 보면 낙학의 산실인 외암이 견지한 입장은 차별적·이체적인 '기' 보다는 무차별적·동일적인 '리' 에 역점을 두어, 즉 정자程子의 성즉리를 주자의 이동理同, 율곡의 이통理通으로 연결하여 '성' 의 개념을 '리' 의 개념과 일치시킴으로써 성동性同을 주장하게 되었다는 사실이다.[31]

동시에 "천명天命, 오상五常, 태극太極, 본연은 명목이 비록 많지만, 모두 '리' 를 가리킴에 따라서 그 명목을 달리하는 다른 이름에 불과하다. 처음부터 피차, 본말, 편전偏全, 대소의 차이가 있는 것은 아니다"[32]라고 말한 것처럼 외암이 '성' 을 또한 천명, 오상, 태극, 본연과 같은 개념으로 파악하여[33] "천지 만물은 이 일원의 차원에서 모두 같다"[34]라 천명하고 있다는 점에 착목着目해야 할 것이다.

외암이 이러한 입장에 섬으로써 야기되는 파장은 낙학계 학자들은 물론, 그들과의 혈연관계나 학문적 사승師承 관계에 있었던 북학파 실학자들에게도 거의 절대적인 영향을 미쳤다.[35] 그 실례로 담헌湛軒 홍대용洪大容(1731~1783), 연암燕巖 박지원朴趾源(1737~1805) 등 북학파의 주요 인물들이 논쟁의 한쪽 당사자인 노론 낙론계의 종장 김원행金元行(1702~1772)과 직간접적으로 사승 관계에 있었던 만큼, 수학 과정에서부터 낙론계의 '인물성동론' 에 친연성을 가지고 있었을 뿐더러 평생 동안 이것을 종지로 삼는 것이 거의 불가피한 일이 되었기[36]에 말이다.

이처럼 낙론이 '성'의 규정을 우주 만물의 존재 원리인 이일理一(理通之理)에 입각한다는 관점의 선택은, 북학의 사상 형성에 지대한 영향을 주면서 학문의 개방성과 해방성을 도출해내는 하나의 근원이 되었다. 즉 북학의 상대적·객관적 관점화, 그리고 이를 통한 질식하리만큼 경화된 절대적 가치의 부정인 인물균론人物均論[37]—보편동일시普遍同一視적 가치균등화—은 낙학이 보편성[理]과 특수성[氣]의 상호 분리分離·부잡不雜된 면을 중시하는 학문 태도에서 연원하는 것이다.

이것은 북학사상의 태동 요인과 화이론 극복에 있어서 외발적 요소라 할 수 있는 북학파의 과학사상과 긴밀하게 연결되어 중화와 오랑캐로 양분하는 당시 화이론적 사유 체계를 타파하는 논리와 곧바로 맞닿게 된다. 본래 화이사상은 중화를 중심으로 하는 사이四夷의 하이어라키hierarchy적 세계 질서로서의 세계관으로서 천원지방설天圓地方說에 의지[38]하고 있다. 실제로도 중국에서는 옛날부터 지중地中이라고 부르는 측량 원점을 지금의 낙양洛陽의 가까운 곳에 두고 있었다. 거기가 사방으로 퍼지는 대지의 세계 중심이라는 것이다.[39]

그러나 이것은 북학사상 형성의 외발적 요인—과학실증적 자연우주관이 귀결시킨, 즉 지원설, 지전설, 우주무한설에 의한 지리적·공간적 개념으로 기인된 상대적 자기중심성 획득, 그리고 이를 통한 보편동일시적 차원의 다 같은 정계[均是正界]라는 명제 하에서 급기야 전통적인 중국 중심의 세계관인 화이지분華夷之分, 내외지분內外之分의 춘추대의 명분론은 설자리를 잃고 말았던 것이다.

요컨대 북학파 실학자들은 낙론의 '인물성동론'의 기본적인 형식에서 연역되는 논리 구조를 이어받아 차별성, 특수성, 개별성으로 상징되는 기국적氣局的 장벽을 극복하고 동일성, 보편성, 전일성으로 상징되는 이통적理通的인 소통성에 입각했던 것이다. 그리하여 차별과 특수의 의미를 내포하고 있는 기국의 불통不通, 그 장벽으로 인해 초래된 질서와 분쟁의 고임목이었던 중세의 화이론에 제동을 걸었다.[40] 이것은 북학자들의 과학실증적 자연우주관에서 오는 세계 인식에 대한 지리적·공간적인 상대화, 객관화와 사상적 차원에서 합일되어 보편동일시적 '화이일론華夷一論'으로 귀결된다.

더욱이 북학파의 물시物視와 천시天視의 상대적·객관적 관점은 균시인均是人— '화이일' 이라는 인간론에 있어서의 보편동일시적 화이 등가화 명제로 집약되어 나타난다. 이것은 주자가 만물을 다섯 종류로 나누고 이적夷狄을 그 중 제2종, 즉 제1종인 인人과 금수의 중간에 위치한 것으로 규정하여 이적을 비인非人이라 했던 논리[41]를 분쇄하는 기폭점이 되었다. 다시 말해 주자가 이적을 '인' 류에서 제거한 바와 같은 화이의 구분을 부정하고 화이를 제각기 독자적 존재로 봄으로써 종족, 습속이나 거지居地의 구분이 이제 '인' 이 되는 데 문제될 수 없었던 것이다.[42]

동아시아 중화적 세계관의 극복

이 절에서는 조선 후기 전통 형이상학적 인성론에서 도출된, 당시 진보사상이었던 북학파의 '화이론' 극복을 중심으로 논지를 전개해보고자 한다. 화이명분론은 중세 동아시아의 국제 질서를 규정짓는 이데올로기로 작용하고 있었다. 때문에 이것은 당시 개인뿐 아니라 민족, 국가, 국제 사회에 이르기까지 관념적으로나 이념적으로 교조적 속박을 가하여 정치, 경제, 문화 등 사회 전반을 경화시켰다. 또 어떤 면에서는 우리 민족의 질곡이 되어 사상적 운신의 폭을 협소화시켜 근대를 향한 새로운 사상과 질서 규범의 창출에 막대한 지장을 초래했다.

이러한 화이사상은 특히 남송의 주자에게 와서 여실히 드러난다. 이민족인 금金의 도전을 받아 첨예하게 대치하고 있던 상황 하에서 그는 주전론을 견지하여 반금적 양이攘夷사상을 강변했다. 이것은 곧 중화관에 입각한 화이사상의 연장선상에서 이루어진 논리 다름 아니었다. 그런데 인조仁祖 13년(1636) 조선에서도 호이胡夷로만 인식해 오던 청의 침략을 당해 병자호란이라는 엄청난 대국난에 휩싸였다. 이 같은 조선의 상황은 바로 금의 도전 아래에 있었던 남송과 상당히 유사하다.

주자의 반금적 양이사상은 우암 송시열 이후 숭명반청론崇明反淸論 및 북벌대의론北伐大義論의 이론적 배경이 되면서 조선인에게 국가, 민족에 대한 거족적인 일체감과 주체자각을 환기시켰다. 뿐더러 조선이 곧 중화라는 조선중화주의의 세계상을 형성하여 민족사 미증유의 문화자존의식을 고취시켰다. 그리고 이 존화양이尊華攘夷적 춘추대의의 도맥은 근대 위정척사론에 그대로 이어져 무력에 의거한 반도덕적 외세의 일체 침략 행위를 응징하고자 했던 의병 항쟁의 사상적 연원이 되는 등 각 시대에서 상당 부분 역사적 순기능을 하고 있음을 볼 수 있다.

그러나 한 시대를 풍미했던 이 화이명분론은 시세 변화의 급류에 적극적으로 대응하지 못하고 갈수록 의미가 퇴색해 경직화되고 교조주의화되어갔다. 말하자면 민족사의 역기능으로 한계점을 드러내 주요 극복 대상이 되었던 것이다. 이것은 대내적으로 조선의 학풍을 일관 경색시켜 주자학 일색의 편향성을 조장함은 물론 현실과 괴리되는 허학적이고 내성적인 학문 경향성을 띠게 했다. 더욱이 17·18세기 존화양이사상이 그대로 조선인의 의식에 굳건히 유지되고 있는 한은 청은 항상 배척해야 할 이적으로 전락되게 마련이었으며, 호이가 지배하는 중원 또한 이미 중화로서의 자격이 상실된 것이었다.

엄밀하게 말해서 근대로 향한 사상적 여명은 화이사상을 기반으로 하여 시대적 헤게모니를 쥐고 있는 당시 경화된 정치적·사상적 이념의 제한으로부터 스스로 자유로울 수 있는 화이일론적 세계관에서 비롯되었다고 할 수 있다. 민족 자주와 근대 지향의 개화사상이 북학사상에서 이어받은 사상적 핵이 다름 아닌 화이일론적 세계관이라는 점을 상기해 볼 때 이러한 관점은 상당한 설득력을 얻고 있다. 이처럼 근대성 촉발이라는 민족사 가능성의 차원에서 북학사상의 시발이 갖는 의미는 바로 고정 불변으로 고착화된 명분론적 화이관의 철학적 극복이라는 점에 주목할 필요가 있다.

이와 관련하여 조선 후기 현실 인식의 시대적 저해 요소로 조선인의 이념과 의식에 깊게 착근되어 있던 숭명배청적 사유 방식에서 벗어나 북벌에서 북학으로 방향 전환될 수 있었던 북학파의 철학성은 무엇이었을까? 그리고 이를 가능하게 했던 북학사상의 새로운 사상 체계는 어떻게 형성되었을까? 이것은 내외발적 요인에 따른 북학파 실학자들의 세계관 변화에서 기인한다. 다시 말해 북학파의 화이명분론 극복의 중요한 기점은 바로 세계 인식에 대한 획기적인 관점의 전환, 즉 상대화, 객관화 그리고 이에 연산된 보편동일시적 가치균등론에 있다. 이러한 획기적인 세계관 변화를 가능하게 했던 그 사상적·학문적인 힘의 원동력은 다음 두 가지로 나누어 볼 수 있다.

하나는 내인적인 면으로 전통 학풍에서 유전된 형이상학적인 인성론에서 성[本然之性]을 규정지을 때 인간의 속성과 인간 이외 존재자의 속성 탐색에서 특수성·특유성과 보편성·통유성 중 보편 원리[離看·不雜]를 선택·강조한다는 점에서 분명히 율곡학과 낙학으로 연결되는 학문적 유산을 물려받고 있다. 즉 북학자들은 낙론의 인물성동론의 기본적인 형식에서 연역되는 논리 구조를 이어받아 차별성, 특수성, 개별성으로 상징되는 기국적[氣局的] 장벽을 극복하고 동일성, 보편성, 전일성으로 상징되는 이통적[理通的]인 소통성에 입각했던 것이다.

이것은 곧 상대도 나와 동일한 존귀성이 내재한다는 의식과 동시에 상대의 입장에서 상대를 고려할 줄 아는 관점의 상대화를 터득하게 했다. 더 나아가서는 상대와 내가 합일될 수 있는 궁극적인 보편 원리의 연원을 탐색하던 중에 《중용》의 '천명지위성'이라는 형이상학적 전거에서 오는 보편동일원리의 시발자인 천[天]의 객관적인 시각에 도달하여 마침내 그들의 의식에서 보편동일시로의 회귀적 관점이 성취되기에 이른다. 북학자들은 이를 통해 자연계 전체 생명체의 상호 절대적 평등가치를 보장받고자 기도했던 것이다.[43]

한편으로 다른 하나는 외인적인 면으로 당시 중국을 통해 수용된 천문학을 비롯한 서양 과학의 영향을 받아 새로운 과학적 세계관의 형성, 즉 지원설, 지전설, 우주무한설 등 과학실증적 자연우주관에서 오는 세계 인식에 대한 지리적·공간적인 상대화, 객관화 그리고 이를 과학적 지식에서만 그치지 않고 사상적 차원에까지 승화시킴—보편동일시—으로써 중화적 세계관을 극복하고 있다는 점이다.

종래의 천원지방, 천동지정[天動地靜]의 우주관과 세계관은 성수[星宿]

의 이론을 교묘히 조작하여 중국 중심의 중세적 국제 질서와 사회 질서를 합리화하는 천하관을 만들어 각 민족 국가의 자주성 확립 내지는 주체적 발전을 제약하는 하나의 질곡으로 자리 잡고 있었다.[44] 과학의 기본이 잘못 결정된 정신을 바로잡는 데 있다[45]고 보았을 때 이러한 인식의 결점은 북학자들의 과학적 탐구에 의해 하나씩 와해되어갔다. 예를 들어 홍대용과 박지원의 지원설, 지전설, 그리고 우주무한설 등의 과학실증적 자연우주관은 중국 중심의 중화사상을 사상적으로 뒷받침하고 있는 전통적 천원지방설을 근간부터 흔들고 있었다.

논구컨대 담헌 홍대용의 경우 세계 인식에 대한 획기적인 관점의 전환은 이물시인以物視人[46] · 수계개연隨界皆然[47]의 상대화, 자천시지自天視之[48]의 객관화, 그리고 여기서 귀결된 담헌의 보편동일시적 화이일론의 항변으로 이어진다. 이것은 전통 학풍의 영향권 아래의 인물성동론을 논하는 과정 속에서 귀착됨—인물균 · 균시인均是人—과 동시에, 이에 청淸으로부터 유입된 서구의 과학사상에 자극을 받아 형성된 그의 과학실증적 자연우주관—균시정계均是正界—이 상호 합치되어 이루어진 것이다.

담헌은 균시인→ 균시군왕均是君王→ 균시방국均是邦國→ 균시습속均是習俗이라 하여 당시 절대시되던 강권적 가치들을 수평화해 해체시키고자 했다. 그리고 절대적 객관 실체인 하늘에서 본다면 화족華族이나 이족이나 매한가지라고 언명했다. "하늘에서 본다면 어찌 안과 밖의 구별이 있겠는가. 각각 제 나라 사람을 친하고 제 나라 임금을 높이며 제 나라를 지키고 제 나라 풍습을 좋게 여기는 것은 중국이나 오랑캐나 한가지다."[49] 이에 따라 중국 중심의 중화적 세계관은 이제 더 이상 지탱할 수가 없게 되었던 것이다.

이와 같은 담헌의 사고는 중세 사회의 계층 질서를 극복하고 근대적인 사회 질서로 발걸음을 내딛는 우리 민족의 역사적 출발점이 아닐 수 없다. 뿐더러 자문명우월주의의 편향적이고 획일적인 관점[以人視物]에서 벗어나, 타자의 입장에서도 나를 바라볼 수 있는 상대적 관점[以物視人]을 동시에 획득할 수 있게 했다. 이처럼 담헌은 그의 내외인적 사상을 기반으로 하여 전통 중화적 세계관을 제압하고 당시 공론이었던 반청적 북벌론에 대극되는 북학론을 대담하게 제시했던 것이다.

연암 박지원의 경우를 보면 그 역시도 심·성을 규정해내는 도중에 담헌과 동일한 선상에서 상대적·객관적 관점화 또는 이를 통한 보편 동일시적 가치등가화로 자연스럽게 접맥되었다. 이를테면 그의 일련의 논리들은 세계 인식의 변화를 의미하는 것으로 결국은 인물막변론人物莫辨論,[50] 인자내제충지일종론人者乃諸蟲之一種論[51]이 함유한 대로 인간 중심적 세계관으로부터의 탈피를 선언한 것이었다.

연암은 "물物의 입장에서 나를 보면 나 역시 물의 하나"[52]라는 상대적 관점화에 도달하게 되었다. 더 나아가서는 천리天命라는 제삼의 존재가 각인되어 세계에 대한 객관적 관점화라는 획기적인 인식의 전환이 창발되었다. 형이상학적 인성론인 인물성동론에서 귀착된 물시物視(卽物視我), 천시天視(自天所命視之)[53]라는 세계 인식에 대한 관점의 전환, 곧 객관화, 상대화의 방법론은 결국 담헌의 경우와 유사하게 곧바로 그의 과학실증적 자연우주관인 지구설, 지전설과 사상적 차원에서 합일되기에 이른다.

연암의 과학실증적 태도는 형이상학적 인성론과 맞닿아 이윽고 다음과 같이 논파된다. "사람이 처한 것으로부터 보면 화하와 이적이 진실로 나눔이 있지만, 하늘이 명한 것으로부터 보면 은殷의 후관冔冠이나 주周의 면류관冕旒冠이 각각 때의 제도를 따른 것인데, 하필 칭인淸人의 홍모紅帽만 의심하겠는가."[54] 또 말하기를, "어찌 유독 중국에만 임금이 있고 또한 이적에게는 임금이 없다 하겠는가 …… 천하는 이내 천하 사람의 천하요, 한 사람의 천하가 아니다".[55] 연암에게 있어서도 이것은 역시 보편동일시적 가치균등화로 집약되어 존화양이적 세계관의 극복 논리로 이어진다.

이상으로 보건대 내외발적 요인에 따른 북학자들의 획기적인 세계관의 변화는 화이등차론에 대한 화이등가론 제기로 그 철학적인 극점을 이룬다. 그리고 이것은 그들의 의식 속에서 파생·성숙되어 마침내 근대 지향적인 민족주체의식으로 이어진다. 사실 올바른 주체란 세계의 보편 진리와 긴밀하게 연결되어 있어야 한다. 동시에 고유한 자기 안의 본질에 대한 철저한 자각과 자기 준거의 정립正立이 선행되어야 한다.

이러한 세계 보편과 자기 가치에 역점을 두는 올바른 주체라는 측면에서 볼 때 진정한 자민족의 정체성에 대한 자각은 기존의 중화 의식을 승인하고서는 성숙되기 어렵다. 그런데 북학파의 균시방국均是邦國이라는 화이등가의식이 획득됨에 따라 비로소 민족적 정체성은 화국華國·화족으로부터 구별되는 한민족 그 자체에서 자각되고 모색되었다. 이러한 면모는 담헌의 자주적 역사·대외 인식, 그리고 연암의 주체적 영토관과 문학관에서 생동감 있게 연출되고 있다.

맺음말

이상으로 조선조 주자학— '이기심성론'의 한국 유학적 전개 양상을 주자의 '이동', 율곡의 '이통', 낙학의 '성동', 북학파의 '인물균론'으로 연결되는 한국 유학의 독특한 사상사적 체계를 중심으로 살펴보았다. 이 과정에서 율곡의 이통기국론과 호락논쟁의 관계와 그 투영, '인물성동이논쟁'으로 인한 낙론계의 사상 성립, 낙학과 북학의 사상적 계기, 그리고 한국 근대화로 이어지는 한국 사상사의 철학적 토대와 흐름을 이해할 수 있었다.

특히 북학파의 보편동일시적 화이일론으로 귀결되는 조선의 이기심성론은 성리학의 한국적 발전임과 동시에 주자학에 내재된 '화이차별주의' 성향의 극복을 의미한다. 이를테면 어떤 면에서는 '한족漢族 중심주의'라고 할 수 있는 중국 주자학을 한국적 상황으로 융해하여 결국에는 화이론적 성향을 탈색시켜 인류 보편적 사상으로 재구성하는 한국 사상사의 자생성을 말해주는 것이다. 이처럼 중국과 다른 주자학의 한국 사상사적 발전 양상은 문화의 신진대사인 외부 세계와의 끊임없는 대등적 조응을 지향하며 현대에 와서도 한중 문화 교류의 공유성과 평화 공존 의식에 대한 문명 담론 차원의 중요한 전통적 문명 공존의 전범을 제공해준다.

현재의 세계적 조류는 새천년 21세기 인류 미래의 해법을 공분모적 복합체인 문명에서 강구하는 '문명 담론'이 부상하고 있다. 현대 문명 담론은 문명생태학적 관계망network을 규정하는 '세계주의적 시각'으로 또는 인류 문명의 진정한 공존을 위한 탈중심화적 방향으로 전개되고 있다. 가령 정수일이 문명의 생명을 '공유성'으로 보고 인류 문명의 발달 과정은 이 문명의 공유성을 실현하기 위한 과정[56] 이라고 한 것이나, 프랑크Andre Gunder Frank가 염원했던 패권을 가진 중심이 주도하는 일방적 질서가 아닌 여러 지역이 평등하게 교류하면서 공존하는 '다양성 속의 통일성'이라는 인류 보편의 이상을 담은 담론[57] 등이 그 실례들이다.

이와 같은 현대 문명 담론의 문명생태주의적 '공유성'은 한국 이기심성론의 강조점, 곧 동일성, 보편성, 전일성으로 상징되는 이통적 '생명의 원리'와 합치된다. 화합과 공존을 위한 사상의 구축은 본래 우리는 하나라는 동일적이고 보편적인 '이통'의 공감 속에서만 가능한 것이다. 보편성과 동일성의 각성은 상대의 입장에 서서 상대를 고려할 줄 아는 상호 이해의 상대화를 의미하며 제3의 눈이 존재한다는 관조적 객관화를 의미한다. 차별적인 무수한 개체들이 하나로 화합할 수 있으려면 지고지선至高至善한 '존재의 원리'—'생명의 원리'를 다 같이 공유한다는 무차별적 통합의 사상이 필요하다. 즉 우주의 모든 생명체의 공분모인 생명의 원리[天命之性]를 공유한다는 차원에서 차별 없는 존재론적·가치론적 각성이 요구되는 것이다.

재삼 강조컨대 문명의 요소에 상호 공통적인 공유성이 없다면 문명은 존재할 수 없을 뿐더러 보편 문명을 공유하기 위한 문명 교류도 이루어질 수 없을 것이다. 예컨대 뚜웨이밍杜維明이 '문명의 대화'를 논하면서 동일성이 없다면 공동의 기초가 결여될 것[58]이라고 역설한 의미가 여기에 있다. 이런 점에서 주자학 이기심성론의 한국적 토착화로 인해 상대도 나와 동일한 존귀성인 생명의 원리가 내재되어 있다는 해방적·화해적 인식의 틀이 마련됨으로써 타자의 존재를 인정함은 물론 더 나아가서는 이해·타협·공존할 수 있는 길이 우리와 동아시아 사상사에 발아된 것이다.

사실 잘못된 이념은 어떤 권위의 요청에서 비롯된다. 그리고 그 권위는 역사적으로 끊임없이 비호되기 마련이다. 동아시아 중세 국제 이데올로기 중화주의Sinocentrism(또는 Chinese ethnocentrism) 역시 여기에 편승되는 면이 많았다. 임형택의 지적대로 지난 20세기 대립과 갈등, 지배와 피지배의 동아시아는 어떤 면에서는 이 이데올로기가 제대로 풀리지 못한 데서 요인을 찾을 수 있다. 그에 따르면 중국중심의 천하관은 동아시아의 평화와 안정을 깨뜨린 '정신적 장애인자'였던 셈이다. 현재에도 그 인자는 변종을 생산하고 있는데 그것은 중국중심주의에서 서구중심주의로 전도된 형태로서 패권주의를 지향하기도 하고 구미 편향으로 나타나기도 한다.[59]

더욱이 이 중화주의는 현재까지도 중국 공산당의 중화민족주의 강화 노선상에서 재생산되는 조짐을 보이는 등 현재성을 띠고 있다. 이와 관련하여 현 중국 정부가 여러 내우외환의 타결책으로 중화문화 제국주의의 부활을 꿈꾼다면 이것은 또 하나의 중심 문화의 강권일 수밖에 없다. 이로 볼 때 한국 인성론이 발현시킨 이통적 소통성과 화이일론의 현대적 의미는 이러한 문화강권주의에 대한 억제와 저항에 있다. 다시 말해 그것이 과거의 전통 시대에는 특권적 중심 문화를 향한 소외된 주변 문화의 결손된 권리 찾기였다면 이제 그것은 생명의 존엄성에 입각한 우리는 하나라는 상호 동일성의 '평화공존의식'이라 할 것이다.

이 전통적 논리는 자연계 전체 생명체의 절대적 평등 가치를 부각시킴으로써 자연과 인간의 조화와 관련된 환경 문제와 생태 문제에 깊은 철학적 반성을 촉구하는 우리 민족의 소중한 비판적 문화유산임에 틀림없다. 뿐더러 현대적 문명 담론의 최종 귀착점이라 할 수 있는 '문명생태주의 담론'과 관련하여 이것은 세계 문명의 평등적 비주변화를 실현하여 각 문명권의 상호 주체적 중심화와 이를 통한 상보상조와 평화 지향의 세계적 협력을 기획하는 문화적 원천으로 작용할 것이다. 요컨대 종래 이질적인 타자, 타문명에 대한 배타적·대결적·상극적인 태도에서 떨쳐 일어나 화합적·공존적·상생적인 태도로의 전향을 독려하는 것이다.

주석

저자 서문

[1] 이 책 제4장 〈세계화와 문명〉 참조.

1장 총론

[1] 황태연은 현 21세기를 동아시아가 부상하는 새로운 패치워크문명 시대로 규정한다. 그는 2008년 발발한 세계금융위기가 세계 경제의 '동아시아화' 추세를 더욱 가속화시키고 있다고 주장한다. 이 패치워크문명 시대는 미국 월가 중심의 서구화로서의 세계화 시대이기는커녕 한 마디로 동아시아 중심의 '아태화 亞太化' 시대라는 것이다. 황태연, 《공자와 세계 1: 패치워크문명 시대의 공맹 정치철학》 제1권 공자의 지식철학(상), 청계출판사, 2011, 49~52쪽 참조.

[2] 대략 1만 년 전부터 첫 번째 혁명인 '농업혁명', 즉 인류의 토지 경작과 정착이라고 하는 농업 사회가 이루어졌다. 이 농경 사회는 장기간 지속되다가 200여 년 전쯤 증기 기관의 발명으로 폭발된 두 번째 혁명인 '산업혁명'에 의해 산업 사회로 대체되었다. 그리고 정보 기술의 발달로 시작된 현재의 정보혁명은 인류가 겪는 세 번째 혁명이다. 이 혁명은 산업 사회를 정보 사회로 전환시키고 있다.

[3] 이한구, 〈문명의 공존과 그 조건〉, 《인문과학》 31, 2001, 33쪽. 토플러는 정보혁명을 제2의 파도인 산업혁명에 뒤이은 제3의 파도라고 지칭한다. 그는 산업 사회에서 과학 기술의 특징이 육체적 힘의 확대와 강화에 있었다면 정보 사회에서 과학 기술의 특징은 정신적 힘의 확대와 강화에 있다고 했다. 이와 함께 산업 사회의 지배적 6원칙인 표준화, 분업화, 동시화, 집중화, 극대화, 중앙집 권화는 모두 탈표준화, 탈분업화, 탈동시화, 탈집중화, 탈극대화, 탈중앙집권 화될 것으로 예측했다.

[4] Thomas S. Kuhn, *The Structure of Scientific Revolution*; 토머스 S. 쿤, 김명

자 옮김, 《과학혁명의 구조》, 까치, 2007 참조.

5 杜維明, 《對話與創新》; 뚜웨이밍, 김태성 옮김, 《문명들의 대화》, 휴머니스트, 2006, 22쪽.

6 Samuel P. Huntington, *The Clash of Civilizations and The Remaking of World Order*, 사무엘 헌팅턴, 이희재 옮김, 《문명의 충돌》, 김영사, 1998, 20쪽.

7 사무엘 헌팅턴, 《문명의 충돌》, 21쪽.

8 《뉴욕 타임스》, "Weekly Review", 1996년 1월 21일.

9 송두율, 《전환기의 세계와 민족지성》, 한길사, 1991, 189쪽.

10 송두율, 《전환기의 세계와 민족지성》, 199~200쪽 참조.

11 송두율, 《전환기의 세계와 민족지성》, 189~190쪽 참조.

12 김명섭, 〈탈냉전기 국제정치학의 문명 패러다임〉, 《한국정치학회보》 제37집 3호, 2003, 433쪽.

13 김명섭, 〈탈냉전기 국제정치학의 문명 패러다임〉, 433쪽.

14 정수일, 《문명 담론과 문명교류》, 살림, 2009, 41쪽.

15 문순홍, 《생태학의 담론》, 아르케, 2006, 33쪽 참조.

16 Jeremy Rifkin, *The Empathic Civilization: The Race to Global Consciousness in a World in Crisis*; 제러미 리프킨, 이경남 옮김, 《공감의 시대》, 민음사, 2010, 757쪽.

17 제러미 리프킨, 《공감의 시대》, 759쪽 참조.

18 제러미 리프킨, 《공감의 시대》, 758~759쪽.

19 문순홍, 《생태학의 담론》, 아르케, 2006, 55쪽 참조.

20 박이문, 《자연, 인간, 언어》, 철학과현실사, 1998, 24쪽.

제1부 현대 문명 담론의 이해

2장 동서 '문화·문명'의 개념과 그 전개
1 정수일, 《문명 담론과 문명교류》, 살림, 2009, 42쪽.

[2] A. L. Kroeber and Clyde Kluckhohn, *Culture: A Critical Review of Concepts and Definition*(New York: Vintage Books, 1952), p. 4, n. 5.

[3] Samuel P. Huntington, *The Clash of Civilizations and The Remaking of World Order*, 사무엘 헌팅턴, 이희재 옮김, 《문명의 충돌》, 김영사, 1998, 49쪽.

[4] Fernand Braudel, *On History*(University of Chicago Press, 1980), p. 202.

[5] Christopher Dawson, *Progress and Religion: An Historical Enquiry* (westport: Conneticut, 1970), p. 40.

[6] 정수일, 《문명 담론과 문명교류》, 살림, 2009, 44쪽.

[7] 박이문의 이러한 구별은 문화와 문명이 같은 뜻으로 쓰일 때의 경우이며, 양자가 서로 다른 뜻으로 쓰일 때는 "문명이 '야만'과 대비되어 진화적 관점에서 시간적으로나 기술적 발전, 즉 '진보'의 뜻을 함의하는 데 반해서 문화는 '자연'과 대치되어 '인위'를 지칭함으로써 인간의 주관적 태도 혹은 양식을 뜻한다"고 했다. 박이문, 《자연, 인간, 언어》, 철학과현실사, 1998, 13쪽.

[8] A. L. Kroeber and Clyde Kluckhohn, *Culture: A Critical Review of Concepts and Definition*(New York: Vintage Books, 1952).

[9] 원승룡·김종헌, 《문화이론과 문화읽기》, 서광사, 2002, 35쪽 참조.

[10] Norbert Elias, *Über den Prozeß der Zivilisation* I; 노르베르트 엘리아스, 박미애 옮김, 《문명화과정 I》, 한길사, 2007, 106쪽.

[11] Hartmut Böhme · Peter Matussek · Lothar Müller, *Orientierung Kultur-wissenschaft*; 하르트무트 뵈메 · 페터 마투섹 · 로타 뮐러, 손동현 · 이상엽 옮김, 《문화학이란 무엇인가》, 성균관대학교출판부, 2005, 150쪽.

[12] 김종헌, 《문화해석과 문화정치》, 철학과현실사, 2003, 14쪽.

[13] 철학의 영역에서 자유의지론의 입장에 서 있는 칸트나 카시러E. Cassirer의 경우 대체적으로 문화를 '인간의 언어적인 활동들 전체와 도덕적인 활동들 전체'로 규정하고 '창조적 행위자로서 개인의 자유의 표현'으로 파악한다. 이 입장에서는 인간의 의식주를 포함해서 인간 활동의 모든 산물들, 곧 정치, 경제 체제, 법률, 예술, 종교 등을 모두 문화로 보고 있으며 특히 문화를 인간만

의 고유한 활동으로 간주하고 있다. 이러한 칸트나 카시러의 입장은 헤르더의 문화 개념에 영향을 받아 형성된 것이다. 신응철, 《문화철학과 문화비평》, 철학과현실사, 2003, 18~19쪽 참조.

[14] Norbert Elias, *Über den Prozeß der Zivilisation* Ⅰ; 노르베르트 엘리아스, 《문명화과정 Ⅰ》, 141쪽.

[15] 헤르더에게 문화는 정신의 도야, 인류의 문명화, 개화, 계몽, 인간화, 문명화를 뜻한다. 헤르더의 문화 개념은 인간 정신의 산물을 뜻하며 문화의 목표는 한 개인의 품성 개발에 있는 것이 아니라, 인류 공동체의 실현, 인류 공동체가 예술과 학문, 법률과 종교를 충분하게 개발하면서 자유롭고 평화로운 삶을 누리는 데 있다. 신응철, 《캇시러의 문화철학》, 한울아카데미, 2000, 43쪽 참조.

[16] 원승룡·김종헌, 《문화이론과 문화읽기》, 서광사, 2002, 31쪽.

[17] Norbert Elias, *Über den Prozeß der Zivilisation* Ⅰ; 노르베르트 엘리아스, 《문명화과정 Ⅰ》, 148쪽.

[18] 김종헌, 《문화해석과 문화정치》, 철학과현실사, 2003, 20쪽 재인용.

[19] 로버트 보콕, 〈현대 사회의 문화적 형성〉, 스튜어트 홀 외, 전효관·김수진·박병영 옮김, 《현대성과 현대문화》, 현실문화연구, 2001, 341쪽 참조.

[20] 원승룡·김종헌, 《문화이론과 문화읽기》, 43쪽.

[21] Immanuel Wallerstein, *Geopolitics and Geoculture: Essays on the Changing World System*(Cambridge University Press, 1994), p. 216.

[22] Norbert Elias, *Über den Prozeß der Zivilisation* Ⅰ; 노르베르트 엘리아스, 《문명화과정 Ⅰ》, 2007, 138쪽.

[23] 김성동, 《문화—열두 이야기》, 철학과현실사, 2003, 59~60쪽 참조.

[24] 원승룡·김종헌, 《문화이론과 문화읽기》, 26쪽.

[25] 阮煒 《文明的表現》, 北京大學出版社, 2001, 50쪽 참조.

[26] Norbert Elias, *Die Höfische Gesellschaft*(노르베르트 엘리아스, 박여성 옮김, 《궁정사회》, 한길사, 2003); Norbert Elias, *Über den Prozeß der Zivilisation* Ⅰ·Ⅱ(노르베르트 엘리아스, 박미애 옮김, 《문명화과정 Ⅰ·Ⅱ》, 한길사, 2007·

2009).

27 원승룡·김종헌, 《문화이론과 문화읽기》, 24쪽.

28 Norbert Elias, *Über den Prozeß der Zivilisation* Ⅰ; 노르베르트 엘리아스, 《문명화과정 Ⅰ》, 168쪽.

29 Philip Bagby, *Culture and History: Prolegomena to Comparative Study of Civilizations*(Westport, Conneticut: 1976), p. 162.

30 박이문, 《자연, 인간, 언어》, 29쪽.

31 Samuel P. Huntington, *The Clash of Civilizations and The Remaking of World Order*, 사무엘 헌팅턴, 《문명의 충돌》, 47~49쪽.

32 사무엘 헌팅턴, 《문명의 충돌》, 47쪽 참조.

33 《周易》, 〈賁彖傳〉, "觀乎天文, 以察時變, 觀乎人文, 以化成天下."

34 《說苑》, 〈指武〉, "聖人之治天下也, 先文德而後武力. 凡武之興, 爲不服也, 文化不改, 然後加誅, 夫下愚不移, 純德之所不能化, 而後武力加焉."

35 《補亡詩》, 〈由儀〉, "文化內輯, 武功外悠."

36 《日知錄》, "自身而至於國家天下, 制之爲度數, 發之爲音容, 莫非文也."

37 유태용, 《문화란 무엇인가》, 학연문화사, 2002, 13쪽.

38 《周易》, 〈文言〉, "見龍在田, 天下文明."

39 《周易》, 〈大有彖傳〉, "其德剛健而文明, 應乎天而時行."

40 《周易》, 〈明夷彖傳〉, "內文明而外柔順."

41 《周易》, 〈賁彖傳〉, "文明以止, 人文也."

42 이기상, 《콘텐츠와 문화철학: 문화의 발전단계와 콘텐츠》, 북코리아, 2009, 76쪽.

43 바쿠후幕府 말기와 메이지明治 유신기의 지식인과 문명개화론자에 대한 자세한 내용은 마루야마 마사오丸山眞男의 《『문명론의 개략』을 읽는다 '文明論之槪略' を讀む》(김석근 옮김, 문학동네, 2007, 35~64쪽)와 최경옥의 《번역과 일본의 근대》(살림, 2007, 7~28쪽)를 각각 참고하기 바란다.

44 '탈아입구'는 일본 개화기의 사상가 후쿠자와 유키치福澤諭吉가 일본의 나아갈 길을 제시한 것을 가리킨다. 글자 그대로는 '아시아를 벗어나 서구 사회를 지향

한다'는 뜻이다. 이 용어는 후쿠자와 유키치가 《시사신보時事新報》 1885년 3월 16일자에 〈탈아론脫亞論〉이라는 제목의 기사를 기고하면서 널리 알려졌다.

45 이기상, 《콘텐츠와 문화철학: 문화의 발전단계와 콘텐츠》, 북코리아, 2009, 66~69쪽 참조.

46 최경옥, 《번역과 일본의 근대》, 살림, 2007, 77~78쪽.

47 장인성, 《메이지유신: 현대 일본의 출발점》, 살림, 2009, 48~77쪽 참조.

48 최경옥, 《번역과 일본의 근대》, 살림, 2007, 4쪽.

49 최경옥, 《번역과 일본의 근대》, 23~24쪽 참조. 메이로쿠샤의 회원은 발족 당시 니시무라 시게키, 쓰다 마미치津田眞道, 니시 아마네西周, 나카무라 마사나오中村正直, 가토 히로유키加藤弘之, 미쓰쿠리 슈헤이箕作秋坪, 후쿠자와 유키치, 스기 고지杉亨二, 미쓰쿠리 린쇼箕作麟祥, 모리 아리노리 등 총 10명으로 구성되었다. 이후 메이로쿠샤는 1875년 11월 《메이로쿠잣시》가 간행이 정지되면서 해산되고 말았지만 학술 단체로서의 성격은 미국의 교육학자이자 당시 문부성 학감을 지낸 데이비드 머레이David Murray의 건의로 1879년 11월에 성립된 도쿄학사원회(제국학사원의 전신)에서 발전적으로 계승했다.

50 유태용, 《문화란 무엇인가》, 학연문화사, 2002, 58쪽 참조.

51 丸山眞男, 《'文明論之槪略'を讀む》; 마루야마 마사오, 《『문명론의 개략』을 읽는다》, 96~132쪽 참조.

52 정용화, 〈1920년대 초 계몽담론의 특성: 문명·문화·개인을 중심으로〉, 《동방학지》 133, 2006, 177쪽.

53 이돈화, 〈혼돈으로부터 통일에〉, 《개벽》 13, 1921, 4~5쪽 참조.

54 정용화, 〈1920년대 초 계몽담론의 특성: 문명·문화·개인을 중심으로〉, 177~178쪽.

55 서구 문명을 기器, 곧 '과학기술문명'으로 보는 전형적인 예가 '동도서기東道西器'의 논리다. 이 사상은 19세기 후반 서구 열강의 동아시아 진출이 가속화될 때 조선에서 등장한 서구 문명의 수용론이다. '동도'는 당시 조선의 학문과 정치·사회 질서를, '서기'는 서구의 과학기술과 무기를 각각 가리킨다. 자

아 정체성과 정통 윤리도덕은 지키되 도구적인 차원에서의 편리함은 받아들이자는 생각이다. 즉 서세동점 시기 조선의 유교적 전통을 유지하면서 서구의 과학기술과 무기를 수용하자는 일종의 절충적 문화 전략인 것이다. 이러한 논리는 중국, 일본에서도 공통적으로 나타난다. 중국의 중체서용中體西用과 일본의 화혼양재和魂洋才가 그것이다. 여기서 서기, 서용, 양재는 모두 서구의 '과학기술문명'을 뜻한다는 사실에 유념할 필요가 있다.

[56] 류준필, 〈문명·문화 관념의 형성과 국문학의 발생—국문학이라는 이데올로기 서설〉, 《민족문화사연구》 18, 2001, 18쪽.

[57] "稱政治·隆之跡, 必曰文明, 贊風化休美之效, 必曰文化." 張志淵, 〈文弱之弊〉, 《韋庵集》 卷14[《張志淵全書》 10], 단국대학교출판부, 1989, 23-2쪽.)

[58] 류준필, 〈문명·문화 관념의 형성과 국문학의 발생—국문학이라는 이데올로기 서설〉, 22쪽 참조.

[59] 류준필, 〈문명·문화 관념의 형성과 국문학의 발생—국문학이라는 이데올로기 서설〉, 31~37쪽 참조.

[60] 이돈화, 〈혼돈으로부터 통일에〉, 《개벽》 13, 1921, 5~6쪽.

[61] 박이문, 《문명의 위기와 문화의 전환: 생태학적 세계관을 위하여》, 민음사, 1996, 16쪽.

[62] 박이문, 《문명의 위기와 문화의 전환: 생태학적 세계관을 위하여》, 6쪽.

[63] 박이문, 《문명의 위기와 문화의 전환: 생태학적 세계관을 위하여》, 7쪽.

[64] 박이문, 《문명의 위기와 문화의 전환: 생태학적 세계관을 위하여》, 17쪽.

[65] 박이문, 《문명의 위기와 문화의 전환: 생태학적 세계관을 위하여》, 17쪽.

[66] 정수일, 《문명 담론과 문명교류》, 살림, 2009, 44~45쪽; 정수일, 《고대문명교류사》, 사계절출판사, 2002, 23쪽.

[67] 梁漱溟, 《東西文化及其哲學》, 商務印書館, 1999, 60쪽.

[68] 朱謙之, 《文化哲學》; 주겸지, 전홍석 옮김, 《문화철학》, 한국학술정보, 2007, 51쪽.

[69] 량수밍 문화관의 기본 형태는 '의욕→태도→근본정신→생활양식→문화

차이'로 논리가 전개된다. 여기서 도출된 '문화의 3방향설'이란 곧 서양 문화는 '의욕의 앞으로 향한 요구[意欲向前要求]', 중국 문화는 '의욕의 자위·조화·지중[意欲自爲調和持中]', 인도 문화는 '의욕의 자신을 반성하여 뒤로 향한 요구[意欲反身向後要求]'를 말한다.

70 梁漱溟, 《東西文化及其哲學》, 60쪽.

71 梁漱溟, 《東西文化及其哲學》, 60쪽.

72 朱謙之, 《文化哲學》; 주겸지, 《문화철학》, 55~56쪽.

73 주겸지, 《문화철학》, 56쪽.

74 朱謙之, 《朱謙之文集》, 第6卷, 〈文化社會學〉, 福建教育出版社, 2002, 428쪽.

75 Chris Jenks, *Culture*; 크리스 젠크스, 김윤용 옮김, 《문화란 무엇인가》, 현대미학사, 1996, 23쪽.

76 Samuel P. Huntington, *The Clash of Civilizations and The Remaking of World Order*; 사무엘 헌팅턴, 《문명의 충돌》, 47~49쪽.

77 박이문, 《문명의 위기와 문화의 전환: 생태학적 세계관을 위하여》, 6쪽.

78 박이문, 《문명의 위기와 문화의 전환: 생태학적 세계관을 위하여》, 6쪽.

79 정수일, 《문명 담론과 문명교류》, 살림, 2009, 41쪽.

80 Hartmut Böhme·Peter Matussek·Lothar Müller, *Orientierung Kultur-wissenschaft*(하르트무트 뵈메·페터 마투섹·로타 뮐러, 《문화학이란 무엇인가》, 21~49쪽); 신응철, 《문화, 철학으로 읽다》, 북코리아, 2009, 15~44쪽 각각 참조.

81 정수일, 《문명 담론과 문명교류》, 살림, 2009.

82 박이문, 《문명의 위기와 문화의 전환: 생태학적 세계관을 위하여》, 민음사, 1996.

83 황태연, 《공자와 세계 1: 패치워크문명 시대의 공맹 정치철학》 제1권 공자의 지식철학(상), 청계출판사, 2011.

84 杜維明, 《對話與創新》; 뚜웨이밍, 《문명들의 대화》.

85 Andre Gunder Frank, *ReORIENT: Global Economy in the Asian Age*; 안드

레 군더 프랑크, 이희재 옮김, 《리오리엔트》, 이산, 2003.

[86] John M. Hobson, *The Eastern Origins of Western Civilisation*; 존 M. 홉슨, 정경옥 옮김, 《서구 문명은 동양에서 시작되었다》, 에코리브르, 2005.

[87] Jeremy Rifkin, *The Empathic Civilization: The Race to Global Consciousness in a World in Crisis*; 제러미 리프킨, 이경남 옮김, 《공감의 시대》, 민음사, 2010.

[88] 박이문, 《문명의 위기와 문화의 전환: 생태학적 세계관을 위하여》, 45쪽.

3장 서구 패권적 현대 문명 패러다임 비판과 그 대안 모색

[1] 근대적 문명 담론에 대해서는 정수일의 《문명 담론과 문명교류》(살림, 2009, 45~52쪽)를 참고하기 바란다.

[2] 유태용, 《문화란 무엇인가》, 학연문화사, 2002, 57~58쪽 참조.

[3] 1950년대 고고학 분야에서 탄소연대측정법이 개발되기 이전까지 인류 문명의 단일 중심지를 '비옥한 초생달' 지역이라고 간주하고 이 문명의 단일 중심으로부터 세계 각처로 문명이 전파되었다는 이른바 전파주의자들의 주장이 개별 문명들의 독자적인 발전을 강조하는 진화주의자들의 주장을 압도했다. 그러나 탄소연대측정법에 의해 유럽의 신석기 후기의 여러 고고학적인 증거들이 전파의 중심으로 생각해왔던 지역의 그것들보다 연대가 앞서는 것이 밝혀졌고, 마찬가지로 아프리카와 동아시아의 문명의 기원에 대해서도 진화론적 관점, 즉 복수 문명적 관점이 좀 더 많은 주목을 받게 되었다. John A. J. Gowlett, *Ascent To Civilization: The Archaeology of Early Humans*; 존 A. J. 가우레트, 배기동 옮김, 《문명의 여명: 옛 인류의 고고학》, 범양사, 1988, 195쪽 참조.

[4] 김명섭, 〈탈냉전기 국제정치학의 문명 패러다임〉, 《한국정치학회보》 제37집 3호, 2003, 437쪽.

[5] 김의수, 〈문화 다원주의와 21세기 인류의 철학적 지향〉, 《시대와 철학》 18, 1999, 160쪽.

[6] Francis Fukuyama, *The End of History and the Last Man*; 프랜시스 후쿠야 마, 이상훈 옮김, 《역사의 종말》, 한마음사, 2007, 10쪽.

[7] 프랜시스 후쿠야먀, 《역사의 종말》, 8쪽. 한편 역사의 끝을 이야기하는 학자는 우파인 후쿠야마를 비롯한 겔렌(기술과 과학의 이데올로기만이 남아 있는 결 정화의 시기), 베인(역사의 빙산), 벨(이데올로기의 종언) 외에도 푸코, 들뢰 즈, 클로소프스키, 보드리야르 등의 좌파적 입장에서도 동시에 주장되고 있 다. 그러나 이러한 '역사의 종말'이라는 같은 결론에 도달한 서로 다른 전제 들도 사실은 구미 중심의 비非3세계적 사고방식이라는 공통적 맥락 위에 서 있다. 송두율, 《현대와 사상》, 한길사, 1990, 172~174쪽 참조.

[8] 제1차 세계대전이 남긴 문명사적 폐해에 덧붙여 자본주의 경제체제의 최대 위 기로 기억되는 1929년 세계경제대공황은 서구 문명화의 음지를 더욱 부각시 켜 주었고, 이것은 서구 문명의 우월성에 기반을 둔 비서구 세계에 대한 서구 적 지배에 관한 자성의 목소리로 이어졌다. 이러한 시대적 배경 속에서 서구 문명의 단선적인 진보사관을 비판하고 문명의 복수성을 주장하는 토인비와 슈펭글러의 세계사적 기획이 등장하게 된다. 이용일, 〈유럽중심주의와 근대 화—미국적 세계지배비전으로 근대화이론의 형성과 독일사적 전유〉, 《유럽 중심주의 비판과 주변의 재인식》, 미다스북스, 2010, 86쪽 참조.

[9] Samuel P. Huntington, *The Clash of Civilizations and The Remaking of World Order*; 사무엘 헌팅턴, 이희재 옮김, 《문명의 충돌》, 김영사, 1998, 46쪽.

[10] 송두율, 《계몽과 해방》, 도서출판 당대, 1996, 254쪽.

[11] 후쿠야마는 여기서 하나의 정부 형태인 자유민주주의가 군주제나 파시즘 또 는 최근의 공산주의와 같은 상반되는 이데올로기를 무너뜨림에 따라 지난 수 년 사이에 세계적으로 이러한 자유민주주의의 정통성에 대해 주목할 만한 공 감대가 형성되고 있다고 주장했다. 또한 자유민주주의가 '인류의 이데올로기 진화의 종점'이나 '인류 최후의 정부 형태'가 될지도 모르며, 따라서 자유민 주주의는 '역사의 종말'이 된다고 주장했다. Francis Fukuyama, *The End of History and the Last Man*; 프랜시스 후쿠야먀, 《역사의 종말》, 7쪽 참조.

[12] 프랜시스 후쿠야먀, 《역사의 종말》, 10~11쪽 참조.

[13] 프랜시스 후쿠야먀, 《역사의 종말》, 113쪽.

[14] 프랜시스 후쿠야먀, 《역사의 종말》, 240쪽.

[15] 프랜시스 후쿠야먀, 《역사의 종말》, 17쪽.

[16] 후쿠야마는 인간의 '패기thymos'를 두 종류로 나눈다. 하나는 우월욕망, 즉 타인보다 우월함을 나타내기 위해서는 목숨도 아끼지 않는다는 의미의 '과대패기megalothmia'이고, 또 하나는 대등욕망, 즉 타인과 동등하게 인정받고 싶다는 의미의 '동등패기isothymia' 다. 후쿠야마는 자유민주주의를 대등욕망의 사회로 규정하는 한편 역사를 자유민주주의의 방향으로 이끌어가는 힘은 우월욕망에서 생긴다고 했다. 그러나 이 우월욕망은 본질적으로 자유민주주의 사회에서조차도 충분히 적응되지 못하는 위험이 있다고 지적했다.

[17] Francis Fukuyama, *The End of History and the Last Man*, 프랜시스 후쿠야먀, 《역사의 종말》, 17쪽.

[18] 사실 '현대'의 유산을 둘러싼 투쟁은 본격적으로 헤겔 좌파와 헤겔 우파의 논쟁으로 시작되었다. 우파가 서구 시민사회의 불안정을 강력한 국가와 종교를 통해 극복하려고 시도한 데 반해서 좌파는 바로 이러한 국가와 종교의 비판과 극복을 통해 현대의 진정한 모습을 드러내고 일면적으로 진행된 시민사회의 합리성의 위기를 극복하고자 했다. 헤겔 우파의 전통은 보수주의, 특히 파시즘 철학의 원류로서 계승되었고 헤겔 좌파의 흐름은 마르크스주의에 이르러 실천적 힘을 드러냈다. 송두율, 《전환기의 세계와 민족지성》, 한길사, 1991, 193쪽 참조.

[19] Francis Fukuyama, *The End of History and the Last Man*, 프랜시스 후쿠야먀, 《역사의 종말》, 9쪽.

[20] 유석진, 〈21세기 질서를 보는 세 시각〉, 《사상》 25, 1995, 276~277쪽 참조.

[21] 김명섭, 〈탈냉전기 국제정치학의 문명 패러다임〉, 439쪽.

[22] '민주주의 증진법안'의 핵심 내용은 미국무부와 재외공관들이 민주주의 확산의 본부와 전초기지가 되어 비민주국가들의 민주화에 적극 개입하도록 하는 것이다. 국무부에 세계문제담당차관을 총 책임자로 한 민주화운동 · 이행국을

신설하고, 전 세계 미국 공관에 민주주의 증진 담당관을 두어 민주주의 증진 대상국들의 민주화 운동을 촉진한다는 내용이다. 법안은 북한 등 특정 국가를 지목하진 않았으나 콘돌리자 라이스 미 국무장관이 상원 인준청문회에서 폭정의 전초기지라고 지목한 북한·이란·쿠바·미얀마·벨로루시·짐바브웨 등을 주로 겨냥한 것으로 보인다. 따라서 이들 국가들을 중심으로 한 비민주적 국가들의 공관을 중심으로 자유민주주의 이념 전파 작업이 이뤄질 경우, 해당 당사국의 내정간섭 논란 등 외교적 갈등을 촉발시킬 가능성이 높다. 《조선일보》 2005년 3월 4일자, 30면.

[23] Emmanuel Todd, *Après l'empire: Essai sur la decomposition du systeme americain*; 엠마뉘엘 토드, 주경철 옮김, 《제국의 몰락》, 까치, 2003, 19쪽. 토드는 이 저서에서 과거 미국은 막강한 패권 대국이었지만 소련의 해체 이후 미국도 지금 해체 중에 있으며 경제 분야에서는 세계 여러 나라에게 종속되어 있다고 지적한다. 뿐더러 미국의 실상은 세계 유일의 초강대국으로서 압도적인 군사력과 경제력을 보유하거나 보편적 이념의 제공자와는 거리가 멀다. 미국은 쇠퇴 일로에 있으며 그로 인한 취약성과 불안감 때문에 세계를 교란시키고 있다는 것이다. 이 저서는 헌팅턴, 후쿠야마 등 미국의 지배 질서를 옹호하는 미국 주류 학자들의 견해에서 탈피하여 현재의 세계를 전혀 다른 시각에서 접근하고 전망하게 한다.

[24] Clive Hamilton, *Growth Fetish*; 클라이브 해밀턴, 김홍식 옮김, 《성장숭배: 우리는 왜 경제성장의 노예가 되었는가》, 바오출판사, 2011, 164쪽.

[25] 클라이브 해밀턴, 《성장숭배: 우리는 왜 경제성장의 노예가 되었는가》, 165쪽.

[26] 클라이브 해밀턴, 《성장숭배: 우리는 왜 경제성장의 노예가 되었는가》, 165~166쪽.

[27] Stuart Sim, *Derrida and the End of History*; 스튜어트 심, 조현진 옮김, 《데리다와 역사의 종말》, 이제이북스, 2002, 61~62쪽. 데리다는 《마르크스의 유령들*Specters de Marx*》이라는 책에서 '유령학'이라는 새로운 연구 영역을 제시함은 물론 마르크스주의적 사유의 의미와 가치를 옹호했다. 그는 제목에서

도 드러난 바와 같이 유령, 망령, 환영 등은 마르크스 해석 작업의 중요한 쟁점임을 밝히고 있다. 즉 햄릿의 유령을 차용하여 끊임없이 햄릿을 따라다니며 사고 깊숙이 자리 잡고 떠나지 않는 유령처럼 자본주의에서 마르크스의 사상이 끊임없이 출몰하고 있음을 피력했다. Jacques Derrida, *Specters de Marx* 〈*Specters of Marx: The State of the Debt, The Work of Mourning & the New International*〉; 자크 데리다, 진태원 옮김, 《마르크스의 유령들》, 이제이북스, 2007 참조.

28 杜維明, 《對話與創新》; 뚜웨이밍, 김태성 옮김, 《문명들의 대화》, 휴머니스트, 2006, 95~99쪽.

29 뚜웨이밍, 《문명들의 대화》, 96쪽.

30 뚜웨이밍, 《문명들의 대화》, 97~98쪽 참조.

31 김명섭, 〈탈냉전기 국제정치학의 문명 패러다임〉, 439쪽.

32 Samuel P. Huntington, *The Clash of Civilizations and The Remaking of World Order*; 사무엘 헌팅턴, 《문명의 충돌》, 100쪽.

33 사무엘 헌팅턴, 《문명의 충돌》, 244쪽.

34 사무엘 헌팅턴, 《문명의 충돌》, 83쪽.

35 사무엘 헌팅턴, 《문명의 충돌》, 84쪽.

36 杜維明, 《對話與創新》; 뚜웨이밍, 《문명들의 대화》, 30쪽.

37 Harald Müller, *Das Zusammenleben der Kulturen: Ein Gegenentwurf zu Huntington*; 하랄트 뮐러, 이영희 옮김, 《문명의 공존》, 푸른숲, 2002, 24쪽.

38 이하 《문명의 충돌》로 약칭.

39 정수일, 《문명 담론과 문명교류》, 살림, 2009, 53쪽.

40 Samuel P. Huntington, *The Clash of Civilizations and The Remaking of World Order*; 사무엘 헌팅턴, 〈서문〉, 《문명의 충돌》.

41 서유석, 〈'문명의 충돌'과 인정투쟁〉, 《대동철학》 제21집, 2003 참조.

42 Samuel P. Huntington, *The Clash of Civilizations and The Remaking of World Order*; 사무엘 헌팅턴, 《문명의 충돌》, 84쪽.

[43] Harald Müller, *Das Zusammenleben der Kulturen: Ein Gegenentwurf zu Huntington*, 하랄트 뮐러, 《문명의 공존》, 311쪽.

[44] 강정인, 〈문명충돌론〉, 《사상》 제15권 제1호, 2003, 234쪽.

[45] 강준만, 〈사무엘 헌팅턴의 '문명충돌론' 비판〉, 《인물과 사상》 제3호, 서울: 개마고원, 1997 참조.

[46] Samuel P. Huntington, *The Clash of Civilizations and The Remaking of World Order*, 사무엘 헌팅턴, 《문명의 충돌》, 19쪽.

[47] 사무엘 헌팅턴, 《문명의 충돌》, 310쪽.

[48] 강정인, 〈문명충돌론〉, 233쪽.

[49] 양준희, 〈비판적 시각에서 본 헌팅턴의 문명충돌론〉, 《국제정치논총》 제42집 1호, 2002, 47쪽.

[50] Edward W. Said, *The Crisis of Orientalism*, 에드워드 사이드, 성일권 편역, 《도전받는 오리엔탈리즘》, 김영사, 2001, 53쪽.

[51] 에드워드 사이드, 《도전받는 오리엔탈리즘》, 44쪽.

[52] Edward W. Said, *Orientalism*, 에드워드 사이드, 박홍규 옮김, 《오리엔탈리즘》, 교보문고, 1998, 13쪽.

[53] 에드워드 사이드, 《오리엔탈리즘》, 16쪽. 사실 사이드의 오리엔탈리즘 발상은 미셸 푸코Michel Foucault에게 힘입은 바 크다. 열등한 동양이 서양의 우월한 정체성을 확인하고 완성해주는 역할을 한다는 이분화는 푸코의 성찰에서 원용한 것이다. 푸코는 유럽 사회에서 정신병이 타자화 과정, 즉 정상인과 합리적 자아를 정의하기 위해 미친 사람을 가두거나 침묵하게 만들면서 탄생했다고 파악했다. 사이드는 이 논리를 채용하여 서양을 중심에 두고 그 합리성을 정의하기 위해 동양의 비합리성을 타자로 만드는 이분화 과정이 동양을 정복하고 지배한 근대 서양의 제국주의적 전략과 깊이 연관된다고 간파했다.

[54] Edward W. Said, *The Crisis of Orientalism*, 에드워드 사이드, 《도전받는 오리엔탈리즘》, 35쪽.

[55] *Orientalism*(London: Penguin[1978]2003), pp. xxii에 실린 2003년 서문

(John M. Hobson, *The Eastern Origins of Western Civilisation*); 존 M. 홉슨, 정경옥 옮김, 《서구 문명은 동양에서 시작되었다》, 에코리브르, 2005, 398쪽, 재인용.

[56] Harald Müller, *Das Zusammenleben der Kulturen: Ein Gegenentwurf zu Huntington*; 하랄트 뮐러, 《문명의 공존》, 24쪽.

[57] 하랄트 뮐러, 《문명의 공존》, 26쪽.

[58] 정수일, 《문명 담론과 문명교류》, 살림, 2009, 55쪽.

[59] 정수일, 《문명 담론과 문명교류》, 55~62쪽 참조.

[60] 정수일, 《문명 담론과 문명교류》, 75쪽.

[61] 황태연, 《공자와 세계 1 : 패치워크문명 시대의 공맹 정치철학》 제1권 공자의 지식철학(상), 청계출판사, 2011, 33~35쪽 참조.

[62] 杜維明, 《對話與創新》; 뚜웨이밍, 김태성 옮김, 《문명들의 대화》, 휴머니스트, 2006, 193쪽.

[63] 뚜웨이밍, 《문명들의 대화》, 192쪽.

[64] Harald Müler, *Das Zusammenleben der Kulturen: Ein Gegenentwurf zu Huntington*; 하랄트 뮐러, 《문명의 공존》, 24쪽.

[65] 정수일, 《문명 담론과 문명교류》, 살림, 2009, 55쪽.

[66] 杜維明, 《對話與創新》; 뚜웨이밍, 《문명들의 대화》, 52쪽.

[67] Harald Müller, *Das Zusammenleben der Kulturen: Ein Gegenentwurf zu Huntington*; 하랄트 뮐러, 《문명의 공존》, 24쪽.

[68] 杜維明, 《對話與創新》; 뚜웨이밍, 《문명들의 대화》, 33쪽 참조.

[69] 이옥순은 《우리 안의 오리엔탈리즘》이라는 책에서 사이드의 오리엔탈리즘에 근거하여 영국이 인도를 지배한 시대에 영국이 창조한 인도의 부정적 이미지를 분석하고 그것이 오늘날 우리나라에서 어떻게 복제되고 재생산되는지를 논증하고 있다. 특히 오리엔탈리즘을 '박제'와 '복제'로 나누어 설명한 것은 압권이다. 박제 오리엔탈리즘이란 영국이 인도를 보는 관점으로서 상대적인 자신들의 우월성을 드러내기 위해 인도를 수동적이고 폐쇄적이고 미개하게 보는

태도를 말한다. 이옥순은 여기서 그치지 않고 19세기 제국주의자 영국에게 감염된 우리의 인도 보기를 '복제 오리엔탈리즘'이라고 명명한다. 이것은 동양인 우리가 서양이 구성한 인도, 인도에 대한 영국의 식민 담론을 비판 없이 차용하고 복제하여 우리보다 발전하지 못한 인도를 우리의 동양과 타자로 바라보면서 한때 막강한 힘을 가졌던 대영 제국의 공범이 되어 심리적 보상을 얻는 것을 의미한다. 이옥순, 《우리 안의 오리엔탈리즘》, 푸른역사, 2009, 9~36쪽 참조.

70 전홍석, 〈근대 유럽 계몽주의에 대한 宋儒 理學의 영향과 그 문화철학적 의미―프랑스 데카르트 학파의 좌파 벨과 우파 말브랑슈를 중심으로〉, 《동양철학연구》, 제57집, 2009, 340쪽.

71 Jeremy Rifkin, *The Empathic Civilization: The Race to Global Consciousness in a World in Crisis*; 제러미 리프킨, 《공감의 시대》, 674쪽. 리프킨은 이 기적인 동물이 아니라 '공감하는 인간'이 인류의 문명을 진화시켜 왔다고 주장한다. 그는 '공감'을 다른 사람의 정서 상태로 들어가 그들의 고통이나 기쁨을 함께 느끼는 것으로 정의한다. 특히 유전학에서 거울신경세포Mirror Neurons의 발견은 인간 본성에 대한 논쟁을 초래했고, 그로 인해 인간은 타인의 생각이나 행동을 개념적 추리를 통해서가 아니라 직접적인 시뮬레이션을 통해 자신의 것인 양 이해할 수 있다는 사실이 밝혀졌다. 이 거울신경세포가 바로 리프킨이 말하는 '공감 뉴런Empathy Neurons'이다.

72 Edward W. Said, *The Crisis of Orientalism*; 에드워드 사이드, 《도전받는 오리엔탈리즘》, 62쪽.

4장 세계화와 문명

1 John Tomlinson, *Globalization and Culture*; 존 톰린슨, 김승현·정영희 옮김, 《세계화와 문화》, 나남출판, 2004 참조.

2 전홍석, 〈동서 '문화·문명'의 개념과 그 전개―현대 문명 담론의 개념적 이해를 중심으로〉, 《동양철학연구》 제63집, 동양철학연구회, 2010, 423쪽.

3 Samuel P. Huntington, *The Clash of Civilizations and The Remaking of*

World Order, 사무엘 헌팅턴, 이희재 옮김, 《문명의 충돌》, 김영사, 1998, 49쪽.

4 정수일, 《문명 담론과 문명교류》, 살림, 2009, 44쪽.

5 박이문, 《자연, 인간, 언어》, 철학과현실사, 1998, 13쪽.

6 박이문, 《나비의 꿈이 세계를 만든다 — 동서 세계관의 대화》, 웅진 문학에디션 뿔, 2007, 311쪽.

7 프랑스의 구체제에서 신분은 당시 프랑스 총인구의 3~4퍼센트에 불과했던 성직자 부류의 제1신분, 귀족과 왕족 부류의 제2신분, 그리고 인구의 절대 다수를 차지하는 '제3신분'으로 구분된다. 프랑스 대혁명이 '시민'으로 규정한 사회 세력은 제3신분을 지칭하는데 여기에는 근대 사회의 새로운 지배 계급인 부르주아를 중심으로 이제까지 시민의 지위와 권리를 부여받지 못했던 노동자, 농민, 수공업자가 포함되었다. 그러나 실제로 제3신분은 자본가와 상인 등 부르주아 계급을 뜻하는 경우가 많았다. 그 이유는 부르주아가 당시에 구체제의 지배 세력과 투쟁하고 새로운 사회 질서를 수립하는 역사적 과정을 주도했기 때문이다.

8 최갑수, 〈추천사 — 블로트의 유럽 중심주의 비판: '연구자 운동'의 전형〉, 제임스 M. 블로트, 박광식 옮김, 《역사학의 함정 유럽 중심주의를 비판한다》, 푸른숲, 2008, 14쪽.

9 David Harvey, *A Brief History of Neoliberalism*; 데이비드 하비, 최병두 옮김, 《신자유주의 간략한 역사》, 한울, 2009, 5쪽.

10 데이비드 하비, 《신자유주의 간략한 역사》, 221~227쪽 참조.

11 Noam Chomsky, *Profit Over People: Neoliberalism & Global Order*; 노암 촘스키, 강주헌 옮김, 《그들에게 국민은 없다》, 모색, 2007, 140쪽.

12 서구중심주의는 기본적으로 목적론에 의존한다. 근대 서구에 출현한 자본주의와 자유주의(민주주의)의 연원을 기독교의 일정한 속성과 결부시킴으로써 서구중심주의는 기독교를 서구문명의 우월성을 보증하는 궁극적·본원적 근거로 삼고자 했다. 서구중심주의에서 자유주의의 문명화 사명은 기독교의 복음화 사명과 함께 이루어진 것이다.

13 제임스 M. 블로트, 《역사학의 함정 유럽중심주의를 비판한다》, 17쪽.

14 사실 전사前史로서 중세 전체에 걸쳐 '유럽'이라는 관념은 최초로 기독교 세계라는 관념을 통해 지역적 일체감을 획득하면서 형성되었다. 동·서 로마 제국의 분열 그리고 뒤이은 서로마 제국의 멸망과 함께 서로마 제국 지역을 지칭하는 유럽, 서양, 기독교 세계는 사실상 동의어가 되었다. 특히 유럽의 정체성은 이슬람 세력에 대항하는 과정에서 방어적으로 형성되었다. 단일의 문명, 공동체로서의 서양, 유럽의 관념은 732년에 카를 마르텔Karl Martell이 투르Tours 전투에서 이슬람 세력에 대해 승리를 거둠으로써 형성되기 시작했다. 당시 마르텔의 프랑크 군대를 '유럽인들Europeans'이라고 불렀다고 한다. 강정인, 《서구중심주의를 넘어서》, 아카넷, 2004, 97쪽 참조.

15 나인호, 〈문명과 문화개념으로 본 유럽인의 자기의식(1750~1918/19)〉, 《역사문제연구》 제10호, 역사문제연구소, 2003, 23쪽.

16 박이문, 《자연, 인간, 언어》, 철학과현실사, 1998, 13쪽.

17 Samir Amin, Eurocentrism; 사미르 아민, 김용규 옮김, 《유럽중심주의》, 세종출판사, 2000, 91쪽.

18 강정인, 《서구중심주의를 넘어서》, 94쪽.

19 우리나라의 경우 'Globalization'이라는 단어는 아직 통일되지 않아 학자에 따라 '세계화', '글로벌화', '지구화'로 번역된다. 흥미로운 것은 이 단어를 남한에서는 '세계화'로, 북한에서는 '일체화'로 각기 번역해 사용한다는 사실이다. 남한은 '동시성'의 원칙에 따라 긍정적인 의미에서 세계화로, 북한은 '비동시성'을 원칙으로 삼아 부정적 의미에서 '일체화'로 번역하고 있다. 남한이 세계체제 속에서 미국이나 일본과 함께 자유세계의 일원으로서 그것을 긍정적으로 해석하여 세계화로 받아들인 데 반해서 북한은 미국을 중심으로 한 강한 압력에 밀려 전 세계가 하나로 되는 과정의 뜻으로 일체화라는 용어를 사용한다. 송두율, 《민족은 사라지지 않는다》, 한겨레신문사, 2000, 81~82쪽; 이재성, 《열림과 소통의 문화생태학》, 계명대학교출판부, 2008, 223~224쪽 각각 참조.

20 Sylvain Allemand·Jean-Claude Ruano-Borbalan, Idées Reçues: La

Mondialisation; 실뱅 알르망·장 클로드 뤼아노 보르발랑, 김태훈 옮김, 《세계화》, 웅진지식하우스, 2007, 24쪽.

[21] John Tomlinson, *Globalization and Culture*, 존 톰린슨, 김승현·정영희 옮김, 《세계화와 문화》, 나남출판, 2004, 56~57쪽 참조.

[22] Anthony Giddens, *The Consequences of Modernity*(Cambridge: Polity Press, 1990), p. 63.

[23] Anthony Giddens, *The Consequences of Modernity*, pp. 55~78.

[24] John Tomlinson, *Globalization and Culture*, 존 톰린슨, 《세계화와 문화》 참조.

[25] 강정인은 이에 대해 다음과 같이 설명한다. "종교개혁을 거치면서 기독교는 더 이상 유럽에 구심적인 정체성으로 작용하지 않게 되었고 르네상스와 계몽주의는 유럽의 세속화를 부채질했다. 그 결과 비유럽 세계에 대한 유럽인의 정체성은 '기독교 대 이슬람교'라는 축에서 새로운 양극성인 '문명 대 자연'이라는 축을 따라 조형되기 시작했다. 유럽은 문명과 진보를 상징하는 반면, 신세계를 포함한 비유럽 세계는 문명화되지 못한 자연의 야만성을 의미했다. 이제 유럽은 기독교 세계라는 방어적 정체성보다는 문명 세계라는 공격적 정체성을 형성하기 시작했다." 강정인, 《서구중심주의를 넘어서》, 98쪽.

[26] 최갑수, 〈유럽중심주의의 극복과 대안적 역사상의 모색〉, 《역사비평》 52(가을), 2000, 105쪽.

[27] Francis Fukuyama, *The End of History and the Last Man*; 프랜시스 후쿠야마, 이상훈 옮김, 《역사의 종말》, 한마음사, 2007, 10쪽.

[28] Samuel P. Huntington, *The Clash of Civilizations and The Remaking of World Order*, 사무엘 헌팅턴, 〈서문〉, 《문명의 충돌》.

[29] 杜維明, 《對話與創新》; 뚜웨이밍, 김태성 옮김, 《문명들의 대화》, 휴머니스트, 2006, 93쪽.

[30] 뚜웨이밍, 《문명들의 대화》, 74~75쪽 참조.

[31] John Tomlinson, *Globalization and Culture*, 존 톰린슨, 《세계화와 문화》,

69쪽.

32 Samuel P. Huntington, *The Clash of Civilizations and The Remaking of World Order*, 사무엘 헌팅턴, 《문명의 충돌》, 66쪽.

33 사무엘 헌팅턴, 《문명의 충돌》, 70쪽.

34 이용일, 〈유럽중심주의와 근대화—미국적 세계지배비전으로 근대화이론의 형성과 독일사적 전유〉, 《유럽중심주의 비판과 주변의 재인식》, 미다스북스, 2010, 75쪽.

35 John Tomlinson, *Globalization and Culture* ; 존 톰린슨, 《세계화와 문화》, 53쪽.

36 전홍석, 〈동서 '문화 · 문명'의 개념과 그 전개—현대 문명 담론의 개념적 이해를 중심으로〉, 407쪽.

37 이용일, 〈유럽중심주의와 근대화—미국적 세계지배비전으로 근대화이론의 형성과 독일사적 전유〉, 74~75쪽.

38 강정인, 《서구중심주의를 넘어서》, 128~129쪽.

39 강정인, 《서구중심주의를 넘어서》, 47~48, 84쪽 참조.

40 포괄적이고 규범적인 의미의 근대적 문화와 문명 개념은 그 자체가 유럽 근대의 산물이다. 이 개념들은 대략 18세기 중엽 이후부터 19세기 초엽에 걸쳐 탄생했다. 반면 두 개념에 담긴 가치중립적이고 인류학적 의미는 본질적으로 20세기의 산물이다. 나인호, 〈문명과 문화개념으로 본 유럽인의 자기의식 (1750~1918/19)〉, 《역사문제연구》 제10호, 2003, 17~18쪽 참조.

41 전홍석, 〈현대 문명 담론의 이해와 전망 2—현대 문명강권주의 비판담론: 반서구중심주의를 중심으로〉, 《동서철학연구》 제58호, 2010, 513쪽.

42 강정인, 《서구중심주의를 넘어서》, 53쪽. 강정인의 분석에 따르면 서구에는 두 가지 의미가 있다. 하나는 좁은 의미에서 근대 유럽 문명의 탄생에 결정적 역할을 한 네덜란드, 영국, 프랑스 등을 핵심으로 포함하는 '서구Western Europe'라는 지리적 개념이었다. 다른 하나는 오늘날 서구Western 문명에서 지시되는 서구로서 단순히 지리적 의미를 넘어 근대 유럽 문명이 일반적으로

보급되고 이식된 지역, 곧 미국, 캐나다 등을 지칭하는 정치적·문화적 의미를 갖는다. 강정인, 《서구중심주의를 넘어서》, 128쪽 참조.

43 Clive Hamilton, *Growth Fetish*; 클라이브 해밀턴, 김홍식 옮김, 《성장숭배: 우리는 왜 경제성장의 노예가 되었는가》, 바오출판사, 2011, 159쪽.

44 Samir Amin, *Eurocentrism*; 사미르 아민, 김용규 옮김, 《유럽중심주의》, 세종출판사, 2000, 93쪽.

45 사미르 아민, 《유럽중심주의》, 100쪽 참조. 아민은 여기서 자본주의를 프로테스탄티즘의 산물로 보았던 베버와 정반대의 의견을 제안한다. 이를테면 태동하던 자본주의적 생산 관계에 의해 변형된 사회는 공납제 이데올로기의 구성물인 중세 스콜라주의의 구성물을 문제 삼지 않을 수 없었다. 따라서 사상 분야의 변형을 초래하고 종교적 믿음을 재조정하게 하면서 르네상스와 근대철학의 개념들의 출현 조건을 창출한 것은 사회 변화였지 그 반대가 아니었다는 것이다. 아민은 이 새로운 지배 이데올로기가 형성되는 데는 16세기에서 19세기까지 상업주의에서 완전히 발달된 이데올로기의 이행기가 필요했다고 주장한다.

46 신진욱, 《시민》, 책세상, 2009, 111쪽. 자유주의 전통에서 시민사회는 정치적·도덕적으로 자유롭고 독립적인 개인들의 사회를 의미하거나 시장경제 안에서 사적 이익을 추구하는 시장 행위자들의 집합체를 뜻했다.

47 David Harvey, *A Brief History of Neoliberalism*; 데이비드 하비, 최병두 옮김, 《신자유주의 간략한 역사》, 한울, 2009, 21쪽.

48 나인호, 〈문명과 문화개념으로 본 유럽인의 자기의식(1750~1918/19)〉, 《역사문제연구》 제10호, 2003, 24쪽.

49 이매뉴얼 월러스틴, 이경덕 옮김, 〈유럽중심주의와 그 화신들, 사회과학의 딜레마들〉, 《창작과비평》, 1997년 봄, 401쪽.

50 O'Callaghan, Marion. "Continuities in Imagination", Jan Nederveen Pieterse and Bikhu Parekh, Eds., *The Decolonization of Imagination: Culture, Knowledge, and Power*(London and Atlantic Highlands: Zed Books, 1995), p. 41.

[51] Taylor, Peter J. "Izations of the world: Americanization, Modernization and Globalization", Colin Hay and David Marsh, eds., *Demystifying Globalization*(Polis, UK,: University of Birmingham, 2000), pp. 49~50. 서구 문명에서 핵심국의 전이 과정은 테일러의 해석에 의하면 최초 '중상주의적 근대성mercantilist modernity'을 성취한 네덜란드, 이어서 '산업적 근대성 industrial modernity'을 이룩한 영국, 그리고 최종적으로는 '소비자 근대성 consumer modernity'을 달성한 미국으로 변천해왔다. Taylor, Peter J. "Izations of the world: Americanization, Modernization and Globalization", p. 52. 한편 해밀턴 역시 테일러와 동일한 관점에서 오늘날을 소비자 근대성, 즉 소비자본주의consumer capitalism 시대로 보고 과거 산업자본주의 시대와의 차이를 다음과 같이 지적한다. 소비자본주의 시대에는 무엇보다도 이윤을 추구하는 기업의 행위에서 비용절감보다는 제품 차별화, 마케팅, 브랜드 투사 등의 활동이 결정적으로 중요해져서 자본주의가 시스템을 재생산하는 방식 또한 질적으로 변화되었다. 마케팅 우위를 노리는 경쟁이 거세지면서 각종 문화 형태가 시장의 식민지로 점령당했고, 소비의 의미도 크게 변하여 개인은 이제 물질적 필요를 충족하기 위해 제품의 효용을 소비하는 게 아니라 마케팅이 만들어내는 상징적 의미를 소비하는 존재로 변한 것이다. 이렇게 볼 때 산업자본주의 시대에 자본은 노동을 착취했지만 소비자본주의 시대에는 자본이 노동을 착취할 뿐만 아니라 광범위하게 뿌려놓은 상징을 매개로 개인의 자의식을 지배하여 인간의 문화 공간을 시장의 식민지로 전락시킨다. 결국 그로 인해 예전에는 권력과 억압 그리고 저항이 생산의 영역에서 전개되었다면 오늘날에는 그 무대가 소비의 영역으로, 나아가 한층 광범위한 정치적 사회 공간으로 옮겨간다. Clive Hamilton, *Growth Fetish*; 클라이브 해밀턴, 김홍식 옮김, 《성장숭배: 우리는 왜 경제성장의 노예가 되었는가》, 바오출판사, 2011 참조.

[52] 이용일, 〈유럽중심주의와 근대화—미국적 세계지배비전으로 근대화이론의 형성과 독일사적 전유〉, 《유럽중심주의 비판과 주변의 재인식》, 미다스북스, 2010, 78쪽.

53 이용일, 〈유럽중심주의와 근대화—미국적 세계지배비전으로 근대화이론의 형성과 독일사적 전유〉, 101쪽.

54 강정인, 《서구중심주의를 넘어서》, 109쪽.

55 길희성, 〈종교다원주의: 역사적 배경, 이론, 실천〉, 한국철학회 엮음, 《다원주의, 축복인가 재앙인가》, 철학과현실사, 2003, 212쪽 참조.

56 강내희, 《신자유주의와 문화—노동사회에서 문화사회로》, 문화과학사, 2000, 19~47쪽 참조. 신자유주의는 역사적으로 아담 스미스Adam Smith 등이 주창한 고전학파 경제학 이론에 근원을 두고 있지만 좀 더 직접적으로는 1970년 이후 미국 경제를 주도했던 시카고학파 이론에 근거한 경제 이념이다. 그리고 고전학파와 시카고학파의 대척점에 케인즈학파가 있다. 이들은 수십 년에 걸쳐 동일한 미국의 경제 현상에 대해 상반되는 분석과 정책 처방을 제시해 오고 있다. 정부의 경기조절정책과 관련하여 케인즈학파는 정부의 적극적인 시장 개입을 주장하는 반면에 시카고학파는 정부의 시장 개입을 최소화해야 한다고 주장한다.

57 John Tomlinson, *Globalization and Culture*, 존 톰린슨, 《세계화와 문화》, 98~99쪽 참조.

58 J. Gray, *Endgames: Questions in late Modern Political Thought*(Cambridge: Polity Press, 1997), p. 158.

59 J. Gray, *Endgames: Questions in late Modern Political Thought*, p. 161.

60 杜維明, 《對話與創新》; 뚜웨이밍, 《문명들의 대화》, 95~96쪽 참조.

61 뚜웨이밍, 《문명들의 대화》, 99쪽.

62 Taylor, Peter J. "Izations of the world: Americanization, Modernization and Globalization", Colin Hay and David Marsh, eds., *Demystifying Globalization*(Polis, UK.: University of Birmingham, 2000), p. 67. 테일러는 미국의 세기인 20세기 미국 패권의 변동 주기를 미국의 부상기(1900~1945), 미국 패권의 전성기(1945~1970), 미국 패권의 쇠퇴기(1970년 이후)로 나누어 정리한다. 테일러는 여기서 패권의 요소 중 물리적 강제력보다는 지

적·도덕적 리더십과 동의의 요소를 중시하는 입장에서 미국 패권의 쇠퇴를 논한 것으로 근대화와 달리 세계화에 내재된 위협의 요소를 강조한 것으로 보인다. 강정인, 《서구중심주의를 넘어서》, 107~108, 115쪽 참조.

63 강정인, 《서구중심주의를 넘어서》, 112쪽.

64 Henry A. Giroux, *Against the Terror of Neoliberalism: Politics Beyond the Age of Greed*; 헨리 지루, 변종헌 옮김, 《신자유주의의 테러리즘》, 인간사랑, 2009, 18쪽.

65 전홍석, 〈현대 문명 담론의 이해와 전망 1—서구 패권적 문명 패러다임 비판과 그 대안모색〉, 《동서철학연구》 제57호, 2010, 176쪽 참조.

66 Samuel P. Huntington, *The Clash of Civilizations and The Remaking of World Order*(사무엘 헌팅턴, 《문명의 충돌》, 67쪽); Oswald Spengler, *Der Untergang des Abendlandes: Umrisse einer Morphologie der Weltgeschichte*(오스발트 A. G. 슈펭글러, 양해림 옮김, 《서구의 몰락》, 책세상, 2008, 52쪽 원문 참조).

67 전홍석, 〈동서 '문화·문명'의 개념과 그 전개—현대 문명 담론의 개념적 이해를 중심으로〉, 407~408쪽 참조.

68 杜維明, 《對話與創新》; 뚜웨이밍, 《문명들의 대화》, 317쪽.

69 이기상, 《콘텐츠와 문화철학: 문화의 발전단계와 콘텐츠》, 북코리아, 2009, 77쪽.

70 Edward W. Said, *Representations of the Intellectual: The 1993 Reith Lectures*; 에드워드 W. 사이드, 전신욱·서봉섭 옮김, 《권력과 지성인》, 도서출판 창, 2006, 61쪽.

71 Jean-Paul Sartre, *Plaidoyer pour les Intellectuels*; 장 폴 사르트르, 박정태 옮김, 《지식인을 위한 변명》, 이학사, 2009, 53쪽.

5장 현대 문명의 생태학적 전환
1 정수일, 《문명 담론과 문명교류》, 살림, 2009, 41쪽.

2 Bruno Latour, *Nous n'avons jamais été modernes*, 브뤼노 라투르, 홍철기 옮김, 《우리는 결코 근대인이었던 적이 없다》, 갈무리, 2009, 37쪽.

3 브뤼노 라투르, 《우리는 결코 근대인이었던 적이 없다》, 36쪽.

4 브뤼노 라투르, 《우리는 결코 근대인이었던 적이 없다》, 35~40쪽 참조.

5 李明洙·趙寬衍, 〈중화주의적 인식 경계, 로컬리티와 타자 : 도통론적 대상 인식에 대한 실학적 전환을 중심으로〉, 《동양철학연구》 제62집, 2010, 173쪽.

6 Bruno Latour, *Nous n'avons jamais été modernes*, 브뤼노 라투르, 《우리는 결코 근대인이었던 적이 없다》, 247쪽. 라투르는 근대성의 두 번의 대분할을 극복하기 위한 개념으로 대칭성symmetry을 제시한다. 자연은 사실의 영역으로 연구하고 사회는 가치의 영역으로 다룬다거나, 문명은 과학적 합리성과 문화 모두를 통해 이해하고 야만은 그들만의 특수한 문화를 통해서만 이해해야 한다는 등의 비대칭성asymmetry이 그것이다. 라투르는 자연과 사회, 문명과 야만, 인간과 비인간 모두에 대한 대칭적 설명의 틀을 마련해야 한다고 주장한다.

7 유재건, 〈근대 서구의 타자인식과 서구중심주의〉, 《역사와 경계》 46, 2003, 44쪽.

8 전홍석, 〈현대 문명 담론의 이해와 전망 2 — 현대 문명강권주의 비판 담론: 반서구중심주의를 중심으로〉, 《동서철학연구》 제58호, 2010, 533~534쪽.

9 김준호 외, 《현대생태학》, 교문사, 2009, 2쪽.

10 유태용, 《문화란 무엇인가》, 학연문화사, 2002, 167쪽 재인용.

11 문순홍, 《생태학의 담론》, 아르케, 2006, 47~48쪽 참조.

12 David Harvey, *A Brief History of Neoliberalism*, 데이비드 하비, 최병두 옮김, 《신자유주의 간략한 역사》, 한울, 2009, 186~220쪽 참조.

13 정수일, 《문명 담론과 문명교류》, 살림, 2009, 40쪽.

14 Theodor W. Adorno·Max Horkheimer, *Dialektik der Aufklärung: Philosophische Fragmente*, Th. W. 아도르노·M. 호르크하이머, 김유동 옮김, 《계몽의 변증법》, 문학과지성사, 2008, 21쪽.

15 이진우, 《포스트모더니즘의 철학적 이해》, 서광사, 1993, 15쪽.

16 이재성, 《열림과 소통의 문화생태학》, 계명대학교출판부, 2008, 130쪽.

17 이진우, 《포스트모더니즘의 철학적 이해》, 서광사, 1993, 16쪽.

18 Jeremy Rifkin, *The Empathic Civilization: The Race to Global Consciousness in a World in Crisis*; 제러미 리프킨, 이경남 옮김, 《공감의 시대》, 민음사, 2010, 736쪽 참조.

19 이진우, 《포스트모더니즘의 철학적 이해》, 서광사, 1993, 16쪽 참조.

20 Samir Amin, *Eurocentrism*; 사미르 아민, 《유럽중심주의》, 94쪽.

21 이재성, 《열림과 소통의 문화생태학》, 121쪽.

22 이재성, 《열림과 소통의 문화생태학》, 122쪽.

23 이재성, 《열림과 소통의 문화생태학》, 122쪽.

24 John Gray, *Straw Dogs: Thoughts on Humans and Other Animals*; 존 그레이, 김승진 옮김, 《하찮은 인간, 호모 라피엔스》, 도서출판 이후, 2011, 11, 53쪽 참조.

25 존 그레이, 《하찮은 인간, 호모 라피엔스》, 8쪽.

26 Clive Hamilton, *Growth Fetish*; 클라이브 해밀턴, 김홍식 옮김, 《성장숭배: 우리는 왜 경제성장의 노예가 되었는가》, 바오출판사, 2011, 281~282쪽.

27 John Tomlinson, *Globalization and Culture*; 존 톰린슨, 김승현·정영희 옮김, 《세계화와 문화》, 나남출판, 2004, 96쪽 재인용.

28 杜維明, 《對話與創新》; 뚜웨이밍, 김태성 옮김, 《문명들의 대화》, 휴머니스트, 2006, 52쪽 참조.

29 사실 '근대화'란 18세기에 시작해 19세기에 체계화된 근대 개념들, 진화론, 발전단계론 등의 사회과학적 이론들을 기초해 전통 사회에서 근대 사회로의 전환과 변화들을 개념화·이론화했던 서구의 오랜 지적 전통들뿐만 아니라, 20세기 중반의 미국적 근대화 이론과 '성찰적 근대화'니 '제2의 근대화'로 대표되는 최근의 새로운 연구 경향들을 모두 포함하는 광의적 의미다. 그러나 통상 근대화라고 할 때에는 앞선 서구 근대의 지적 전통들을 계승한 1950~60년대 미국 사회과학계의 근대화 기획을 일컫는다. 이용일, 〈유럽중심주의와

근대화―미국적 세계지배비전으로 근대화이론의 형성과 독일사적 전유〉, 《유럽중심주의 비판과 주변의 재인식》, 미다스북스, 2010, 78쪽 참조.

[30] 박홍규, 《박홍규의 에드워드 사이드 읽기》, 우물이 있는 집, 2003, 224쪽 참조.

[31] John Tomlinson, *Globalization and Culture*, 존 톰린슨, 《세계화와 문화》, 97쪽 참조.

[32] Samir Amin, *Eurocentrism*, 사미르 아민, 《유럽중심주의》, 5쪽.

[33] David Harvey, *A Brief History of Neoliberalism*, 데이비드 하비, 최병두 옮김, 《신자유주의 간략한 역사》, 한울, 2009, 242쪽.

[34] 杜維明, 《對話與創新》; 뚜웨이밍, 《문명들의 대화》, 94쪽.

[35] John M. Hobson, *The Eastern Origins of Western Civilisation*, 존 M. 홉슨, 정경옥 옮김, 《서구 문명은 동양에서 시작되었다》, 에코리브르, 2005, 19쪽.

[36] John Tomlinson, *Globalization and Culture*, 존 톰린슨, 《세계화와 문화》, 92쪽.

[37] 杜維明, 《對話與創新》; 뚜웨이밍, 《문명들의 대화》, 103쪽.

[38] 장은주, 〈문화다원주의와 보편주의〉, 한국철학회 엮음, 《다원주의, 축복인가 재앙인가》, 철학과현실사, 2003, 75쪽.

[39] 장은주, 〈문화다원주의와 보편주의〉, 75쪽 참조.

[40] 杜維明, 《對話與創新》; 뚜웨이밍, 《문명들의 대화》, 103쪽.

[41] 이재성, 《열림과 소통의 문화생태학》, 계명대학교출판부, 2008, 214쪽.

[42] 杜維明, 《對話與創新》; 뚜웨이밍, 《문명들의 대화》, 103쪽.

[43] 뚜웨이밍, 《문명들의 대화》, 110쪽.

[44] Samuel P. Huntington, *The Clash of Civilizations and The Remaking of World Order*, 헌팅턴, 《문명의 충돌》, 83쪽.

[45] 헌팅턴, 《문명의 충돌》, 69쪽.

[46] 김명섭, 〈탈냉전기 국제정치학의 문명 패러다임〉, 《한국정치학회보》 제37집 3호, 2003, 437쪽.

[47] 이한구, 〈문명의 공존과 그 조건〉, 《인문과학》 31, 2001, 37쪽.

48 Samuel P. Huntington, *The Clash of Civilizations and The Remaking of World Order*, 헌팅턴, 《문명의 충돌》, 46쪽.

49 헌팅턴, 《문명의 충돌》, 83쪽.

50 정수일, 《문명 담론과 문명교류》, 살림, 2009, 74쪽.

51 정수일, 《문명 담론과 문명교류》, 73쪽.

52 김명섭, 〈탈냉전기 국제정치학의 문명 패러다임〉, 《한국정치학회보》 제37집 3호, 2003, 437쪽.

53 길희성, 〈종교다원주의: 역사적 배경, 이론, 실천〉, 한국철학회 엮음, 《다원주의, 축복인가 재앙인가》, 철학과현실사, 2003, 215쪽 참조.

54 김의수, 〈문화 다원주의와 21세기 인류의 철학적 지향〉, 《시대와 철학》 18, 1999, 164쪽 참조.

55 이한구, 〈문명의 공존과 그 조건〉, 《인문과학》 31, 2001, 41쪽 참조.

56 김의수, 〈문화 다원주의와 21세기 인류의 철학적 지향〉, 《시대와 철학》 18, 1999, 163쪽. 김의수는 여기서 다문화주의Multiculturalism를 "다수의 민족이 국가의 성원을 구성하고 있는 사회의 문제이거나 또는 지구화를 전제로 민족 국가나 국민 국가의 경계를 허물고 모든 인류가 혼합해서 살아가는 사회를 상정할 때 예상되는 현상이다"라고 함으로써 문화다원주의Cultural Pluralism와 구별한다.

57 강정인, 〈문명충돌론〉, 《사상》 제15권 제1호, 2003, 225쪽.

58 Edward W. Said, *Orientalism*, 에드워드 사이드, 《오리엔탈리즘》, 11쪽.

59 Noam Chomsky, *Profit Over People: Neoliberalism & Global Order*, 노암 촘스키, 강주헌 옮김, 《그들에게 국민은 없다》, 모색, 2007, 144쪽.

60 강정인, 〈문명충돌론〉, 《사상》 제15권 제1호, 2003, 227~228쪽.

61 양준희, 〈비판적 시각에서 본 헌팅턴의 문명충돌론〉, 《국제정치논총》 제42집 1호, 2002, 38쪽.

62 정수일, 《문명 담론과 문명교류》, 살림, 2009, 73쪽.

63 John Tomlinson, *Globalization and Culture*, 존 톰린슨, 《세계화와 문화》, 105쪽 재인용.

[64] 강정인, 〈문명충돌론〉, 《사상》 제15권 제1호, 2003, 226쪽 참조.

[65] 杜維明, 《對話與創新》; 뚜웨이밍, 《문명들의 대화》, 89쪽.

[66] John Tomlinson, *Globalization and Culture*, 존 톰린슨, 《세계화와 문화》, 12쪽.

[67] 존 톰린슨, 《세계화와 문화》, 98쪽.

[68] 존 톰린슨, 《세계화와 문화》, 40쪽.

[69] 존 톰린슨, 《세계화와 문화》, 97쪽.

[70] 문순홍, 《생태학의 담론》, 아르케, 2006, 33~35쪽 참조.

[71] 지배 담론의 형성 규칙을 언제나 그 자신의 타자를 구성하는 배제의 메커니즘으로 이해하는 푸코식 유형의 디스쿠르스Diskurs가 담론이라는 용어로 거의 정착된 반면, 아펠Karl-Otto Apel이나 하버마스J. Habermas는 디스쿠르스를 내부로부터의 비판에 면역되어 있지 않으며 항시 자기 변형의 잠재력을 지니고 있는 것으로 이해하고 있으므로 담론에 대조하여 '논의' 라는 번역어를 사용하기도 한다. Jürgen Habermas, *Strukturwandel der Öffentlichkeit: Untersuchungen zu einer Kategorie der bürgerlichen Gesellschaft*; 위르겐 하버마스, 한승완 옮김, 《공론장의 구조변동: 부르주아 사회의 한 범주에 관한 연구》, 나남출판, 2001, 24쪽 참조.

[72] Julian H. Steward, *Theory of Culture Change: the methodology of multilinear evolution*; 줄리안 스튜어드, 조승연 옮김, 《문화변동론—문화생태학과 다선진화 방법론》, 민속원, 2007, 46~47쪽 참조.

[73] 유태용, 《문화란 무엇인가》, 학연문화사, 2002, 168쪽.

[74] Julian H. Steward, *Theory of Culture Change: the methodology of multilinear evolution*; 줄리안 스튜어드, 《문화변동론—문화생태학과 다선진화 방법론》, 62쪽.

[75] 박이문, 《자연, 인간, 언어》, 철학과현실사, 1998, 30~31쪽.

[76] 박이문, 《문명의 미래와 생태학적 세계관》, 당대, 2000, 98쪽.

[77] 이진우, 《포스트모더니즘의 철학적 이해》, 서광사, 1993, 20쪽.

78 이재성, 《열림과 소통의 문화생태학》, 계명대학교출판부, 2008, 5쪽.

79 문순홍, 《생태학의 담론》, 아르케, 2006, 52~53쪽 참조.

80 Ernest Callenbach, *Ecology: A Pocket Guide*, 어니스트 칼렌바크, 노태복 옮김, 박병상 감수, 《생태학 개념어 사전》, 에코리브르, 2009, 6쪽 참조. 한편 생태계ecosystem란 1935년 영국의 생태학자 탠슬리Tansley가 개념을 어느 정도 정립하면서 ecology와 system의 조합어로 탄생한 어휘다. 어떤 지역에서 생활하고 있는 모든 종류의 생물과 그들 생활에 관여하고 있는 비생물학적인 요소에 의해 구성되는 체계를 의미한다. 유태용, 《문화란 무엇인가》, 학연문화사, 2002, 170쪽 참조.

81 Jeremy Rifkin, *The Empathic Civilization: The Race to Global Consciousness in a World in Crisis*, 제러미 리프킨, 이경남 옮김, 《공감의 시대》, 민음사, 2010, 736~737쪽 참조.

82 제러미 리프킨, 《공감의 시대》, 741쪽.

83 John Tomlinson, *Globalization and Culture*, 존 톰린슨, 《세계화와 문화》, 103쪽.

84 존 톰린슨, 《세계화와 문화》, 13쪽.

85 존 톰린슨, 《세계화와 문화》, 97쪽 재인용.

86 존 톰린슨, 《세계화와 문화》, 102쪽.

87 존 톰린슨, 《세계화와 문화》, 같은 쪽.

88 Edward W. Said, *Representations of the Intellectual: The 1993 Reith Lectures*, 에드워드 W. 사이드, 전신욱·서봉섭 옮김, 《권력과 지성인》, 도서출판 창, 2006, 18쪽.

89 이 '생태학적 근대성'과 관련하여 생태학이 포스트모더니즘의 많은 전제들을 깨뜨리고 새로운 방식으로 근대성의 토대를 구축하고 있다고 주장하는 조지 마이어슨George Myerson의 견해가 주목된다. 그에 따르면 "생태학은 근대 세계에 관한 새로운 이야기를 전개한다. 이 이야기는 과학과 기술, 그리고 진보에 대한 우리의 인식을 바꿔 놓고 있다. 그러나 이러한 새로운 통찰, ……

생태학적 계몽은 철저하게 근대적이다. 생태학을 포스트모더니즘적이라고 정의하는 것은 생태학과 근대적 시각 사이의 난해한 관계 곧 우리 사회의 미래를 점진적으로 형성하게 될 관계를 건너뛰는 것이다". George Myerson, *Ecology and the End of Postmodernism*; 조지 마이어슨, 김완구 옮김, 《생태학과 포스트모더니티의 종말》, 이제이북스, 2003, 9쪽.

90 Samir Amin, *Eurocentrism*; 사미르 아민, 김용규 옮김, 《유럽중심주의》, 세종출판사, 2000, 93쪽.

91 박이문, 《문명의 미래와 생태학적 세계관》, 당대, 2000, 102쪽 참조.

92 A. C. Graham, *Yin-Yang and the Nature of Correlative Thinking*; A. C. 그레이엄, 이창일 옮김, 〈중국·유럽 근대과학의 기원〉, 《음양과 상관적 사유》, 청계, 2001, 169~170쪽 참조.

93 Samir Amin, *Eurocentrism*; 사미르 아민, 《유럽중심주의》, 95쪽.

94 박이문, 《문명의 미래와 생태학적 세계관》, 154쪽.

95 Clive Hamilton, *Growth Fetish*; 클라이브 해밀턴, 김홍식 옮김, 《성장숭배: 우리는 왜 경제성장의 노예가 되었는가》, 바오출판사, 2011, 229쪽.

96 클라이브 해밀턴, 《성장숭배: 우리는 왜 경제성장의 노예가 되었는가》, 27쪽.

97 클라이브 해밀턴, 《성장숭배: 우리는 왜 경제성장의 노예가 되었는가》, 133쪽 참조.

98 클라이브 해밀턴, 《성장숭배: 우리는 왜 경제성장의 노예가 되었는가》, 29쪽.

99 클라이브 해밀턴, 《성장숭배: 우리는 왜 경제성장의 노예가 되었는가》, 26쪽.

100 클라이브 해밀턴, 《성장숭배: 우리는 왜 경제성장의 노예가 되었는가》, 100~108쪽 참조.

101 클라이브 해밀턴, 《성장숭배: 우리는 왜 경제성장의 노예가 되었는가》, 29쪽.

102 C. ダグラス ラミス·辻信一, 《エコとピ_スの交差点 ── ラミス先生のわくわく平和學》; C. 더글러스 러미스·쓰지 신이치, 김경인 옮김, 《에콜로지와 평화의 교차점: 더글러스 러미스의 평화론》, 녹색평론사, 2010, 5~10쪽 참조.

103 C. 더글러스 러미스·쓰지 신이치, 《에콜로지와 평화의 교차점: 더글러스 러

미스의 평화론〉, 110~138쪽 참조. 그 외에 C. ダグラス ラミス, 《經濟成長が なければ私たちは豊かになれないのだろうか》; C. 더글러스 러미스, 김종철·최성현 옮김, 《경제성장이 안되면 우리는 풍요롭지 못할 것인가》, 녹색평론사, 2011 참고.

[104] 이재성, 《열림과 소통의 문화생태학》, 계명대학교출판부, 2008, 4쪽.

[105] Jeremy Rifkin, *The Empathic Civilization: The Race to Global Consciousness in a World in Crisis*; 제러미 리프킨, 이경남 옮김, 《공감의 시대》, 민음사, 2010, 760쪽.

[106] 문순홍, 《생태학의 담론》, 59~60쪽 참조.

[107] 박이문, 《문명의 위기와 문화의 전환: 생태학적 세계관을 위하여》, 민음사, 1996, 27~30쪽 참조.

[108] John Tomlinson, *Globalization and Culture*; 존 톰린슨, 《세계화와 문화》, 103쪽.

[109] 杜維明, 《對話與創新》; 뚜웨이밍, 《문명들의 대화》, 115쪽.

[110] 뚜웨이밍, 《문명들의 대화》, 102쪽.

[111] 이상하, 〈다원주의에 대한 메타 철학적 방어〉, 한국철학회 엮음, 《다원주의, 축복인가 재앙인가》, 철학과현실사, 2003, 114쪽.

[112] 이상하, 〈다원주의에 대한 메타 철학적 방어〉, 114쪽.

[113] 장은주, 〈문화다원주의와 보편주의〉, 한국철학회 엮음, 《다원주의, 축복인가 재앙인가》, 77~79쪽 참조.

[114] 여기서 세방화glocalization란 세계통합주의globalism와 지역중심주의 localism가 결합해 탄생한 새로운 개념의 용어로서 양자의 한계를 극복하고 새로운 세계질서를 세우기 위한 대안으로 2001년부터 등장하기 시작했다. 즉 세계통합주의·지역중심주의, 동질화·이질화 등의 이분법적 대립에 머무르지 않고 양쪽의 장점을 서로 인정하고 받아들이면서 새로운 질서 체계로 나아가자는 것이다. 이 용어는 현재 특정 분야에 한정하지 않고 정치, 경제, 사회, 문화 등 각 방면에 걸쳐 널리 쓰이면서 빠른 속도로 사회 전 분야로 확산되고 있다.

115 김명옥, 〈문화의 생태학—엘리엇의 문화론을 중심으로〉, 《영미연구》 제8집, 한국외국어대학교 북미연구소, 2002 참조.

116 정수일, 《문명 담론과 문명교류》, 살림, 2009, 75쪽.

117 John Tomlinson, *Globalization and Culture*, 존 톰린슨, 《세계화와 문화》, 276쪽 참조.

제2부 문명강권주의 비판

6장 현대 문명강권주의 비판 담론

1 John M. Hobson, *The Eastern Origins of Western Civilisation*, 존 M. 홉슨, 정경옥 옮김, 《서구 문명은 동양에서 시작되었다》, 에코리브르, 2005, 31~32쪽.

2 이것은 사이드가 그의 저서 《오리엔탈리즘》에서 제사題辭로 삼아 마르크스의 반동양주의를 비판한 유명한 말이다. 박홍규는 마르크스의 이론이 서양우월주의—동양열등주의에 근거한 것이라면 사회주의가 그러한 뿌리에서 나온 것이라면 적어도 그것이 중국과 북한에서 그리고 기타 동양권에서 어떤 의미가 있는 것인지 재검토되어야 마땅하다고 지적하면서 마르크스주의의 서구중심 사상은 우리 시대에 해결해야 할 하나의 근본적인 문제임을 강변하고 있다. Edward W. Said, *Orientalism*, 에드워드 사이드, 박홍규 옮김, 《오리엔탈리즘》, 교보문고, 1998, 6~7쪽 주1 참조.

3 정진농, 《오리엔탈리즘의 역사》, 살림, 2004, 11쪽.

4 Wolfgang Schmale, *Geschichte Europas*, 볼프강 슈말레, 박용희 옮김, 《유럽의 재발견: 신화와 정체성으로 보는 유럽의 역사》, 을유문화사, 2008, 15쪽.

5 E. L. Jones, *The European Miracle: Environments, Economies and Geopolitics in the History of Europe and Asia*, E. L. 존스, 유재천 옮김, 《유럽문명의 신화》, 나남출판, 1993 참조.

6 John M. Hobson, *The Eastern Origins of Western Civilisation*, 존 M. 홉슨,

《서구 문명은 동양에서 시작되었다》, 26쪽.

7 John Tomlinson, *Globalization and Culture*; 존 톰린슨, 김승현·정영희 옮김, 《세계화와 문화》, 나남출판, 2004, 109쪽.

8 '문화제국주의'는 문화의 세계화에 대한 초기 이론들 중 하나로서 1960년대 출현하여 문화 영역의 세계화에 대한 초기의 비판적 수용의 측면을 보여준다. '문화제국주의'란 유럽에 대한 미국의 지배, 비서구에 대한 서구의 지배, 주변에 대한 중심부의 지배, 빠르게 사라지는 전통 세계에 대한 근대 세계의 지배, 세계 대다수의 사물과 사람에 대한 자본주의의 지배 등에 관한 수많은 구체적 담론들로 구성된다. 특히 문화 제국주의에 대한 새로운 비판 영역을 제시했다는 점에서 존 톰린슨의 《문화제국주의*Cultural Imperialism: A Critical Introduction*》(1991)라는 저서가 두드러진다. 이 책은 문화제국주의에 대한 종전의 논의 수준을 훨씬 뛰어넘어 좀 더 사변적이고 철학적이며 논리적인 틀로 국가 간 문화 교류의 문제를 탐구했다는 평가를 받고 있다. John Tomlinson, *Cultural Imperialism: A Critical Introduction*; 존 톰린슨, 강대인 옮김, 《문화제국주의》, 나남출판, 1994 참조

9 강정인, 《서구중심주의를 넘어서》, 아카넷, 2004, 49쪽. 또한 강정인은 문화제국주의를 피억압자의 입장에서 규정하는 '의식의 식민화' 개념을 제시한다. 의식의 식민화란 지배 세력이 자신의 세계관, 자신의 문화적 규범과 가치를 식민화된 인민들에게 부과함으로써 그들로 하여금 외래적인 사유 체계를 자신의 것으로 받아들이고 그 결과 토착적인 문화의 정체성을 스스로 무시하거나 경멸하게 만드는 것을 말한다. 그런데 서구중심주의는 문화제국주의나 의식의 식민화에 결여된 독특한 '역사주의적 요소'를 내포하고 있다는 점에서 이 양자와 구별된다.

10 박이문, 《문명의 미래와 생태학적 세계관》, 당대, 2000, 98쪽.

11 Edward W. Said, *Culture and Imperialism*; 에드워드 사이드, 김성곤·정정호 옮김, 《문화와 제국주의》, 도서출판 창, 1995, 11쪽 참조.

12 박종성, 《탈식민주의에 대한 성찰: 푸코, 파농, 사이드, 바바, 스피박》, 살림,

2006, 53쪽 참조.

13 정수일, 《문명 담론과 문명교류》, 살림, 2009, 74쪽.

14 Edward W. Said, *Orientalism*; 에드워드 사이드, 박홍규 옮김, 《오리엔탈리
즘》, 교보문고, 1998, 22쪽.

15 이런 측면에서 박홍규의 다음 말이 의미심장하게 다가온다. "사이드는 서양
화된 동양사상, 동양종교, 동양철학 등을 오리엔탈리즘의 일부로 간주하고 있
다. 이 점은 한국의 경우에도 재검토되어야 한다. 소위 동양학이란 무엇인가?
그것이야말로 가장 타파되어야 할 식민지학문이 아닌가? 오늘의 유행학문인
동양학은 동양의 탈을 쓴 서양이 아닌가?" 에드워드 사이드, 《오리엔탈리즘》,
17쪽, 주17 참조.

16 푸코는 기본적으로 문명보다는 광기에 정상보다는 비정상에 더 관심을 가진
학자다. 그는 무엇보다 서구의 근대적 주체가 어떻게 구성되었는가를 밝히고
자 했다. 이를 위해 초기에는 지식에 대한 고고학적 분석을 정상적인 자기가
어떤 지식의 배치를 통해 마련되는지를 비판적으로 분석했다. 중기에는 니체
의 권력, 힘 개념을 재해석하면서 권력에 대한 계보학적 분석으로 근대 사회
에 작용하는 미시 권력의 다양한 장치와 테크놀로지를 추적했다. 권력에 관한
사고를 근본적으로 전환시킨 이런 분석은 근대 사회의 일상생활을 비롯한 다
양한 국면에서 근대 주체를 만드는 힘들의 그물망을 제시함으로써 기존의 진
리와 이성에 바탕을 둔 계몽주의 전략을 재검토하도록 이끈다. 양운덕, 《미셸
푸코》, 살림, 2009, 참조.

17 Michel Foucault, *L'Ordre Du Discours*; 미셸 푸코, 이정우 옮김, 《담론의 질
서》, 서강대학교출판부, 2005, 56~63쪽 참조.

18 박종성, 《탈식민주의에 대한 성찰: 푸코, 파농, 사이드, 바바, 스피박》, 51쪽.

19 Edward W. Said, *Orientalism*; 에드워드 사이드, 《오리엔탈리즘》, 16쪽.

20 Edward Said, *The World, the Text, and the Critic*(Cambridge, Massachusetts:
Harvard University Press, 1983), p. 11; 강상중, 이경덕·임성모 옮김, 《오리엔
탈리즘을 넘어서》, 이산, 2000, 14쪽 각각 참조.

21 Edward W. Said, *Culture and Imperialism*; 에드워드 사이드, 《문화와 제국주의》, 41쪽.

22 에드워드 사이드, 《문화와 제국주의》, 42쪽.

23 J. J. Clarke, *Oriental Enlightenment: The encounter between Asian and Western thought*; J. J. 클라크, 장세룡 옮김, 《동양은 어떻게 서양을 계몽했는가》, 우물이 있는 집, 2004, 47쪽 참조.

24 J. J. 클라크, 《동양은 어떻게 서양을 계몽했는가》, 331쪽.

25 정진농, 《오리엔탈리즘의 역사》, 살림, 2004, 36쪽.

26 그러나 사실 동양의 옥시덴탈리즘과 서양의 오리엔탈리즘 사이에는 복잡한 함수 관계를 갖는다. 샤오메이 천에 따르면 "제국주의적으로 부과된 서양의 이론과 실천을 지속적으로 수정하고 조종한 결과로 중국적 동양은 서로 간에 상호 작용하고 침투하는 서양에 의해 구성된 중국과 중국에 의해 구성된 서양이라는 두 구성 요소의 독특한 조합으로 대변되는 새로운 담론을 창조해냈다. 이처럼 외적으로는 단일화된 옥시덴탈리즘의 담론 행위는 오리엔탈리즘의 담론 행위와 역설적인 관계 속에서 존재하며 실제로 후자와 많은 이데올로기적 기술이나 전략들을 공유한다". Xiaomei Chen, *Occidentalism: A Theory of Counter-Discourse in Post-Mao China*; 샤오메이 천, 정진배 · 김정아 옮김, 《옥시덴탈리즘》, 강, 2001, 12쪽.

27 이옥순, 《우리 안의 오리엔탈리즘》, 푸른역사, 2009, 26~27쪽.

28 이옥순, 《우리 안의 오리엔탈리즘》, 29쪽.

29 이옥순, 《우리 안의 오리엔탈리즘》, 35~36쪽.

30 박홍규, 《박홍규의 에드워드 사이드 읽기》, 우물이 있는 집, 2003, 239~240쪽 참조.

31 박홍규, 《박홍규의 에드워드 사이드 읽기》, 240~241쪽 참조.

32 강정인, 《서구중심주의를 넘어서》, 94쪽 참조.

33 강정인, 《서구중심주의를 넘어서》, 47~48쪽 참조.

34 Andre Gunder Frank, *ReORIENT: Global Economy in the Asian Age*; 안드

레 군더 프랑크, 이희재 옮김, 《리오리엔트》, 이산, 2003, 59쪽 참조.

35 안드레 군더 프랑크, 《리오리엔트》, 106쪽.

36 안드레 군더 프랑크, 《리오리엔트》, 592쪽 참조.

37 강정인, 《서구중심주의를 넘어서》, 제11장·제12장 각각 참조.

38 John M. Hobson, *The Eastern Origins of Western Civilisation*; 존 M. 홉슨, 정경옥 옮김, 《서구 문명은 동양에서 시작되었다》, 에코리브르, 2005, 20~21쪽.

39 David Levering Lewis, *God's Crucible: Islam and the Making of Europe, 570~1215*; 데이비드 리버링 루이스, 이종인 옮김, 《신의 용광로: 유럽을 만든 이슬람 문명, 570~1215》, 책과함께, 2010, 266쪽 참조.

40 데이비드 리버링 루이스, 《신의 용광로: 유럽을 만든 이슬람 문명, 570~1215》, 267~268쪽 참조.

41 Richard E. Rubenstein, *Aristotle's Children: How Christians, Muslims, and Jews Rediscovered Ancient Wisdom and Illuminated the Middle Ages*; 리처드 루빈스타인, 유원기 옮김, 《아리스토텔레스의 아이들》, 민음사, 2004, 17~18쪽.

42 리처드 루빈스타인, 《아리스토텔레스의 아이들》, 29쪽.

43 David Levering Lewis, *God's Crucible: Islam and the Making of Europe, 570~1215*; 데이비드 리버링 루이스, 《신의 용광로: 유럽을 만든 이슬람 문명, 570~1215》, 15쪽 참조.

44 데이비드 리버링 루이스, 《신의 용광로: 유럽을 만든 이슬람 문명, 570~1215》, 578쪽.

45 朱謙之, 《中國思想對於歐洲文化之影響》; 주겸지, 전홍석 옮김, 《중국이 만든 유럽의 근대: 근대 유럽의 중국문화 열풍》, 청계, 2010, 223~224쪽.

46 김응종, 〈서구 중심주의 역사학에 대한 비판과 반비판―페르낭 브로델을 중심으로〉, 《프랑스사 연구》 제16호, 2007, 226쪽.

47 이 이론들 중 종합적인 성격을 띠는 '근대화'라는 말은 아직 개념 규정이나 내용 면에서 일치된 견해는 없다. 그것은 최근에 개혁이나 발전의 의미에서부터 세계화, 서구화, 공업화, 민주화, 합리화, 도시화, 문명화 등 다의적으로 사용

되고 있다. 그러나 종래의 근대화에 관한 개념 규정을 종합해보면 크게 봉건 사회에서 자본주의 사회로 이행하는 근대화 개념과 보편적 차원의 근대화 개념으로 정리할 수 있다. 전자가 근대화를 주로 경제사적 관점에서 보는 견해로서 근대화를 곧 서구화로 인식하는 경우인 반면, 후자는 근대화를 단순히 서구화로 보지 않고 세계의 지역적 차원을 넘어서 세계 모든 사회적 변동의 보편적인 지향 목표이자 규범적 가치인 '보편적 사회과정'으로 보는 입장이다.

48 정수일, 《문명 담론과 문명교류》, 살림, 2009, 75쪽.

49 박이문, 《문명의 위기와 문화의 전환: 생태학적 세계관을 위하여》, 민음사, 1996, 44쪽 참조.

50 박이문, 《문명의 미래와 생태학적 세계관》, 당대, 2000, 73~74쪽 참조.

51 박이문, 《문명의 미래와 생태학적 세계관》 155쪽.

52 박이문, 《문명의 미래와 생태학적 세계관》 101쪽.

53 박이문, 《문명의 미래와 생태학적 세계관》 99쪽.

54 박이문, 《문명의 미래와 생태학적 세계관》 154쪽.

55 Jeremy Rifkin, *The Empathic Civilization: The Race to Global Consciousness in a World in Crisis*; 제러미 리프킨, 이경남 옮김, 《공감의 시대》, 민음사, 2010, 760쪽.

56 제러미 리프킨, 《공감의 시대》, 675쪽.

57 杜維明, 《對話與創新》; 뚜웨이밍, 김태성 옮김, 《문명들의 대화》, 휴머니스트, 2006, 110쪽.

58 뚜웨이밍, 《문명들의 대화》, 108쪽.

59 뚜웨이밍, 《문명들의 대화》, 111쪽 참조.

60 뚜웨이밍, 《문명들의 대화》, 105쪽.

61 뚜웨이밍, 《문명들의 대화》, 106쪽.

62 뚜웨이밍, 《문명들의 대화》, 36쪽.

63 뚜웨이밍, 《문명들의 대화》, 36쪽.

64 뚜웨이밍, 《문명들의 대화》, 33쪽 참조. 뚜웨이밍은 다원성을 인정하고 상대

주의의 함정에 빠지지 않는 문명 대화의 기초적 인성을 황금법칙, 즉 한스 큉 Hans Küng이 제시한 유가의 두 기본 원칙을 원용해 설명한다. 첫째는 서도 恕道로서 "자신이 원하지 않는 바를 남에게 강요하지 말라[己所不欲勿施於人]" 는 부정문 형식의 표현이고, 둘째는 인도仁道로서 "자신이 세상에 도를 세우고 싶으면 먼저 남으로 하여금 세상에 도를 세우게 하고, 자신의 도가 세상에 행해지기를 원하면 먼저 남의 도가 세상에 행해지게 하라[己欲立而立人, 己欲達而達人]"라는 긍정문 형식의 표현이다(뚜웨이밍, 《문명들의 대화》, 35~36쪽, 116쪽 각각 참조). 또한 뚜웨이밍은 정보화시대에 지혜를 획득하는 세 가지 중요한 방법을 첫째는 경청의 예술, 둘째는 얼굴을 마주하는 교류, 그리고 셋째는 과거의 뛰어난 인물들이 축적해놓은 지혜를 중시하는 것이라고 요약했다(뚜웨이밍, 《문명들의 대화》, 136~138쪽 참조).

65 뚜웨이밍, 《문명들의 대화》, 139쪽.

66 뚜웨이밍, 《문명들의 대화》, 193~194쪽.

67 정수일, 《문명 담론과 문명교류》, 41~42쪽, 63~64쪽 각각 참조.

68 정수일, 《문명 담론과 문명교류》, 75쪽.

69 정수일, 《문명 담론과 문명교류》, 75쪽.

70 '패치워크'는 원래 헝겊 조각들patches을 모아 꿰매고 이어 붙여 만든 완제품의 옷이나 보자기, 우산, 텐트, 이불 등 섬유제품을 말한다. 오늘날은 문화 분야에 전의되어 기존의 여러 글이나 영화 따위를 편집하여 완성품을 만드는 일이나 그 작품을 가리키는 데 쓰이기도 한다. 여기서 황태연이 말하는 패치워크란 원적原籍을 잃고 화학적 변화를 수반하는 '융합물'도 아니고 다른 하나의 흔적을 소멸시키는 '정복' 개념과도 거리가 멀다. 패치워크는 원적의 흔적 즉 정체성을 간직한 채 조립되고 짜깁기된 것을 말한다.

71 황태연, 《공자와 세계 1(제1권 공자의 지식철학(상)): 패치워크문명 시대의 공맹 정치철학》, 청계출판사, 2011, 33쪽. 황태연은 현대 문명 담론과 관련하여 오늘날의 흐름과 전망은 헌팅턴이 낡은 갈등모델의 관점에서 예견한 문명의 충돌이나 세계금융위기를 초래한 미국 월가가 공황 직전까지 강도 높게 추진

하던 세계화, 즉 새로운 세계사적 필연성으로 위장된 미국 중심의 서구화론이 둘 다 빈말임을 입증하고 있다고 피력한다. 황태연, 《공자와 세계 1(제1권 공자의 지식철학(상)): 패치워크문명 시대의 공맹 정치철학》, 49쪽 참조.

72 황태연, 《공자와 세계 1(제1권 공자의 지식철학(상)): 패치워크문명 시대의 공맹 정치철학》, 36쪽.

73 황태연, 《공자와 세계 1(제1권 공자의 지식철학(상)): 패치워크문명 시대의 공맹 정치철학》, 45~46쪽.

74 황태연, 《공자와 세계 1(제1권 공자의 지식철학(상)): 패치워크문명 시대의 공맹 정치철학》, 61쪽.

75 황태연, 《공자와 세계 1(제1권 공자의 지식철학(상)): 패치워크문명 시대의 공맹 정치철학》, 60쪽.

76 황태연, 《공자와 세계 1(제1권 공자의 지식철학(상)): 패치워크문명 시대의 공맹 정치철학》, 61쪽.

77 '중화'란 원래 중국과 화하華夏의 합성어다. 여기서 '중국'은 중심의 나라를, '화하'는 거대하고 찬란한 문명의 땅을 각각 의미한다. 이렇게 볼 때 중화주의는 서구중심주의와 마찬가지로 '지역과 문명의 중심'이라는 강력한 인식 경계를 표출한다. 그런데 중화주의의 밑바탕에는 '화이華夷사상'이 자리한다. 이 화이사상은 중화를 중심으로 하여 사이四夷와의 관계를 계층적 질서로 규정하려는 한족 중심의 세계질서관으로서 본래 지리적·종종적인 면과 문화적인 면이 복합된 개념이었다. 그러나 점차적인 역사의 변천에 따라 지리적·종족적 개념보다는 문화적·윤리적 개념이라는 인식이 더욱 강화되어 나타났다. 아울러 그것은 개방적·세계주의적 지향을 내포하고 있으면서도 한편으로는 강력한 정치·군사·문화적 한족민족주의임과 동시에 제국주의적 성향을 내포하기도 한다. 전홍석, 《조선후기 북학파의 대중관 이해》, 한국학술정보, 2006, 23~26쪽 참조.

78 John M. Hobson, *The Eastern Origins of Western Civilisation*; 존 M. 홉슨, 《서구 문명은 동양에서 시작되었다》, 29~31쪽 참조.

[79] Samir Amin, *Eurocentrism*, 사미르 아민, 《유럽중심주의》, 103쪽.

[80] Samuel P. Huntington, *The Clash of Civilizations and The Remaking of World Order*, 사무엘 헌팅턴, 《문명의 충돌》, 66쪽.

[81] 김응종, 〈서구 중심주의 역사학에 대한 비판과 반비판—페르낭 브로델을 중심으로〉, 228쪽.

[82] 김명섭, 〈탈냉전기 국제정치학의 문명 패러다임〉, 《한국정치학회보》 제37집 3호, 2003, 446쪽.

[83] Edward W. Said, *Orientalism*, 에드워드 사이드, 《오리엔탈리즘》, 57~58쪽 참조.

[84] 문순홍, 《생태학의 담론》, 아르케, 2006, 54~55쪽.

[85] 문순홍은 절멸주의의 역사적 표현태는 인간조건→가부장제→유럽 중심적 우주론→자본주의적 역동성→자본·기술·군사 메가머신Megamachine인 산업체로 이루어져 있다고 했다. 문순홍, 《생태학의 담론》, 아르케, 2006, 60쪽 참조.

[86] Zygmunt Bauman, *Intimations of Postmodernity*(London: Routledge, 1992), p. 183.

[87] John M. Hobson, *The Eastern Origins of Western Civilisation*, 존 M. 홉슨, 《서구 문명은 동양에서 시작되었다》, 19쪽 재인용.

[88] Xiaomei Chen, *Occidentalism: A Theory of Counter-Discourse in Post-Mao China*, 샤오메이 천, 《옥시덴탈리즘》, 237쪽.

7장 주첸즈 문화철학의 현대 문명 담론적 현재성

[1] 이한구, 〈문명의 공존과 그 조건〉, 《인문과학》 31, 2001, 33쪽.

[2] 1996년에 단행본으로 출판된 그의 저서 《문명의 충돌》—원제목은 《문명의 충돌과 세계 질서의 재편성*The Clash of Civilizations and The Remaking of World Order*》이다—은 《포린 어페어스*Foreign Affairs*》지 1993년 여름호에 실린 논문을 발전시킨 것이다.

3 김명섭, 〈탈냉전기 국제정치학의 문명 패러다임〉, 《한국정치학회보》 제37집 3
호, 2003, 437쪽.

4 김의수, 〈문화 다원주의와 21세기 인류의 철학적 지향〉, 《시대와 철학》 18,
1999, 160쪽.

5 1989년 여름, 후쿠야마는 "역사는 끝났는가?"라는 글로 세계적인 관심을 모았
다. 그 후 《역사의 종언과 최후의 인간The End of History and the Last Man》
이라는 저작으로 자신의 이론을 발전시켰다. 후쿠야마는 1989년 이후 인류에
게 펼쳐진 일련의 현상들을 단순한 냉전의 종식이거나 전후 역사의 특수한 시
기가 끝났다는 의미가 아닌, 바로 헤겔Hegel식 절대 정신(자유주의국가)으로
서 역사의 종언—헤겔은 1806년 나폴레옹이 프러시아 군주와의 예나전투에
서 승리한 기점을 역사의 종언이라고 보았다—이라고 단정한다. 현시점은
인류의 이데올로기적 진화 단계에서 종착역이며 인류가 꿈꿀 수 있는 마지막
정부 형태가 바로 '서구 자유민주주의'라는 것이다. 그는 민주주의와 시장경
제가 공산주의와 계획경제를 물리치고 인류의 보편적인 정치·경제 체제가 됨
으로써 이데올로기 대립의 역사는 끝났다고 보았다. Francis Fukuyama, The
End of History and the Last Man; 프랜시스 후쿠야마, 이상훈 옮김, 《역사의
종말》, 한마음사, 2007 참조.

6 Samuel P. Huntington, The Clash of Civilizations and The Remaking of
World Order; 사무엘 헌팅턴, 이희재 옮김, 《문명의 충돌》, 김영사, 1997, 46쪽.

7 김명섭, 〈탈냉전기 국제정치학의 문명 패러다임〉, 437쪽.

8 Samuel P. Huntington, The Clash of Civilizations and The Remaking of
World Order; 사무엘 헌팅턴, 《문명의 충돌》, 69쪽.

9 이한구, 〈문명의 공존과 그 조건〉, 37쪽.

10 김명섭, 〈탈냉전기 국제정치학의 문명 패러다임〉, 37쪽.

11 김의수, 〈문화 다원주의와 21세기 인류의 철학적 지향〉, 《시대와 철학》 18,
1999, 164쪽 참조.

12 이한구, 〈문명의 공존과 그 조건〉, 41쪽 참조.

[13] 김의수, 〈문화 다원주의와 21세기 인류의 철학적 지향〉, 163쪽.

[14] 강정인, 〈문명충돌론〉, 《사상》 제15권 제1호, 2003, 234쪽.

[15] 강정인, 〈문명충돌론〉, 225쪽 참조.

[16] Edward W. Said, *The Crisis of Orientalism*; 에드워드 사이드, 성일권 편역, 《도전받는 오리엔탈리즘》, 김영사, 2001, 2장·4장 참조. 또한 반反헌팅턴 구상으로서 《문명의 공존》을 집필한 뮐러Harald Müller는 헌팅턴의 문명충돌론을 냉전 이후 적(공산주의)을 잃어버린 서구 사회가 새로운 적을 통해 정체성을 확보하려는 욕구에서 나온 냉전 이론의 변형, 새로운 황화론, 백인우월주의에 불과하다고 비판했다. Harald Müller, *Das Zusammenleben der Kulturen: Ein Gegenentwurf zu Huntington*; 하랄트 뮐러, 이영희 옮김, 《문명의 공존》, 푸른숲, 2002 참조.

[17] 강정인, 〈문명충돌론〉, 226~228쪽; 양준희, 〈비판적 시각에서 본 헌팅턴의 문명충돌론〉, 《국제정치논총》 제42집 1호, 2002, 38쪽 각각 참조.

[18] 《朱謙之文集》, 第1卷, 〈政治幻想的三部曲〉, 福建教育出版社, 2002, 186쪽.

[19] 朱謙之, 《文化哲學》; 주겸지, 전홍석 옮김, 《문화철학》, 한국학술정보, 2007, 45쪽.

[20] 주겸지, 《문화철학》, 34쪽.

[21] 주겸지, 《문화철학》, 359쪽.

[22] 주겸지, 《문화철학》, 45쪽.

[23] 남방문화운동은 주쳰즈의 문화철학 이론 즉 중국 문화의 지리적 분포인 남북 문제(종교-황하 유역; 철학-양자강 유역; 과학-주강 유역)와 접맥된다. 중국이 문화의 이상향인 예술 문화로 나아가기 위해서는 물질적 기초가 필요하므로 과학 문화의 현 단계를 철저하게 실행해야 한다. 결국 주쳰즈의 민족 문화 부흥이란 중국 철학 문화의 과학화로 귀결된다. 그런데 중국에서 과학 문화는 오직 남방에만 분포하기 때문에 중국의 유일한 희망은 남방이며 남방 문화의 창조가 절실하다는 것이다.

[24] 《朱謙之文集》, 第6卷, 〈文化社會學·後序〉, 福建教育出版社, 2002, 565쪽, 참조.

25 Chris Jenks, *Culture*; 크리스 젠크스, 김윤용 옮김, 《문화란 무엇인가》, 현대미학사, 1996, 23쪽.

26 馮波, 《中西哲學文化比較研究》, 北京廣播學院出版社, 2003, 4쪽.

27 정수일, 《고대문명교류사》, 사계절출판사, 2002, 23쪽.

28 朱謙之, 《文化哲學》; 주겸지, 《문화철학》, 51쪽.

29 주겸지, 《문화철학》, 55쪽.

30 《朱謙之文集》, 第7卷, 〈比較文化論集·序〉, 福建教育出版社, 2002, 254쪽.

31 주겸지, 《문화철학》, 55쪽.

32 주겸지, 《문화철학》, 56쪽.

33 Norbert Elias, *Über den Prozeß der Zivilisation* I; 노르베르트 엘리아스, 박미애 옮김, 《문명화과정 I》, 한길사, 2007, 106쪽.

34 주겸지, 《문화철학》, 56쪽.

35 Hartmut Böhme · Peter Matussek · Lothar Müller, *Orientierung Kulturwissenschaft*; 하르트무트 뵈메 · 페터 마투섹 · 로타 뮐러, 손동현 · 이상엽 옮김, 《문화학이란 무엇인가》, 성균관대학교출판부, 2005, 84쪽 참조.

36 하르트무트 뵈메 · 페터 마투섹 · 로타 뮐러, 《문화학이란 무엇인가》, 84~85쪽 참조.

37 《梁漱溟全集》, 第1卷, 〈東西文化及其哲學〉, 山東人民出版社, 1989, 352쪽.

38 최홍식, 《梁漱溟의 文化哲學에 관한 研究》, 성균관대학교 대학원 박사학위논문, 2002, 68쪽.

39 조세현, 《동아시아 아나키즘, 그 반역의 역사》, 책세상, 2001, 71쪽.

40 주겸지, 《문화철학》, 63쪽.

41 주겸지, 《문화철학》, 67쪽.

42 주겸지, 《문화철학》, 71~72쪽.

43 주겸지, 《문화철학》, 72쪽.

44 주겸지, 《문화철학》, 66쪽.

45 주겸지, 《문화철학》, 365쪽.

46 주겸지, 《문화철학》, 365쪽.

47 주겸지, 《문화철학》, 73~74쪽.

48 주겸지, 《문화철학》, 75쪽.

49 주겸지, 《문화철학》, 76쪽 참조.

50 주겸지, 《문화철학》, 76쪽.

51 주겸지, 《문화철학》, 78쪽.

52 주겸지, 《문화철학》, 77쪽 참조.

53 주겸지, 《문화철학》, 79~80쪽 참조.

54 주겸지, 《문화철학》, 80~81쪽 참조.

55 주겸지, 《문화철학》, 53쪽.

56 주겸지, 《문화철학》, 87쪽.

57 주겸지, 《문화철학》, 93쪽.

58 주겸지, 《문화철학》, 93쪽.

59 주겸지, 《문화철학》, 262쪽.

60 주겸지, 《문화철학》, 263쪽.

61 주겸지, 《문화철학》, 265쪽.

62 주겸지, 《문화철학》, 265쪽.

63 熊呂茂, 《梁漱溟的文化思想與中國現代化》, 湖南教育出版社, 2000, 121쪽.

64 《梁漱溟全集》, 第1卷, 〈東西文化及其哲學〉, 山東人民出版社, 1989, 391쪽.

65 주첸즈는 자신의 세계 문화 3원론에 대한 세간의 비판을 염두하여 슈펭글러가 분류한 9개 문명권을 바탕으로 다음과 같이 합리적인 논리를 제시하고 있다. "슈펭글러는 그의 저작 《서구의 몰락》 제2권에서 9개의 고등 문화를 거론한 적이 있다. 즉 ① 이집트 문화, ② 바빌론 문화, ③ 인도 문화, ④ 중국 문화, ⑤ 그리스·로마 문화, ⑥ 아라비아 문화, ⑦ 멕시코 문화, ⑧ 서구 문화(혹은 파우스트 문화), ⑨ 러시아 문화가 여기에 해당된다. 하지만 사실대로 말하자면 이집트 문화, 바빌론 문화(메소포타미아 문화), 그리스·로마 문화는 똑같이 서구 문화의 원천이 된다. 러시아 문화는 서구 문화의 파생이고, 멕시코

문화는 말할 필요도 없이 아라비아의 종교 문화여서 또한 거의 같은 위도에 위치한 인도의 문화 속에 포괄시켜 말할 수 있을 법하다. 그러므로 결국에 가서는 인도, 중국, 서구만이 오직 세계 문화의 세 근본이 되는 셈이다. 뿐더러 구세계 중 인구가 많은 세 지표로 말하더라도 중국, 인도, 그리고 서구만이 존재할 따름이다." 주겸지, 《문화철학》, 265~266쪽.

66 주겸지, 《문화철학》, 272~273쪽 참조. 또한 주첸즈는 미래 세계인 예술형을 '감상적 지식'·'표현적 지식'으로 표현하고 있다.

67 주겸지, 《문화철학》, 47쪽.

68 최홍식, 《梁漱溟의 文化哲學에 관한 硏究》, 180쪽.

69 권용옥, 〈양수명의 文化三路向說에 대한 연구〉, 《중국학연구》 제23집, 2002, 8쪽 참조.

70 熊呂茂, 《梁漱溟的文化思想與中國現代化》, 湖南敎育出版社, 2000, 273쪽.

71 주첸즈는 24단위로 나누고 있다. 즉 (1) 인도드라비다 문화, (2) 인도아리안 문화, (3) 이집트 문화, (4) 바빌로니아수메르 문화, (5) 바빌로니아셈족 문화, (6) 히타이트 문화, (7) 헤브루 문화, (8) 페니키아 문화, (9) 중국 문화, (10) 일본 문화, (11) 인도지나 문화, (12) 흉족匈族 문화, (13) 크레타 문화, (14) 그리스 문화, (15) 에트루리아 문화, (16) 로마 문화, (17) 페르시아 문화, (18) 아라비아 문화, (19) 멕시코 문화, (20) 마야 문화, (21) 잉카 문화, (22) 게르만 문화, (23) 슬라브 문화, (24) 유럽 문화가 그것이다. 《朱謙之文集》第7卷, 〈比較文化論集·世界史上之文化區域〉, 福建敎育出版社, 2002, 256~280쪽 참조.

72 《朱謙之文集》第7卷, 〈比較文化論集·序〉, 254~255쪽; 《朱謙之文集》第7卷, 〈比較文化論集·中國文化之本質, 體系及其發展〉, 344~345쪽 각각 참조.

73 권용옥, 〈양수명 동서문화관의 현대적 의의〉, 《중국학연구》 제21집, 2001, 6쪽 참조.

74 최홍식, 《梁漱溟의 文化哲學에 관한 硏究》, 178~180쪽 참조.

75 주겸지, 《문화철학》, 350쪽.

76 Oswald Spengler, *Der Untergang des Abendlandes: Umrisse einer*

Morphologie der Weltgeschichte, O. 슈펭글러, 박광순 옮김, 《서구의 몰락 1》, 범우사, 1995, 65쪽.

[77] O. 슈펭글러, 《서구의 몰락 1》, 66쪽.

[78] 주겸지, 《문화철학》, 345쪽.

[79] O. 슈펭글러, 《서구의 몰락 1》, 67쪽.

[80] 주겸지, 《문화철학》, 345쪽.

[81] 주겸지, 《문화철학》, 345쪽.

[82] 주겸지, 《문화철학》, 352쪽.

[83] 량수밍은 당시 중국 문화 위기의 원인을 '중국문화 조기과열설'로 설명함으로써 주첸즈와 견해를 달리하고 있다. 말하자면 량수밍은 서방 문화를 인류 사회 발전의 제1단계적 문화라고 부르고, 중국 문화를 인류 사회 발전의 제2단계적 문화라고 부른다. 동시에 또한 량수밍은 인류 사회의 발전 단계는 초월할 수 없다고 보았다. 즉 인류 사회의 발전은 제1단계를 충분히 발전시킨 후에 비로소 제2단계로 진입하는 것이 정상적인 발전 추세라는 것이다. 이러한 견지에서 볼 때 중국 문화의 실패의 원인은 제1단계를 거치지 않고 제2단계로 진입했기 때문이다. 이를 기초로 그는 이른바 중국문화 조기과열설을 제기한다. 즉 중국 문화의 병폐와 중국 사회가 직면한 일체의 문제는 모두 중국 문화가 조기에 과열되었기 때문에 일어난 문제라는 것이다. 권용옥, 〈양수명 동서문화관의 현대적 의의〉, 《중국학연구》 제21집, 2001, 7쪽 참조.

[84] 주겸지, 《문화철학》, 305쪽.

[85] 《朱謙之文集》, 第2卷, 〈謙之文存二集·戰後文化展望〉, 福建敎育出版社, 2002, 182쪽 참조.

[86] 주겸지, 《문화철학》, 350~351쪽.

[87] 주겸지, 《문화철학》, 352쪽.

[88] 박홍규, 《윌리엄 모리스 평전》, 개마고원, 2007, 참조.

[89] 사실 주첸즈의 예술 문화로서의 대동세계는 쑨원사상과 맥을 같이한다. 쑨원은 민생주의론에서 서구의 사회주의와 공산주의에 대하여 '대동'이라는 중국

의 민족적 유토피아사상과 동일시하여 중국적 사회주의사상을 견지했다. 그런데 주첸즈의 저작들 중 《大同共産主義》, 《國民革命與世界大同》, 《到大同的路》는 완전히 《禮運 · 大同》과 《周禮》의 탁고개제 방식에 의거하여 유교 유토피아의 정치와 사회 이상을 선양함으로써 쑨원을 대표로 하는 국민당 좌파에게 희망을 걸고 있다.

90 주겸지, 《문화철학》, 65쪽.

91 '억압 없는 문명'은 마르쿠제가 《에로스와 문명》에서 사용한 용어다. 마르쿠제는 문명의 억압에 대항하는 프로이트Freud의 성해방 이론을 정신적 문화와 물질적 문화의 매개에 바탕을 둔 유토피아적 혁명 이론으로 연결시키고 있다. 그는 근대 이후 진보의 수단으로 발전했던 기술의 파괴적인 영향으로 인해 비인간화된 세계, 그 속에서 탈진해 있는 '에로스'의 힘을 부활시킴으로써 억압 없는 문명을 이룩할 수 있다고 확신했다. 또한 이를 기반으로 해서 그는 프로이트와 마르크스Marx의 사상을 문화 혁명적인 방향으로 긴밀하게 결합시켰다. Herbert Marcuse, *Eros and Civilization: A Philosophical Inquiry into Freud*; 허버트 마르쿠제, 김인환 옮김, 《에로스와 문명》, 나남출판, 2004 참조.

92 Benedetto Croce, *The Aesthetic as the Science of Expression and of the Linguistic in General*; 베네데토 크로체, 이해완 옮김, 《크로체의 미학》, 예전사, 1994, 25~57쪽 참조.

93 주겸지, 《문화철학》, 271쪽.

94 주겸지, 《문화철학》, 271쪽 참조.

95 주겸지, 《문화철학》, 343쪽.

96 《朱謙之文集》, 第2卷, 〈謙之文存二集 · 戰後文化展望〉, 福建教育出版社, 2002, 182쪽.

97 주겸지, 《문화철학》, 305쪽.

98 주겸지, 《문화철학》, 305~306쪽.

99 주겸지, 《문화철학》, 352쪽.

100 주겸지, 《문화철학》, 344쪽.

101 주겸지, 《문화철학》, 344~345쪽.

102 양재혁, 《동양철학 서양철학과 어떻게 다른가》, 조합공동체 소나무, 1998, 22쪽.

103 허버트 마르쿠제, 《에로스와 문명》, 38쪽.

104 주겸지, 《문화철학》, 224~225쪽 참조.

105 주겸지, 《문화철학》, 298쪽.

106 주겸지, 《문화철학》, 298쪽.

107 주겸지, 《문화철학》, 307쪽.

108 최홍식, 《梁漱溟의 文化哲學에 관한 研究》, 180쪽.

109 이 이론의 단초는 엘리엇T. S. Eliot의 〈비평의 기능*The Function of Criticism*〉(1923)이라는 논문에서 찾을 수 있다. 자연과 인간이 상호 고유성을 인정하고 평등적 위치에서 상생의 의존적인 관계를 모색해야 한다는 생태주의 이론을 엘리엇은 문화 간의 상호 호혜적 의존 관계로 전환시키고자 했다. 즉 이 것은 문명권 간의 상부상조의 관계가 공존과 공영의 열쇠임을 역설한 것이다.

8장 중국 이학이 근대 프랑스 계몽주의에 미친 영향과 그 문화철학적 의미

1 강정인은 '서구중심주의' 개념을 분석하여 그 구성 명제를 다음 세 가지로 압축하고 있다. 첫째, 서구우월주의: 근대 서구 문명—지리적으로 서유럽을 중심으로 출현했지만 그 문화를 이식한 미국, 캐나다 등도 당연히 포함된다—은 인류 역사의 발전 단계 중 최고의 단계에 도달해 있다. 둘째, 서구보편주의·역사주의: 서구 문명의 역사 발전 경로는 서양뿐만 아니라 동양을 포함한 전 인류사에 보편적으로 타당하다. 셋째, 문명화·근대화·지구화: 역사 발전의 저급한 단계에 머물러 있는 비서구 사회는 문명화(식민지 제국주의 시대) 또는 근대화(탈식민지 시대)를 통해 오직 서구 문명을 모방·수용함으로써만 발전할 수 있다. 강정인, 《서구중심주의를 넘어서》, 아카넷, 2004, 47~48쪽.

2 정진농, 《오리엔탈리즘의 역사》, 살림, 2004, 11쪽.

3 John M. Hobson, *The Eastern Origins of Western Civilisation*; 존 M. 홉슨,

정경옥 옮김, 《서구 문명은 동양에서 시작되었다》, 에코리브르, 2005, 26쪽.

[4] 강정인, 《서구중심주의를 넘어서》, 94쪽 참조.

[5] Edward W. Said, *Orientalism*; 에드워드 사이드, 박홍규 옮김, 《오리엔탈리즘》, 교보문고, 1998, 16쪽.

[6] 정진농, 《오리엔탈리즘의 역사》, 살림, 2004, 36쪽.

[7] J. J. Clarke, *Oriental Enlightenment: The encounter between Asian and Western thought*; J. J. 클라크, 장세룡 옮김, 《동양은 어떻게 서양을 계몽했는가》, 우물이 있는 집, 2004, 47쪽 참조.

[8] Xiaomei Chen, *Occidentalism: A Theory of Counter-Discourse in Post-Mao China*; 샤오메이 천, 정진배·김정아 옮김, 《옥시덴탈리즘》, 강, 2001 참조.

[9] Andre Gunder Frank, *ReORIENT: Global Economy in the Asian Age*; 안드레 군더 프랑크, 이희재 옮김, 《리오리엔트》, 이산, 2003, 59쪽 참조. 프랑크는 유럽중심주의에 함몰된 세계의 시각을 궤도 수정해야 한다고 주장한다. 서양은 아시아를 중심으로 돌아가던 세계에서 반짝 부상했을 뿐이고 이제 세계는 다시 아시아 중심으로 복귀하고 있다는 것이다. 그는 1400년 이후에 시작된 서양의 발흥을 세계 경제와 인구 성장이라는 거시적인 틀 안에서 분석하고, 그것이 1800년을 전후하여 본격화된 동양의 쇠락과 어떻게 맞물려 있는지를 전체론적으로 규명한다. 유럽 국가들은 아메리카 식민지에서 들여온 은을 가지고, 결코 유럽만의 전유물은 아니었던 경쟁력 있는 기술과 제도를 바탕으로 세계 경제를 주도하고 있던 아시아 시장에 편승할 수 있었다. 동양이 세계 경제 사이클의 하강 국면에 접어들었을 때 서양 각국은 수입 대체 산업을 육성하면서 수출 진흥에 주력하여 신흥공업경제지역으로 발돋움했다고 프랑크는 주장한다.

[10] 안드레 군더 프랑크, 《리오리엔트》, 592쪽, 참조.

[11] 강정인, 《서구중심주의를 넘어서》, 제11장·제12장 각각 참조.

[12] J. J. 클라크, 《동양은 어떻게 서양을 계몽했는가》, 331쪽.

[13] 존 홉슨은 '동양적 서양'의 기원이 된 두 가지 과정을 다음과 같이 제시하고 있다. 첫째, 유럽의 주요한 발전적 양상은 대부분 동양에서 시작된 발명들(사

상, 기술, 제도)에 동화함으로써 형성되었다. 그것들은 500~1800년 사이에 유럽보다 발전한 동양이 주도한 세계화를 거쳐 확산되었다. 둘째, 1453년 이후로 유럽인은 동양의 많은 자원(땅, 노동력, 시장)을 도용함으로써 제국주의적 정체성을 띠기 시작했다. 그는 이 두 과정을 밝혀내어 지금까지 배제되어 왔던 동양인을 세계사의 주역으로 내세우고 있다. John M. Hobson, *The Eastern Origins of Western Civilisation*; 존 M. 홉슨, 《서구 문명은 동양에서 시작되었다》 참조.

14 朱謙之, 《中國思想對於歐洲文化之影響》; 주겸지, 전홍석 옮김, 《중국이 만든 유럽의 근대》, 청계출판사, 2010, 112쪽.

15 전례 논쟁은 기독교와 유교의 상이한 두 문화 간의 직접적인 충돌을 불러왔을 뿐더러 그 발생과 결과는 서학동전西學東傳과 중학서전中學西傳 모두에 중대한 작용을 했다. 이것은 표면상 중국의 습속과 성질에 관한 하나의 판정 문제였지만 실제로는 중국의 종교와 철학의 특징 즉 유가 성질에 대한 인식 문제 다름 아니었다. 논쟁의 초점은 '상제'와 '天' 자가 천지 만물을 움직이는 眞宰로 불리는 것이 합당한가의 여부, 그리고 제조祭祖와 제공祭孔의 의식이 이단적인 종교 의식인가의 여부 문제에 있었다. 그 불씨는 사실 마테오 리치의 당시 국가 의식 형태로서의 유학과의 결합, 즉 합유合儒·보유補儒 노선상에 이미 내장되어 있었다. 리치는 선교 전략 차원에서 중국 유가를 '선유先儒—진유眞儒'와 '후유後儒—속유俗儒'로 분리하여 선유인 원시 유가의 종교성은 긍정했지만 후유인 이학에 대해서는 비판적인 태도를 취했다. 즉 자연 종교와 자연 이성의 입장에서 중국 고대에는 인격신인 하나님이 존재했지만, 송·명 대로 넘어오면서 도교와 불교의 여독으로 중국 철학이 타락하여 유물론·무신론화되었다는 것이다. 이와 함께 리치는 제조와 제공에 대해서도 이것은 단지 중국의 풍속 습관일 뿐 종교 의식은 아니라는 입장에서 관대한 태도를 취했다. 그의 이러한 문화적응주의는 천주교의 전통적 선교 방식에서 볼 때 매우 위험한 것으로 단정되었다. 이것은 이후 예수회 내부 즉 리치에 반대하여 중국인은 '선유'든 '후유'든 하나같이 신을 모르는 무신론자들이라고 주장했던

반대파 롱고바르디Nicolas longobardi(龍華民, 1559~1654)와의 의견상 불화
를 초래했음은 물론 중국에 뒤늦게 들어온 다른 천주교회 즉 도미니크회
Dominicans, 프란시스코회Franciscans 등과 갈등을 빚게 되는 소위 '전례 논
쟁'의 근본 원인이 되었다.

[16] 인격신은 종교 문명의 기본 원칙이라고 할 수 있다. 기독교와 그리스 철학의
융합 체계인 중세의 스콜라 철학 속에서 신의 존재는 이성화의 논증을 통해서
더욱 철학적 색채를 드러내지만 인격신은 시종 기독교의 근본 특징이었다.

[17] 陳來, 《古代宗敎與倫理》, 三聯書店, 1996, 4쪽.

[18] 蒙培元, 《理學的演變 — 從朱熹到王夫之戴震》, 方志出版社, 2007, 1쪽.

[19] 張立文, 《宋明理學硏究》, 中國人民大學出版社, 1987, 668쪽.

[20] 그렇다고 하더라도 이성의 각성이 서양 사회에서 기독교 문화의 완전한 단절
이나 전면적인 부정을 의미하지는 않는다. 오히려 어떤 면에서는 기독교 문화
가 이성 정신을 낳는 산파 역할을 하기도 했다. 기독교는 시대의 요청에 기꺼
이 응하여 변천해 왔다. 이 때문에 기독교 문화는 멸절되지 않았고 세계로 나
아가는 힘을 더욱 증강시킬 수 있었다.

[21] 주겸지, 《중국이 만든 유럽의 근대》, 205쪽.

[22] 樓宇烈·張西平 主編, 《中外哲學交流史》, 湖南敎育出版社, 1999, 275쪽.

[23] 데카르트 철학 속에는 신에 대한 태도의 양면성, 즉 보수성과 혁명성이 존재
한다. 이를테면 데카르트는 정신과 사물, 주체의 이성과 객체의 자연을 분리
시켜 주체가 객체를 인식할 때 그것이 옳은가 그른가를 확인해 줄 제3자가 필
요했다. 그것은 언제나 틀리지 않는 신일 수밖에 없다고 함으로써 데카르트는
신의 존재를 인정하고 있다. 그런가 하면 데카르트의 생각하는 '나'라는 주체
는 신이 없어도 내장된 본유 관념으로 인해 확실하게 사고하고 판단할 수 있
는, 즉 신에게서 벗어난 독립된 존재를 의미하기도 했다. 이러한 사고는 철학
과 과학이 중세의 신학으로부터 독립되는 계기가 된다. 이와 함께 데카르트
철학은 기계론적 자연관에 입각하여 신의 지위를 강등시키는 한편 부분적으
로는 무신론적이기도 했다.

24 '낭트칙령' 이란 1598년 4월 13일에 프랑스 국왕 앙리 4세가 국내의 신파인 위그노에게 신앙의 자유를 인정한 칙령을 말한다. 본래 신교도였던 앙리 4세는 1593년 가톨릭으로 개종함과 동시에 국내의 종교적 분쟁을 해결하기 위해서 노력했다. 즉 그는 이 칙령을 통해서 신교도에게 신앙의 자유를 인정했던 것이다. 이 칙령으로 일단 종교 전쟁인 위그노전쟁은 정치적으로 해결되었지만 종교적 대립은 그 이후에도 계속되었다. 특히 루이 13세와 루이 14세 시대에 신교도는 끊임없이 탄압을 받았다. 그러던 중 루이 14세는 절대주의를 강화하기 위해 종교적 통일을 목적으로 1685년 10월에 급기야 이 칙령을 폐지하고 만다. 이 칙령의 폐지로 신교도 약 40만 명이 프로이센, 영국, 네덜란드 등으로 망명했다.

25 張品端, 〈朱子理學對法國啓蒙思想家的影響〉, 《朱子文化》, 2007年, 第4期(總第八期), 44쪽.

26 주첸즈는 데카르트 사상의 근원은 외래 문화의 접촉, 특히 중국의 영향에서 온 것으로 여겼다. 그는 데카르트가 1604년부터 1612년까지 라 프레슈La Fleche 지방에 있는 예수회파의 학교에서 공부한 점, 그리고 1618년 프랑스를 떠나 일생을 거의 동방 무역의 중심지인 네덜란드에서 보내면서 그곳에서 중국 문화 접촉 하에 저작 활동을 한 점을 그 증거로 들고 있다. 또한 주첸즈는 데카르트 철학 이면에 존재하는 유물주의 경향과 힘써 사람에게 가르쳤던 '이성Reason' 이라는 말은 사실상 총명한 중국인이 말한 '이성'과 별로 다르지 않다고 말하면서 그는 데카르트를 동방 세계와 비교적 앞서 접촉한 첫 번째 인물로 평가했다. 더욱이 데카르트가 '나'를 회의의 기초로 삼자 많은 대담한 사상가들이 출현하여 모든 것을 비판하고 부인함으로써 데카르트 철학은 일종의 혁명 철학으로 변모되었다고 말한다. 이러한 성향의 철학은 유물론, 무신론과 관계된다는 사실에 주첸즈는 특히 주목했다. 주겸지, 《중국이 만든 유럽의 근대》, 226~233쪽 참조.

27 이환, 《몽테뉴와 파스칼—인본주의냐, 신본주의냐》, 16쪽 참조.

28 J. J. 클라크, 《동양은 어떻게 서양을 계몽했는가》, 70~71쪽, 참조.

29 謝應瑞 主編, 《法國啓蒙時代的無神論》, 廈門大學出版社, 1994, 18쪽, 참조.

[30] 이환, 《몽테뉴와 파스칼— 인본주의냐, 신본주의냐》, 26쪽.

[31] 北京大學哲學系 外國哲學史敎硏室 編譯, 《西方哲學原著選讀》 下卷, 商務印書館, 1989, 10쪽.

[32] 北京大學哲學系 外國哲學史敎硏室 編譯, 《西方哲學原著選讀》 下卷, 10~11쪽.

[33] 김응종, 〈피에르 벨과 무신론〉, 《프랑스사 연구》 제18호, 한국프랑스사학회, 2008, 43쪽.

[34] 樓宇烈·張西平 主編, 《中外哲學交流史》, 276쪽.

[35] J. J. 클라크, 《동양은 어떻게 서양을 계몽했는가》, 2004, 71쪽.

[36] 김응종, 〈피에르 벨과 무신론〉, 36~37쪽 참조.

[37] 김응종, 〈존 로크와 피에르 벨의 관용론— '관용'을 넘어 양심의 자유로〉, 《프랑스 연구》 제19호, 한국프랑스사학회, 2008, 117쪽 참조.

[38] Virgile Pinot, *La Chine et la formation de l'esprit Philosophique en France(1640~1740)*, 維吉爾 畢諾, 耿昇 譯, 《中國對法國哲學思想形成的影響》, 商務印書館, 2000, 363쪽 재인용.

[39] René Etiemble, *L'Europe Chinoise*, 艾田蒲, 《中國之歐洲》(上卷), 許鈞·錢林森 譯, 河南人民出版社, 1992, 315쪽.

[40] Virgile Pinot, *La Chine et la formation de l'esprit Philosophique en France(1640~1740)*, 維吉爾 畢諾, 《中國對法國哲學思想形成的影響》, 364쪽 주 3 재인용.

[41] 維吉爾 畢諾, 《中國對法國哲學思想形成的影響》, 366쪽 참조.

[42] J. J. 클라크, 《동양은 어떻게 서양을 계몽했는가》, 71쪽.

[43] 謝應瑞 主編, 《法國啓蒙時代的無神論》, 廈門大學出版社, 1994, 18쪽.

[44] 謝應瑞 主編, 《法國啓蒙時代的無神論》, 19쪽.

[45] 北京大學哲學系 外國哲學史敎硏室 編譯, 《西方哲學原著選讀》 下卷, 3쪽.

[46] 北京大學哲學系 外國哲學史敎硏室 編譯, 《西方哲學原著選讀》 下卷, 4쪽.

[47] 주겸지, 《중국이 만든 유럽의 근대》, 237쪽 재인용.

[48] 주겸지, 《중국이 만든 유럽의 근대》, 237~238쪽 참조.

49 樓宇烈・張西平 主編,《中外哲學交流史》, 湖南敎育出版社, 1999, 278쪽.

50 주겸지,《중국이 만든 유럽의 근대》, 236쪽.

51 주겸지,《중국이 만든 유럽의 근대》, 238쪽.

52 Virgile Pinot, *La Chine et la formation de l' esprit Philosophique en France (1640~1740)*; 維吉爾 畢諾,《中國對法國哲學思想形成的影響》, 374쪽 재인용.

53 김응종, 〈피에르 벨과 무신론〉, 36쪽 참조.

54 張海林 編著,《近代中外文化交流史》, 南京大學出版社, 2003, 50쪽.

55 김응종, 〈근대 무신론의 철학적 기원—베네딕투스 데 스피노자와 피에르 벨을 중심으로〉,《프랑스사 연구》제20호, 한국프랑스사학회, 2009, 56쪽 참조.

56 孫尙楊,《基督敎與明末儒學》, 東方出版社, 1996, 60쪽.

57 艾田蒲,《中國之歐洲》(上卷), 314쪽 재인용.

58 樓宇烈・張西平 主編,《中外哲學交流史》, 281쪽. 또한 벨은 라 로베르La Loubére가《사이암泰國 여행기》에서 소개한 사이암Siam인을 무신론의 실례로 들고 있다. 즉 "그들은 어떤 맹목적 숙명론을 공덕의 중재자인 신으로 대체하고 있다. 그들에 따르면 이러한 맹목적 숙명론은 어떤 매우 강대하고 영명한 사법 기구와 같은 작용을 일으킨다. 그리고 이것은 완전히 자연 법칙에 부합되는 일이라고 공언한다. 도덕과 행운, 죄악과 재난 사이에서의 비밀과 확실한 감응으로 인해 도덕은 언제나 중시되며 엄중한 결점은 시종 환영을 받지 못한다". 維吉爾 畢諾,《中國對法國哲學思想形成的影響》, 368쪽.

59 梁漱溟,《中國文化要義》, 上海世・出版集團, 2005, 8~24쪽, 참조.

60 Hegel,《哲學史講演錄》, 第4冊, 商務印書館, 1983, 133쪽.

61 탁석산, 〈말브랑슈〉,《서양근대철학》, 창비, 2007, 119쪽.

62 이하《대화록》으로 약칭.

63 《西方著名哲學家評傳》, 第4卷, 山東人民出版社, 1984, 257쪽.

64 樓宇烈・張西平 主編,《中外哲學交流史》, 304쪽.

65 말브랑슈의 전문가인 팡징런은 말브랑슈의 철학을 데카르트의 '이원론'에서 '종교유심론적 일원론'으로 퇴보한 것으로 인식했다.

[66] Malebranche, *Entretien d'un philosophe chrétien avec un philosophe Chinois sur l'existence et la nature de Dien*; 馬勒伯朗士, 龐景仁 譯, 〈附錄二: 一個基督哲學家和一個中國哲學家的對話—論上帝的存在和本性〉, 龐景仁 著, 馮俊 譯,《馬勒伯郎士的神的觀念和朱熹的理的觀念》, 商務印書館, 2005, 233쪽.

[67] Virgile Pinot, *La Chine et la formation de l'esprit Philosophique en France(1640~1740)*; 維吉爾 畢諾, 耿昇 譯,《中國對法國哲學思想形成的影響》, 商務印書館, 2000, 382쪽.

[68] Malebranche, *Entretien d'un philosophe chrétien avec un philosophe Chinois sur l'existence et la nature de Dien*; 馬勒伯朗士, 〈附錄二: 一個基督哲學家和一個中國哲學家的對話—論上帝的存在和本性〉, 龐景仁 譯,《馬勒伯郎士的神的觀念和朱熹的理的觀念》(龐景仁 著, 馮俊 譯), 商務印書館, 2005, 234쪽.

[69] 안종수, 〈서양 근세 철학자들의 新儒學 理解〉,《동방학지》 98권, 연세대학교국학연구원, 1997, 77쪽.

[70] 艾田蒲,《中國之歐洲》(上卷), 372~373쪽.

[71] 維吉爾 畢諾,《中國對法國哲學思想形成的影響》, 381쪽.

[72] 馬勒伯朗士, 〈附錄二: 一個基督哲學家和一個中國哲學家的對話—論上帝的存在和本性〉, 217쪽.

[73] 樓宇烈 · 張西平 主編,《中外哲學交流史》, 299쪽 참조.

[74] 안종수, 〈서양 근세 철학자들의 新儒學 理解〉, 85~86쪽. 한편 주첸즈는 말브랑슈에게서 신과 리의 차이를 다음과 같이 정리하고 있다. "첫째, 중국 철학의 리는 영원히 물질 속에 의존하여 물질을 형성한다. 또한 물질 속에 존재하는 법칙이기 때문에 이와 같은 리의 관념은 사실 가톨릭의 신의 관념과는 다르다. 둘째, 중국 철학자는 리가 물질 속에 존재한다고 생각하므로 물질의 실재를 확신한다. 가톨릭교도는 신은 물질과 전연 다른 존재이고 물질은 신이 창조하는 것으로 믿는다. 셋째, 가톨릭 철학은 신은 독립된 존재라고 주장하지만 중국 철학은 리의 독립성을 부인하면서 시종 리가 물질 밖에서는 존재할 수 없고 물질로 인해 존재한다고 주장한다. 그들이 '사물이 있으면 리가 있고

사물이 없으면 리도 없다[有物則有理, 無物則無理]'라고 하는 것을 보면 리는
영각이 없고 영각자인 신과 다름을 알 수 있다." 朱謙之, 〈附錄: 宋儒理學傳入歐
洲之影響〉, 《中國思想對於歐洲文化之影響》, 商務印書館, 1940, 399쪽.

75 樓宇烈·張西平 主編, 《中外哲學交流史》, 306쪽.

76 艾田蒲, 《中國之歐洲》(上卷), 355쪽.

77 徐瑞康, 〈斯賓諾莎宗敎槪念硏究〉, 《世界宗敎硏究》(2007年 第二期), 世界宗敎硏究
雜誌社, 2007, 61쪽.

78 洪漢鼎, 《斯賓諾莎哲學硏究》, 人民出版社, 1997, 228쪽. 스피노자는 자연에 신
의 본성을 부여하기도 했지만 신을 전체적인 자연 그 자체로 보았다. 신은 필
연성에 근거하여 자신을 인식하고 동작하므로 당연히 '물질적 본성'을 함유
한다고 하겠다.

79 하지만 헤겔은 '신'에 대한 이해에 있어 말브랑슈는 스피노자주의와 조금도
구별이 없는 것 같다고 말한다. 더욱이 스피노자주의는 데카르트주의의 완성
이며 말브랑슈가 데카르트 철학을 소개할 때 받아들인 형식은 어떤 면에서는
스피노자주의와 같은 형식이라고 했다. 이것은 경건한 신학 형식의 또 다른
스피노자주의라는 것이다. Hegel, 《哲學史講演錄》, 第4冊, 商務印書館, 1983,
132쪽 참조. 또한 피노Pinot는 "중국 철학의 관점에서 볼 때 말브랑슈는 기본
적으로 벨의 사상을 취하여 예수회원의 견해에 반대했다"고 말한다. Virgile
Pinot, *La Chine et la formation de l'esprit Philosophique en France(1640~
1740)*, 維吉爾 畢諾, 《中國對法國哲學思想形成的影響》, 385쪽. 이런 의미에서
주첸즈는 데카르트 학파 중 파스칼을 우파, 벨을 좌파 그리고 말브랑슈를 중
간파에 위치시키고 있다.

80 안종수, 〈서양 근세 철학자들의 新儒學 理解〉, 75쪽 참조.

81 艾田蒲, 《中國之歐洲》(上卷), 360~361쪽.

82 주겸지, 《중국이 만든 유럽의 근대》, 246~247쪽.

83 문화의 돌창적 진화란 개념은 주첸즈가 그의 저서 《문화철학》에서 제시한 것
이다. 그는 모건C. L. Morgan과 알렉산더S. Alexander의 신창조론을 응용하

여 이 이론을 도출해내고 있다. 가령 화학의 경우 수소와 산소가 결합해서 발생한 물은 성질상 원래의 합성물과는 전혀 다른 새로운 물질(갑+을+X=병)이 되듯이 이러한 법칙은 문화 현상에서도 통용될 수 있다고 했다. 즉 문화의 지리 분포상에서 유태계가 그리스계에 더해져서 유럽의 중세 문화가 이루어졌지만 사실 양 계열의 문화 성질과는 다른 별도의 한 존재가 되었으며, 인도계가 중국계에 더해져서 중국의 중세 문화가 이루어졌지만 중국의 중세 문화는 사실 양자 성질 말고도 별도의 새로운 성질을 갖는다는 것이다. 주쳰즈는 향후 동서 문화의 상호 접촉과 영향 하에서 새로운 세계 문화의 창출을 내심 기대했다. 朱謙之,《文化哲學》; 주겸지, 전홍석 옮김,《문화철학》, 한국학술정보, 2007, 73~81쪽 참조.

[84] J. J. 클라크,《동양은 어떻게 서양을 계몽했는가》, 12쪽 재인용.

[85] 艾田蒲,《中國之歐洲》(上卷), 354쪽.

[86] *Orientalism*(London: Penguin[1978]2003), pp. xxii에 실린 2003년 서문. 존 M. 홉슨,《서구 문명은 동양에서 시작되었다》, 398쪽 재인용.

9장 조선조 주자학의 한국 유학적 전개 양상

[1] 樓宇烈·張西平 主編,《中外哲學交流史》, 湖南敎育出版社, 1999, 114쪽.

[2] 蒙培元,《理學的演變─從朱熹到王夫之戴震》, 方志出版社, 2007, 1쪽.

[3] 洪直弼,《梅山先生文集》卷13,〈與李龜巖〉. "近世湖洛諸儒之辨, 條件糾紛, 而其大綱有三. 人物性曰同曰異, 心體曰本善曰有善惡, 明德曰有分殊曰無分殊." 유봉학,《燕巖一派 北學思想 硏究》, 一志社, 1995, 89쪽 註22 재인용.

[4]《孟子》,〈生之謂性〉章 小註. "論萬物之一原, 則理同而氣異, 觀萬物之異體, 則氣猶相近, 而理絕不同."

[5]《栗谷全書》一, 卷10,〈答成浩原〉, 208~209쪽. "理無形也, 氣有形也. 理無爲也, 氣有爲也. 無形無爲而爲有形有爲之主者, 理也. 有形有爲而爲無形無爲之器者, 氣也. 理無形而氣有形, 故理通而氣局. 理無爲而氣有爲, 故氣發而理乘."

[6]《栗谷全書》一, 卷10,〈答成浩原〉, 207쪽. "性者, 理氣之合也. 蓋理在氣中, 然後爲

性. 若不在形質之中, 則當謂之理, 不當謂之性也."

7 《栗谷全書》一, 卷10, 〈與成浩原〉, 216쪽. "人之性非物之性者, 氣之局也, 人之理卽物之理者, 理之通也."

8 《栗谷全書》一, 卷9, 〈答成浩原〉, 194쪽. "夫本然者理之一也, 流行者分之殊也."

9 《栗谷全書》一, 卷12, 〈答安應休〉, 248쪽. "理有體用固也, 一本之理, 理之體也, 萬殊之理, 理之用也. 理何以有萬殊乎. 氣之不齊故乘氣流行, 乃有萬殊也."

10 《栗谷全書》一, 卷10, 〈答成浩原〉, 209쪽. "理通者 何謂也 理者 無本末也 無先後也 無本末無先後 故未應不是先 已應不是後 是故乘氣流行參差不齊 而其本然之妙 無乎不在 氣之偏則理亦偏而所偏非理也 氣也 氣之全卽理亦全 而所全非理也 氣也 至於淸濁粹駁糟粕煨燼糞壤汚穢之中 理無所不在 各爲其性 而其本然之妙 則不害其自若也 此之謂理之通也."

11 《栗谷全書》一, 卷10, 〈答成浩原〉, 197쪽. "理雖一而旣乘於氣則其分萬殊 …… 天地人物, 雖各有其理而天地之理卽萬物之理, 萬物之理卽吾心之理也. 此所謂統體一太極也."

12 《栗谷全書》一, 卷10, 〈答成浩原〉, 212쪽. "以理之乘氣而言, 則理之在枯木死灰者, 固局於氣而各爲一理, 以理之本體言, 則雖在枯木死灰而其本體之渾然者, 固自若也."

13 《栗谷全書》一, 卷10, 〈答成浩原〉, 209쪽. "氣局者 何謂也 氣已涉形迹 故有本末也 有先後也 氣之本 則湛一淸虛而已 曷嘗有糟粕煨燼糞壤汚穢之氣哉 惟其升降飛揚 未嘗止息 故參差不齊 而萬變生焉 於是氣之流行也 有不失其本然者 有失其本然者 旣失其本然則氣之本然者 已無所在 偏者 偏氣也非全氣也 淸者 淸氣也非濁氣也 糟粕煨燼 糟粕煨燼之氣也 非湛一淸虛之氣也 非若理之於萬物 本然之妙無乎不在也 此所謂氣之局也"

14 《栗谷全書》一, 卷10, 〈與成浩原〉, 216쪽. "理之萬殊者, 氣之局故也."

15 《栗谷全書》一, 卷10, 〈與成浩原〉, 216쪽. "人之性非物之性者, 氣之局也, 人之理卽物之理者, 理之通也."

16 이상익, 〈洛學에서 北學으로의 思想的 發展〉, 《哲學》 46집, 1996 봄, 9~10쪽 참조.

17 최영진, 〈蘆沙 奇正鎭의 理一分殊說에 關한 考察〉, 《朝鮮朝 儒學思想의 探究》,

驪江出版社, 1988, 269쪽.

18 윤사순, 〈人性物性의 同異論辯에 對한 研究〉, 《人性物性論》, 한길사, 1994, 24~27쪽 참조.

19 양재열, 〈南塘 韓元震의 人物性不同論에 關한 考察―性의 槪念을 中心으로〉, 《朝鮮朝 儒學思想의 探究》, 驪江出版社, 1988, 216쪽.

20 《栗谷全書》一, 卷10, 〈答成浩原〉, 207쪽. "性者, 理氣之合也. 蓋理在氣中然後爲性, 若不在形質之中, 則當謂之理, 不當謂之性也."

21 《栗谷全書》一, 卷10, 〈與成浩原〉, 216쪽. "人之性非物之性者, 氣之局也."

22 《南塘集》上, 卷12. "栗谷先生曰,性者理氣之合,理在氣中, 然後爲性, 若不在氣中, 則當謂之理 不當謂之性. 此皆愚說之所本也."; 《南塘集》下,附〈朱子·言論同異攷〉卷2, 1159쪽. "盖理賦於氣中然後方爲性故曰因氣質而言不因乎氣質 則不名爲性矣."

23 이상익, 〈湖洛論爭의 根本問題 研究〉, 成均館大 大學院 碩士學位論文, 1986, 33쪽.

24 《巍巖遺稿》卷7, 130쪽. "愚嘗聞, 本然者一原也, 氣質者異體也."; 《南塘集》下, 卷7, 131쪽. "性雖有本然氣質之別, 而本然其主也."; 《南塘集》下, 卷12, 220쪽. "盖栗谷之意, 天地萬物, 氣局也, 天地萬物之理, 理通也. 而所謂理通者, 非有以離乎氣局也, 卽氣局而指其本體不雜乎氣局而爲言耳."

25 《栗谷全書》一, 卷10, 〈答成浩原〉, 212쪽. "惟其理之雖局於氣而本體自如."

26 《栗谷全書》一, 卷10, 〈與成浩原〉, 216쪽. "人之理卽物之理者, 理之通也."

27 《栗谷全書》一, 卷10, 〈答成浩原〉, 212쪽. "以理之乘氣而言, 則理之在枯木死灰者, 固局於氣而各爲一理."

28 《栗谷全書》一, 卷10, "以理之本體言, 則雖在枯木死灰, 而其本體之渾然者, 固自若也."

29 여기서는 아래 명시한 최영진의 논문을 참고했다. 최영진은 조선조의 유학사 儒學史를 분류할 때 상투적으로 적용시켜 온 기존의 틀[範疇], 즉 주리主理·주기主氣의 분류 방식에 대한 문제점과 한계를 비판한 다음, 다음과 같은 결론에 도달하고 있다. "성리학자들의 주 관심사는 리가 기보다 근원적인가, 아니면 기가 리보다 근본적인가, 이에 실재성實在性을 인정하는가, 부정하는가라는 문제에 있는 것이 아니라 리와 기를 어떻게 보고, 어떤 관계로 설정할 것인

가라는 문제에 있다." 이어 그는 "조선조 유학사상儒學思想의 분류틀을, 리 離·합간合看 또는 불리不離·부잡不雜이라는 관점(관계)의 차원에서 설정할 때에 그 실상에 보다 접근될 수 있으리라"는 가설을 세우고 있어 참신성이 돋보인다. *합간合看=불리不離=일물一物=리기무선후理氣無先後=인물성부동人物性不同 *리간離看=부잡不雜=이물二物=리선기후理先氣後=인물성동人物性同. 최영진, 〈朝鮮朝 儒學思想史의 分類方式과 그 問題點—主理·主氣의 問題를 中心으로〉, 《韓國思想史學》제8집, 韓國思想史學會, 1997, 31~53쪽 참조.

30 이애희, 〈退溪 李滉의 人物性論〉, 《人性物性論》, 한길사, 1994. 46쪽; 劉奉學, 《燕巖一派 北學思想 研究》, 一志社, 1995, 92쪽; 정옥자, 《朝鮮後期 歷史의 理解》, 一志社, 1995, 134쪽 각각 참조.

31 양재열, 〈南塘 韓元震의 人物性不同論에 關한 考察—性의 槪念을 中心으로〉, 218쪽.

32 《巍巖遺稿》卷4, 80쪽. "天命五常太極本然, 名目雖多, 不過此理之隨指異名, 而初非有彼此本末偏全大小之異也."

33 이상익, 〈湖洛論爭의 根本問題 研究〉, 58~61쪽 참조. 남당南塘은 천명天命은 초형기이칭지超刑器而稱之한 것이며 오상五常은 인기질이명지因氣質而名之한 것이라 하여 각각 구별하고 있다.

34 《巍巖遺稿》卷12, 231쪽. "夫宇宙之間理氣而已. 其純粹至善之實, 無聲無臭之妙則天地萬物, 同此一原也."

35 유봉학, 《燕巖一派 北學思想 研究》, 一志社, 1995, 80~86쪽 참조.

36 김문용, 〈北學派의 人物性同論〉, 《人性物性論》, 한길사, 1994, 577쪽. 또한 유봉학은 "18세기 들어오면서 노론老論의 주자학자들이 호락논쟁이란 미증유의 대심성논쟁大心性論爭을 벌이고 김창협계金昌協系의 김창흡金昌翕과 어유봉魚有鳳이 이재李縡·박필주朴弼周 등과 함께 낙론의 핵심을 이루며, 18세기 중반 이후에는 김원행金元行과 박윤원朴胤源 등이 낙론을 이끌어 간다는 점 등을 고려할 때, 담헌湛軒·연암燕巖이 기본적 교양으로 지녔던 이기심성론理氣心性論이 결국 낙론적일 수밖에 없었던 주된 요인을 이루는 것이라 하겠다"

라 말하며 이를 증언하고 있다. 유봉학, 《燕巖一派 北學思想 硏究》, 81쪽.

37 인물균人物均이라 할 때 인人과 물物의 개념은 아직 명확하지 않은 감이 있지만 필자의 견해로는 생물학적 차원과 비생물학적 차원으로 우선 나누어 볼 수 있으리라 생각된다. 특히 생물학적 차원에서의 문화적·종족적 개념으로 접근하자면, 인人·물物에 있어 인人이란 화인華人, 즉 이를 계승한 조선중화족朝鮮中華族의 지칭으로 보아야 할 것이다. 그리고 이에 대비되는 의미로서의 물物이란 주자朱子가 이적夷狄을 비인非人이라 규정하여 인人과 금수禽獸의 중간에 위치시키고 있는, 다시 말해 인人의 유류類에서 제거시키고 있다는 점에서 호이胡夷·왜이倭夷·서이西夷가 모두 여기에 포함될 것으로 생각된다. 이러한 판단에 비추어 본다면 인물균人物均은 화이일華夷一과 동격임을 알 수 있다.

38 강재언, 鄭昌烈 옮김, 《韓國의 開化思想》, 比峰出版社, 1981, 80쪽.

39 허종은, 〈서양 우주론의 최초 수용─大谷 金錫文〉, 韓國哲學史硏究會 엮음, 《韓國實學思想史》, 도서출판 다운샘, 2000, 155쪽.

40 북학사상은 화이명분주의와 선명한 대비를 이룬다. '북학' 이란 명칭은 원래 박제가朴齊家《북학의北學議》서문에서 《맹자》 속 진량陳良의 말을 취하여 '북학의' 라 한 데서 유래한다. 이렇게 보면 북학은 주공周公과 공자孔子의 사상으로 대표되는 원초유학사상을 배우는 중국학임을 알 수 있다. 그러나 북학파의 입장에서는 이것은 선진문화[청淸·서西] 수용이라는 좀 더 확장된 개념이다.

41 後藤俊瑞, 《朱子》, 東京, 1943, 225~226쪽; 민두기, 〈熱河日記의 一硏究〉, 《歷史學報》第20輯, 1963, 86쪽 註15 재인용.

42 민두기, 〈熱河日記의 一硏究〉, 《歷史學報》 20輯, 1963, 87쪽.

43 오가와 하루히사小川晴久는 필자의 이 논법과 유사한 용어로 동일성의 시점이라 이름하고 있다. 그는 홍대용의 사상에 근거하여 다음과 같이 설명한다. "인간 중심(자기 중심)의 보는 방식을 비판하려면 그 반대의 방식[이물시인以物視人]을 제시하면 되는 것으로 생각하기 쉽지만 시점을 반대쪽으로 옮기는 것만으로는 역逆의 편향偏向(바이어스)이 생길 뿐이다. 참된 동일시同一視는 양자의 부정 위에 성립된다는 것이다. 그렇지만 제2단계의 상대시相對視[이물시

인以物視人는 동일시同一視로 가기 위한 불가결한 조작이다. 우주무한의 지평(우주 내의 동일시同一視)을 개척하려면 저 먼 별에서 한번 지구를 돌아보아야만 한다. 화이일야華夷一也의 시점에 도달하려면 한번 이夷를 중심으로 해 이夷에서 화華를 보아야만 한다. 〈의산문답毉山問答〉에서는 이 관계가 참으로 잘 제시되었다. 그러나 상대시相對視를 매개로 한 동일시同一視의 시점은 실상은 노자老子와 장자莊子에 의해 제시된 도가道家의 시점이 아니었던가. 여기에 과학적으로 다져진 실옹實翁의 시점으로서 새로 탄생한 도가의 시점을 보게 된다.”小川晴久, 〈慕華와 自尊 사이—18世紀 朝鮮 知識人 洪大容의 中國觀〉, 《月刊朝鮮》 NO.7·8, 1981, 222쪽.

44 임형택, 〈燕巖의 主體意識과 世界認識 — 《熱河日記》 分析의 視角〉, 《第3回 東洋學國際學術會議論文集》, 成大, 1986, 8쪽 참조.

45 양재혁, 《東洋思想과 마르크시즘》, 일월서각, 1987, 12쪽.

46 《湛軒書》 內集 卷4, 〈毉山問答〉. “以人視物, 人貴而物賤, 以物視人, 物貴而人賤.”

47 《湛軒書》 內集 卷4. “中國之於西洋, 經度之差, 至于一百八十. 中國之人, 以中國爲正界, 以西洋爲倒界. 西洋之人, 以西洋爲正界, 以中國爲倒界, 其實戴天履地, 隨界皆然. 無橫無倒, 均是正界.”

48 《湛軒書》 內集 卷4. “自天而視之, 人與物均也.”

49 《湛軒書》 內集 卷4. “天地所生, 地之所養, 凡有血氣, 均是人也. 出類拔萃, 制治一方, 均是君王也. 重門深濠, 謹守封疆, 均是邦國也, 章甫委貌, 文身雕題, 均是習俗也. 自天視之, 豈有內外之分哉. 是以各親其人, 各尊其君, 各守其國, 各安其俗, 華夷一也.”

50 《燕巖集》 卷14, 〈熱河日記·山莊雜記·象記〉. “易曰天造草昧, 草昧者其色皁, 而其形也霿, 譬如將曉未曉之時, 人物莫辨, 吾未知, 天於皁霿之中, 所造者, 果何物也.”

51 《燕巖集》 卷14, 〈熱河日記·鵠汀筆談〉. “塵埃氣鬱, 乃化諸蟲, 今夫吾人者, 乃諸蟲之一種也.”

52 《燕巖集》 卷2, 〈答任亨五倫原道書〉. “以我視彼, 則均受是氣, 無一虛假, 豈非天理之至公乎! 卽物而視我, 則我亦物之一也. 故體物而反求諸己, 則萬物皆備於我, 盡我之性, 所以能盡物之性也."

53 《燕巖集》卷12,〈熱河日記 · 關內程史 · 虎叱〉."自天所命而視之, 則虎與人乃物之一也."

54 《燕巖集》卷12,〈熱河日記 · 關內程史 · 虎叱後識〉."自人所處而視之, 則華夏夷狄, 誠有分焉, 自天所命而視之, 則殷冔周冕各從時制, 何必獨疑於淸人之紅帽哉."

55 《燕巖集》卷14,〈熱河日記 · 口外異聞 · 羅約國書〉."豈特中華之有主, 而抑亦夷狄之無君乎. …… 天下乃天下人之天下, 非一人之天下也."

56 정수일,《문명 담론과 문명교류》, 살림, 2009, 41~42쪽.

57 Andre Gunder Frank, *ReORIENT: Global Economy in the Asian Age*, 안드레 군더 프랑크, 이희재 옮김,《리오리엔트》, 이산, 2003, 592쪽 참조.

58 杜維明,《對話與創新》; 뚜웨이밍, 김태성 옮김,《문명들의 대화》, 휴머니스트, 2006, 111쪽 참조.

59 임형택,《문명의식과 실학》, 돌베개, 2009, 105~106쪽 참조.

참고문헌

1장 총론

김명섭, 〈탈냉전기 국제정치학의 문명 패러다임〉, 《한국정치학회보》 제37집 3
호, 2003.

杜維明, 《對話與創新》; 뚜웨이밍, 《문명들의 대화》, 김태성 옮김, 휴머니스트,
2006.

문순홍, 《생태학의 담론》, 아르케, 2006.

박이문, 《자연, 인간, 언어》, 철학과현실사, 1998.

송두율, 《전환기의 세계와 민족지성》, 한길사, 1991.

이한구, 〈문명의 공존과 그 조건〉, 《인문과학》 31, 2001.

정수일, 《문명 담론과 문명교류》, 살림, 2009.

황태연, 《공자와 세계 1(제1권 공자의 지식철학(상)): 패치워크문명 시대의 공맹
정치철학》, 청계출판사, 2011.

The New York Times, "Weekly Review", 1996년 1월 21일.

Jeremy Rifkin, *The Empathic Civilization: The Race to Global Consciousness
in a World in Crisis*; 제러미 리프킨, 이경남 옮김, 《공감의 시대》, 민음사,
2010.

Samuel P. Huntington, *The Clash of Civilizations and The Remaking of
World Order*; 사무엘 헌팅턴, 이희재 옮김, 《문명의 충돌》, 김영사, 1998.

Thomas S. Kuhn, *The Structure of Scientific Revolution*; 토머스 S. 쿤, 김명자
옮김, 《과학혁명의 구조》, 까치, 2007.

1부 현대 문명 담론의 이해

2장 동서 '문화·문명'의 개념과 그 전개

《補亡詩·由儀》.

《說苑·指武》.

《日知錄》.

《周易》.

김성동, 《문화— 열두 이야기》, 철학과현실사, 2003.

김종헌, 《문화해석과 문화정치》, 철학과현실사, 2003.

杜維明, 《對話與創新》; 뚜웨이밍, 김태성 옮김, 《문명들의 대화》, 휴머니스트, 2006.

류준필, 〈문명·문화 관념의 형성과 국문학의 발생—국문학이라는 이데올로기 서설〉, 《민족문화사연구》 18, 2001.

박이문, 《문명의 위기와 문화의 전환: 생태학적 세계관을 위하여》, 민음사, 1996.

박이문, 《자연, 인간, 언어》, 철학과현실사, 1998.

스튜어트 홀 외, 전효관·김수진·박병영 옮김, 《현대성과 현대문화》, 현실문화 연구, 2001.

신응철, 《문화, 철학으로 읽다》, 북코리아, 2009.

신응철, 《문화철학과 문화비평》, 철학과현실사, 2003.

신응철, 《캇시러의 문화철학》, 한울아카데미, 2000.

梁漱溟, 《東西文化及其哲學》, 商務印書館, 1999.

阮煒, 《文明的表現》, 北京大學出版社, 2001.

원승룡·김종헌, 《문화이론과 문화읽기》, 서광사, 2002.

유태용, 《문화란 무엇인가》, 학연문화사, 2002.

이기상, 《콘텐츠와 문화철학: 문화의 발전단계와 콘텐츠》, 북코리아, 2009.

이돈화, 〈혼돈으로부터 통일에〉, 《개벽》 13, 1921.

장인성, 《메이지유신: 현대 일본의 출발점》, 살림, 2009.

장지연, 〈문약지폐文弱之弊〉, 《위암집韋庵集》 卷14(《장지연전서張志淵全書》 10), 단국대학교출판부, 1989.

정수일, 《고대문명교류사》, 사계절출판사, 2002.

정수일, 《문명 담론과 문명교류》, 살림, 2009.

정용화, 〈1920년대 초 계몽담론의 특성: 문명·문화·개인을 중심으로〉, 《동방학지》 133, 2006.

최경옥, 《번역과 일본의 근대》, 살림, 2007.

朱謙之, 《文化哲學》; 주겸지, 전홍석 옮김, 《문화철학》, 한국학술정보, 2007.

朱謙之, 《朱謙之文集》 第6卷, 〈文化社會學〉, 福建教育出版社, 2002.

丸山眞男, 《'文明論之槪略' を讀む》; 마루야마 마사오, 김석근 옮김, 《『문명론의 개략』을 읽는다》, 문학동네, 2007.

A. L. Kroeber and Clyde Kluckhohn, *Culture: A Critical Review of Concepts and Definition*(New York: Vintage Books, 1952).

Andre Gunder Frank, *ReORIENT: Global Economy in the Asian Age*; 안드레 군더 프랑크, 이희재 옮김, 《리오리엔트》, 이산, 2003.

Chris Jenks, *Culture*; 크리스 젠크스, 김윤용 옮김, 《문화란 무엇인가》, 현대미학사, 1996.

Christopher Dawson, *Progress and Religion: An Historical Inquiry*(Westport, Conneticut, 1970).

Fernand Braudel, *On History*(University of Chicago Press, 1980).

Harald Müller, *Das Zusammenleben der Kulturen: Ein Gegenentwurf zu Huntington*; 하랄트 뮐러, 이영희 옮김, 《문명의 공존》, 푸른숲, 2002.

Hartmut Böhme·Peter Matussek·Lothar Müller, *Orientierung Kulturwissenschaft*; 하르트무트 뵈메·페터 마투섹·로타 뮐러, 손동현·이상엽 옮김, 《문화학이란 무엇인가》, 성균관대학교출판부, 2005.

Immanuel Wallerstein, *Geopolitics and Geoculture: Essays on the Changing*

World System(Cambridge University Press, 1994).

Jeremy Rifkin, *The Empathic Civilization: The Race to Global Consciousness in a World in Crisis*; 제러미 리프킨, 이경남 옮김, 《공감의 시대》, 민음사, 2010.

John M. Hobson, *The Eastern Origins of Western Civilisation*; 존 M. 홉슨, 정경옥 옮김, 《서구 문명은 동양에서 시작되었다》, 에코리브르, 2005.

Norbert Elias, *Die Höfische Gesellschaft*; 노르베르트 엘리아스, 박여성 옮김, 《궁정사회》, 한길사, 2003.

Norbert Elias, *Über den Prozeß der Zivilisation* Ⅰ; 노르베르트 엘리아스, 박미애 옮김, 《문명화과정 Ⅰ》, 한길사, 2007.

Norbert Elias, *Über den Prozeß der Zivilisation* Ⅱ; 노르베르트 엘리아스, 박미애 옮김, 《문명화과정 Ⅱ》, 한길사, 2009.

Philip Bagby, *Culture and History: Prolegomena to Comparative Study of Civilizations*(Westport, Conneticut, 1976).

Samuel P. Huntington, *The Clash of Civilizations and The Remaking of World Order*; 사무엘 헌팅턴, 이희재 옮김, 《문명의 충돌》, 김영사, 1997.

3장 서구 패권적 현대 문명 패러다임 비판과 그 대안 모색

《조선일보》 2005년 3월 4일자, 30면.

강정인, 〈문명충돌론〉, 《사상》 제15권 제1호, 2003.

강준만, 〈사무엘 헌팅턴의 '문명충돌론' 비판〉, 《인물과 사상》 3호, 개마고원, 1997.

김명섭, 〈탈냉전기 국제정치학의 문명 패러다임〉, 《한국정치학회보》 제37집 3호, 2003.

김의수, 〈문화 다원주의와 21세기 인류의 철학적 지향〉, 《시대와 철학》 18, 1999.

杜維明, 《對話與創新》; 뚜웨이밍, 김태성 옮김, 《문명들의 대화》, 휴머니스트, 2006.

서유석, 〈'문명의 충돌'과 인정투쟁〉, 《대동철학》 제21집, 2003.

송두율, 《계몽과 해방》, 도서출판 당대, 1996.

송두율, 《전환기의 세계와 민족지성》, 한길사, 1991.

송두율, 《현대와 사상》, 한길사, 1990.

양준희, 〈비판적 시각에서 본 헌팅턴의 문명충돌론〉, 《국제정치논총》 제42집 1
호, 2002.

유석진, 〈21세기 질서를 보는 세 시각〉, 《사상》 25, 1995.

유태용, 《문화란 무엇인가》, 학연문화사, 2002.

이옥순, 《우리 안의 오리엔탈리즘》, 푸른역사, 2009.

이용일, 〈유럽중심주의와 근대화 ― 미국적 세계지배비전으로 근대화이론의 형성
과 독일사적 전유〉, 《유럽중심주의 비판과 주변의 재인식》, 미다스북스, 2010.

전홍석, 〈근대 유럽 계몽주의에 대한 宋儒 理學의 영향과 그 문화철학적 의미 ―
프랑스 데카르트 학파의 좌파 벨과 우파 말브랑슈를 중심으로〉, 《동양철학연
구》, 제57집, 2009.

정수일, 《문명 담론과 문명교류》, 살림, 2009.

황태연, 《공자와 세계 1(제1권 공자의 지식철학(상)): 패치워크문명 시대의 공맹
정치철학》, 청계출판사, 2011.

Clive Hamilton, *Growth Fetish*; 클라이브 해밀턴, 김홍식 옮김, 《성장숭배: 우
리는 왜 경제성장의 노예가 되었는가》, 바오출판사, 2011.

Edward W. Said, *Orientalism*; 에드워드 사이드, 박홍규 옮김, 《오리엔탈리즘》,
교보문고, 1998.

Edward W. Said, *The Crisis of Orientalism*; 에드워드 사이드, 성일권 편역, 《도
전받는 오리엔탈리즘》, 김영사, 2001.

Emmanuel Todd, *Après l'empire: Essai sur la decomposition du systeme
americain*; 엠마뉘엘 토드, 주경철 옮김, 《제국의 몰락》, 까치, 2003.

Francis Fukuyama, *The End of History and the Last Man*; 프랜시스 후쿠야먀,
이상훈 옮김, 《역사의 종말》, 한마음사, 2007.

Harald Müller, *Das Zusammenleben der Kulturen: Ein Gegenentwurf zu
Huntington*; 하랄트 뮐러, 이영희 옮김, 《문명의 공존》, 푸른숲, 2002.

Jacques Derrida, *Specters de Marx*(Specters of Marx: The State of the Debt, The Work of Mourning & the New International); 자크 데리다, 진태원 옮김, 《마르크스의 유령들》, 이제이북스, 2007.

Jeremy Rifkin, *The Empathic Civilization: The Race to Global Consciousness in a World in Crisis*; 제러미 리프킨, 이경남 옮김, 《공감의 시대》, 민음사, 2010.

John A. J. Gowlett, *Ascent To Civilization: The Archaeology of Early Humans*; 존 A. J. 가우레트, 배기동 옮김, 《문명의 여명: 옛 인류의 고고학》, 범양사, 1988.

Samuel P. Huntington, *The Clash of Civilizations and The Remaking of World Order*; 사무엘 헌팅턴, 이희재 옮김, 《문명의 충돌》, 김영사, 1998.

Stuart Sim, *Derrida and the End of History*; 스튜어트 심, 조현진 옮김, 《데리다와 역사의 종말》, 이제이북스, 2002.

4장 세계화와 문명

강내희, 《신자유주의와 문화―노동사회에서 문화사회로》, 문화과학사, 2000.

강정인, 《서구중심주의를 넘어서》, 아카넷, 2004.

박이문, 《자연, 인간, 언어》, 철학과현실사, 1998.

박이문, 《나비의 꿈이 세계를 만든다―동서 세계관의 대화》, 웅진 문학에디션 뿔, 2007.

송두율, 《민족은 사라지지 않는다》, 한겨레신문사, 2000.

신진욱, 《시민》, 책세상, 2009.

이재성, 《열림과 소통의 문화생태학》, 계명대학교출판부, 2008.

이기상, 《콘텐츠와 문화철학: 문화의 발전단계와 콘텐츠》, 북코리아, 2009.

정수일, 《문명 담론과 문명교류》, 살림, 2009.

길희성, 〈종교다원주의: 역사적 배경, 이론, 실천〉, 한국철학회 엮음, 《다원주의, 축복인가 재앙인가》, 철학과 현실사, 2003.

나인호, 〈문명과 문화개념으로 본 유럽인의 자기의식(1750~1918/19)〉, 《역사문제연구》 제10호, 역사문제연구소, 2003.

이매뉴얼 월러스틴, 〈유럽중심주의와 그 화신들, 사회과학의 딜레마들〉, 《창작
과비평》, 이경덕 옮김, 창작과비평사, 1997년 봄.

이용일, 〈유럽중심주의와 근대화—미국적 세계지배비전으로 근대화이론의 형성
과 독일사적 전유〉, 《유럽중심주의 비판과 주변의 재인식》, 미다스북스, 2010.

전홍석, 〈동서 '문화·문명' 의 개념과 그 전개—현대 문명 담론의 개념적 이해
를 중심으로〉, 《동양철학연구》 제63집, 동양철학연구회, 2010.

전홍석, 〈현대 문명 담론의 이해와 전망 1—서구패권적 문명 패러다임 비판과
그 대안모색〉, 《동서철학연구》 제57호, 한국동서철학회, 2010.

전홍석, 〈현대 문명 담론의 이해와 전망 2—현대 문명강권주의 비판담론: 반서
구중심주의를 중심으로〉, 《동서철학연구》 제58호, 한국동서철학회, 2010.

최갑수, 〈유럽중심주의의 극복과 대안적 역사상의 모색〉, 《역사비평》 52(가을),
2000.

Anthony Giddens, *The Consequences of Modernity*(Cambridge: Polity Press, 1990).

Clive Hamilton, *Growth Fetish*; 클라이브 해밀턴, 김홍식 옮김, 《성장숭배: 우
리는 왜 경제성장의 노예가 되었는가》, 바오출판사, 2011.

David Harvey, *A Brief History of Neoliberalism*; 데이비드 하비, 최병두 옮김,
《신자유주의 간략한 역사》, 한울, 2009.

Edward W. Said, *Representations of the Intellectual: The 1993 Reith Lectures*; 에
드워드 W. 사이드, 전신욱·서봉섭 옮김, 《권력과 지성인》, 도서출판 창, 2006.

Francis Fukuyama, *The End of History and the Last Man*; 프랜시스 후쿠야먀,
이상훈 옮김, 《역사의 종말》, 한마음사, 2007.

Henry A. Giroux, *Against the Terror of Neoliberalism: Politics Beyond the Age
of Greed*; 헨리 지루, 변종헌 옮김, 《신자유주의 테러리즘》, 인간사랑, 2009.

J. Gray, *Endgames: Questions in late Modern Political Thought*(Cambridge:
Polity Press, 1997).

John Tomlinson, *Globalization and Culture*; 존 톰린슨, 김승현·정영희 옮김,

《세계화와 문화》, 나남출판, 2004.

James M. Blaut, *Eight Eurocentric Historians*, 제임스 M. 블로트, 박광식 옮김, 《역사학의 함정 유럽중심주의를 비판한다》, 푸른숲, 2008.

Jean-Paul Sartre, *Plaidoyer pour les Intellectuels*, 장 폴 사르트르, 박정태 옮김, 《지식인을 위한 변명》, 이학사, 2009.

Noam Chomsky, *Profit Over People: Neoliberalism & Global Order*, 노암 촘스키, 강주헌 옮김, 《그들에게 국민은 없다》, 모색, 2007, 144쪽.

O'Callaghan, Marion, "Continuities in Imagination", Jan Nederveen Pieterse and Bikhu Parekh Eds., *The Decolonization of Imagination: Culture, Knowledge and Power*(London and Atlantic Highlands: Zed Books, 1995).

Oswald Spengler, *Der Untergang des Abendlandes: Umrisse einer Morphologie der Weltgeschichte*, 오스발트 A. G. 슈펭글러, 양해림 옮김, 《서구의 몰락》, 책세상, 2008.

Samuel P. Huntington, *The Clash of Civilizations and The Remaking of World Order*, 사무엘 헌팅턴, 이희재 옮김, 《문명의 충돌》, 김영사, 1998.

Samir Amin, *Eurocentrism*, 사미르 아민, 김용규 옮김, 《유럽중심주의》, 세종출판사, 2000.

Sylvain Allemand·Jean-Claude Ruano-Borbalan, *Idées Reçues: La Mondialisation*, 실뱅 알르망·장 클로드 뤼아노 보르발랑, 김태훈 옮김, 《세계화》, 웅진지식하우스, 2007.

Taylor, Peter J. "Izations of the world: Americanization, Modernization and Globalization", Colin Hay and David Marsh, eds. *Demystifying Globalization*(Polis, UK.: University of Birmingham, 2000).

杜維明, 《對話與創新》; 뚜웨이밍, 김태성 옮김, 《문명들의 대화》, 휴머니스트, 2006.

5장 현대 문명의 생태학적 전환

강정인, 〈문명충돌론〉, 《사상》 제15권 제1호, 2003.

길희성, 〈종교다원주의: 역사적 배경, 이론, 실천〉, 한국철학회 엮음, 《다원주의, 축복인가 재앙인가》, 철학과현실사, 2003.

김명섭, 〈탈냉전기 국제정치학의 문명 패러다임〉, 《한국정치학회보》 제37집 3호, 2003.

김명옥, 〈문화의 생태학―엘리엇의 문화론을 중심으로〉, 《영미연구》 제8집, 한국외국어대학교 북미연구소, 2002.

김의수, 〈문화 다원주의와 21세기 인류의 철학적 지향〉, 《시대와 철학》 18, 1999.

김준호 외, 《현대생태학》, 교문사, 2009.

문순홍, 《생태학의 담론》, 아르케, 2006.

박이문, 《문명의 미래와 생태학적 세계관》, 당대, 2000.

박이문, 《문명의 위기와 문화의 전환: 생태학적 세계관을 위하여》, 민음사, 1996.

박이문, 《자연, 인간, 언어》, 철학과현실사, 1998.

박홍규, 《박홍규의 에드워드 사이드 읽기》, 우물이 있는 집, 2003.

양준희, 〈비판적 시각에서 본 헌팅턴의 문명충돌론〉, 《국제정치논총》 제42집 1호, 2002.

유재건, 〈근대 서구의 타자인식과 서구중심주의〉, 《역사와 경계》 46, 2003.

유태용, 《문화란 무엇인가》, 학연문화사, 2002.

李明洙·趙寬衍, 〈중화주의적 인식 경계, 로컬리티와 타자: 도통론적 대상 인식에 대한 실학적 전환을 중심으로〉, 《동양철학연구》 제62집, 2010.

이상하, 〈다원주의에 대한 메타 철학적 방어〉, 한국철학회 엮음, 《다원주의, 축복인가 재앙인가》, 철학과현실사, 2003.

이용일, 〈유럽중심주의와 근대화―미국적 세계지배비전으로 근대화이론의 형성과 독일사적 전유〉, 《유럽중심주의 비판과 주변의 재인식》, 미다스북스, 2010.

이재성, 《열림과 소통의 문화생태학》, 계명대학교출판부, 2008.

이진우, 《포스트모더니즘의 철학적 이해》, 서광사, 1993.

이한구, 〈문명의 공존과 그 조건〉, 《인문과학》 31, 2001.

장은주, 〈문화다원주의와 보편주의〉, 한국철학회 엮음, 《다원주의, 축복인가 재앙인가》, 철학과현실사, 2003.

전홍석, 〈현대 문명 담론의 이해와 전망 2―현대 문명강권주의 비판담론: 반서구중심주의를 중심으로〉, 《동서철학연구》 제58호, 한국동서철학회, 2010.

정수일, 《문명 담론과 문명교류》, 살림, 2009.

A. C. Graham, *Yin-Yang and the Nature of Correlative Thinking*; A. C. 그레이엄, 이창일 옮김, 《음양과 상관적 사유》, 청계, 2001.

Bruno Latour, *Nous n'avons jamais été modernes*; 브뤼노 라투르, 홍철기 옮김, 《우리는 결코 근대인이었던 적이 없다》, 갈무리, 2009.

C. ダグラス ラミス, 《經濟成長がなければ私たちは豊かになれないのだろうか》; C. 더글러스 러미스, 김종철·최성현 옮김, 《경제성장이 안되면 우리는 풍요롭지 못할 것인가》, 녹색평론사, 2011.

C. ダグラス ラミス·辻信一, 《エコとピ_スの交差点 ― ラミス先生のわくわく平和學》; C. 더글러스 러미스·쓰지 신이치, 김경인 옮김, 《에콜로지와 평화의 교차점: 더글러스 러미스의 평화론》, 녹색평론사, 2010.

Clive Hamilton, *Growth Fetish*; 클라이브 해밀턴, 김홍식 옮김, 《성장숭배: 우리는 왜 경제성장의 노예가 되었는가》, 바오출판사, 2011.

David Harvey, *A Brief History of Neoliberalism*; 데이비드 하비, 최병두 옮김, 《신자유주의 간략한 역사》, 한울, 2009.

Edward W. Said, *Orientalism*; 에드워드 사이드, 박홍규 옮김, 《오리엔탈리즘》, 교보문고, 1998.

Edward W. Said, *Representations of the Intellectual: The 1993 Reith Lectures*; 에드워드 W. 사이드, 전신욱·서봉섭 옮김, 《권력과 지성인》, 도서출판 창, 2006.

Ernest Callenbach, *Ecology: A Pocket Guide*; 어니스트 칼렌바크, 노태복 옮김, 박병상 감수, 《생태학 개념어 사전》, 에코리브르, 2009.

George Myerson, *Ecology and the End of Postmodernism*; 조지 마이어슨, 김

완구 옮김, 《생태학과 포스트모더니티의 종말》, 이제이북스, 2003.

Jeremy Rifkin, *The Empathic Civilization: The Race to Global Consciousness in a World in Crisis*, 제러미 리프킨, 이경남 옮김, 《공감의 시대》, 민음사, 2010.

John Gray, *Straw Dogs: Thoughts on Humans and Other Animals*, 존 그레이, 김승진 옮김, 《하찮은 인간, 호모 라피엔스》, 도서출판 이후, 2011.

John M. Hobson, *The Eastern Origins of Western Civilisation*, 존 M. 홉슨, 정경옥 옮김, 《서구 문명은 동양에서 시작되었다》, 에코리브르, 2005.

John Tomlinson, *Globalization and Culture*, 존 톰린슨, 김승현·정영희 옮김, 《세계화와 문화》, 나남출판, 2004.

Julian H. Steward, *Theory of Culture Change: the methodology of multilinear evolution*, 줄리안 스튜어드, 조승연 옮김, 《문화변동론—문화생태학과 다선 진화 방법론》, 민속원, 2007.

Jürgen Habermas, *Strukturwandel der Öffentlichkeit: Untersuchungen zu einer Kategorie der bürgerlichen Gesellschaft*, 위르겐 하버마스, 한승완 옮김, 《공론장의 구조변동: 부르주아 사회의 한 범주에 관한 연구》, 나남출판, 2001.

Noam Chomsky, *Profit Over People: Neoliberalism & Global Order*, 노암 촘스키, 강주헌 옮김, 《그들에게 국민은 없다》, 모색, 2007.

Samir Amin, *Eurocentrism*, 사미르 아민, 김용규 옮김, 《유럽중심주의》, 세종출판사, 2000.

Samuel P. Huntington, *The Clash of Civilizations and The Remaking of World Order*, 사무엘 헌팅턴, 이희재 옮김, 《문명의 충돌》, 김영사, 1998.

Theodor W. Adorno·Max Horkheimer, *Dialektik der Aufklärung: Philosophische Fragmente*, Th. W. 아도르노·M. 호르크하이머, 김유동 옮김, 《계몽의 변증법》, 문학과지성사, 2008.

杜維明, 《對話與創新》; 뚜웨이밍, 김태성 옮김, 《문명들의 대화》, 휴머니스트, 2006.

2부 문명강권주의 비판

6장 현대 문명강권주의 비판 담론

강상중, 《오리엔탈리즘을 넘어서》, 이경덕·임성모 옮김, 이산, 2000.

강정인, 《서구중심주의를 넘어서》, 아카넷, 2004.

김명섭, 〈탈냉전기 국제정치학의 문명 패러다임〉, 《한국정치학회보》 제37집 3호, 2003.

김응종, 〈서구 중심주의 역사학에 대한 비판과 반비판—페르낭 브로델을 중심으로〉, 《프랑스사 연구》 제16호, 2007.

문순홍, 《생태학의 담론》, 아르케, 2006.

박이문, 《문명의 미래와 생태학적 세계관》, 당대, 2000.

박이문, 《문명의 위기와 문화의 전환: 생태학적 세계관을 위하여》, 민음사, 1996.

박종성, 《탈식민주의에 대한 성찰: 푸코, 파농, 사이드, 바바, 스피박》, 살림, 2006.

박홍규, 《박홍규의 에드워드 사이드 읽기》, 우물이 있는 집, 2003.

양운덕, 《미셸 푸코》, 살림, 2009.

이옥순, 《우리 안의 오리엔탈리즘》, 푸른역사, 2009.

전홍석, 《조선후기 북학파의 대중관 이해》, 한국학술정보, 2006.

정수일, 《문명 담론과 문명교류》, 살림, 2009.

정진농, 《오리엔탈리즘의 역사》, 살림, 2004.

황태연, 《공자와 세계 1 : 패치워크문명 시대의 공맹 정치철학》 제1권 공자의 지식철학(상), 청계출판사, 2011.

Andre Gunder Frank, *ReORIENT: Global Economy in the Asian Age*, 안드레 군더 프랑크, 이희재 옮김, 《리오리엔트》, 이산, 2003.

David Levering Lewis, *God's Crucible: Islam and the Making of Europe, 570~1215*, 데이비드 리버링 루이스, 이종인 옮김, 《신의 용광로: 유럽을 만든 이슬람 문명, 570~1215》, 책과함께, 2010.

E. L. Jones, *The European Miracle: Environments, Economies and*

Geopolitics in the History of Europe and Asia, E. L. 존스, 유재천 옮김, 《유럽문명의 신화》, 나남출판, 1993.

Edward Said, *The World, the Text, and the Critic*(Cambridge, Massachusetts: Harvard University Press, 1983).

Edward W. Said, *Culture and Imperialism*, 에드워드 사이드, 김성곤 · 정정호 옮김, 《문화와 제국주의》, 도서출판 창, 1995.

Edward W. Said, *Orientalism*, 에드워드 사이드, 박홍규 옮김, 《오리엔탈리즘》, 교보문고, 1998.

J. J. Clarke, *Oriental Enlightenment: The encounter between Asian and Western thought*, J. J. 클라크, 장세룡 옮김, 《동양은 어떻게 서양을 계몽했는가》, 우물이 있는 집, 2004.

Jeremy Rifkin, *The Empathic Civilization: The Race to Global Consciousness in a World in Crisis*, 제러미 리프킨, 이경남 옮김, 《공감의 시대》, 민음사, 2010.

John M. Hobson, *The Eastern Origins of Western Civilisation*, 존 M. 홉슨, 정경옥 옮김, 《서구 문명은 동양에서 시작되었다》, 에코리브르, 2005.

John Tomlinson, *Cultural Imperialism: A Critical Introduction*, 존 톰린슨, 강대인 옮김, 《문화제국주의》, 나남출판, 1994.

John Tomlinson, *Globalization and Culture*, 존 톰린슨, 김승현 · 정영희 옮김, 《세계화와 문화》, 나남출판, 2004.

Michel Foucault, *L'Ordre Du Discours*, 미셸 푸코, 이정우 옮김, 《담론의 질서》, 서강대학교출판부, 2005.

Richard E. Rubenstein, *Aristotle's Children: How Christians, Muslims, and Jews Rediscovered Ancient Wisdom and Illuminated the Middle Ages*, 리처드 루빈스타인, 유원기 옮김, 《아리스토텔레스의 아이들》, 민음사, 2004.

Samir Amin, *Eurocentrism*, 사미르 아민, 김용규 옮김, 《유럽중심주의》, 세종출판사, 2000.

Samuel P. Huntington, *The Clash of Civilizations and The Remaking of*

World Order, 사무엘 헌팅턴, 이희재 옮김, 《문명의 충돌》, 김영사, 1998.

Wolfgang Schmale, *Geschichte Europas*, 볼프강 슈말레, 박용희 옮김, 《유럽의 재발견: 신화와 정체성으로 보는 유럽의 역사》, 을유문화사, 2008.

Xiaomei Chen, *Occidentalism: A Theory of Counter-Discourse in Post-Mao China*, 샤오메이 천, 정진배 · 김정아 옮김, 《옥시덴탈리즘》, 강, 2001.

Zygmunt Bauman, *Intimations of Postmodernity*(London: Routledge, 1992).

杜維明, 《對話與創新》; 뚜웨이밍, 김태성 옮김, 《문명들의 대화》, 휴머니스트, 2006.

朱謙之, 《中國思想對於歐洲文化之影響》; 주겸지, 전홍석 옮김, 《중국이 만든 유럽의 근대: 근대 유럽의 중국문화 열풍》, 청계, 2010.

7장 주첸즈 문화철학의 현대 문명 담론적 현재성

강정인, 〈문명충돌론〉, 《사상》 제15권 제1호, 2003.

권용옥, 〈양수명 동서문화관의 현대적 의의〉, 《중국학연구》 제21집, 2001.

권용옥, 〈양수명의 文化三路向說에 대한 연구〉, 《중국학연구》 제23집, 2002.

김교빈, 〈문화열과 현대중국〉, 《현대중국의 모색》, 동녘, 1994.

김명섭, 〈탈냉전기 국제정치학의 문명 패러다임〉, 《한국정치학회보》 제37집 3호, 2003.

김의수, 〈문화 다원주의와 21세기 인류의 철학적 지향〉, 《시대와 철학》 18, 1999.

박홍규, 《윌리엄 모리스 평전》, 개마고원, 2007.

양재혁, 《동양철학 서양철학과 어떻게 다른가》, 조합공동체 소나무, 1998.

양준희, 〈비판적 시각에서 본 헌팅턴의 문명충돌론〉, 《국제정치논총》 제42집 1호, 2002.

이한구, 〈문명의 공존과 그 조건〉, 《인문과학》 31, 2001.

전홍석, 〈근대 유럽 계몽주의에 대한 宋儒 理學의 영향과 그 문화철학적 의미— 프랑스 데카르트 학파의 좌파 벨과 우파 말브랑슈를 중심으로〉, 《東洋哲學研究》, 第57輯, 2009.

전홍석, 《朱謙之 '文化哲學' 研究》, 成均館大 大學院 博士學位論文, 2006.

정수일, 《고대문명교류사》, 사계절출판사, 2002.

조세현, 《동아시아 아나키즘, 그 반역의 역사》, 책세상, 2001.

崔洪植, 《梁漱溟의 文化哲學에 관한 研究》, 成均館大 大學院 博士學位論文, 2002.

Benedetto Croce, *The Aesthetic as the Science of Expression and of the Linguistic in General*, 베네데토 크로체, 이해완 옮김, 《크로체의 미학》, 예전사, 1994.

Chris Jenks, *Culture*, 크리스 젠크스, 김윤용 옮김, 《문화란 무엇인가》, 현대미학사, 1996.

Edward W. Said, *The Crisis of Orientalism*, 에드워드 사이드, 성일권 편역, 《도전받는 오리엔탈리즘》, 김영사, 2001.

Francis Fukuyama, *The End of History and the Last Man*, 프랜시스 후쿠야마, 이상훈 옮김, 《역사의 종말》, 한마음사, 1997.

Harald Müller, *Das Zusammenleben der Kulturen: Ein Gegenentwurf zu Huntington*, 하랄트 뮐러, 이영희 옮김, 《문명의 공존》, 푸른숲, 2002.

Hartmut Böhme · Peter Matussek · Lothar Müller, *Orientierung Kulturwissenschaft*, 하르트무트 뵈메 · 페터 마투섹 · 로타 뮐러, 손동현 · 이상엽 옮김, 《문화학이란 무엇인가》, 성균관대학교출판부, 2005.

Herbert Marcuse, *Eros and Civilization: A Philosophical Inquiry into Freud*, 허버트 마르쿠제, 김인환 옮김, 《에로스와 문명》, 나남출판, 2004.

Norbert Elias, *Über den Prozeß der Zivilisation* Ⅰ; 노르베르트 엘리아스, 박미애 옮김, 《문명화과정 Ⅰ》, 한길사, 2007.

Oswald Spengler, *Der Untergang des Abendlandes: Umrisse einer Morphologie der Weltgeschichte*, O. 슈펭글러, 박광순 옮김, 《서구의 몰락 1》, 범우사, 1995.

Samuel P. Huntington, *The Clash of Civilizations and The Remaking of World Order*, 사무엘 헌팅턴, 이희재 옮김, 《문명의 충돌》, 김영사, 1997.

《朱謙之文集》, 第1卷 · 第2卷 · 第7卷, 福建教育出版社, 2002.

梁漱溟, 〈東西文化及其哲學〉, 《梁漱溟全集》, 第1卷, 山東人民出版社, 1989.

熊呂茂,《梁漱溟的文化思想與中國現代化》, 湖南敎育出版社, 2000.

朱謙之,《文化哲學》; 주겸지, 전홍석 옮김,《문화철학》, 한국학술정보, 2007.

馮波,《中西哲學文化比較硏究》, 北京廣播學院出版社, 2003.

黃夏年 編,〈前言 ― 朱謙之先生的學術成就與風範〉,《朱謙之選集》, 吉林人民出版社, 2005.

8장 중국 이학이 근대 프랑스 계몽주의에 미친 영향과 그 문화철학적 의미

강정인,《서구중심주의를 넘어서》, 아카넷, 2004.

김응종,〈근대 무신론의 철학적 기원 ― 베네딕투스 데 스피노자와 피에르 밸을 중심으로〉,《프랑스사 연구》 제20호, 한국프랑스사학회, 2009.

김응종,〈존 로크와 피에르 밸의 관용론 ― '관용'을 넘어 양심의 자유로〉,《프랑스사 연구》 제19호, 한국프랑스사학회, 2008.

김응종,〈피에르 밸과 무신론〉,《프랑스사 연구》 제18호, 한국프랑스사학회, 2008.

안종수,〈서양 근세 철학자들의 新儒學 理解〉,《東方學志》 98卷, 延世大學校國學硏究院, 1997.

이환,《몽테뉴와 파스칼 ― 인본주의냐, 신본주의냐》, 민음사, 2007.

전홍석,《朱謙之 '文化哲學' 硏究 ― 현대 '문명 패러다임' 극복을 위한 동양의 '문화철학'적 모색》, 한국학술정보, 2006.

정진농,《오리엔탈리즘의 역사》, 살림, 2004.

탁석산,〈말브랑슈〉,《서양근대철학》, 창비, 2007.

Andre Gunder Frank, *ReORIENT: Global Economy in the Asian Age*, 안드레 군더 프랑크, 이희재 옮김,《리오리엔트》, 이산, 2003.

Edward W. Said, *Orientalism*; 에드워드 사이드, 박홍규 옮김,《오리엔탈리즘》, 교보문고, 1998.

Hegel,《哲學史講演錄》, 第4冊, 商務印書館, 1983.

J. J. Clarke, *Oriental Enlightenment: The encounter between Asian and Western thought*; J. J. 클라크, 장세룡 옮김,《동양은 어떻게 서양을 계몽했는

가〉, 우물이 있는 집, 2004.

John M. Hobson, *The Eastern Origins of Western Civilisation*; 존 M. 홉슨, 정경옥 옮김, 《서구 문명은 동양에서 시작되었다》, 에코리브르, 2005.

Malebranche, *Entretien d'un philosophe chrétien avec un philosophe Chinois sur l'existence et la nature de Dien*; 馬勒伯朗士, 〈附錄二: 一個基督哲學家和一個中國哲學家的對話 - 論上帝的存在和本性〉, 龐景仁 譯, 《馬勒伯郎士的神的觀念和朱熹的理的觀念》(龐景仁 著, 馮俊 譯), 商務印書館, 2005.

René Etiemble, *L'Europe Chinoise*; 艾田蒲, 許鈞・錢林森 譯, 《中國之歐洲》(上卷), 河南人民出版社, 1992.

Virgile Pinot, *La Chine et la formation de l'esprit Philosophique en France(1640~1740)*; 維吉爾 畢諾, 耿昇 譯, 《中國對法國哲學思想形成的影響》, 商務印書館, 2000.

Xiaomei Chen, *Occidentalism: A Theory of Counter-Discourse in Post-Mao China*; 샤오메이 천, 정진배・김정아 옮김, 《옥시덴탈리즘》, 강, 2001.

《西方著名哲學家評傳》, 第4卷, 山東人民出版社, 1984.

梁漱溟, 《中國文化要義》, 上海世・出版集團, 2005.

樓宇烈・張西平 主編, 《中外哲學交流史》, 湖南教育出版社, 1999.

蒙培元, 《理學的演變 ― 從朱熹到王夫之戴震》, 方志出版社, 2007.

北京大學哲學系 外國哲學史教研室 編譯, 《西方哲學原著選讀》下卷, 商務印書館, 1989.

謝應瑞 主編, 《法國啓蒙時代的無神論》, 廈門大學出版社, 1994.

徐瑞康, 〈斯賓諾莎宗教概念研究〉, 《世界宗教研究》(2007年 第二期), 世界宗教研究雜誌社, 2007.

孫尚楊, 《基督教與明末儒學》, 東方出版社, 1996.

張立文, 《宋明理學研究》, 中國人民大學出版社, 1987.

張品端, 〈朱子理學對法國啓蒙思想家的影響〉, 《朱子文化》, 2007年, 第4期(總第八期).

張海林 編著, 《近代中外文化交流史》, 南京大學出版社, 2003.

朱謙之, 〈附錄: 宋儒理學傳入歐洲之影響〉, 《中國思想對於歐洲文化之影響》, 商務印書館, 1940.

朱謙之, 《文化哲學》; 주겸지, 전홍석 옮김, 《문화철학》, 한국학술정보, 2007.

朱謙之, 《中國思想對於歐洲文化之影響》; 주겸지, 전홍석 옮김, 《중국이 만든 유럽의 근대》, 청계출판사, 2010.

陳來, 《古代宗敎與倫理》, 三聯書店, 1996.

洪漢鼎, 《斯賓諾莎哲學硏究》, 人民出版社, 1997.

9장 조선조 주자학의 한국 유학적 전개 양상

《孟子》.

《朱子大全》.

《朱子語類》.

강재언, 정창렬 옮김, 《韓國의 開化思想》, 比峰出版社, 1981.

김문용, 〈北學派의 人物性同論〉, 《人性物性論》, 한길사, 1994.

김인규, 《北學思想硏究―學問的 基盤과 近代的 性格을 中心으로》, 成大 大學院 博士學位論文, 1998.

김형찬, 〈性의 構造와 理·氣의 不離·不雜性에 關한 硏究―李柬과 韓元震의 人性物性論爭을 中心으로〉, 《東洋哲學》 第7輯, 韓國東洋哲學會, 1996.

杜維明, 《對話與創新》; 뚜웨이밍, 김태성 옮김, 《문명들의 대화》, 휴머니스트, 2006.

樓宇烈·張西平 主編, 《中外哲學交流史》, 湖南敎育出版社, 1999.

蒙培元, 《理學的演變―從朱熹到王夫之戴震》, 方志出版社, 2007.

민두기, 〈熱河日記의 一硏究〉, 《歷史學報》 第20輯, 1963.

박성래, 〈洪大容의 科學思想〉, 《韓國學報(23)》, 1981.

朴齊家, 李翼成譯 《北學議》, 乙酉文化社, 1994.

朴趾源, 《燕巖集》, 景仁文化社, 1974.

양재열, 〈南塘 韓元震의 人物性不同論에 關한 考察―性의 槪念을 中心으로〉 25, 《朝鮮朝 儒學思想의 探究》, 驪江出版社, 1988.

양재혁, 《東洋思想과 마르크시즘》, 일월서각, 1987.

유봉학, 《燕巖一派 北學思想 硏究》, 一志社, 1995.

윤사순, 〈人性物性의 同異論辭에 對한 硏究〉, 《人性物性論》, 한길사, 1994.

李㙆, 《巍巖遺稿》, 1977.

이상익, 〈洛學에서 北學으로의 思想的 發展〉, 《哲學》 제46집, 1996 봄.

이상익, 《湖洛論爭의 根本問題 硏究》, 成大 大學院 碩士學位論文, 1986.

이애희, 〈退溪 李滉의 人物性論〉, 《人性物性論》, 한길사, 1994.

李珥, 《栗谷全書》, 成均館大學校 大東文化硏究院, 1978.

이춘식, 《中華思想》, 교보문고, 1998.

임형택, 〈燕巖의 主體意識과 世界認識—《熱河日記》 分析의 視角〉, 《第3回 東洋學
    國際學術會議論文集》, 成大, 1986.

임형택, 《문명의식과 실학》, 돌베개, 2009.

장숙필, 〈栗谷 李珥의 理通氣局說과 人物性論〉, 《人性物性論》, 한길사, 1994.

전홍석, 《조선후기 북학파의 대중관 이해》, 한국학술정보, 2006.

정수일, 《문명 담론과 문명교류》, 살림, 2009.

정옥자, 《朝鮮後期 歷史의 理解》, 一志社, 1995.

최영진, 〈蘆沙 奇正鎭의 理一分殊說에 關한 考察〉, 《朝鮮朝 儒學思想의 探究》, 驪江
    出版社, 1988.

최영진, 〈朝鮮朝 儒學思想史의 分類方式과 그 問題點—主理·主氣의 問題를 中心
    으로〉, 《韓國思想史學》 제8집, 韓國思想史學會, 1997.

韓元震, 《南塘集》 上·下, 1976.

허종은, 〈서양 우주론의 최초 수용—大谷 金錫文〉, 《韓國實學思想史》, 韓國哲學
    史硏究會, 도서출판 다운샘, 2000.

洪大容, 《湛軒書》.

Andre Gunder Frank, ReORIENT: Global Economy in the Asian Age, 안드레
    군더 프랑크, 이희재 옮김, 《리오리엔트》, 이산, 2003.

小川晴久, 〈慕華와 自尊 사이—18世紀 朝鮮 知識人 洪大容의 中國觀〉, 《月刊朝鮮》,
    NO.7·8, 1981.

문명 담론을 말하다

◉ 2012년 2월 27일 초판 1쇄 발행
◉ 2013년 3월 12일 초판 2쇄 발행
◉ 지은이   전홍석
◉ 발행인   박혜숙
◉ 책임편집   정호영
◉ 디자인   조현주
◉ 영업·제작   변재원
◉ 펴낸곳   도서출판 푸른역사
          우 110-040 서울시 종로구 통의동 82
          전화: 02)720 - 8921(편집부) 02)720 - 8920(영업부)
          팩스: 02)720 - 9887
          전자우편: 2013history@naver.com
          등록: 1997년 2월 14일 제13-483호

ISBN   978-89-94079-60-8 93900